2021년도 국가직, 지방직 공무원시험 대비

공무원
사회복지학개론

2021년도 국가직, 지방직 공무원시험 대비

공무원 사회복지학 개론

단원별 핵심 정리를 위한

최신기출문제 수록

사회복지직 공무원 준비생을 위한 사회복지학개론

- 시험에 출제되는 공무원 사회복지학개론 핵심이론 총정리
- 2021대비 최신기출문제 수록
- 최근 10년간 기출문제 분석 최근 출제경향 정리
- 최신 법률개정 반영과 합격을 위한 핵심 요점정리
- 공무원시험 합격을 위한 필수 기본서

| 심상오 편저 |

에듀파인더
[edufinder.kr]

2021년도 국가직, 지방직 공무원시험 대비

공무원
사회복지학개론

초판 인쇄 2020년 9월 10일
초판 발행 2020년 9월 15일

편저자 심상오
발행인 권윤삼
발행처 (주) 연암사

등록번호 제16-1283호
주소 서울특별시 마포구 양화로 156, 1609호
전화 (02)3142-7594
FAX (02)3142-9784

값은 뒤표지에 있습니다. 잘못된 책은 바꾸어 드립니다.

ISBN 979-11-5558-078-3 13330

연암사의 책은 독자가 만듭니다.
독자 여러분들의 소중한 의견을 기다립니다.
트위터 @yeonamsa
이메일 yeonamsa@gmail.com

이 도서의 국립중앙도서관 출판시도서목록(CIP)은 서지정보유통지원시스템 홈페이지(http://seoji.nl.go.kr)와 국가자료공동목록시스템(http://www.nl.go.kr/kolisnet)에서 이용하실 수 있습니다.
(CIP제어번호: CIP2020030467)

머리말

국가직(보호직) · 서울시 및 지방직 9급 사회복지직 공무원시험 10년간 기출문제 분석
단기간 효과적인 합격 솔루션 제시

우리나라는 최근 급속한 산업화 · 정보화 · 저출산과 인구의 고령화 등 시대적 변화로 인해 다양하고 복잡한 사회문제들이 발생하고 있습니다. 특히, 1997년 말 IMF 외환위기 이후 선진국과의 무한경쟁에 놓이면서 발생한 대량실업과 고용불안, 가족해체 현상이 급속하게 증가하였습니다. 여기에 고착화되고 있는 저출산과 빠른 속도로 진행되고 있는 인구의 고령화 등에 따른 사회변화와 코로나 바이러스와 같은 질병으로 인한 생활환경의 변화는 새로운 복지패러다임을 요구하고 있습니다.

지방자치단체는 사회변화로 최근 부각되고 있는 아동 · 노인 · 장애인 · 여성 · 한부모가족 · 다문화가족의 문제, 독거노인 및 빈곤층 대책, 복지사각지대의 근절과 보다 질 높은 복지서비스를 요구하는 주민들의 요구에 부응하기 위하여 사회복지담당공무원을 대폭 증원하고 있습니다. 전문분야로 자리 잡은 사회복지직은 매력적인 직업임에 틀림없습니다. 수험생 여러분들은 이 분야에 자긍심을 갖고 시험을 준비하시길 바랍니다.

본사에서는 수험생 여러분들의 시험 준비에 조금이라도 도움이 되고자 새로운 출제경향에 따른 공무원시험 대비 사회복지학개론을 출간하게 되었습니다. 이 책은 지난 10년간의 국가직(보호직), 서울시 및 지방직 9급 사회복지직 공무원시험 기출문제들을 분석하여 단기간에 보다 효과적인 학습이 되도록 합격 솔루션을 제시하였습니다. 출제빈도가 높은 부분 중심으로 정리하여 단기간에 정복할 수 있도록 구성하였을 뿐만 아니라 핵심 정리를 활용한 2차 점검에 이어 기출 등 주요 Key Word를 통하여 공부한 부분을 테스트하며 최종으로 실제 시험문제를 풀면서 단원을 마스터하도록 편집하였습니다. 기출문제는 난이도에 따라 상중하(上·中·下)를 표기하여 향후 출제경향에 대비하도록 편의를 도모하였습니다.

공무원 시험을 준비하는 수험생들은 이론서로 공부한 후 기출문제로 유형을 파악하고, 기출문제를 파악했다면 다시 이론서로 개념을 재확인하여 오답노트를 작성하는 방식으로 공부하면 단기간에 효율적인 학습이 가능합니다. 합격은 수험생 여러분의 마음자세와 효율적인 시험전략에 달려 있습니다. '나만은 반드시 합격할 수 있다' 는 강한 집념으로 얼마 남지 않은 기간 최선을 다하시기 바라며 영광의 합격을 기원합니다.

〈본 교재의 구성과 특징〉

- 공무원시험에서 합격 당락은 1문제에 달려 있다고 해도 과언이 아니기 때문에 사회복지개론 전 분야를 빠짐없이 체계적으로 정리하였으며, 공무원시험 출제빈도가 높은 과목 순으로 편집하였습니다.
- 수험생들이 전체적인 맥락에서 쉽게 이해할 수 있도록 간결하게 편집하였으며, 핵심정리하기 및 참고하기 등을 통해 다시 한번 요점을 정리하도록 하였습니다.
- 2020년 6월말 현재까지 제정 및 개정된 법령을 반영하였으며, 최근 10년간 출제된 문제들의 분석(上·中·下)을 통해 향후 출제경향에 대비하도록 하였습니다.
- 매 단원마다 기출문제 및 기출 등 주요 Key Word를 수록하여 수험생들이 최근 출제경향 및 정리를 할 수 있도록 하였습니다.
- 매 단원마다 그동안 출제빈도가 높았던 부분을 표시(*)하고, 혼돈되거나 틀리기 쉬운 부분도 표시(–)하여 최종정리시 도움이 되도록 편집하였습니다.

편저자 심상오

차 례

제5장 / 사회복지정책의 분석틀

제6장 / 사회복지정책의 과정

제7장 / 사회보장의 이해

제8장 / 공적연금과 국민연금

제9장 / 의료보장과 국민건강보험

제10장 / 산업재해보상보험과 고용보험

제3편 사회복지실천

제4편 사회복지기초

제1장 / 사회복지조사

제2장 / 인간행동과 사회 환경

제1편
사회복지일반 및 정책

제1장 사회복지의 이해

제1절 사회복지의 개념

1. 잔여적 개념과 제도적 개념

(1) 잔여적(선별적)개념

① 가족이나 시장과 같은 정상적인 공급구조가 제 기능을 발휘하지 못하는 경우에 한하여 응급조치적인 기능을 단기적으로 수행하는 보충적 활동을 사회복지로 봄

② 사회복지는 임시적 사후적이며 시혜나 자선과 같은 낙인을 수반함

(2) 제도적(보편적)개념

① 현대 산업사회의 복잡성으로 인해 개인이나 가족이 시장을 통해 모든 욕구를 충족시킬 수 없기 때문에 사회복지의 대상이 되는 것은 정상적이라고 봄

② 사회복지를 사회복지서비스와 제도의 조직화된 체계로 보고 제1선의 제도적인 기능을 수행해야 한다고 주장함

2. 사회복지의 개념변화

(1) 의의

근대사회에서 현대 산업사회로 이동하면서 국가의 주요한 역할이 사회복지의 증진에 놓이게 되면서 사회복지의 개념이 변화되었음

(2) 로마니신(J.M. Romanyshyn)은 사회복지의 전반적인 변화를 다음과 같이 설명하였음

① 보충적, 잔여적 개념 → 제도적 개념으로

② 자선의 차원(생활보호법) → 시민의 권리(국민기초생활보장법)로

③ 특수한 서비스(빈민) → 보편적 서비스(전체 국민)로

④ 최저수준 → 적정수준으로

⑤ 개인적 치료(문제해결) → 사회적 개혁(문제예방)으로

⑥ 자발적 자선(민간후원) → 공공(정부)의 책임으로

⑦ 빈민구제 차원 → 복지사회로

제2절 사회복지의 가치와 기능

1. 사회복지의 가치

1) 평등(equality) ****

평등의 가치는 자원과 기회를 평등하게 분배하는 식으로 급여를 할당해야 한다는 점을 제시하고 있으며, 사회복지정책의 기본적이고 가장 중요한 개념임

(1) 기회의 평등(소극적 평등, 과정의 평등)

① 모든 사람에게 어떤 결과에 이르는 기회를 평등하게 부여하며 자유경쟁을 통하여 결과를 결정하게 하는 방법임

② 결과의 평등에 비하여 정치적으로 반대하는 사람들이 적고 정책적으로 추구하는 것이 비교적 쉽기 때문에 현실적임

③ 시장경제의 효율성을 강조하며 소득재분배보다는 시장에서의 일차적 분배를 더 강조함

④ 가장 소극적인 의미의 평등개념, 과정상에서 기회가 평등하다면 그로 인한 결과의 불평등은 수용됨

⑤ 대표적인 사례: 빈곤층을 대상으로 한 교육 · 복지프로그램, We-start, Head-start, Dream-start, 고용할당(노인, 여성, 장애인) 등

(2) 비례적 평등(공평, 형평): 자본주의에서 선호

① 개인의 노력, 능력, 사회적 역할, 사회적 기여에 따라 사회적 자원을 다르게 분배함

② 사회적 위치가 같은 사람들 사이의 평등, 공평의 가치에는 '공정한 불평등'이라는 측면을 가지고 있음

③ 대표적인 사례: 사회보험(연금, 실업급여), 열등처우의 원칙, 근로조건부 수급자제도 등

(3) 수량적 평등(결과의 평등, 절대적 평등): 사회주의에서 선호

① 사람의 욕구나 능력의 차이에 상관없이 모든 사람에게 사회적 자원을 똑같이 분배함

② 가장 적극적 의미의 평등, 법적 조치나 정치적 수단 등을 이용하여 마지막 결과의 평등만을 얻고자 함

③ 대표적인 사례: 영국의 보건의료서비스(NHS), 사회수당(데모그란트), 공공부조 등

2) **효율**(efficiency) ***

최소의 자원을 투입하여 최대의 결과(목표)를 얻는 것을 의미하며, 수단으로서의 효율(목표효율성, 운영효율성)이다. 수단으로서의 효율은 평등을 추구하는 여러 정책들 중에서 어느 것이 보다 적은 자원으로 보다 많은 평등을 성취할 수 있는가를 판단하는 것임

(1) 수단적 효율성

① 목표효율성(대상효율성): 선별주의 선호, 공공부조 〉 사회보험

- 사회복지정책이 목표대상에게 자원이 얼마나 집중적으로 할당되는가와 관련됨
- 공공부조제도는 저소득층에게 집중적으로 자원을 할당하므로 목표효율성이 높음

② 운영효율성: 보편주의 선호, 사회보험 〉 공공부조

- 사회복지정책을 운영하는데 비용을 얼마나 적게 사용하는지와 관련됨
- 공공부조제도는 자산조사 등의 행정비용이 많이 소요되므로 운영효율성이 낮음

(2) 배분적 효율(파레토효율): 이상적 배분개념

① 어떤 자원의 배분이 특정한 사람들의 효용을 줄이지 않으면서 다른 사람들의 효용을 높일 수 있다는 개념

② 사회적 자원의 바람직한 배분으로 완전경쟁, 충분한 정보, 합리적이고 자발적인 선택이 이루어진 상태를 말함

③ 사회복지정책은 시장에서의 배분을 수정하여 평등의 가치를 구현하는 것이 목표이므로 평등과 파레토효율은 상반된 가치를 지니고 있음

> ※ 현실적으로 파레토효율은 불가능하다. 시장의 실패로 국가의 사회복지정책을 통한 사회적 자원의 재분배가 더 효율적일 수 있다고 할 수 있음

3) **자유**(freedom) **

(1) 소극적 자유: 국가역할의 최소화, 시장경제 중시, 부자들의 입장

① 국가의 간섭으로 부터의 자유: 기회의 측면을 강조
② 국가의 소극적 역할을 강조하며, 사회복지정책이 시장기제에 개입하여 개인들의 자유로운 선택의 기회를 제한할 때는 그들의 소극적 자유를 침해한다고 봄
③ 신보수주의, 신자유주의자들이 강조함

(2) 적극적 자유: 사회적 권리로서 복지를 누릴 수 있는 자유, 빈곤자들의 입장

① 자신이 원하는 것을 할 수 있는 자유: 능력의 측면을 강조함
② 국가의 적극적인 역할을 강조하며, 사회복지정책을 통해 빈곤층이 원하는 것을 할 수 있는 능력을 갖게 되는 것은 그들의 적극적 자유를 신장시키게 됨
③ 사회복지정책은 주로 부자들의 소극적 자유는 줄이는 반면, 빈곤한 자들의 적극적 자유는 증가시킨다고 봄
④ 사회민주주의, 페이비언사회주의, 복지국가 전성기에 강조함
예) 최저생활의 보장, 보편적 복지 등

4) 사회적 적절성(social adequacy) **

① 인간다운 생활을 할 수 있도록 적절한 수준의 급여를 제공하는 것으로 기준은 시대와 사회적 환경에 따라 다양함
② 사회적 적절성에 기초하여 자원을 배분하는 데에는 국가가 시장보다 더 효과적이며, 공공부조제도인 기초생활보장제도의 급여기준은 사회적 적절성의 가치에 근거하여 산정함
③ 공공부조와 사회보험 모두 사회적 적절성의 가치를 반영하고 있지만 인간다운 생활을 할 정도의 급여수준이라는 측면에서 본다면 사회보험이 적절성의 실현정도가 높다고 볼 수 있음

5) 사회정의(社會正義) ***

(1) 정의의 개념

사회구성원에게 정당한 몫을 분배하고 이에 대한 권리와 책임을 바르게 부여하는 바람직한 사회의 원리를 의미함

(2) 롤즈(J. Rawls)의 사회정의

① 평등한 자유의 원칙(제1의 원칙): 모든 사람에게 기본적인 자유를 최대한 누릴 수 있도록 하여야 한다는 원칙

② 차등의 원칙(제2의 원칙): 가장 빈곤한 사람들의 복지에 대하여 우선적으로 배려하여야 한다는 원칙
③ 기회균등의 원칙(제3의 원칙): 결과의 평등은 존재하되 모든 사람에게 균등한 기회를 주어야 한다는 원칙
④ 최소극대화 원칙: 최소의 효용을 가진 사람의 효용을 극대화하여야 한다는 원칙

2. 사회복지의 기능

1) 일반적 기능 **

(1) 사회통합과 질서유지

① 빈민, 사회적 약자, 사회적 위험에 빠진 사람들에 제도적 원조를 통한 사회통합
② 소득의 재분배는 소득과 자원배분의 불평등을 감소시켜 계층간 갈등을 완화함
③ 사회분열을 야기하는 사회문제를 예방하거나 해결하여 질서유지에 기여함

(2) 경제성장과 안정

① 인적자본의 질적 수준을 향상시켜 생산 경쟁력을 높이고 경제성장을 안정시킴
② 시장의 통화량을 적절하게 유지시켜 경제를 보다 안정화시키는 자동안정장치 역할
③ 재정운용방식이 적립방식인 공적 연금의 경우 자본축적의 효과가 있음

(3) 개인적 성장과 발전

① 교육 · 훈련프로그램을 통해 인간의 잠재력과 성장 가능성을 증대시킴
② '자기 결정권' 을 중시하여 개인의 행복을 증진시킴

(4) 사회문제의 해결 및 정치적 안정

① 사회적 구조에 의해 발생되는 사회문제를 해결하고 사회적인 욕구를 충족시킴
② 사회적 불평등 해소와 갈등해소에 초점을 두어 정치적 안정화에 기여함

2) 소득재분배기능

주로 1차적 재분배는 시장, 사회복지정책은 2차적 재분배 기능을 담당함

(1) 수직적 재분배와 수평적 재분배

① 수직적 재분배: 고소득층에서 저소득층으로의 소득 재분배 형태

예) 공공부조

② 수평적 재분배: 유사한 소득계층 내 위험발생에 대한 재분배 형태

예) 사회보험(건강보험, 산재보험, 실업보험)

(2) 세대간 재분배와 세대내 재분배

① 세대간 재분배: 현 근로세대와 노인세대, 즉 현 세대와 미래세대 간 소득의 재분배 형태

예) 공적연금(부과방식), 장기요양보험

② 세대내 재분배: 젊은 시절 소득을 적립했다가 노년기에 되찾는 것으로 한 세대 내 소득의 재분배 형태

예) 공적연금(적립방식)

(3) 장기적 재분배와 단기적 재분배

① 장기적 재분배: 전 생애에 걸쳐 장기적으로 발생하는 소득의 재분배 형태

예) 공적연금(적립방식)

② 단기적 재분배: 현재의 사회적 욕구를 해결하기 위해 단기간 안에 이루어지는 소득의 재분배 형태

예) 공공부조, 사회보험(건강보험, 산재보험, 고용보험)

확인 **사회제도의 주요 기능**

- 정치제도(사회통제의 기능)
- 경제제도(생산, 분배, 소비기능)
- 가족제도(사회화의 기능)
- 종교제도(사회통합의 기능)
- 사회복지제도(상부상조의 기능)

제3절 사회복지의 주체와 대상

1. 사회복지의 주체

1) 공공부문: 중앙정부, 지방자치단체, 공공단체 등 **

① 정부는 공권력을 가지고 있으므로 가치를 배분하는 활동을 권위적으로 할 수 있음
② 중앙 및 지방정부가 책임지고 운영하는 공식적인 제도로서 대부분이 국가의 예산 및 인력에 의하여 집행되고 있음
③ 국가의 책임을 위임받은 공공단체나 민간단체도 경우에 따라 집행을 책임지고 있음

2) 민간부분: 비영리기관, 비공식 부문 등 **

(1) 비영리기관

① 사회복지법인이나 기타 비영리법인을 의미하며, 법에 의해 설립되지는 않았지만 조직적으로 복지서비스를 제공하는 다양한 비영리 임의단체들도 포함
② 재원: 민간기부금, 이용료 및 사용료, 정부보조금 등

(2) 비공식 부문

① 구조화되지 않은 개인적 관계에 기초한 가족이나 친구, 친척 등 사적 관계에 의해 충당되는 부문
② 종교기관, 자원봉사단체, 사회단체, NGO 등에서 각종 사회서비스를 제공하고 있음
③ 기업도 이미지 제고 등을 위해 복지사업에 적극적으로 참여하고 있음

3) 복지다원주의(복지혼합, 복지공급의 다원화) **

① 복지의 제공주체가 정부뿐만 아니라 제3섹터, 기업, 가족, 시장 등 여러 영역이 함께 참여하는 것을 의미함
② 복지국가 위기이후 정부역할이 상대적으로 감소하고, 민간기업과 비영리조직의 역할이 부각되면서 확산됨
③ 복지다원주의 논리: 복지공급주체의 다원화, 서비스이용자의 선택권 강화, 탈중앙화와 참여의 확대, 제3섹터(비영리부문)의 역할강조 등

2. 사회복지의 대상

1) 매슬로우(Maslow)의 욕구유형 **

인간의 욕구는 5단계로 구성되어 있으며, 가장 낮은 단계에서부터 가장 높은 단계까지 계속

올라가는 계층의 형태로 보고 있음

(1) 생리적 욕구

① 가장 기초적인 욕구로서 우선순위가 가장 높으며, 음식 · 휴식 등에 대한 욕구, 성적 욕구

② 관리전략: 적정보수제도, 휴양제도, 탄력시간제 채택 등

(2) 안전의 욕구

① 위험이나 위협에 대한 보호, 경제적인 안정, 질서에 대한 욕구

② 관리전략: 고용 및 신분의 안정화, 연금제도의 활성화 등

(3) 소속감과 애정의 욕구

① 타인과의 친밀한 인간관계, 집단에의 소속감, 애정 · 우정 등에 대한 욕구

② 관리전략: 인간관계의 개선, 고충처리 및 상담, 커뮤니케이션의 활성화 등

(4) 자아존중의 욕구

① 긍지, 자존심, 인정, 명예, 위신 등에 대한 욕구

② 관리전략: 참여의 확대, 권한의 위임, 교육훈련, 제안제도, 공정한 근무성적평정 등

(5) 자아실현의 욕구

① 자기의 잠재력을 최대한으로 발휘해 보려는 자기발전, 창의성과 관련되는 욕구

② 관리전략: 합리적 승진제도, 전직 및 전보에 의한 배치의 효율화, 직무충실 및 확대 등

2) 브래드쇼(Bradshow)의 사회적 욕구 ***

(1) 규범적 욕구(normative)

① 전문가나 행정가 등이 바람직한 수준으로 규정한 욕구

② 개인이나 집단의 바람직한 욕구가 이 수준에 미치지 못하면 욕구상태에 있다고 봄
예) 가구당 최저생계비 등

(2) 지각된 욕구(felt needs)

① 주관적인 것으로 개인이나 집단의 욕망(want)과 동일 시 되는 욕구이며, 그들의 느낌에 의해 인식되는 욕구

② 욕구상태에 있는 개인에게 설문지, 면접, 인터뷰 등 사회조사를 통해 필요여부를 파악함

(3) 표현된 욕구(expressed needs)

① 어떠한 것에 대한 욕구가 행동으로 직접 표현되는 욕구

② 욕구충족의 실제적 행위가 요구 · 요청 등의 형태로 직접 대상자가 원조나 서비스를 얻기 위해 기다리는 사람의 수로써 측정

(4) 비교적 욕구(comparative needs)

① 어떤 서비스를 받고 있는 사람들과 비슷한 특성을 갖고 있으면서도 서비스를 받지 않고 있는 사람들을 욕구상태에 있는 것으로 규정하는 욕구

② 집단들 간의 상대적 비교를 통해 파악함

제4절 사회복지의 모형

1. 윌렌스키(Wilensky)와 르보(Leveaux)의 2분 모형 ***

(1) 잔여적(선별적) 모형: 기본욕구 충족

① 사회복지는 가족 또는 시장과 같은 정상적인 공급구조가 제 기능을 발휘하지 못하는 경우에 한시적 일시적으로만 기능을 수행함

② 초기 산업사회와 자유주의 국가에서 나타났으며 빈민과 같은 요보호 대상자들에게 사회적으로 최저한의 급부를 주는 역할만 수행함

(2) 제도적(보편적) 모형: 사회문제 해결

① 사회복지는 현대 산업사회에서 정상적인 제1선의 제도적인 기능을 수행함

② 국가의 적극적 개입을 통해 사회복지를 구현하며 평등, 빈곤으로부터 자유, 우애 등의 가치를 강조함

※ 현대 산업사회의 사회복지활동의 기준으로 공식조직, 사회승인과 사회책임, 이윤추구 배제, 인간욕구에 대한 동정적 관심, 인간소비에 대한 직접적 관심 등을 제시함

2. 티트머스(Titmuss)의 3분 모형 **

윌렌스키(Wilensky)와 르보(Leveaux)의 2분 모형에 '산업성취모형' 이라는 새로운 모형을 추가하였다. 티트머스는 산업성취모형에 해당되는 사회보험제도는 시장에서의 지위를 수정하는 것이 아니라 유지시키는 기능을 하고 있기 때문에 재분배기능이 더 강한 보편적 복지프로그램과는 그 성격이 다르다는 점을 강조함

(1) 잔여적(보충적) 모형

① 복지욕구는 일차적으로 가족과 시장을 통해 충족되어야 하며, 국가는 가족과 시장이 충족하지 못할 때에만 개입함

② 빈곤의 책임은 개인에게 있으므로 국가의 빈민구제정책은 개인의 자립의지를 전제로 최저수준으로만 제공함

③ 선별주의, 공공부조프로그램을 강조함

(2) 산업성취모형

① 잔여적 모형과 제도적 재분배모형의 중간형태이며, 시녀적 모형이라고 하며, 사회복지를 경제성장의 수단으로 활용하고자 함

② 사회복지급여는 시장에서의 지위를 반영하여 직업별 · 계층별로 제공되어야 하며, 개인의 사회적 욕구는 업적 · 생산성 · 성취도를 기초로 충족됨

③ 사회보험프로그램을 강조함

(3) 제도적 재분배 모형

① 국가는 복지욕구를 충족시키는 주요 제도로서 복지급여를 보편적으로 제공함

② 평등과 재분배정책 강조, 분배정책은 개인의 능력이 아니라 욕구에 따라 이루어져야 함

③ 보편적 복지프로그램(사회수당, 사회서비스 등)을 강조함

※ 티트머스(Titmuss): 복지의 사회적 분화

- 사회복지: 정부의 직접적인 지출에 의해서 제공되는 공공부조제도와 같은 복지제도를 말하며, 전통적인 광의의 사회복지서비스(소득, 교육, 건강, 개별사회서비스)를 포함함
- 재정복지: 조세감면, 세제혜택 등을 의미하며, 국가의 조세정책에 의해 간접적으로

국민의 복지를 향상시킴

• 기업(직업)복지: 기업차원에서 노동자에게 제공하는 임금 이외의 다양한 형태의 부가 급여 등을 말함

3. 조지와 윌딩(V. George & P. Wilding)의 4분 모형(초기모형) *****

사회복지에 영향을 미치는 이념을 기준으로 4가지 모형(1976)으로 유형화함

(1) 반집합주의(신우파): 산업화 초기, 세계대공황(1929) 이전 미국의 복지정책

① 자유주의적 이념에 초점, 국가의 간섭이 없는 것이 자유의 본질이라고 봄

② 복지국가에 대해 반대 입장, 가장 낮은 수준의 사회복지정책을 지향하는 유형

(2) 소극적 집합주의(중도노선): 세계대공황(1929) 이후 미국의 복지정책

① 수정자본주의 요소를 반영, 당면문제의 해결을 위해 정부의 조건부개입을 인정함

② 빈곤 완화에 대한 국가책임을 인정하는 낮은 수준의 복지정책을 제한적으로 지지함

③ 복지국가를 사회안정과 질서유지에 필요한 것으로 간주하는 실용적인 방향을 취함

④ 주요학자: 케인즈, 베버리지 등

(3) 페이비언사회주의(사회민주주의)

① 점진적인 사회주의 모형, 적극적 자유를 강조, 높은 수준의 사회복지정책을 지향함

② 복지국가에 대해 적극 찬성하는 입장, 국가의 지속적인 불평등 완화역할에 무게를 둠

③ 주요학자: 토오니, 티트머스 등

(4) 마르크스주의

① 자본주의 생산양식 비판, 자본주의체제의 수정이나 개혁보다는 이를 전면 부정함

② 자본주의체제가 지속되는 한 빈곤은 결코 소멸될 수 없다는 점에서 빈곤완화에 대한 국가의 책임에 대해 부정적인 입장을 취함

③ 주요학자: 밀리반트 등

※ **조지와 윌딩의 수정된 이데올로기 모형(후기모형: 초기모형에 2개 모형 추가)** ***

(1) 페미니즘(Feminism)

① 복지국가에 대해 양면성, 여성친화적 국가라는 호의적 반응과 성차별체계의 현대적 양상에 지나지 않는다는 입장이 공존함

② 복지국가는 자본주의 유지를 위한 남성들의 기득권을 약화시키는 가족정책 또는 양성평등 정책을 지지하는 정책을 실시한다고 인정함

③ 복지국가는 남성들의 권력 및 특권을 유지하는 가부장적 정책들도 동시에 채택하고 있다고 비판함

(2) 녹색주의(Greenism)

① 복지국가가 경제성장을 통해 환경문제를 유발하기 때문에 반대함

② 복지국가의 사회복지서비스는 사회문제의 현상만을 다루고 있다고 비판함

③ 경제성장과 소비의 감축과 마찬가지로 공공복지지출도 축소되어야 한다고 봄

4. 에스핑 엔더슨(G, Esping-Andersen)의 3분 모형 *****

복지가 가족, 시장, 국가 안에서 어떻게 배분되느냐에 따라서 3가지 모형으로 유형화하고, 복지국가는 역사의 산물이며 사회계급 간의 투쟁의 산물이라는 점을 전제하고 있음

(1) 복지체제의 유형화 기준: 탈상품화, 계층화

① 탈상품화: 근로자가 자신의 노동력을 상품으로 시장에 내다팔지 않고서도 살 수 있는 정도, 즉 탈상품화가 높을수록 복지선진국을 의미함(연금, 질병급여, 실업급여 등)

② 계층화: 사회복지정책을 통해 계층구조를 유지 · 강화시키는 정도를 의미함

(2) 복지국가의 모형

① 자유주의적 복지국가

- 국가가 빈곤계층을 대상으로 국민최저수준의 복지급여를 제공, 탈상품화의 효과와 재분배 효과가 미약하며, 공공부조가 강조됨
- 대표적인 국가: 미국, 캐나다, 호주 등

② 조합주의적(보수주의적) 복지국가

- 사회보험이 강조되며 소득보장은 국민최저수준 이상이고, 고소득층은 높은 보험료를 내고, 높은 복지혜택을 받는 사회보험의 특징 때문에 탈상품화의 효과에는 한계가 있음
- 대표적인 국가: 독일, 프랑스, 오스트리아 등
- 복지운영의 3가지 특징: 조합주의, 군주제국가주의, 가족주의

③ 사회민주적 복지국가

- 사회적 평등과 전 국가적인 사회연대성의 제고를 위해 국가가 적극 개입하며, 보편주의원칙과 사회권이 중시되며, 탈상품화의 효과가 가장 큰 국가
- 복지의 재분배 기능이 강력하며, 복지급여는 중간계급까지 확대됨
- 대표적인 국가: 스웨덴, 덴마크, 노르웨이, 핀란드 등 스칸디나비아 국가들

5. 퍼니스(N. Furniss)와 틸튼(T. Tilton)의 3분 모형 **

사회복지욕구에 대한 정부의 개입형태에 따라 3가지 모형으로 유형화함

(1) 적극적 국가

① 가장 중요한 정책목표를 지속적인 경제성장으로 삼고, 이를 위해 정부와 자본이 공생관계를 유지하는 것을 최선으로 여김

② 자유방임주의와 개인주의를 바탕으로 한 자유경제시장에서 선호되는 사람, 즉 무한 경쟁에서 살아남을 수 있는 사회적 강자들이 가장 큰 혜택을 받음

(2) 사회보장국가

① 사유재산체계가 국민 모두의 생활안정을 약속해 줄 수 없기 때문에 국가가 그 빈자리를 메워야 한다는 인식을 바탕으로 사회정책을 통해 국민 누구에게나 최저수준을 보장함

② 사회는 사회보험만으로 부족하기 때문에 사회부조나 보편적 서비스의 제공과 같은 다른 방법을 채택하게 되며, 국가의 책임 못지않게 개인의 동기 · 기회 그리고 책임의 중요성도 동시에 인식함

(3) 사회복지국가

① 경제정책이 사회정책의 구속을 받게 되며, 사회복지서비스는 취약계층에 대한 원조라는 성격을 초월함

② 평등과 사회통합의 실현을 목표로 삼기 때문에 철저한 민주주의와 사회평등주의를 지향한다는 점에서 사회보장국가와 차별성을 갖기도 함

6. 파커(J. Parker)의 3분 모형

(1) 자유방임주의형

① 자유주의적 시장경제 중심의 체제를 강조함

② 복지는 개인의 경제력에 의해 해결하는 것이 바람직하다고 봄

(2) 자유주의형

① 자유방임주의와 사회주의 중간 형태로 봄

② 개인의 자유나 기회의 평등을 강조함

(3) 사회주의형

① 개인의 실질적인 평등과 생존권 보장을 강조함

② 복지문제에 대해서는 국가가 적극적으로 개입함

7. 미쉬라(R. Mishra)의 2분 모형

(1) 분화된 복지국가(다원적 복지국가)

① 사회복지가 경제와 구분되고 대립되어 경제에 악영향을 주는 사회복지는 제한됨

② 경제와 연계를 갖지 않는 잔여적 사회복지정책만 제공되는 유형(미국)

(2) 통합된 복지국가(조합주의적 복지국가)

① 사회복지와 경제가 구분되지 않고 상호의존적인 관계로 인식하는 유형

② 보편적 사회복지정책을 제공하는 유형(스웨덴, 네덜란드 등)

〈 핵심 정리 〉

※ 윌렌스키와 르보의 2분 모형

<table>
<tr><th>구분</th><th>잔여적 모형</th><th>제도적 모형</th></tr>
<tr><td>개인의 욕구</td><td>가족, 개인이 1차적 책임</td><td rowspan="2">사회복지가 1차적, 정상적으로
제도화됨(보편적 복지)</td></tr>
<tr><td>사회복지</td><td>국가는 2차적 책임(일시적, 구호적 지원)</td></tr>
</table>

※ 티트머스의 3분 모형

구분	잔여적모형	산업성취모형	제도적 재분배모형
개인의 욕구	개인, 가족이 1차적 책임	생산성, 성취도에 기초	필연적
사회복지	국가는 2차적 책임(일시적, 구호적 지원)	경제적 부속물(사회보험)	1차적, 정상적 제도화

※ 조지와 윌딩의 이데올로기 모형

<table>
<tr><th rowspan="2">구분</th><th colspan="4">이데올로기</th></tr>
<tr><th>반집합주의</th><th>소극적 집합주의</th><th>페이비언 사회주의</th><th>마르크스주의</th></tr>
<tr><td>중심적 사회가치</td><td>· 소극적 자유
· 불평등</td><td>· 소극적 자유
· 실용주의</td><td>· 적극적 자유
· 평등</td><td>· 적극적 자유
· 평등</td></tr>
<tr><td>정부의 개입</td><td>부정적</td><td>조건부 인정</td><td>적극 인정</td><td>적극 인정</td></tr>
<tr><td>복지국가 관점</td><td>반대</td><td>찬성</td><td>적극 찬성</td><td>적극 반대</td></tr>
<tr><td>빈곤완화 국가책임</td><td>필요악</td><td>최저수준 보장</td><td>적극적 책임</td><td>자본주의 체제에서
국가에 의한 빈곤
소멸은 불가능</td></tr>
</table>

※ 에스핑-엔더슨의 복지국가 모형

구분	자유주의적 복지국가	조합주의적 복지국가	사회민주적 복지국가
특징	· 공공부조 강조 · 탈상품화 효과미약 · 재분배효과 미약	· 사회보험 강조 · 탈상품화 효과: 한계	· 보편주의 원칙 · 탈상품화 효과매우 큼
국가	· 미국, 캐나다	· 프랑스, 독일	· 스웨덴, 덴마크, 핀란드

※ 퍼니스와 틸튼의 복지국가 모형

구분	적극적 국가	사회보장국가	사회복지국가
특징	· 지속적 경제성장이 정책의 목표 · 무한경쟁의 승자가 최고의 혜택을 받음	· 국민의 최저수준 보장 · 개인책임, 동기도 중시	· 평등과 사회통합이 정책의 목표 · 철저한 민주주의와 사회평등주의
국가	· 미국	· 영국	· 스웨덴

〈 기출 등 주요 Key Word 〉

O X 문제

01) 사회복지정책은 가치중립적이다. (O/X)

02) 사회복지정책은 개인의 자립성 증진을 목적으로 한다. (O/X)

03) 열등처우의 원칙은 형평의 개념을 반영한 것이다. (O/X)

04) 기회의 평등은 결과의 평등보다 재분배에 보다 적극적이다. (O/X)

05) 비례적 평등 가치를 실현하려면 자원배분기준을 먼저 정해야 한다. (O/X)

06) 비례적 평등은 개인의 욕구 등에 따라 사회적 자원을 상이하게 배분하는 것으로 형평(quality)을 평등의 개념으로 본다. (O/X)

07) 파레토 효율(배분적 효율성)은 어떤 자원의 배분이 특정사람들의 효용을 줄이지 않으면서 다른 사람들의 효용을 높일 수 있다는 개념이다. (O/X)

08) 목표효율성은 사회복지정책이 목표대상자에게 자원이 얼마나 집중적으로 할당되는가와 관련된 개념이다. (O/X)

09) 잔여적 모형에서 사회복지는 가족 또는 시장과 같은 정상적인 공급구조가 제 기능을 발휘하지 못하는 경우에 활동한다고 본다. (O/X)

10) 제도적 개념의 사회복지는 사회문제의 발생 원인에 있어 개인의 책임을 강조한다. (O/X)

11) 잔여적 개념은 사회복지활동이 필요하지 않는 것이 궁극적인 지향이다. (O/X)

12) 잔여적 사회복지는 안전망 기능만을 수행하고, 제도적 사회복지는 제일선 기능을 수행한다. (O/X)

13) 탈상품화란 노동자가 자신의 노동력을 팔지 않고 살아갈 수 있는 정도를 말한다. (O/X)

14) 에스핑-엔더슨(Esping-Andersen)의 복지국가 유형화에서 복지와 재분배적 기능을 강조하며 시장의 영향력을 최소화하려고 노력하는 복지국가는 자유민주적 복지국가이다. (O/X)

15) 손 롤스(John Rawls)는 정의론에서 모든 사람은 다른 사람의 자유와 충동되지 않는 한 기본적 자유에 대해 동등한 권리를 갖는다는 평등한 자유의 원칙을 제시했다. (O/X)

16) 자유민주주의 복지체제에서는 선별주의와 자조의 원칙에 따라 탈상품화 효과가 최소화된다. (O/X)

17) 복지다원주의(Welfare pluralism)는 정부뿐만 아니라 민간 부문의 조직들도 복지제공의 주체가

된다고 본다. (O/X)

18) 에스핑-엔더슨(Esping-Andersen)은 복지국가의 유형을 분류하는데 있어 탈상품화 정도가 높을수록 복지선진국을 의미한다고 보았다. (O/X)

19) 윌렌스키(L. Wilensky)와 르보(N. Lebeaux)는 사회복지의 개념을 잔여적 개념과 제도적 개념으로 구분하였다. (O/X)

20) 조지(V. George)와 윌딩(P. Wilding)이 제시한 '신우파'는 소극적 집합주의 성향을 가지며 자유보다 평등과 우애를 옹호한다. (O/X)

21) A 지역주민의 욕구를 B지역 주민의 욕구와 비교하여 나타내는 경우는 비교적 욕구(comparative needs)에 해당된다. (O/X)

22) 전문가, 행정가 등이 최저생계비를 규정하는 경우는 규범적 욕구(normative)에 해당된다. (O/X)

23) 장애인 스스로 치료와 재활이 필요하다고 인식하는 경우는 감지적 욕구(felt needs)에 해당된다. (O/X)

Answer **틀린 문제(1, 4, 10, 14, 20) 해설**

01) 사회복지정책은 휴먼서비스로 가치 지향적인 경우가 더 많다.

04) 결과의 평등이 기회의 평등보다 재분배에 보다 적극적이다.

10) 제도적 개념의 사회복지는 사회문제의 발생원인에 있어 사회의 책임을 강조한다.

14) 에스핑-엔더슨(Esping-Andersen)의 복지국가 유형화에서 복지와 재분배적 기능을 강조하며 시장의 영향력을 최소화하려고 노력하는 복지국가는 사회민주적 복지국가이다.

20) 조지(V. George)와 윌딩(P. Wilding)이 제시한 '신우파'는 소극적 집합주의 성향을 가지며 평등과 우애보다 자유를 옹호한다.

기출문제

上 · **中** · 下

01) 사회복지의 잔여적 개념에 대한 설명으로 가장 옳은 것은? (2019, 서울시)

① 사회복지는 가족, 시장과 동등한 위상을 갖는다.

② 사회복지활동이 필요하지 않은 것이 궁극적인 지향이다.

③ 시장의 불완전한 분배는 불가피하므로 사회복지는 사회유지에 있어서 필수적이다.

④ 사회복지는 포괄적인 사회제도로서의 위치를 확보한다.

해설

사회복지의 잔여적 개념은 가족이나 시장이 기능을 제대로 수행하지 못함으로써 발생하는 어려움에 대해 일시적, 임시적 보충적으로 급여나 서비스를 제공하는 선별주의 모형으로 궁극적으로는 사회복지활동이 필요하지 않는 사회를 지향한다고 볼 수 있다.

〈 정답 ② 〉

上 · 中 · 下

02) 에스핑-엔더슨(Esping-Andersen)의 복지국가 유형화에 대한 설명으로 옳지 않은 것은? (2019, 보호직)

① 사회민주주의 복지국가 유형에서는 보편주의 원칙과 사회권을 통한 탈상품화 효과가 가장 크다.

② 자유주의 복지국가 유형에서는 복지와 재분배적 기능을 강조하며 시장의 영향력을 최소화하려 노력한다.

③ 조합(보수)주의적 복지국가 유형에서는 사회적 지위의 차이 유지를 목표로 한다.

④ 복지국가 유형은 탈상품화 정도와 사회계층화, 그리고 국가, 시장, 가족의 역할 분담의 차이로 분류된다.

해설

복지와 재분배적 기능을 강조하며 시장의 영향력을 최소화하려고 노력하는 복지국가는 사회민주적 복지국가이다.

〈 정답 ② 〉

제2장 사회복지의 발달

제1절 영국의 구빈법시대

1. 정부의 구빈법

1) **엘리자베스 빈민법**(Poor Law, 1601): **원내구제 원칙** ***

이전까지 빈민구제 법령들을 집대성한 영국 구빈법의 기본토대라 할 수 있으며, 교구내의 자선에 의한 구빈에는 한계가 있다고 판단하여 빈민구제의 책임을 교회가 아닌 국가가 최초로 지게 되었다는 데 가장 큰 의의가 있음

(1) 엘리자베스 빈민법의 특징

① 모든 교구에 구빈감독관을 임명하고, 구빈업무와 목적세의 성격을 갖는 별도의 구빈세 징수업무를 관장하게 함

② 1834년 개정빈민법이 제정될 때까지 지방기금에 의한, 지방관리에 의한, 지방빈민에 대한 구빈행정이 명백한 원칙으로 지속됨

(2) 노동력 유무에 따라 빈민을 구분

① 빈민을 노동능력자, 노동 무능력자, 빈곤아동으로 구분하여 서로 다른 처우를 함

② 노동능력자는 작업장, 노동무능력자는 구빈원, 빈곤아동은 24세가 될 때까지 장인에게 봉사하는 도제제도를 실시함

2) **정주법**(Settlement Act, 1662): **거주이전 제한** **

① 1660년대부터 농촌 빈민들이 일자리를 찾아 대규모로 도시로 유입되면서 도시 교구의 구빈세 부담은 증가됨

② 교구와 귀족들의 압력으로 '정주법'이 제정되었으며, 이는 빈민의 자유로운 이동을 금지하고, 구빈감독관에게 그가 태어난 원래 소속 교구로 돌려보내게 하는 권한을 부여함

3) **작업장법**(Workhouse test Act, 1722): **원내구제 원칙** **

① 작업장에서의 노동을 통해 근로의욕을 강화시켜 부랑을 억제하고, 국가의 부(富)를 증대시키는 목적에서 제정됨

② 작업장의 생산물은 사기업과 경쟁에서 뒤떨어져 비효율적이었으며, 교구민의 세 부담만 증대되었고, 노동력의 착취, 빈민의 혹사 등 심각한 문제가 발생됨

③ 오늘날 직업보도프로그램, 자활프로그램과 유사한 성격의 제도임

4) **길버트법**(Gilbert Act, 1782): **원외구제 원칙** ***

① 작업장에서의 빈민의 비참한 생활과 착취를 개선할 목적으로 제정되어 인도주의적 구빈제도라고 할 수 있음

② 원외구호를 허용하여 노동력 있는 빈민, 실업자에게 일자리 또는 원외구제를 통해 구호물품 등을 제공함

③ 인도주의적 처우에 따라 교구민의 구빈세부담이 가중되어 일부의 불만을 일으켰으며, 이 법의 시행으로 교구연합이 결성되었고, 교구연합은 최초로 유급 사무원을 채용하였는데 이는 오늘날 사회복지사의 모태가 됨

5) **스핀햄랜드법**(Speenhamland Ac, 1795): **원외구제 원칙** ***

① 빈민에 대한 처우개선을 위해 빵 가격과 부양가족의 수에 대응하여 지방세에서 임금을 보조하여 최저생계비를 보장했으며, 노령자 · 불구자 · 장애자에 대한 원외구호가 확대됨

② 고용주들은 보조금이 지급되므로 임금을 낮게 책정했고, 노동자들은 가족 수에 따라 생활이 보장되었기 때문에 열심히 일을 하지 않아 구빈세지출이 급증하는 문제점을 초래함

③ 오늘날의 가족수당, 최저생활보장의 기반이 됨

6) **공장법**(Factory Law, 1833): **아동의 근로환경 개선** **

① 공장에서 비인도적 처우를 받는 아동을 위해 만들어진 법으로써 아동의 노동조건과 작업환경을 개선하기 위해 제정됨

② 최초의 아동복지법으로써 아동의 야간 노동금시, 9세 이하 아동의 고용금지, 위생환경의 개선 등을 실시함

7) **신(新)빈민법**(Poor Law Reform, 1834): **원내구제 원칙** ***

(1) 신빈민법의 의의

길버트법과 스핀햄랜드법이 제정되면서 구빈세가 급격히 증대되어 유산계급의 불만이 증가되었는데, 유산계급의 불만은 신빈민법의 탄생을 촉진시켰고, 신빈민법의 1차적 목적은 구빈세의 감소에 있음

(2) 신빈민법의 구빈행정 원칙

① 전국 균일처우의 원칙(전국 통일의 원칙): 각 교구마다 상이한 구빈행정을 전국적으로 통일하기 위해 중앙정부에 구빈법위원회를 설치함

② 열등처우의 원칙(최하위 자격의 원칙): 국가에 의한 구제수준은 최하층 독립노동자들의 생활수준보다 낮게 유지되어야 함

③ 작업장활용의 원칙(원내 구제의 원칙): 노동능력이 있는 자들의 원외구호를 중단하는 대신 작업장 내의 구제만을 인정함

2. 민간의 구빈활동

1) 자선조직협회(COS: Charity Organization Society) ***

(1) 자선조직협회의 의의

① 이전에 무계획적, 무차별적, 비조직적, 비전문적으로 이루어졌던 사적 자선행위의 문제점을 극복하여 서비스제공의 효과성을 향상시키기 위해 창설된 조직

② 방문원(우애방문원)을 통해 개별적 조사를 하였으며, 이를 통해 적절한 도움을 주게 되었고, 구호신청자들로 하여금 협회에 등록하도록 하여 구호의 중복을 방지하고자 함

(2) 자선조직협회의 창립

① 영국 런던에서 1869년 최초로 창립, 미국에서는 1877년 뉴욕주 버팔로에서 창립됨

② 여러 자선단체로부터 중복구호를 받으려는 클라이언트들을 방지하고자, 자선단체에 등록시켰음

③ 단체간 연락기관을 설치하였는데 이는 오늘날의 지역사회사업으로 발전하는 계기가 됨

④ 원조의 대상을 '도와줄 가치 있는 자'로 한정하고, 도덕적 종교적 교화를 통해 빈곤의 문제에 대처하고자 함

⑤ 철저한 환경조사는 오늘날 가족사회사업 또는 개별사회사업을 발전시키는데 영향을 줌

(3) 자선조직협회의 활동

① 기본 4요소: 우애방문원, 조사, 등록, 협력

② 광범위한 사례조사를 실시하였고, 사회사업가를 훈련시켰으며, 유급사회사업가를 고용·배치하였으며, 방문구제를 통해 현대적 의미의 사회사업방법론(개별사회사업, 지역사회조직) 확립에 커다란 영향을 미침

③ 슬로건인 "빈민에게 물고기를 주지 말고, 물고기 잡는 법을 가르쳐주자"에 잘 나타나 있듯이 빈곤문제에 있어 개인적 책임을 강조하고, 공공의 구빈정책에 대해서는 반대하였음

> ※ 빈곤을 개개인의 도덕적 결함으로만 간주함으로써 그 사회경제적 뿌리를 무시하였다는 점에서 보수주의적이었다는 비판을 받고 있음

(4) 자선조직협회의 빈곤에 대한 인식

개인적 노력을 통해 극복이 가능하다고 보았으며, 순수 민간의 구제노력만 지지하였음

2) **인보관 운동**(Settlement House Movement) ***

실업자 증가와 인구의 도시 집중화에 따라 슬럼지역이 생기는 등 사회가 새로운 도시문제로 시달리게 되자 지식인 및 대학생들이 빈민가에 거주하면서 이러한 도시문제를 해결하기 위해 일으킨 운동

(1) 인보관의 설립

① 영국 런던교구 목사인 바네트가 1884년 런던동부 빈민지역에 세계 최초의 지역사회복지관인 '토인비홀'을 설립

② 미국에서는 코이트가 1886년에 뉴욕에서 미국 최초의 인보관인 '근린길드'를 설립하였고, 1889년에 아담스와 스타가 시카고에 '헐 하우스'를 설립

(2) 인보관의 활동내용

① 인보관을 설립하여 주택, 도서관, 시민회관 등으로 활용하고, 교육적 사업으로 아동위생, 보건교육, 기술교육, 문맹퇴치 및 성인교육을 실시함

② 사회조사를 통해 여러 가지 통계자료를 구함으로써 이를 법률제정에 활용토록 하였으며, 인보관의 활동은 집단사회사업과 지역사회복지의 모델이 됨

③ 인보관운동 3R: Residence(빈민과 함께 거주), Research(사회조사활동), Reform(개혁)

※ **자선조직협회와 인보관운동**

구분	자선조직협회	인보관운동
사회문제의 원인	개인적인 속성	사회구조적인 요인(환경적 요소)
이데올로기	사회진화론	자유주의, 급진주의
참여자	상류층의 우애방문단	지식인 및 대학생
사회문제 접근방법	빈민개조, 역기능적인면 수정	빈민과 함께 거주, 사회비판 등
역점분야	기관들의 서비스 조정	직접서비스 제공(위생, 교육 등)
성격	사회질서유지 강조	사회개혁, 참여 및 교육 강조
영향	개별사회사업, 지역사회조직	집단사회사업, 지역사회복지모델

제2절 사회보험시대

1. 독일의 사회보험

1) 사회보험 도입배경

(1) 사회보험의 의의

① 산업혁명으로 노동자가 늘어나면서 프롤레타리아라는 새로운 계급이 출현하였으며, 실업자라는 새로운 사회문제가 나타남

② 구빈법이 봉건적인 국가정책이라면, 사회보험은 자본주의적 사회복지정책으로 시행초기에는 육체노동자가 주된 대상자이었고, 자본주의 사회에서 발생되는 문제인 사회적 위험인 산업재해, 실업, 질병, 퇴직 등에 대한 대응책

③ 세계 최초의 사회보험은 독일 비스마르크 사회입법(1883)이며, 이어 영국의 국민보험법(1911), 미국의 사회보장법(1935)이 시행되었음

※ 공공부조가 빈민법에서 유래되었다면, 사회보험은 공제조합에 기원을 두고 있음

(2) 공제조합

① 노동자의 복지문제에 대해 국가가 개입하기 전까지 노동자들의 자조조직으로 사회보험의 기원, 조합원 상호간의 부조와 복지를 목적으로 조합원이 갹출한 부금으로 재원을 마련함

② 조합원의 노령, 재해, 실업, 질병, 사망에 대비하거나 사망 등의 사고를 당했을 경우 급여

를 지급하는 자조 조직임

2) 비스마르크 사회입법(1880년대): 권위주의적 개혁 ***

(1) 사회입법의 의의

① 사회주의의 무력화, 생산의 안정화, 경제적 효율성의 증대 등이 목적임

② 비스마르크의 '위로부터의 혁명' 이라는 정치적 보험성격을 가지고 있음

③ 비스마르크의 사회입법은 음모론적 성격에도 불구하고, 독일 사회정책의 초석을 다졌음

④ 선진자본국가에도 영향을 미쳐 사회복지정책의 기반을 조성했다는 점에 의의가 있음

(2) 비스마르크는 사회통합의 필요성을 느끼고 "채찍과 당근"정책을 수행함

① 채찍정책: 사회주의자들에 대한 직접적인 탄압책인 사회주의자진압법을 제정함

② 당근정책: 노동자계급을 국가내로 통합시키기 위한 양보로서의 사회보험을 실시함

(3) 비스마르크 사회입법의 원칙

① 강제보험의 원칙: 광산업, 조선업 등에 종사하는 저소득 임금노동자가 의무가입 대상임

② 중앙통제의 원칙: 정부가 보험을 독점하고 엄격한 행정 통제를 함

③ 사(私)보험회사 배제의 원칙: 보험을 국가의 책임영역으로 간주하고 이윤동기 등이 침투하지 않도록 차단함

④ 정부보조금 지급의 원칙: 비용은 고용주가 부담하나 정부도 보조금을 지급함

(4) 주요 사회보험

① 질병보험(1883)

- 세계 최초의 사회보험으로 광산, 공장, 철도 등에 종사하는 일정소득 미만의 정규직 노동자를 강제가입의 대상으로 보험료는 노동자가 2/3, 사용자가 1/3 부담함
- 국가의 중앙집권식 기구를 만들지 않고, 기존에 있던 길드, 공장, 기업 및 공제조합을 중심으로 의료보험조합인 질병금고를 만들어 운영함

② 산재보험(1884)

- 광산, 공장, 건설업에 종사하는 일정 소득미만의 노동자를 의무가입 대상으로 함
- 사용자가 전적으로 업무상 재해에 대한 책임을 짐

③ 노령폐질보험(1889)

- 일정소득 미만의 저소득 노동자를 의무가입 대상으로 하였으며, 70세 이상의 가입자에게 노령연금을 지급함
- 자신의 잘못이 아닌 이유로 장애인이 되면 폐질연금을 지급하였으며, 재원은 노사가 동등하게 부담하는 갹출금과 약간의 국가보조금으로 재원을 마련함

2. 영국의 국민보험법(1911): 자유주의적 개혁(자유당 정부) **

(1) 건강보험

① 로이드 조지가 주도하였으며 공제조합, 보험회사, 의사 등 기득권 집단들과의 장기간 협상을 통해 탄생함

② 공제조합은 국가의 건강보험이 자신들의 사업영역을 침해한다고 반대를 하였으나 정부가 운영권을 공제조합에 맡김으로써 해결함

(2) 실업보험

① 처칠이 베버리지의 도움을 받아 세계 최초로 실업보험을 입안함

② 베버리지의 주장을 받아들여 보험료에 비례하여 급여를 지급함

③ 실업사태에 직면할 가능성이 많은 특정한 산업분야에 한정함

④ 갹출방식으로 하며 국가가 보조하는 방식으로 기본틀을 마련함

(3) 보험료 및 급여수준

① 보험료: 고용주와 피용자가 각각 부담하고 정부가 일부를 보조함

② 사회보험의 급여수준: 인간다운 생활을 유지할 만큼 충분하지는 않음

제3절 한국의 사회복지역사

1. 삼국시대

(1) 삼국시대의 민생구휼사업

삼국시대에는 흉년, 천재지변, 전쟁, 전염병 등에 의해 대량으로 요 구호자가 발생하는 경우가 많았으며, 이 경우 국왕은 관곡진급, 사궁구휼, 대곡자모구면 등 조치를 통해 구휼하였음

① 관곡진급(官穀賑給): 국가가 비축하고 있는 관곡을 각종 재해로 빈곤해진 백성들에게 배급하여 구제하는 제도

② 사궁구휼(四窮救恤): 사궁이란 홀아비, 과부, 고아, 노인들을 말하는데, 삼국시대에는 이들을 방문위로하고 이들에게 의류, 곡물 및 관재를 제공하는 제도

③ 대곡자모구면(貸穀子母俱免): 춘궁기에 빈민에게 대여한 관곡을 거두어들일 때 흉작으로 상환이 곤란한 경우 원곡과 이자를 감면 내지는 면제해 주는 제도

④ 진대사업: 춘궁기 때나 예기치 않는 재해를 당했을 때 비축된 곡식을 빈민들에게 무이자 또는 저리로 대여했다가 가을에 갚는 제도

⑤ 구료(求療: 의료부조): 빈민이 질병에 걸렸을 때 국가가 이들을 보호 · 구제하기 위해 행하는 일련의 활동을 말함

⑥ 창제(創製): 삼국시대의 사회복지행정을 담당한 공공기관으로 가장 오랜 역사를 지닌 구제기관

(2) 고구려의 진대법(賑貸法)

진대법은 고구려 고국천왕 16년(194), 재상 을파소가 실시한 것으로 춘궁기에 국가가 관곡을 가난한 농민에게 대여했다가 수확기에 환곡 받는 구휼제도

2. 고려시대 **

(1) 진대사업

① 흑창: 태조 원년(918)에 빈민구제를 목적으로 설립되었으며, 평상시에 쌀을 비축하였다가 기근이나 재해 시에 빈민에게 대여하고 추수기에 상환토록 하였음

② 의창: 성종 5년(986)에 태조의 흑창제를 더 확충하기 위해 이미 비축된 곡식에 일만 석을 추가하여 이를 의창으로 개칭했으며, 평상시에 곡물을 비축하여 두었다가 흉년, 전란, 질병 등의 비상시에 곡물을 대여하여 추수기에 반납케 하였으며, 또한 생활무능력자들에 대한 구휼시책도 동시에 전개하였음

③ 상평창: 성종 12년(993년)에 곡창을 만들어 풍년에는 곡가를 시장가격보다 비싸게 사들이고, 흉년에는 곡가를 시장가격보다 싸게 팔아서 백성들이 곡물의 풍작, 흉작에 의하여 부당한 손실을 보지 않게 하기 위해 설치한 기관이며, 물가조절기능과 빈궁한 백성들에 대한 구빈의 두 가지 기능을 하였음

④ 유비창: 충선왕 2년(1310)에 의창, 상평창제도가 유명무실하게 되어 진휼의 의미를 상실했으므로 이를 재강화하면서 설치되었음

(2) 질병치료와 예방기구

① 동서대비원: 빈민 환자를 무상으로 치료하는 기관
② 혜민국: 예종 7년(1112년)에 설치되었으며, 천재지변 · 기근 · 전염병 등 재해를 당한 빈민환자를 치료하는 국립의료기관
③ 제위보: 광종 4년(953년)에 설치되었으며 빈민과 행려병자를 치료하는 기관

(3) 주요 구제사업

① 은면지제(銀免之制): 국가적 경사(왕의 즉위식), 개국, 전쟁 직후에 국왕이 조세탕감 등 은전을 베푸는 제도
② 재면지제(災免之制): 천재지변, 전쟁, 질병 등으로 발생한 이재민의 조세 · 부역 · 형벌 등을 감면해 주는 제도
③ 사궁구휼(四窮救恤): 홀아비, 과부, 고아, 노인 등 사궁을 우선적으로 보호하였음
④ 수한질여진대지제(水旱疾癘賑貸之制): 이재민에게 의료, 주거 등을 제공하는 사업
⑤ 납속보관지제: 고려 충렬왕 때 부족한 재정을 보충하기 위해 원나라에서 도입한 제도로 국가에 일정한 금품을 납입한 자에게 관직을 주는 제도로 충목왕 4년에 흉년이나 재해시 백성을 구휼하기 위한 재원조달의 한 방법으로 활용함

3. 조선시대 **

(1) 구휼제도

① 비황제도(備荒制度): 의창, 상평창, 사창과 같은 삼창을 말함. 사창은 백성들이 공동으로 곡식을 저축하여 상부상조하는 민간의 자발적인 구빈기구
② 의료제도(醫療制度): 혜민서, 동서대비원, 제생원, 광제원 등 국가의료기관에서 구제함

(2) 구황제도

흉년에 국민들의 생활이 극도로 곤궁하게 되었을 때 국가가 국민들을 위해 생활대책을 강구

하여 굶주림에서 벗어나게 하는 시책

① 사궁구휼: 홀아비, 과부, 고아, 노인들에 대한 구휼은 관부의 책임으로 받아들이고 의류, 곡물 및 관재를 제공해 줌

② 시식사업(施食事業): 흉년 또는 재난 시에 사원 또는 기타 적당한 곳에서 취사장과 식탁을 설치하여 기민 또는 행인이나 걸인에게 식사를 제공한 무료급식사업

③ 구황방: 초근목피 가운데 식용 가능한 것을 연구 · 조사하여 이를 대용식물로 선정하여 식용방법을 안내한 책자

④ 사창과 상평창: 조선시대 구빈제도의 하나로 백성이 공동으로 저축, 상부상조하는 민간구빈기구

⑤ 해아도감(孩兒都監): 우리나라 최초의 관설 영아원

⑥ 자휼전칙: 유기아의 입양법으로 조선후기 대표적인 아동복지관련법령

4. 근대이후의 사회복지

1) 사회복지활동의 태동기(1945년 이전)

① 인보관 성격의 반열방이 미국 감리교선교사에 의해 원산에서 설립됨(1906)

② 태화여자관(태화종합사회복지관의 전신) 설립(1921)

③ 조선구호령이 제정(1944)되었으나 실질적인 급여는 형식적인 수준에 그침

2) 사회복지의 기반형성기(1946~1970년대)

(1) 사회복지의 출발(1946년 이후~정부수립 이전)

① 미 군정청 설립과 함께 위생국이 설치되고, 곧이어 보건후생국으로 확대 개편됨

② 1946년 후생국보 3A호, 3C호 등 긴급구호에 관한 규정을 발표함

(2) 외원기관의 활동 및 철수(정부수립 이후~1970년대)

① 6.25전쟁을 거치면서 전쟁고아, 월남피난민, 부랑인 등을 위한 긴급구호와 수용시설에 의한 보호사업이 활발히 전개되었는데, 주로 외국원조기관들의 지원을 받아 전개하였음

② 1970년대에는 외원기관의 원조 감소와 함께 철수하는 시기로 민간사회복지시설에서는 운영에 필요한 재원이 부족하였으나 별다른 대책을 마련하지는 못하였음

〈 기출 등 주요 Key Word 〉

O X 문제

01) 영국 개정 구빈법의 원칙 중 하나인 열등처우의 원칙은 구제를 받는 빈민의 처우가 최하층 독립근로자의 수준보다 높아서는 안 된다는 원칙이다. (O/X)

02) 자선조직협회는 빈곤의 원인을 개인의 책임으로, 인보관 운동은 사회구조적인 책임으로 보았다. (O/X)

03) 엘리자베스 구빈법(1601년)은 빈민을 노동능력의 유무에 따라 구분하고 처우도 달리하였다. (O/X)

04) 길버트법(The Gilbert's Act, 1782)은 빈민에 대한 처우개선을 위해 임금보조를 시행했다. (O/X)

05) 베버리지보고서(1942)는 사회보험 6대원칙 중 하나로 소득에 관계없이 균일(정액)기여를 제안하였다. (O/X)

06) 인도주의적 구빈제도로 평가받는 스핀햄랜드법은 현대의 최저생활보장제도의 기반이 되었다. (O/X)

07) 세계에서 가장 먼저 도입된 사회보험제도는 독일의 산업재해보상보험(1884)제도이다. (O/X)

08) 인보관, 우애협회, 자선조직협회는 민간주체의 복지활동인데 비해, 구빈법의 작업장은 국가차원의 복지활동에 해당한다. (O/X)

09) 슘페테리안 워크페어국가의 특징으로 다품종 소량생산, 신보수주의 영향, 노동의 유연성 강조, 국가개입의 축소, 기술 중심의 사회 등을 들 수 있다. (O/X)

10) 자선조직협회는 빈곤의 원인을 개인의 성격적 결함으로 인식했으며, 중복 구빈을 없애고 빈민에 대한 적절한 조사를 통해 알맞은 원조를 제공하는 것을 목적으로 하였다. (O/X)

Answer **틀린 문제(4, 7) 해설**

04) 스핀햄랜드법(The Speenhamland Act Law, 1795)은 빈민에 대한 처우개선을 위해 임금보조를 시행했다.

07) 세계에서 가장 먼저 도입된 사회보험제도는 독일의 질병보험(1883)제도이다.

기출문제

上·中·下

01) 보기는 사회복지실천의 기원에 해당하는 기관에 대한 설명이다. ㉠, ㉡에 들어갈 기관 명칭으로 옳은 순서대로 바르게 짝지은 것은? (2019, 서울시)

- (㉠)은(는) 빈곤과 고통의 원인이 주로 환경적 요인에 있다고 보고 주택, 공중보건, 고용 착취 등을 개선하기 위한 활동을 하였다.
- (㉡)은(는) 빈곤과 고통의 원인이 도덕적 실패에 있다고 보고 클라이언트의 상황에 대한 철저한 조사와 평가를 기초로 원조를 제공하고자 하였다.

① ㉠ 사회사업협회, ㉡ 인보관
② ㉠ 자선조직협회, ㉡ 인보관
③ ㉠ 사회사업협회, ㉡ 자선조직협회
④ ㉠ 인보관, ㉡ 자선조직협회

해설

인보관과 자선조직협회 〈 정답 ④ 〉

上·中·下

02) 1601년 엘리자베스 빈민법에 대한 설명으로 옳지 않은 것은? (2017, 지방직)

① 노동능력에 따라 빈민을 구분하고 차등적으로 처우하였다.
② 빈민구제를 국가책임으로 인정하였다.
③ 빈민구제를 담당하는 행정기관을 설립하고 구빈세를 부과하였다.
④ 구빈수급자의 구제수준은 최하층 노동자의 생활수준보다 높지 않아야 한다는 원칙을 확립하였다.

해설

구빈수급자의 구제수준은 최하층 노동자의 생활수준보다 높지 않아야 한다는 원칙, 즉 열등처우의 원칙은 개정 빈민법(1834)에 의해 확립되었다.

〈 정답 ④ 〉

제3장 사회복지정책의 이해

제1절 사회복지정책의 개념

1. 사회복지정책의 발전

1) 근대사회[18세기 중기(산업혁명이후~20세기 초)]: 사회복지정책의 시작

(1) 사회문제의 발생

① 소득격차 심화 등 사회문제 대두: 산업혁명 시작과 더불어 근대자본주의 제도가 시작되면서 자본가계층과 노동자계층이 분리되었으며 이들 간 소득격차의 심화 등 문제가 발생함

② 빈곤에 대한 사회적 책임: 빈곤이 사회적인 원인에 의해 발생하는 것이라는 철학이 등장하고, 이러한 문제에 대해서는 사회가 책임을 져야 한다는 사상과 함께 사회사업이라는 분야가 등장함

③ 국가책임의 대두: 이 시대의 사상적 흐름 중 자유방임주의 사조는 자유경쟁 하에서 궁핍의 책임은 그 개인에게 있다고 주장한 반면, 빈곤은 사회구조에 원인이 있으므로 국가가 책임을 져야 한다는 주장이 대립됨

(2) 제한적 구제제도

사회복지정책의 대상은 노동능력이 없는 자로 제한되었으며, 공공부조와 같은 제한적인 구제제도로 출발함

2) 현대 산업사회[20세기 중반(제2차 대전) 이후~현재]: 사회복지정책의 발전 · 재편 **

(1) 사회복지의 필요성 증가

자유방임을 기초로 했던 근대자본주의는 실업이나 경쟁에서 도태된 계층은 빈곤의 위기에 처하게 되었고, 급격한 산업화나 도시화의 과정에서 사회복지의 필요성은 더욱 증가됨

(2) 사회복지의 제도화

선진국을 중심으로 전 국민을 대상으로 하는 조직적이며, 계획적인 사회복지서비스가 실시

되기 시작함

제2절 사회복지정책의 발달이론

1. 사회양심이론(social conscience theory)

1) 주요 내용 **

① 사회적 양심의 증대가 사회복지의 발전을 가져오는 원동력이라고 보는 이론

② 타인의 고통을 해소하려는 개인의 이타적인 양심이 국가적 정책으로 표현되는 것

- 정부의 사회복지정책을 국가의 자선활동으로 간주함
- 국가의 복지활동을 동정주의적 관점으로 봄

③ 진화론적 관점에서 사회복지정책의 발달을 바라보고 있음

- 사회적 양심이 성장하고 국민들의 열악한 사회 · 경제적 상태가 알려지면 그것을 개선하기 위하여 사회정책이 발달한다고 봄

2) 베이커(Baker)의 사회양심이론 **

① 사회복지는 인간이면 누구나 가지고 있는 이타심이 국가를 통해 구체화된 것임

- 사회복지제도는 사회적 의무감의 확대와 사회적 욕구에 대한 국민들의 인식제고라는 두 요인에 의해 변화됨

② 사회복지의 변화는 누적적이며 균일하게 변화하지는 않지만 계속 발전하고 있음

- 현행 사회복지서비스는 지금까지의 것 중 최선의 것

③ 역사적으로 볼 때 현행 사회복지서비스가 완전한 것은 아닐지라도 사회복지의 주된 문제는 이미 해결되었다고 봄

④ 사회는 안정된 기반 위에 구축되어 있기 때문에 지속적인 발전을 기대할 수 있음

> **※ 요점 정리**
>
> • 사회적 양심의 증대가 사회복지의 발전을 가져오는 원동력이 되었다고 봄
>
> • 국가의 사회복지정책을 자선활동으로 간주함
>
> • 현재의 사회복지수준은 최고의 단계이며, 사회복지에 대한 전망은 낙관적임

2. 산업화이론(industrialization theory)

1) 주요 내용 ***

① 경제가 상당한 수준으로 발전하게 되면 사회복지도 유사한 형태로 수렴된다는 이론으로 수렴이론이라고도 함

② 경제발전론에 기반을 두고 있으며, 경제발전은 복지비의 지출에 필요한 자원을 확보해 줌으로써 복지실천을 가능하게 함

③ 선진 자본주의 국가의 사회복지가 유사할 뿐만 아니라 선진 사회주의 국가들 사이의 사회복지도 서로 유사해짐

④ 산업화는 경제성장과 함께 새로운 사회적 욕구를 유발시키며, 경제성장은 복지확충에 필요한 자원을 제공하고, 새로운 욕구는 새로운 복지프로그램을 등장시킴

⑤ 대표적인 학자: 윌렌스키(Wilensky)와 르보(Leveaux)

> ※ 요점 정리
> • 산업화는 새로운 욕구를 창출하고 이의 해결을 위해 사회복지의 확대가 불가피함
> • 기술개발에 필요한 환경구축의 하나로 사회복지가 활용되고 그러다 보면 각국의 사회복지가 비슷하게 됨

3. 확산이론(diffusion theory)

1) 주요 내용 ***

① 한 나라의 사회복지정책이 다른 나라에 영향을 미친다는 이론으로 전파이론이라고도 함

② 한 국가의 제도적 혁신은 인근 국가로 확산되고 동시에 선진국에서 후진국으로 관념과 기술이 이전된다고 봄

③ 유럽 국가들은 다른 선진국이나 비유럽 국가보다 먼저 사회보장프로그램을 구축하였으며, 더 많은 복지비를 지출하고 있는데 이는 지리적 원인에 기인한다고 봄

> ※ 요점 정리
> • 사회복지정책을 시행하는 주된 이유는 선진복지국가의 경험에 있으며, 이런 점에서

사회복지정책의 확대는 국제적 모방과정이라고 봄

- 유럽 국가들이 비유럽국가들보다 사회보장프로그램들을 먼저 구축한 것은 지리적 근접성에 기인한다고 봄

4. 시민권이론(citizenship theory)

1) 주요 내용

① 시민권은 산업혁명의 영향으로 성장한 시민이 봉건적 지배계급으로부터 자유 · 평등 · 박애를 쟁취하기 위한 시민혁명의 결과로서 쟁취하였다고 보는 이론

② 마샬(T. H. Marshall)은 시민권이론을 개념화하였으며, 시민권개념으로부터 사회복지정책의 출현을 설명함

2) 마샬의 시민권발달과정 ***

(1) 공민권은 18세기, 정치권은 19세기, 복지권은 20세기에 확립되었다고 봄

(2) 자본주의 사회에서 평등을 지향하는 복지권과 현실의 사회적 불평등이 양립한다고 봄

① 공민권: 법 앞에 개인의 자유와 평등을 보장. 즉 신체의 자유, 언론사상의 자유, 사유재산권, 정당한 계약의 권리 등 개인의 자유에 필요한 권리

② 정치권: 선거인으로서 정치권력의 행사에 참여할 수 있는 권리

③ 복지권(사회권): 최소한의 경제적 복지와 보장에 대한 권리로부터 사회적 유산을 공유, 사회의 통상적 기준에 따라 문명화된 삶을 향유할 수 있는 권리

예) 교육제도, 사회복지제도 등

※ 요점 정리

- 시민권이란 공동체의 성원에게 부여된 권리를 향유할 수 있는 지위를 말함
- 공민권은 18세기, 정치권은 19세기, 복지권은 20세기에 확립되었음
- 복지권은 평등을 지향하는 시민권 이념과 현실의 사회적 불평등을 양립할 수 있게 함

5. 이익집단이론(다원주의이론)

1) 주요 내용 ***

① 이익집단들의 노력에 의해 사회복지정책이 발달되었다고 보며 다원주의이론이라고도 함

② 이익집단은 공통의 목적을 가지고 공공정책에 영향을 미치기 위해 노력하는 개인들의 조직체임

③ 이익집단은 계급이나 직능을 넘어 연령, 언어, 종교를 중심으로 결성되기도 함

④ 다양한 이익집단들의 이익상충을 조정하는 데 있어 정부의 중립적인 역할이 중요시 됨

> **※ 요점 정리**
>
> • 사회복지정책을 이익집단들 간의 갈등과 타협의 산물로 간주함
>
> • 다양한 이익집단들의 상충된 이익을 조정하는 정부의 중립적인 역할이 중요시 됨

6. 권력자원이론

1) 주요 내용 ***

① 노동자계급의 정치적 세력이 확대되면 그 결과로 사회복지가 발전된다고 보는 이론

② 사회복지는 노동자들의 계급투쟁에서 쟁취한 성과물이라고 봄

③ 노동자계급들이 복지국가체제를 수호할 뿐만 아니라 점진적으로 자본주의를 개혁하는 방향으로 권력자원이 될 수 있다고 봄

④ 노동자계급의 지지를 받는 사회민주주의 복지체제는 완전고용, 무상의료, 무상교육제도, 노동의 탈상품화를 통한 연금제도 등을 확립하였음

7. 음모이론(conspiracy theory)

1) 주요 내용 **

① 사회복지정책에는 기득권 유지와 사회의 안정을 위해 사회통제를 목적으로 한 음모가 서려 있다고 보며 사회통제이론이라고도 함

② 사회양심론과 정반대의 입장으로 미국의 사회복지 발달은 중산층계급의 자비심에서 나온

것이 아니라 빈민을 통제하기 위해 공적 사회복지제도를 사용하였다는 논리를 전개함

③ 갈등기 또는 정권교체기에 등장하는 사회복지정책이 정당성의 확보 또는 정치권의 재생산을 위해 도입 · 확대되는 사실을 설명할 수 있음

④ 비스마르크의 사회보험 실시: 노동자들의 사회운동을 저지하기 위함

⑤ 대표적인 학자: 피븐(piven), 클로와드(cloward)

> ※ **요점 정리**
> - 지배계급이 빈민을 통제하기 위해 사회복지제도를 이용한다고 봄
> - 사회복지정책은 사회적 무질서를 해결하고 노동규범을 강제하기 위한 억압정책

8. 종속이론(dependency theory)

1) 주요 내용 *

① 종속이론은 제2차 세계대전 이후 식민국가들의 복지제도 변천을 설명하려는 이론

② 식민국가가 종주국의 이익에 도움이 되는 방향으로 운영되었고, 그 제도가 독립 이후에도 그대로 모방되거나 유지되는 현상을 설명함

③ 강대국들이 약소국가인 식민지 약탈을 합리화시키기 위한 이론으로 비판받고 있음

9. 국가중심이론

1) 주요 내용 **

① 사회복지정책을 독립된 주체인 국가가 스스로 문제를 인식하고 해결하려는 노력의 산물로 파악하는 이론

② 사회복지의 수요적인 측면보다 공급자로서의 국가 관료조직의 역할을 가장 중시함

③ 국가 관료들의 자기이익 추구행위가 복지국가 발전을 가져온다고 봄

> ※ **요점 정리**
> - 사회복지정책은 특정집단의 요구를 반영한 것이 아니라 국가가 스스로 문제를 인식

하고 해결하려는 노력의 산물로 인식함
- 사회문제를 발견하고 그 해결책을 찾아 수행하는 관료조직의 역할을 가장 중시함
- 사회적 쟁점과 그 해결책은 점차 복잡해지는 경향이 있으며, 정치인과 이익집단의 역할은 약화되는 반면에 관료와 전문가의 역할은 더욱더 중요해진다고 봄

제3절 사회복지정책의 이념

1. 자유방임주의

1) 개념

① 개인의 경제활동의 자유를 최대한 보장, 국가의 간섭을 가능한 배제하려는 경제사상
② 18세기 중기의 근대자본주의의 기본정책으로 고전경제학파가 체계를 세움
③ A. 스미스, T. R. 맬서스, D. 리카도 등 고전경제학파가 주장함

2) 구빈법과 자유방임주의 등장 **

① 1601년 엘리자베스 빈민법(The Poor Law)은 사회복지정책의 역사로 볼 수 있음
② 구빈정책은 사회 전체의 사회복지보다는 절대군주의 자기지배의 정당성을 위한 억압적 온정주의를 바탕으로 시행됨

3) 자유방임주의 쇠퇴와 복지국가 등장 ***

① 18~19세기 사상인 자유방임주의는 최소한의 국가기능이 최대한의 자유를 보장한다는 논리 아래 정부에 대한 각종 제재 장치를 통해 국가의 불간섭 원칙을 강조함(작은 정부선호)
② 기술문명과 복잡한 산업사회는 빈곤의 만연, 노사대립, 가진자의 착취, 경제공황 등 많은 사회문제가 발생함
③ 노동자의 비참한 생활을 게으름의 소산으로만 돌리고, 피지배층에 대한 책임을 저버린 자유방임주의에 대하여 비판함
④ 안정된 국민생활을 위해 국가의 보호와 간섭이 필요하다는 목소리가 높아지면서 복지국가의 개념이 등장하게 됨
⑤ 자유방임주의의 '보이지 않는 손'에 의한 자동조절작용은 상실되고, 정부의 시장개입을

선언한 케인즈(J. M. Keynes)주의 복지국가시대가 도래하게 됨

2. 케인즈주의(Keynesism)

1) 개념: 사회정책 〉 경제정책 ***

① 수정자본주의, 소극적 집합주의, 국가개입주의라고도 함

② 자유방임주의를 비판, 1929년 세계대공황 이후 사회복지정책 확대시기의 논리가 됨

③ 시장의 무정부성이 초래한 세계 대공황기에 국가에 의한 적극적 시장개입을 강조함

④ 사회복지정책은 자본주의를 보호하기 위한 훌륭한 장치로 간주함

2) 유효수요의 원리 ***

① 고용이 증가하면 소득이 증가하고, 소득이 증가하면 소비행위 즉 유효수요가 증가함

② 유효수요의 원리에 입각하여 경기순환을 안정시키고 완전고용을 실현하기 위해서는 국가의 적극적 개입이 필요하다고 주장함

③ 국가는 공공사업을 일으켜 정부지출을 증대시키고, 조세를 감면해 주는 등 적극적인 재정정책이 필요하다고 주장함

3) 케인즈주의 쇠퇴와 신자유주의 등장 ***

① 세계대공황(1929) 이후 엄청난 영향을 미친 수정자본주의와 국가개입주의는 1973년과 1979년 2차에 걸친 오일쇼크와 스태그플레이션으로 무너지고 말았음

② 장기적인 스태그플레이션은 케인즈주의 이론에 기반한 경제정책이 실패한 결과라고 지적하며 대두된 것이 신자유주의 이론임

※ 요점 정리

- 고용이 증가하면 소득이 증가하고, 소득이 증가하면 유효수요가 증가함
- 유효수요가 감소하면 경기불황을 가져오고, 소득이 감소하며 실업은 증가함
- 유효수요의 증대를 위해 사회복지정책이 필요함
- 사회적 불평등을 완화하기 위해 사회복지정책이 필요함
- 사회복지정책은 자본주의를 보호하기 위한 훌륭한 장치라고 봄

3. 신자유주의(신보수주의)

1) 개념: 경제정책 〉 사회정책 ***

① 신자유주의와 신보수주의는 모두 넓은 의미의 신우파에 속하는 이념으로 시장적 자유와 개인의 사적 소유권을 절대적 가치로 봄

② 국가의 개입이 최소화되고, 개인의 자유가 중심이 된 사회체계를 지향하는 사상

③ 1970년대 초 복지국가 위기의 현상으로 국가 재정의 적자누적, 경제성장의 둔화 등이 나타나면서 새롭게 영향력을 얻게 된 사상

④ 복지국가에서 발생한 여러 문제를 해결하기 위해 공공지출의 축소를 주장함

⑤ 시장의 경쟁력을 높이기 위해 국가개입의 축소, 사회보장제도의 축소, 국영기업의 민영화 등을 주장함

2) 등장배경 ****

① 1980년대 이후 기업 활동에 대한 정부규제의 완화, 시장원리의 활성화로 경제를 회복시키자는 신자유주의 · 신보수주의의 주장이 힘을 얻어가면서 미국의 레이건대통령, 영국의 대처수상 등이 이러한 사상을 기반으로 집권하게 됨

② 시장상황과 기술혁신에 기업이 유연하게 적응하여 경쟁력을 발휘하기 위해서는 신속한 의사결정과 유연한 노동력의 관리가 필요하다고 주장함

③ 노동자보호입법을 후퇴시키고 노조활동을 규제하고, 국민경제의 경쟁력 강화를 위해 복지국가의 축소가 반드시 필요하다고 주장함

④ 복지국가의 축소는 국가의 재정지출을 줄여 인플레를 약화시키고, 공공복지부문에 과다하게 투여된 인력과 자원을 민간경제로 돌려 건전한 성장을 유도할 수 있다고 주장함

⑤ 사회정책을 경제정책에 종속시키려는 시도를 하였음

⑥ 신자유주의와 신보수주의 사회정책의 주요 특징

- 정부의 역할 축소, 법인세 인하를 통한 기업경쟁력의 강화, 소극적 자유의 강조, 개인주의, 경쟁의 원리 등
- 사회보장제도의 개혁: 사회복지급여 지급조건의 강화, 사회복지급여 지급수준의 인하, 사회복지급여 지급기간의 단축 등

3) 복지국가에 대한 견해 ***

① 복지비를 줄여 기업에 대한 조세감면을 기하고, 복지자원을 꼭 필요한 사람에게만 집중시켜 효율성을 기해야 한다고 주장함

② 국가책임의 과잉은 개인의 책임의식, 가족과 공동체의 연대의식, 사적 자원의 가치를 약화시킨다고 봄

> **※ 요점 정리**
> - 신자유주의 이념은 반사회주의, 반노조주의, 반복지국가주의로 요약됨
> - 강력한 노동조합과 과도한 사회복지가 자본주의의 활력을 소진시켰음
> - 신자유주의에서 사회복지정책에 대한 대표적 전략은 민영화에 있음

4. 페이비언사회주의

1) 개념 ***

① 점진주의, 의회주의를 특징으로 하는 사회주의 이념으로서, 평등 · 자유 · 우애 · 민주주의 · 인도주의 · 집합주의가 지배적인 가치에 해당됨

② 사회적 선(善)을 추구하고 달성하는데 있어 국가가 매우 긍정적 역할을 수행한다고 봄

③ 자본주의를 극복의 대상으로 간주하며, 소득의 평등보다는 부(富)의 평등을 주장함

④ 평화적 · 점진적 방법으로 사회주의 지향, 계급전쟁보다 윤리주의, 공리주의를 더 중시함

⑤ 사회통합을 중시, 사회경제적 불평등에 뿌리를 둔 계급갈등은 사회통합의 가장 큰 적이며 불평등은 사회통합을 위해 완화되어야 한다고 주장함

2) 사회복지정책의 필요성

사회통합, 공동체의식의 강화, 이타주의 의식의 유지를 위함

> **※ 요점 정리**
> - 국가는 사회적 선을 추구하고 달성하는 데 매우 긍정적인 역할을 수행함
> - 계급전쟁보다는 윤리와 공리주의를 더 중시함
> - 사회통합을 중시하며, 불평등은 사회통합을 위해 완화되어야 함
> - 사회통합, 공동체의식의 강화, 이타주의 의식의 유지를 위해 사회복지정책이 필요함

5. 사회민주주의

1) 개념 ★★★★

① 마르크스주의에서 시작, 급진적 사회주의 혁명노선을 포기, 자본주의를 현실로 인정하며, 평등 · 자유 · 우애를 중심적 사회가치로 봄

② 의회와 선거정치를 통해 사회주의적 이상을 실현, 노동력의 탈상품화를 통한 노동계급의 단결과 연대성을 형성하고자 함

③ 핵심적 특징은 민주주의와 점진주의이며, 노동과 복지는 대립 · 배타적인 관계가 아니라 상호보완적인 관계로 봄

④ 사회전체의 높은 수준의 평등을 구현하기 위해 보편적인 복지서비스를 제공, 평화적이고 점진적으로 사회주의적 평등을 이루고자 함

⑤ 복지국가는 노동자계급을 대변하는 정치적 집단의 세력이 커질수록 발전한다고 봄

⑥ 복지국가 발전의 원인으로 강력하고 중앙집권화된 노동조합운동과 지속적인 사회민주주의의 정당의 집권을 중요한 요인으로 제시함

2) 사회민주주의 이론에 대한 평가

노동자계급이 아닌 보수주의자에 의해 복지프로그램이 도입된 국가들의 상황을 설명하기 어려워 북유럽 국가들에만 적합하다는 비판을 받고 있음

> **※ 코르피(Korpi)의 권력자원이론**
>
> • 노동자계급이 단결된 정치적 힘을 통해 권력자원을 동원할 경우 노동자 계급에게 유리한 방향으로 정책을 이끌어 갈 수 있음
>
> • 그 결과 획득한 승리의 전리품이 복지국가라고 보며, 노동자계급의 정치적 세력이 확대되면 사회복지가 발전한다고 주장하는 이론

6. 마르크스주의

1) 개념 ★★

① 자본주의는 노동자들에 의해 지양되어야 할 착취체제이며, 지배계급이나 부르주아 계급

의 장기적 이익에 봉사하는 도구로 봄

② 위로부터의 개량주의적 사회복지정책은 반대하였지만 노동자계급이 자주적으로 얻어내거나 내용적으로 진보적인 사회복지정책은 찬성함

③ 비스마르크의 사회보험은 그 내용이 노동자에 대한 동냥에 불과하다고 비판함

④ 사회주의자들은 사회보험에 대한 노동자들의 부담을 특히 반대하였으며, 국가와 자본가계급만의 부담을 요구함

⑤ 사회개량주의자(박애주의자, 인도주의자, 자선사업가)에 대해 매우 부정적 견해를 가짐

2) 마르크스주의자들의 견해

사회개량주의자들을 부르주아 사회주의자로 보았으며, 이들은 부르주아사회의 존립을 보장하기 위해 사회적 폐해를 단지 제거하고자 할 뿐이라고 비판함

※ 요점 정리

- 사회복지정책이 비록 노동자계급이나 빈민을 위한 것이라고 하더라도 자본주의 국가가 시행하는 한 구조적으로 부르주아 계급이익에 반하는 것이 될 수 없으므로 노동자계급은 이를 수용해서는 안 된다고 주장함
- 사회개량주의와 같은 보수적 사회주의는 부르주아 사회의 존립을 보장하기 위해 사회적 폐해만을 단지 제거하고자 할 뿐이라고 주장함
- 자본주의 국가의 사회복지정책은 노동자계급의 의식을 약화시키는 해독제에 불과하지만 계급투쟁을 통해 얻은 사회복지정책은 의미가 크다고 봄

7. 신(新)마르크스주의(Neo-Marxism)

1) 개념 ***

① 세계대공황과 두 차례의 세계대전 이후 국가의 역할변화, 복지국가의 등장에 따른 전통적인 마르크스주의를 수정한 이론으로 독점자본주의이론이라고도 함

② 국가를 자본가계급의 지배도구로 간주하는 전통적 마르크스주의를 지지하면서도 국가정책의 수행과정에서 어느 정도 자율성을 지닐 수 있음을 인정함

③ 독점자본의 필요성에 의해 복지국가가 등장하고 발전하였다고 보며, 복지국가의 위기와

재편의 필요성을 복지국가의 모순에서 찾고 있음

④ 이 모순은 독점자본주의 단계의 국가가 수행해야 할 기능인 자본축적과 정당화라는 모순적인 기능에서 비롯된다고 봄

2) 신마르크스주의 유형

① 도구주의적 관점: 국가는 자본가계급의 도구에 지나지 않기 때문에 주요한 복지정책은 자본가계급에 의해 제안되고 결정됨

② 구조주의적 관점: 국가는 자본주의 경제의 장기적인 안정과 강화를 위하여 어느 정도 자율성을 갖고 자본가 계급에 반하는 복지정책을 추진하며 또한 자본축적의 역할을 적극적으로 수행함

8. 조합주의(corporatism)

1) 개념 **

① 조합주의(코프라티즘)는 정부와 이익집단이 갖는 정책과정상의 역할분담에 대해 설명하는 것

② 과거 조합주의는 권위주의적 코프라티즘, 국가적 조합주의라 하며, 최근의 조합주의는 신조합주의, 자유주의적 조합주의, 사회적 조합주의라고도 함

2) 조합주의 유형 **

(1) 국가조합주의

① 국가가 통치 권력을 강화하기 위해 강제적으로 편성시킨 이익대표 체계

② 국가의 권위에 의해 위로부터 사회집단이 조직되고 이 집단들은 국가에 종속적 · 보조적 관계에 있음

(2) 신조합주의

① 1970년 석유파동으로 인해 자본주의적 고도성장의 종언과 국가의 경제적 위기에 대한 대응책으로서 중요한 이익집단을 국가의 정책결정과정에 참여시켜 위기를 극복하기 위한 이익대표 체계

② 국가의 이익집단에 대한 통제보다는 유인에 의해 협조를 이끌어내고, 이익집단은 자율적으로 국가에 협조하는 데 특징이 있음

예) 노동조합대표들을 정부정책과정에 참여시켜 고용과 복지문제를 해결하고자 하는 경우

〈 기출 등 주요 Key Word 〉

O X 문제

01) 인도주의 사상에 기초하여 이타주의와 사회적 책임성 맥락에서 사회복지제도의 발달을 설명한 것은 사회양심이론이다. (O/X)

02) 사회민주주의 이론은 복지국가는 노동자계급을 대변하는 정치적 집단의 세력이 커질수록 발전한다고 본다. (O/X)

03) 유효수요의 원리는 고용이 증가하면 소득이 증가하고, 소득이 증가하면 소비행위 즉, 유효수요가 증가한다고 보는 이론이다. (O/X)

04) 자유민주주의 복지체제에서는 선별주의와 자조의 원칙에 따라 탈상품화 효과가 최소화된다. (O/X)

05) 신우파는 반집합주의의 성향을 갖고 있으며, 평등을 최고의 가치로 여긴다. (O/X)

06) 산업화이론(수렴이론)은 경제가 상당한 수준으로 발전하게 되면 사회복지도 유사한 형태로 수렴된다고 본다. (O/X)

07) 페이비언사회주의는 점진주의, 의회주의를 특징으로 하는 사회주의 이념으로서, 평등 · 자유 · 우애 · 민주주의 · 인도주의 · 집합주의가 지배적인 가치이다. (O/X)

08) 사회민주주의는 기회와 소득에서의 불평등을 인정하지 않고 결과의 평등을 강조한다. (O/X)

09) 마르크스주의는 자본주의를 노동자들에 의해 지양되어야 할 착취체제이며, 지배계급이나 부르주아 계급의 장기적 이익에 봉사하는 도구로 본다. (O/X)

10) 마샬은 시민권의 발달과정에서 공민권은 18세기, 정치권은 19세기, 복지권은 20세기에 확립되었다고 보았다. (O/X)

Answer **틀린 문제(5, 8) 해설**

05) 신우파는 반집합주의의 성향을 갖고 있지만, 평등을 최고의 가치로 여기는 사상은 사회민주주의의 이념이다.

08) 사회민주주의에서 말하는 평등의 개념은 과도한 불평등의 감소를 의미하며, 사회주의에서는 결과의 평등을 강조한다.

기출문제

上 · 中 · 下

01) 복지국가의 발달을 설명하는 이론 중 아래 표의 주장과 가장 밀접한 이론은?

(2019, 서울시)

노동자계급을 대변하는 정치적 집단의 정치적 세력이 커질수록 복지국가가 발전한다.

① 국가중심적 이론　　② 이익집단적 정치이론

③ 산업화 이론　　④ 사회민주주의 이론

해설

사회민주주의 이론은 복지국가는 노동자계급을 대변하는 정치적 집단의 세력이 커질수록 발전한다고 본다.

〈 정답 ④ 〉

上 · 中 · 下

02) 사회복지이론 및 사상에 대한 설명으로 옳은 것은? (2019, 지방직)

① 로버트 노직(Robert Nozick)은 국가가 적극적으로 나서서 국민의 생활과 자유를 보장해야 한다고 주장했다.

② 사회민주주의자들은 개인이 국가의 규제로부터 벗어나 자유를 누리는 것이 정의로운 사회라고 주장했다.

③ 존 롤스(John Rawls)는 정의론에서 모든 사람은 다른 사람의 자유와 충동되지 않는 한 기본적 자유에 대해 동등한 권리를 갖는다는 평등한 자유의 원칙을 제시했다.

④ 마르크스주의는 사회민주주의를 노동계급을 착취하고 소외시키는 비 인간적인체제로 보았다.

해설　오답노트

① 로버트 노직(Robert Nozick)은 자유지상주의자로서 롤즈의 정의론에 대한 비판적 입장이며 최소한의 국가를 강조하였다.

② 개인이 국가의 규제로부터 벗어나 자유를 누리는 것이 정의로운 사회라고 주장하는 것은 신자유주의이다.

④ 마르크스주의자들이 노동계급을 착취하고 소외시키는 비 인간적인체제로 본 것은 자본주의이다.

〈 정답 ③ 〉

제4장 복지국가의 발달

제1절 복지국가의 형성(1920~1940년대): 세계대공황이후~제2차 세계대전 종료

1. 복지국가의 성립배경 및 필요성: 사회보장법, 베버리지보고서

1) 복지국가의 성립배경 ***

① 복지국가의 용어: 영국의 켄터베리 대주교 윌리엄 템플이 자신의 저서 "시민과 성직자"에서 가장 먼저 사용, 나치 독일을 '무력국가', 영국을 '복지국가'로 비교한 것에서 비롯됨

② 산업혁명 이후 개인주의에 근거한 사유재산과 시장경쟁은 자본주의의 기본원리이며, 시장경제에 국가가 개입하지 않는 자유방임주의가 확립됨

③ 자유방임주의는 독점이라는 모순을 드러내면서 '시장의 실패'가 심화되어 국가가 국민경제과정에의 개입이 정당화되기 시작함

④ 미국은 1929년 세계대공황으로 케인즈의 혼합경제논리가 받아들여져 복지국가의 기틀이 마련됨

2) 사회복지의 시장실패(시장체계의 비효율성) ***

시장시스템의 문제가 발생하여 시장이 효율성을 달성하지 못하게 되면 정부가 경제와 사회의 기능을 회복할 수 있도록 개입하게 되는 상황을 말하며, 시장의 실패는 정부가 복지를 제공하는 주체가 되어야 한다는 논리를 제공하였음

(1) 공공재공급의 실패

① 공공재는 재화를 소비하는 데 있어 비경합성, 비배타성, 비분할성 등을 지니는 특성을 지닌 재화이며, 시장의 실패를 보여주는 대표적인 사례임

② 공공재는 무임승차의 문제 등 시장이 공공재를 제대로 제공할 수 없어 정부가 제공하여야 한다고 봄

③ 사회복지의 재화나 서비스는 공공재의 성격을 지니고 있으므로 그에 대한 혜택을 사회구

성원 모두가 누릴 수 있게 됨

(2) 외부효과(긍정적 외부효과)

① 어떤 경제활동이 다른 사람에게 의도하지 않은 혜택을 주면서 이에 대한 대가나 비용을 지불하지도 않는 상태를 말함, 외부효과는 공공재에 많이 나타나고 있음

- 긍정적 외부효과: A지역에 복지인프라를 확충하면 A지역뿐만 아니라 다른 지역에서도 복지서비스혜택을 받을 수 있는 긍정적 외부효과가 나타남

② 사회복지재화나 서비스는 긍정적인 외부효과를 많이 가져오기 때문에 시장에서 제공되기는 어려우므로 정부가 공공재로서 모든 국민에게 제공할 수밖에 없음

(3) 불완전한 정보(정보의 비대칭성)

① 어떤 재화나 서비스에 관해 충분한 정보를 가지고 있지 않을 때는 소비자에게 필요한 재화나 서비스가 시장에서 배분되더라도 비효율적으로 배분될 가능성이 큼

② 특정한 사회복지재화나 서비스는 불완전한 정보의 문제를 가지기 때문에 이런 재화나 서비스는 정부가 주도해서 제공하는 것이 사회적으로 더 효율적이라고 봄

(4) 도덕적 해이

① 보험가입자가 위험발생의 예방 · 회피하는 행위를 적게 하여 위험발생이 높아지는 현상을 말하며, 실업보험과 건강보험의 경우 도덕적 해이현상이 나타날 수 있음

② 예방 대책: 실업급여 지급요건 강화, 건강보험의 본인부담금 제도, 조건부수급자제도 등

(5) 역의 선택

① 정보력을 많이 가진 집단이 정보의 왜곡이나 오류를 통해 이익을 취하는 행위를 말하며, 보험금을 받을 가능성이 높은 사람들이 해당 보험을 집중적으로 가입하게 되는 현상이 나타날 수 있음

② 예방 대책: 강제보험(사회보험)의 실시, 충분한 정보의 사전제공 등

(6) 규모의 경제

① 규모를 확대할 경우 비용측면에서 저렴한 비용으로 재화와 서비스를 공급할 수 있음

② 정부가 민간에 비해 상대적으로 더 낮은 가격으로 재화와 서비스를 공급할 수 있음

예) 국민연금, 건강보험, 고용보험, 산업재해보상보험 등 사회보험 실시

(7) 소득분배의 불공평성

① 소득분배문제를 시장경제체제에만 전적으로 맡겨둘 경우 소득의 편중현상이 심화됨
② 정부가 공공부조나 조세정책 등을 통해 소득분배의 불평등을 완화할 필요성이 있음

3) 복지제공에서 국가개입의 필요성

서구 대부분의 복지국가에서 사회복지정책들이 국가(공공부문)에 의하여 주도되고 있는 이유는 사회복지가 추구하는 평등, 자유, 적절성 등의 가치를 달성하기 위해 필요할 뿐만 아니라 국가가 직접 제공하는 것이 시장에서의 복지에 대한 비효율성(시장실패)을 줄일 수 있기 때문임

2. 미국의 경제대공황과 사회보장

1) 미국의 경제대공황 ***

(1) 경제대공황

① 1929년에 시작된 대공황으로 기업과 은행의 도산, 대량실업의 발생으로 국민들의 생존권이 심각하게 위협받고 있었지만, 이에 대한 국가의 사회보장적 대응책은 매우 미약함
② 1933년 프랭클린 루즈벨트가 미국의 제32대 대통령으로 취임하면서 새로운 전환기가 됨

(2) 루즈벨트 대통령의 대응

① 뉴딜(New Deal)정책을 통해 실업자를 위한 지출과 공공사업시행 등 정책으로 대 전환함
② 연방구호법의 제정(1933), 사회보장법의 제정(1935)은 현재 미국의 공공사회복지체계의 기초가 됨

2) 사회보장법(1935) ***

(1) 미국 최초의 전국적인 복지프로그램이며 광의의 사회보장 용어와 범위가 최초로 제시됨

① 사회보험프로그램: 노령연금(연방운영), 실업보험(연방재정지원, 주정부운영)

② 공공부조프로그램: 노령부조, 요보호맹인부조, 요보호아동부조 등(연방재정지원, 주정부운영)
③ 보건 및 복지서비스 프로그램: 모자보건서비스, 지체장애아동, 아동복지서비스, 직업재활 및 공중보건서비스 등(연방재정지원, 주정부운영)

(2) 케인즈식 국가개입주의 반영, 사회복지에 대한 연방정부의 책임 확대, 대공황으로 인한 사회문제 확산이 법제정의 계기가 됨

3. 영국의 베버리지보고서

1) 베버리지위원회

영국노총이 연립정부의 제2차 대전 후 사회재건에 대한 책임을 지고 있던 노동장관 그린우드에게 권고, 1941년 6월 창설, 1942년 11월에 베버리지보고서가 발표됨

2) 베버리지보고서의 주요내용 ***

(1) 베버리지보고서의 핵심이념

① 보편주의: 모든 시민을 포함, 동일한 급여를 제공하며, 빈민에 대한 자산조사의 낙인을 없애자는 것과 평등정신을 주장함
② 국민최저: 사회보험의 급여가 기본적 욕구만을 충족, 그 이상은 개인 · 가족의 책임, 국민최저의 원칙을 통해 시민의 자조관념을 유지토록 함

(2) 사회보장의 3대 전제조건

① 완전고용: 대량실업이나 장기적인 실업이 없어야 함
② 포괄적인 보건서비스: 전 국민의 질병예방 · 치료, 건강한 노동력 확보를 위해 보편적 · 포괄적인 보건서비스 제공이 필요함
③ 보편적인 가족수당: 국민 최저선을 위해서는 가족의 수를 고려해야 함

(3) 운영의 6대 기본원칙

① 기여의 균일화(균일기여/ 균일갹출): 소득, 계층 등과 관계없이 모두가 똑같이 부담함

② 급여의 균일화(균일급여): 어떤 상황에서도 똑같은 급여를 지급함

③ 급여의 적절성: 국민의 최저생활 보장, 적절한 시기에 급여를 지급함

④ 대상의 분류화: 노인, 아동, 자영자, 피용자, 주부, 무직자 등 6가지로 범주화함

⑤ 행정의 통합화: 사회보험을 하나의 통일체계로 통합, 행정비용의 낭비를 최소화함

⑥ 적용범위의 포괄화: 사회보험의 적용대상 및 욕구를 포괄적으로 적용함

(4) 베버리지보고서의 영향

① 베버리지보고서를 근거로 사회보장청 설치(1944), 그 후 가족수당법, 국민보건서비스법, 국민부조법(1948) 등이 제정 또는 개정됨

② 이러한 법과 제도들로 인하여 긴 역사를 지녔던 구빈법은 마침내 소멸되고, '요람에서 무덤까지' 의 사회보장체계가 정비됨

※ 국가재건을 위한 5대사회악 척결: 결핍, 질병, 무지, 불결, 나태

제2절 복지국가의 확장(1945~1970년대 중반): 보편주의 확대, 사회민주주의(제1의 길)

1) 복지국가의 확장 배경

① 정치적으로는 복지국가에 대한 대중적 지지

② 경제적으로 수정자본주의 경제의 급속한 성장

③ 사회연대의식의 확대

④ 국가, 자본, 노동의 3자 협약(코프라티즘:corporatism)

2) 복지국가의 주요변화 ***

(1) 복지국가의 의의

① 시민의 복지를 위해 모든 사회 · 경제적 서비스를 제공함

② 제2차 세계대전 이후 '요람에서 무덤까지' 의 보장을 지향함

③ 최저수준의 보장, 사회적 위험의 감소, 복지수준의 적정성과 보편주의를 추구함

(2) 확장기의 주요 변화

① 모든 국민의 사회적 욕구를 하나의 권리로 보장하는 보편주의적인 복지국가의 탄생

② 정부역할이 확대되면서 국가부문의 확대는 관료 및 행정기구의 평창과 비효율성의 초래

③ 경제적 번영과 더불어 화해적 정치구조가 지속되면서 경제성장, 완전고용이 달성됨

④ 요보호자뿐만 아니라 중산층을 포함한 전 국민에 대한 보편적 복지제도기반이 마련됨

(3) 확장기의 특징

① 복지제도의 포괄성: 다양한 욕구와 사회적 위험에 대비한 프로그램의 제공
   - 소득보장, 건강보장, 주택정책 등 다양한 프로그램의 실시

② 복지대상의 보편성: 저소득층뿐만 아니라 중산층까지 대상범위의 확대

③ 복지서비스의 확대: 최저생계비의 보장, 사회보험급여수준의 향상 등

제3절 복지국가의 위기와 재편(1970년대 말~현재)

1. 복지국가의 위기: 선별주의 회귀, 신자유주의(제2의 길)

1) 복지국가 위기의 발생 ***

① 1973년, 1979년 오일쇼크로 인한 경제불황은 제2차 세계대전 이후 30여년간 지속된 복지국가의 안정체계를 뒤흔드는 결정적인 계기가 됨

② 경제위기로 1970년대에 인플레션과 실업이 동시에 결합된 스태그플레이션의 확산

③ 1950년대부터 시작한 국가, 자본, 노동 간의 화해적 정치구조의 균열

④ 포디즘(fordism)적인 소품종 대량생산체계에서 포스트포디즘(psot-fordism)적인 다품종 소량생산체계로 전환되면서 근로자들과 기업의 분산 가속화

2) 복지국가 위기의 결과

① 1979년 영국 보수당의 대처정부, 1980년 미국 공화당의 레이건정부가 집권함

② 이들 정권은 복지국가를 유지하기 위한 복지지출은 인플레이션 야기, 산업경쟁력 저하, 구조적 실업을 양산한다고 주장하고 사회복지정책에 대해 매우 비판적임

> ※ **복지국가 위기의 주요 원인**
> - 석유파동, 스태그플레이션의 심화, 신자유주의 및 신보수주의 이념 확산
> - 정부 복지비의 과대부담 및 재정위기, 관료 및 행정기구의 팽창과 비효율성
> - 노 · 사 · 정 3자간 화해구조의 균열, 혼합경제와 포디즘적 생산체제의 붕괴 등

3) 보수당 정권의 개혁 ***

(1) 대처리즘(영국, 대처 정부)

① 비효율적인 국영기업을 민영화하고, 정부의 복지예산을 줄이고 규모를 축소함

② 기업에 대해 세금을 줄이고 노동의 유연성을 확보해 경영환경을 개선시킴

③ 개혁의 주요 내용

- 복지를 위한 공공지출의 삭감과 세금인하, 국영기업의 민영화, 노동조합의 합동규제
- 철저한 통화정책에 입각한 인플레이션 억제, 기업과 민간의 자유로운 활동보장
- 외환관리의 규제완화와 빅뱅(big bang) 등을 통한 금융시장의 활성화 등

(2) 레이거노믹스(미국, 레이건 정부)

① '강한 미국' 을 주장하면서 복지예산을 대폭 축소함

② 기업에 대해 세금감면 등을 통해 시장을 활성화함

② 자유시장 메커니즘으로 돌아가 생산과 소비의 자동조절기능을 강화함

2. 복지국가의 재편: 에스핑-엔드슨의 재편방식, 제3의 길 등

1) 1980년대 이후의 변화 ***

(1) 복지수급요건의 강화

① 장애심사를 엄격히 하거나 기존의 장애인을 재심사하여 장애등급을 낮춤으로써 장애급여를 축소하거나 제한하는 경우

② 연금의 완전급여를 받을 수 있는 퇴직연령을 상향 조정하는 경우

③ 질병수당 또는 실업보험의 대기기간을 연장하는 경우

(2) 급여수준(소득대체율)의 하향조정

– 미국의 AFDC프로그램도 1970년에 비해 1996년에는 급여수준이 절반으로 감소됨

(3) 급여기간의 단축

① 실업자에 대한 실업급여기간을 단축하는 것이 가장 전형적인 방법임

② AFDC 프로그램은 연방정부 재원에 의한 수급기간을 평생에 걸쳐 5년 이내로 제한함

(4) 수급조건의 부과

① 다양한 형태의 노동을 요구하는 Workfare

② 일정 수준의 교육이수를 요구하는 Learnfare

③ 적극적 구직활동을 요구하는 Active Labor Market Policy

2) 새로운 체제변화(1990년대 이후) ***

① 대량생산과 대량소비, 근대적 문화규범과 국가복지급여 등을 특징으로 하는 포드주의적 체제의 위기초래

② 성장과 고용 · 복지를 동시에 추구해 온 케인즈주의적 복지국가의 기반을 동요시켰음

③ 포스트 포디즘적 유연체제 구축: 다품종 소량생산, 신보주주의(신자유주의) 확산, 노동의 유연성강조, 국가개입의 축소 등

3) 새로운 사회적 위험(New Social Risk) ***

① 전통적 산업사회에서 후기산업사회로 이행하면서 경제성장률의 둔화, 기술의 변화로 더 이상 제조업분야에서 안정된 일자리를 제공하지 못함

② 세계화 추세로 인한 노동의 유연화 촉진, 저출산과 노인부양비의 증가, 여성의 고용확대 등으로 인하여 새로운 위험이 발생하고 있음

③ 주요 등장배경 원인

– 맞벌이부부의 증가와 여성의 일 · 가정 양립문제의 대두

– 저출산 · 고령화로 인한 생산가능인구의 감소

– 노령인구의 증가로 노인부양 부담문제의 증가

– 탈산업화로 인해 제조업에서 서비스산업으로 구조변화

– 노동시장의 고용 불안정과 저임금노동자의 증가 등

4) 에스핑-엔더슨의 3가지 재편방식 ***

(1) 사회민주적 복지국가

이미 성공적으로 달성한 소득유지 프로그램을 바탕으로 한 적극적 노동시장정책, 사회서비스의 확대, 남녀평등을 중심으로 하는 생산주의적 복지정책 또는 사회투자전략을 통한 '스칸디나비아의 길' (스웨덴, 노르웨이 등)

(2) 자유주의적 복지국가

시장원칙에 대한 강조와 긴축재정, 국가복지의 축소, 탈규제화의 활성화를 통한 '신자유주의의 길' (미국, 영국, 뉴질랜드 등)

(3) 보수주의(조합주의)적 복지국가

사회보장수준을 유지하면서 노동공급의 감축을 유도하는 ' 노동 감축의 길' (독일, 이태리, 프랑스 등)

3. 제3의 길 및 사회투자국가

1) 제3의 길 ***

(1) 개념

① 실용주의적 중도좌파 노선, 영국의 사회학자 앤서니 기든스(anthony Giddens)가 사회민주주의 복지정책과 신자유주의 복지정책의 틀을 벗어난 새로운 복지패러다임으로 체계화함

② 영국의 노동당 당수 토니 블레어가 내건 슬로건, 제1의 길과 제2의 길을 지양한 노선

(2) 주요 내용

① 제1의 길: 고복지-고부담-저효율로 요약되는 사회민주주의적 복지국가 노선

② 제2의 길: 고효율-저부담-불평등으로 정리되는 신자유주의적 시장경제 노선

(3) 제3의 길이 강조한 개혁방향

① 근로와 복지의 연계(Workfare): '의존적 복지' 로부터 '자립형 복지' 로 전환하여 복지재정을 줄이고 이를 보건 · 교육 등에 투자함으로써 고용증대를 통한 자립과 개선된 공공서

비스라는 두 가지 성과를 이루고자 하는 복지를 추구함

② 사회복지공급주체의 다원화: 복지의 주체를 기존의 중앙정부 중심의 복지공급을 지양하고 지방정부, 비영리부문(제3부문), 기업 등으로 주체를 다양화함

③ 권리와 의무의 조화: 빈곤과 불평등에 대한 낡은 해결책으로는 안 되며, 권리와 의무 모두를 기반으로 하는 국가와 국민사이의 복지협약의 필요성을 주장함

④ 사회투자국가: 국민들에게 경제적 혜택을 직접 제공하기 보다는 인적 자원에 투자하는 복지국가로 재편하고자 함

2) 사회투자국가 ***

(1) 개념

① 영국의 사회학자 기든스(A. Giddens)가 세계화시대에 사회민주주의 소생의 유일한 길로 '제3의 길' 을 제시하면서 구체적 실천전략으로 제시한 국가모형

② 핵심은 복지가 갖는 투자적 성격, 생산적 성격을 강조하면서 복지와 성장, 사회정책과 경제정책의 상호보완성을 강조함

(2) 사회투자국가의 특징

① 복지지출은 명확한 수익을 낳는 것이어야 하며, 사회투자의 핵심은 인적 자본 및 사회적 자본에의 투자에 중점을 둠

② 사회보장의 소비적 지출은 선별적으로 제공함을 원칙으로 하며, 결과의 평등보다는 기회의 평등에 관심, 시민의 권리는 의무와 균형을 이루어야 함

③ 사례: 각국의 근로연계복지정책, 영국의 'Sure-Start' 프로그램, 한국의 'We-Start', 'Dream-Start' 프로그램 등

〈 기출 등 주요 Key Word 〉

O X 문제

01) '제3의 길'의 전략 개념은 기존의 중앙정부중심의 복지제공을 지향하고 복지다원주의를 지양한다. (O/X)

02) 베버리지보고서(1942)는 사회보험 6대원칙 중 하나로 소득에 관계없이 균일(정액)기여를 제안하였다. (O/X)

03) 저출산에 따른 생산가능인구의 감소로 인한 국가경쟁력의 하락은 신사회적 위험의 원인에 해당된다. (O/X)

04) 파생적 외부효과는 시장실패를 시정하려는 정부개입이 의도하지 않은 부작용을 초래하는 결과를 의미한다. (O/X)

05) 사회복지에 대한 국가개입의 근거로 사회복지 재화의 사유재적 성격 때문이다. (O/X)

06) 제3의 길에서 등장한 사회투자국가는 시장실패에 대한 사후 소득보장에 주력하기보다는 인적자원 개발에 대한 집중적인 투자를 강조하는 이론이다. (O/X)

07) 저출산 · 고령화 문제는 대표적인 신 사회적 위험이다. (O/X)

08) 스웨덴과 덴마크는 지속적 경제침체와 고실업의 위험에 대응하기 위해 적극적으로 공공 부문을 확대하였다. (O/X)

09) 독일과 프랑스는 내부시장을 강화하는 노동감축 방식을 통해 성장을 유지하고자 하였다. (O/X)

10) 베버리지보고서에서 주장한 사회보장의 전제조건은 완전고용, 가족수당, 포괄적 보건서비스이다. (O/X)

Answer **틀린 문제(1, 3, 5) 해설**

01) '제3의 길'의 전략 개념은 기존의 중앙정부 중심의 복지제공을 지양하고 복지다원주의를 지향한다.

03) 저출산에 따른 생산가능인구의 감소로 인한 국가경쟁력의 하락은 신사회적 위험으로 나타난 결과적 현상이다.

05) 사회복지 재화의 공공재적 성격 때문이다.

기출문제

上·中·下

01) 사회복지적 관점에서 볼 때 일반적으로 시장에서 재화들이 효율적으로 배분되기 위한 조건이 아닌 것은? (2019, 보호직)

① 재화의 거래에서 외부효과가 발생하지 말아야 한다.

② 위험의 발생이 상호의존적이어야 한다.

③ 역의 선택 현상이 나타나지 말아야 한다.

④ 재화에 대해 수요자와 공급자가 충분한 정보가 있어야 한다.

해설

시장실패가 나타나지 않는 조건에 대한 질문이며, 위험의 발생이 상호 독립적이어야 시장에서 재화들이 효율적으로 배분이 될 수 있다.

〈 정답 ② 〉

上·中·下

02) 앤서니 기든스(A. Giddens)가 이론적으로 체계화한 소위 '제3의 길' 이 추구하는 전략 개념에 해당하지 않는 것은? (2019, 보호직)

① 직접 급여의 제공보다는 인적자원의 투자를 강조한다.

② 복지다원주의 추구한다.

③ 국가에 대한 경제적 의존을 줄여 위험은 공동 부담하는 의식전환을 강조한다.

④ 중앙정부의 역할을 강화한다.

해설

'제3의 길' 의 전략 개념은 기존의 중앙정부 중심의 복지제공을 지양하고 복지다원주의 즉, 지방정부, 비영리부문, 기업, 민간 등도 복지공급의 주체가 되어야 한다고 주장하였다.

〈 정답 ④ 〉

제5장 사회복지정책의 분석틀

제1절 정책분석의 유형 및 기본틀

1. 사회복지정책의 분석유형

1) 과정(Process)분석: 사회복지정책의 형성과정 분석 **

① 정책이 왜, 어떻게 만들어졌는가? 즉 정책의 형성과정과 연관된 분석을 함

② 자료의 투입, 정부와 사회 내의 다양한 집단과의 관계와 상호작용이 정책형성에 어떻게 영향을 미치는가에 관심을 둠

③ 과정분석을 통하여 사회복지정책 형성에 영향을 주는 사회적 · 정치적 · 경제적 배경요인 등을 파악할 수 있으나 연구자의 가치가 개입될 소지가 있음

④ 정책결정과 관련된 정치적 · 기술적 투입을 파악하는 사례연구의 형태를 띠게 됨

2) 산출(Product)분석: 사회복지정책의 내용분석 ***

① 정책의 형성과정을 통해 선택된 산물인 정책의 내용을 분석함

② 선택에 초점, 과정을 통해 선택된 정책의 내용을 특정기준, 분석틀을 통해 분석함

③ 길버트&스펙트: 산출분석틀 개발, 4가지 선택차원(할당, 급여, 전달, 재원)을 고려함

3) 성과(Performance)분석: 사회복지정책의 결과분석 **

① 프로그램이 어떻게 잘 수행되었는가? 정책을 수행한 결과인 성과 및 영향 등을 분석함

② 과정분석 · 산출분석에 비해 분석대상이 명확함, 보다 객관적 구조적인 분석이 가능함

2. 사회복지정책의 분석틀 – 길버트(Gilbert)와 스펙트(Specht), 테렐(Terrell)

1) 할당체계: 급여대상(자격)

누가 급여를 받는가? 즉 누가 급여를 받고, 받을 자격이 있는지의 기준에 관한 것임

2) 급여체계: 급여종류

무엇을 급여하는가?, 즉 할당되는 사회적 급여의 형태에 관한 것임

3) 전달체계: 전달방법

어떤 방법으로 급여를 전달하는가?, 즉 급여를 전달하기 위한 전략에 관한 것임

4) 재정체계: 재원확보

어떻게 재원을 조달하는가?, 즉 급여에 필요한 재정을 확보하는 방법에 관한 것임

제2절 사회복지정책의 할당체계

1. 보편주의와 선별주의

1) 보편주의 ****

① 전 국민을 사회복지급여의 대상으로 함, 기본적 권리로서 사회복지서비스를 이용함

② 장점: 사회적 통합효과의 증대, 낙인감의 해소, 운영효율성이 높음

③ 단점: 경제적 효율성 및 비용효과성이 낮음, 목표(대상)효율성이 낮음

④ 보편주의자들의 관점

- 정부는 사회적 위험을 다루기 위해 적절한 역할을 수행하여야 한다고 봄
- 사회복지정책은 모든 구성원들이 겪는 일상적인 문제에 대해 적절하게 대응하는 것임
- 사회적 효과성의 가치 중시, 사회통합에 토대를 둔 사회프로그램이 정치적으로 유리함

2) 선별주의(선택주의) ****

① 급여대상자들을 사회적 · 신체적 · 교육적 기준 등에 따라 구분하여 복지서비스를 제공함

② 자산조사 실시 등 행정과정의 복잡, 수혜조건에 대한 조사과정이 수반됨

③ 장점: 자원낭비의 감소, 목표(대상)효율성이 높음, 경제적 효율성이 높음

④ 단점: 낙인감의 발생, 도덕적 해이 현상 초래, 사회적 효과성과 운영효율성이 낮음

2. 대상자 선정기준

1) 귀속적 욕구 ***

① 일정한 인구학적 조건만 갖추면 기여금이나 소득조사나 자산조사 없이 급여를 지급하는 제도, 사회수당 또는 데모그란트(Demogrant)라고도 함

예) 보편적 노령수당, 아동수당(가족수당), 국민보건서비스(영국) 등

※ 인구학적 기준: 출생, 사망, 결혼, 연령 등

② 수직적 재분배 효과는 낮으나 수평적 재분배 효과가 높음, 사회적 통합효과가 큼

③ 인구학적 조건과 더불어 다른 조건(소득, 재산 등)이 주어지는 경우

예) 우리나라의 기초연금

2) 기여조건 ***

① 사회보험의 가입대상자로서 요건, 일정 보험료를 납부한 사람을 대상으로 하는 경우

예) 국민연금, 건강보험, 산업재해보상보험, 고용보험, 노인장기요양보험 등

② 국가를 위해 순직하거나 부상당한 군인이나 경찰, 독립운동 유공자 등 사회에 특별한 공헌을 한 사람 및 그 유가족에게 급여자격이 주어지는 경우

예) 독립유공자, 국가유공자, 참전유공자 등 관련 수당

3) 등급분류 ***

① 신체, 정신적 손상을 입은 사람과 같이 특정 재화와 서비스가 필요한 개인을 대상

② 자격조건으로 기능별 전문가의 진단적 판단, 행정관료의 판단이 추가로 필요한 경우

예) 장애인연금, 장애수당

4) 자산조사 ***

① 기본적 욕구를 충족할 수 없는 사람들, 자산조사 등을 통해 급여자격을 부여함

② 선별주의 원칙에 부합, 공공부조프로그램의 자격을 결정하는 가장 중요한 기준임

③ 수직적 재분배 효과 매우 높음, 수급여부는 개인의 경제적 여건에 좌우됨

④ 자산조사는 국가나 프로그램에 따라 다양한 방법 적용, 단, 방법별 문제점이 발생함

- 소득범위: 소득조사를 할 때 어떤 것들을 소득에 포함시키느냐, 즉 근로소득과 자본소득 중 어디에 초점을 두느냐 하는 소득의 범위문제

- 자산유형: 일반적으로 사람들의 경제적 능력을 판단하는 방법으로 재산, 소득, 소비 중 어느 것에 초점을 맞추느냐의 문제

  예) 국민기초생활보장제도, 의료급여제도, 기초연금, 장애인연금, 긴급복지지원제도 등

제3절 사회복지정책의 급여체계

1. 현물급여와 현금급여

1) 현물급여 ***

(1) 현물급여의 의의

수급자에게 필요한 물품과 서비스를 직접 급여로 제공하는 형태임

예) 의료서비스, 교육서비스 등

(2) 현물급여의 장점

① 수급자들의 소비를 통제할 수 있어 정책의 목표효율성을 높일 수 있음

② 급여제공의 본래 목적대로 대상자에게 직접 전달될 수 있어 정치적으로 선호함

③ 규모의 경제를 이룰 수 있어 구입단가를 낮추어 급여를 값싸게 제공할 수 있음

(3) 현물급여의 단점

① 급여를 받는 사람의 선택권을 제약하며, 낙인(stigma)이 가해짐

② 물품의 구입 · 운반 · 관리 · 보관 등에 관리비용이 많이 소요됨

2) 현금급여 ****

(1) 현금급여의 의의

① 수급자가 필요한 재화나 서비스를 직접 시장에서 구입할 수 있도록 화폐형태로 지급함

② 사회보험프로그램과 공공부조프로그램을 통해 개인과 가족에게 직접 제공되는 자금

③ 개인의 자기결정권, 개인적 선택권을 강조함

예) 기초수급자의 생계급여, 주거급여 등

(2) 현금급여의 장점

① 행정과 관련된 비용을 절약할 수 있어 운영의 측면에서 효율적임

② 낙인이 없거나 적으며, 언제 어디서나 편리하게 사용할 수 있음

③ 소득의 부족으로 겪는 빈곤을 완화하기 위한 효율적인 수단

④ 소비자 주권의 측면에서 개인적인 효용성이 매우 높은 편

(3) 현금급여의 단점

① 원래의 목적이 아닌 용도 즉, 남용이나 오용의 문제가 발생할 수 있음

② 현금을 소비하는 시점에서 통제할 수가 없어 사회적 효용이 낮아질 수 있음

2. 증서와 사회서비스

1) 증서(Voucher) ****

(1) 증서(바우처)의 의의

① 정해진 용도 내에서 재화 · 서비스를 자유롭게 선택할 수 있는 일종의 이용권

② 현금급여와 현물급여의 중간적 형태로 두 급여의 장점을 절충하기 위한 급여

예) 식료품권(food stamp), 교육증서, 산모 및 신생아 · 아동 · 장애인 대상 바우처 등

(2) 증서(바우처)의 장점

① 소비자의 선택권을 보장하기도 하면서 어느 정도 사회적 통제를 할 수 있음

② 재화나 서비스의 공급자들 간 경쟁을 유발하여 질을 향상시킬 수 있음

③ 현물급여보다 소비자의 선택권에서 유리하며, 관리운영 비용이 적게 소요됨

④ 현물급여와 비슷한 효과의 발생, 정치적으로 선호될 수 있음

(3) 증서(바우처)의 단점

① 현금할인 등 사용자의 오 · 남용의 문제를 완전히 해결하지는 못함

② 서비스공급자가 특정 소비자를 선호하거나 증서의 회피현상이 발생할 수 있음

2) 사회서비스(Social Service) **

(1) 사회서비스의 의의

서비스로 제공되는 급여를 말하며, 개인상담 · 직업훈련 · 사례관리 · 보육서비스 등

(2) 사회서비스의 장 · 단점

① 장점: 클라이언트의 욕구에 개별적으로 대응할 수 있다는 점 등

② 단점: 그 자체가 즉각적인 시장가치를 부여할 수 없다는 점 등

> **※ 사회서비스 전자바우처제도(2007년 도입)**
> - 수요자 중심의 직접 지원방식으로 공급기관의 허위 · 부당청구 등 도덕적 해이를 최소화할 수 있음
> - 실시현황: 노인돌봄서비스, 장애인지원사업, 지역자율형 사회서비스 투자사업, 장애아동 지원사업 등

3. 기회와 권력

1) **기회**(Opportunity) **

(1) 기회의 의미

① 사회적으로 취약한 위치에 있는 집단이나 불평등한 처우를 받는 집단에게 유리한 기회를 제공하는 무형의 급여형태

② 기회의 사례

- 농어촌지역 학생, 장애인의 자녀, 기초수급자 자녀의 대학 특례입학 등
- 공공기관이나 대기업에 장애인 · 고령층 · 여성에 대한 고용할당 등

(2) 기회의 특징

① 부정적인 의미의 차별과 구별, 긍정적 차별 또는 차별시정조치라고 할 수 있음

② 긍정적 차별은 기회라는 형태의 급여를 통해 부정적 차별을 보상함

③ 오 · 남용의 가능성이 없는 급여, 결과의 평등을 보장하지는 않음

2) **권력**(Power) **

(1) 권력의 의의

① 재화나 자원을 통제할 수 있는 영향력을 재분배하는 것을 의미함

② 관련 의사결정기구에 특정 집단의 대표자 등이 참여하는 방법 등

예) 건강보험, 국민연금 가입자 대표의 의사결정기구 참여, 사회보장위원회에 기초생활 수급자대표의 참여 등

(2) 권력의 특징

① 정책을 결정하는 과정에 수급자들의 대표가 참여하여 그들의 입장을 반영함

② 지역사회조직사업을 통한 권력부여 등이 이루어질 수 있음

예) 장애인콜택시사업을 장애인단체 등에 위탁운영함

③ 형식적인 참여로 기득권자의 합리화수단으로 이용된다는 비난을 받기도 함

제4절 사회복지정책의 재정체계

1) 재원의 개념 및 종류 **

(1) 재원의 의미

① 재원은 정책을 집행하는데 쓰이는 재정자원을 말함

② 재원을 얼마나 확보할 수 있는가가 정책의 내용에 크게 영향을 미침

③ 경제성장의 둔화로 재원마련의 문제가 그 어느 때보다도 중요해지고 있음

(2) 재원의 종류

① 공공부문 재원: 일반세, 목적세인 사회보장성 조세, 조세지출(조세비용) 등

② 민간부문 재원: 서비스이용료, 자발적인 기부, 기업복지, 비공식부문의 이전재원 등

※ 복지다원주의에서는 다양한 재원을 혼합하여 사용하는 프로그램이 점차 증가함

2) 공공재원 ***

(1) 일반조세

① 다른 재원에 비해 사회복지정책이 추구하는 목표인 평등 · 소득재분배 정책에 용이함

② 강제적으로 부과되어 다른 재원에 비해 안정성과 지속성을 확보할 수 있음

③ 사용목적별 분류: 일반세, 목적세

④ 과세 주체별 분류: 국세, 지방세

⑤ 납세의무자와 담세자의 일치성 여부에 따른 분류: 직접세, 간접세

(2) 사회보험료(사회보장성 조세)

① 의의

- 사회보험을 위한 사용자, 근로자, 자영업자가 부담하는 보험료
- 공공부문의 재원으로 분류하는 이유: 국가에 의하여 강제로 부과 관리 · 운영
- 사회보험료는 근로자, 사용자, 자영업자가 실질적인 보험료의 주체가 됨

② 유용성: 강제가입을 통해서 '역 선택'의 문제점을 해결할 수 있고, 위험분산이나 규모의 경제 등 보험의 재정안정에 유리함

- 사회보험료는 사회보장급여에 대한 권리를 갖는 것으로 조세저항이 상대적으로 적기 때문에 정치적인 측면에서 유리함
- 사회보험료는 사용되는 용도가 비교적 명확하기 때문에 상대적으로 거부감이 적음

③ 역진성: 사회보험료는 모든 근로소득에 동률로 부과하나 자산소득(이자, 임대료, 주식배당금 등)에는 추가로 보험료가 부과되지 않기 때문에 자산소득이 많은 고소득층이 저소득층에 비해 부담이 상대적으로 적음

- 사회보험료에는 보험료 부과의 기준이 되는 소득의 상한액(ceiling)이 있어 고소득층이 상대적으로 유리함
- 개인소득세는 다양한 조세감면제도를 통하여 저소득층, 특히 저임금 근로자들의 부담을 줄여 줄 수 있으나, 사회보험료는 모든 근로소득에 부과하기 때문에 저소득층의 부담이 상대적으로 큼

(3) 조세비용(조세지출)

① 특정 집단에 조세를 감면 · 공제 · 면제 · 환불하여 주는 제도

② 수혜자는 정부로부터 지원을 받는 형태가 되며, 구매력을 증가시키는 효과가 발생함

③ 정부의 입장에서는 조세비용만큼 세수가 감소하고 그만큼 정부지출이 감소함

예) 조세의 면제 · 감면, 인적 공제, 근로소득 공제, 세액공제 등

④ 조세비용의 한계

- 저소득층은 과세대상에서 제외되는 경우 혜택을 받지 못하므로 소득역진성이 강함
- 소득이 높을수록 조세감면의 액수가 커짐, 고소득층에 유리함

3) 민간재원 **

(1) 민간재원의 구분

① 공식적 부문: 자발적 기여, 사용자 부담, 기업복지 등

② 비공식적 부문: 가족 · 친척 · 이웃 · 민간자선단체의 이전 재원 등

(2) 민간재원의 중요성

① 최근 복지국가 위기이후 정부재정의 압박으로 민영화를 강조함

② 민간부문의 재원이 매우 중요한 역할을 하고 있음

사회복지정책의 4가지 분석틀

선택차원	의미	선택의 대안
할당	수급자격(대상체계)	· 귀속적 욕구 · 사회적 공헌/사회적으로 부당하게 당한 손실에 대한 보상 · 전문가 판단에 의한 진단적 차별 · 개인, 가족의 자산상태에 따른 욕구
급여	급여종류(급여체계)	· 현금, 사회서비스, 물품, 증서, 기회, 권력 등
재정	재원확보(재정체계)	· 공공재원(사회보험료, 조세) · 민간재원(사용자 부담, 민간모금 등) · 공공 및 민간재원의 혼합
전달	전달방법(전달체계)	· 중앙집권 또는 지방분권/ 복수 또는 단수서비스 · 공공행정가 또는 민간행정가

조세와 사회보험료

조세	사회보험료
· 누진적이다.	· 역진적이다.
· 소득상한선이 없다.	· 소득상한선이 있어 고소득층에게 유리하다.
· 부담능력을 고려한다.	· 급여가치에 따라 부여한다.
· 소득재분배에 효과적이다.	· 이용자의 급여인상욕구를 조절할 수 있다.
· 평등의 가치구현에 효과적이다.	· 자산조사를 필요로 하지 않아 이용자로서의 권리를 부여한다.
· 재정운영에 있어 서비스프로그램 간 상호조정이 가능하다.	· 소득에서 원천징수하기 때문에 조세방식에 비해 행정비용이 절감된다.

조세의 누진성과 역진성

- **조세의 누진성(progressive)**

  경제적 능력이 클수록 세액이 높아지는 것이 아니라, 세율이 높아지는 조세를 의미함

  예) 소득세 등

- **조세의 역진성(regressive)**

  소득에 관계없이 동일한 세율을 적용하기 때문에 저소득층에게는 부담이 크게 되고, 고소득층에게는 부담이 적게 되는 것을 의미함

  예) 부가가치세 등

〈 기출 등 주요 Key Word 〉

O X 문제

01) 수익자 부담은 저소득층의 자기 존중감은 높이지만 고소득층에 비해 상대적으로 부담이 커져 필요한 서비스를 이용하는 데 경제적 어려움으로 이용이 억제될 수 있다. (O/X)

02) 수급자가 자신이 원하는 재화와 서비스를 선택할 수 있다는 측면에서 수급자의 효용이 극대화되는 것은 현금급여이다. (O/X)

03) 귀속적 욕구는 인구학적 기준(출생, 사망, 결혼, 연령 등)만으로 급여를 지급하는 것으로 사회수당 또는 데모그란트(Demogrant)라고도 한다. (O/X)

04) 개인적 선택권이 강한 급여형태는 현금급여, 바우처(증서), 현물급여 순이다. (O/X)

05) 정책목표에 적합한 방향으로 집중적으로 소비가 이루어 질 수 있는 것은 현금급여에 해당된다. (O/X)

06) 권력은 클라이언트 및 다른 사회적 약자 집단의 대표자들을 사회복지관련 기관의 이사로 선임하는 정책 등을 통하여 추구된다. (O/X)

07) 자산이나 욕구에 관계없이 특정 범주에 속한 모든 사람이 급여나 서비스를 받을 수 있음을 의미하는 것은 보편주의이다. (O/X)

08) 개인의 소득을 조사하는 데서 기인하는 비인간화 과정을 수반하는 것은 선별주의이다. 기여자와 수혜자를 구별하지 않아 사회통합에 더 효과적인 것은 보편주의이다. (O/X)

09) 최근에는 현금급여와 현물급여의 중간적인 성격인 바우처 방식과 기회 등으로 급여의 종류가 확대되고 있다. (O/X)

10) 시행과정에 많은 오 · 남용의 문제가 발생하여 목표효율성이 낮은 것은 현물급여에서 나타난다. (O/X)

Answer **틀린 문제(5, 10) 해설**

05) 정책목표에 적합한 방향으로 집중적으로 소비가 이루어 질 수 있는 것은 현물급여에 해당된다.

10) 시행과정에 많은 오 · 남용의 문제가 발생하여 목표효율성이 낮은 것은 현물급여보다는 현금급여에서 나타난다.

기출문제

上·中·下

01) 사회복지 재원의 특징에 대한 설명으로 옳지 않은 것은? (2019, 보호직)

① 일반조세를 재원으로 하는 사회복지정책은 안정성과 지속성을 갖는다.

② 모금은 사회복지공동모금회법을 근거로 공동모금제도를 실시하고 있다.

③ 사회보험료는 피보험자의 강제가입에 의해 납부되는 것이 원칙이다.

④ 수익자 부담은 저소득층의 자기존중감을 높여 서비스가 남용된다.

해설

수익자 부담은 저소득층의 자기존중감을 높이지만 고소득층에 비해 상대적으로 부담이 커져 필요한 서비스를 이용하는 데 경제적 어려움으로 이용이 억제될 수 있다.

〈 정답 ④ 〉

上·中·下

02) 사회복지정책 분석틀과 관련된 설명으로 가장 옳은 것은? (2019, 서울시)

① 할당이란 사회복지정책의 대상을 어떤 집단으로 할 것인가를 결정하는 것이다.

② 현물급여는 수급자가 자신이 원하는 재화와 서비스를 선택할 수 있다는 측면에서 수급자의 효용이 극대화된다.

③ 선별주의는 사회급여가 모든 국민에게 하나의 권리로 인정되게 하는 것이다.

④ 비우처는 정부조직을 통한 강제적 징수방법으로 보험의 원리에 의해 보험가입자가 납부하는 기여금을 의미한다.

해설 오답노트

② 수급자가 자신이 원하는 재화와 서비스를 선택할 수 있다는 측면에서 수급자의 효용이 극대화되는 것은 현금급여이다.

③ 사회급여가 모든 국민에게 하나의 권리로 인정되게 하는 것은 보편주의이다.

④ 정부조직을 통한 강제적 징수방법으로 보험의 원리에 의해 보험가입자가 납부하는 기여금을 의미하는 것은 사회보험의 보험료이다.

〈 정답 ① 〉

제6장 사회복지정책의 과정

제1절 사회복지정책의 형성

1. 사회복지정책관련 개념

(1) 사회문제(공공문제)

개인문제와 달리 방치할 경우 사회에 심각한 문제를 초래할 우려가 있는 상황, 조건 등

(2) 정부의제(정책문제)

이슈화된 문제들 중에서 정부가 그 해결을 위하여 심각하게 검토하기로 결정한 문제

(3) 정책의제(아젠다)

사회문제들 중에서 정부가 그것에 대한 정책적 해결을 위해 자발적이든 비자발적이든 공식적으로 채택한 의제의 목록

(4) 정책대안 형성

정책의제로 채택되어 논의되고 정의되는 과정에서의 여러 가지 해결방안들

(5) 정책결정(선택된 대안)

여러 대안들 중 우선순위에 따라 권한을 가진 정책결정자에 의해 선택된 대안

2. 정책의 형성과정

(1) 형성과정의 의의

① 새로운 사회복지정책이 형성되거나 기존의 정책이 변경되기 위해서는 사회에 정책의 성립과 변화를 요구하는 어떠한 문제들이 존재하여야 함

② 사회문제들이 발생한다고 해서 특정 정책이 반드시 형성되는 것은 아니며, 그 문제가 이슈로 부각되고, 그것을 진지하게 정책 관련 집단에서 논의하여야 함

③ 정책적 해결을 위해 채택된 의제를 정책의제(아젠다)라 하며, 정책의제가 되어야 대안을 모색하고 적절한 대안을 선택하여 새로운 정책이 시행될 수 있음

(2) 정책의제(아젠다)설정에 영향을 미치는 문제의 성격

① 구체성: 문제가 구체적일수록 의제화될 가능성이 높음

② 시간성: 기간이 적절할수록 의제화될 가능성이 높음

③ 복잡성: 기술적으로 쉽게 해결될수록 의제화될 가능성이 높음

④ 선례: 선례가 있는 문제가 의제화될 가능성이 높음

⑤ 사회적 유의성: 사회에 미치는 영향이 클수록 의제화될 가능성이 높음

※ 사회복지정책의 형성과정

사회문제(공공문제) → 이슈화 → 정부의제(정책문제)의 형성 → 정책의제(아젠다)의 형성 → 정책대안 형성 → 정책결정(대안의 선택) → 정책집행 → 정책평가

3. 정책의제(아젠다)의 형성 및 모형

1) 정부의제 및 정책의제(아젠다) **

(1) 정부의제(정책문제)

공중의제가 정부 내로 진입하게 되면 정부의제라 하고, 정부의제는 정부의 공식적인 의사결정에 의해 그 해결을 위해서 심각하게 고려하기로 밝힌 문제

(2) 정책의제(아젠다)의 형성

① 공식적 참여자: 대통령, 장 · 차관, 국회의원, 고급공무원, 행정관료 등

② 비공식적 참여자: 정당, 이익단체(압력단체), 전문가와 지식인, 시민단체 등

2) 정책의제(아젠다) 형성모형 – 콥과 로스(R. Cobb & J. Ross) ***

(1) 외부주도모형: 사회문제 → 이슈화 → 정책의제

① 정부외부에 있는 집단들이 주도해 정책의제의 채택을 정부에 강요하는 모형
② 다원화되고 민주화된 선진국에서 주로 많이 발생함
③ 언론, 정당, 이익단체 등의 역할이 중요시 됨

(2) 동원모형: 사회문제 → 정책의제 → 이슈화
① 정부내부에서 먼저 이슈를 생성, 정책의제(아젠다)로 설정한 다음, 국민들의 지지를 얻기 위해 공공의제로 확산시키는 모형
② 민간부문이 취약한 후진국 정치체제에서 많이 나타남
③ 엘리트론으로 해석되며, 정부 내 엘리트들에 의해 이슈가 창출된다고 보는 모형

(3) 내부접근모형 → 정부내부에서 정책의제로 바로 선정
① 정부내부에서 제기되어 정책의제(아젠다)로 설정되는 모형
② 일반 공중의 참여를 배제하고자 시도하는 것으로 공공의제화 노력을 기울이지 않음
③ 공공의제화 노력을 기울이지 않는 점이 동원모형과의 주요 차이점
예) 군수사업, 외교정책 등 비밀리에 수행되는 후진국형 정책들에서 나타남

제2절 사회복지정책의 대안형성과 결정

1. 정책대안의 형성

1) 정책대안의 개념
문제해결 방법으로 주어진 목표의 달성을 위한 방법들을 강구, 비교 · 분석하는 과정을 말함

2) 정책대안의 형성기법 ***
① 점진적 방법: 한정된 수의 대안만 탐색하며, 특히 기존정책에 약간의 수정만하는 방법
② 브레인스토밍(brainstorming): 집단적 토의를 통해 일정한 과제에 관하여 대안을 탐색하며, 구성원들의 자유분방한 상태에서 다양한 아이디어, 목표 및 전략의 창출 방법
③ 델파이기법(policy delphi): 설문조사를 통해 장래에 전개될 대안을 미리 예측하는 방법, 전문가들의 의견수렴, 중재 · 타협 방식으로 반복적 피드백을 통한 대안을 도출하는 방법

3) 정책대안의 분석방법 ****

(1) 비용편익분석(cost-benefit analysis)

① 각 대안의 실행에 필요한 비용과 대안의 실행결과 가져올 편익을 비교 · 평가함

② 모든 내용이나 편익을 화폐가치로 환산하여 가장 가치가 큰 대안을 선택함

③ 장기계획시 유리하며, 비화폐적 요소의 측정에는 제약이 있음

(2) 비용효과분석(cost-effective analysis)

① 비용은 화폐단위로, 효과는 용역단위 또는 기타 가치 있는 효과단위 등 비화폐적 방법으로 측정함

② 최소 비용기준과 최대 효과기준으로 대안을 선택함

③ 총 비용과 총 효과를 비교 · 분석하여 대안을 선택함

(3) 기타방법: 줄서기기법, 모의실험기법, 결정분석기법 등

2. 정책의 결정

1) 정책결정의 과정 **

(1) 문제의 인지와 목표의 설정

① 문제의 정확한 파악이 첫 단계이며, 사건의 중요도와 명확성 등에 의해 문제의 인지정도와 척도가 달라짐

② 문제점이 명확하게 파악되면 목표설정을 정확히 할 수 있음

(2) 정보와 자료의 수집 및 분석

① 문제해결에 도움을 줄 수 있는 정확한 정보와 자료를 수집하고 분석함

② 정확하고 올바른 정보와 자료의 뒷받침이 있어야 합리적인 의사결정을 할 수 있음

(3) 대안의 작성 및 평가

① 문제해결을 위한 대안을 찾기 위해서는 정책대안의 작성 및 평가가 필요함

② 적절하고 합리적인 대안을 선택하기 위해서는 가능한 모든 대안들을 고려하고, 대안의 심

사결과를 철저하게 분석하고 평가해야 함

(4) 대안의 선택(정책결정)

① 정책결정자는 당면한 문제를 만족스럽게 명확히 인식하여 정의하고, 여러 제반 여건을 고려하여 선택함

② 선택된 후에는 반대, 위험성 및 저항 등을 감안하여 부작용을 최소화시키고자 하는 노력을 해야 함

2) 정책결정의 특징 **

(1) 권위 있는 결정

① 권한을 가진 자만이 할 수 있다는 점에서 정책의제 형성이나 정책대안의 형성과 다름

② 권한 있는 정책 결정자에 의하여 결정된 정책은 권위를 갖게 됨

(2) 해결방안의 채택

① 정책과정은 사회세력들의 다툼 속에서 권위 있는 정책결정자에 의하여 이루어지는 정책적인 문제의 해결대안을 채택함

② 정책결정행위는 제안된 여러 개의 정책대안들 가운데 하나를 선택함으로써 사회복지문제에 대해 권위를 가지고 결론을 내리는 것을 말함

(3) 공익적 성격

① 정책결정자는 정책대안 가운데 하나를 선택할 때, 사회 전체적인 공익을 기준으로 함

② 사회복지정책은 사회적 약자의 문제를 다루기 때문에 정책결정과정에서 공익적 성격이 더욱 두드러짐

③ 공익적 성격의 견해: 유기체적 견해, 공동체적 견해, 개인주의적 견해 등

- 유기체적 견해: 공동체를 이루고 있는 개인들의 사적인 이익을 초월하는 이상적인 공익이 존재한다고 봄
- 공동체적 견해: 공동체 구성원 모두가 공통적으로 가지고 있는 관심사로 이루어진 단일한 공익이 존재한다고 봄
- 개인주의적 견해: 단일한 공익이란 존재하지 않으며 서로 다른 관심사와 이익을 갖는 다수가 존재한다고 봄

(4) 정치적 성격

① 사회복지정책의 결정과정은 사회복지문제를 둘러싼 사회세력들 간 타협의 산물이라는 점에서 정치적 성격이 강함

② 사회복지정책의 결정에는 규범성이 강조되면서 동시에 정치적 성격이 반영됨

(5) 거시적 시각

① 정책결정은 정책대안들의 우선순위를 매길 때 거시적 시각을 필요로 함

② 사회복지정책을 결정할 때 해당 사회복지문제의 해결만을 고려하는 것이 아니라 사회전체적인 입장에서 거시적 조망이 필요함

3. 정책결정의 모형

1) 합리모형(고도의 합리성) ***

(1) 합리모형의 의의

① 인간은 이성과 고도의 합리성에 따라 행동하고 결정한다고 가정함

② 정책의 결정자나 정책분석가는 고도의 합리성을 가지고 있음

③ 주어진 상황에서 목표달성을 극대화할 수 있는 최선의 정책대안을 찾아낼 수 있음

(2) 합리모형의 평가

인간이 합리성을 가진 점은 인정되나 정책결정자의 현실적 주관적인 가치판단기준, 정보의 비대칭성 등으로 인해 객관성이 결여되기 때문에 현실적용에 한계가 있음

2) 만족모형(제한된 합리성) **

(1) 만족모형의 의의

① 사이몬(Simon)과 마치(March), 제한된 합리성에 기초함

② 합리모형의 현실적 제약점을 극복하기 위해 제시된 이론

③ 인간은 여러 가지 제한조건으로 완전한 합리성을 지닐 수 없다고 봄

④ 의사결정자는 과거의 경험, 관습적 대안들을 토대로 만족할 만한 해결책을 모색함

(2) 만족모형의 평가

① 지나치게 주관적이어서 만족의 정도를 결정짓는 객관적 기준이 없고 대안이 보수적인 성격을 띠고 있음

② 환경이 급변하는 상황에서는 적용하기 어렵고 조직의 정책결정에 이를 그대로 적용하기도 어려움

3) 점증모형(정치적 합리성) **

(1) 점증모형의 의의

① 린드브롬(Lindblom), 정책결정자의 능력에는 한계가 있다고 전제함

② 기존의 정책이나 결정을 인정하고 그보다 향상된 대안에 대해서만 부분적 순차적으로 탐색하여 의사를 결정하는 현실적 실증적 접근모형

(2) 점증모형의 평가

합리모형을 거부하고, 현상 유지적인 문제해결 방법에 지나지 않아 보수적이며, 급속한 환경변화에 대응할 수 없다는 비판을 받고 있음

4) 혼합모형(합리모형+점증모형) ***

(1) 혼합모형의 의의

① 에찌오니(A.Etzioni), 합리모형과 점증모형의 한계점을 보완하기 위한 방법이라 주장함

② 종합적 합리성을 바탕으로 큰 범위에서의 기본적인 결정은 합리적으로 결정함

③ 세부적인 결정은 기본적 결정을 보완 수정하여 점증적으로 이루어진다고 주장함

(2) 혼합모형의 평가

① 양이론의 단점을 보완하고 장점을 수정하는 점은 인정되나 정책의 범위에 따라서는 합리모형의 이상주의와 점증모형의 보수주의 성향을 띠지 않는 경우도 있음

② 결국 정책결정특성에 따라 상이한 정책과정 및 혼합비율이 요구된다는 제한점이 있음

5) 최적모형(경제적 합리성+초합리성) ***

(1) 최적모형의 의의

① 드로(Dror), 점증모형과 만족모형의 보수성에 불만을 갖고 주창한 이론

② 정책결정을 체계론적 시각에서 파악하고 정책성과를 최적화하려는 모형

(2) 최적모형의 평가

정책결정에서 최적의 의미가 불분명해지고, 초 합리성의 이용방법이나 합리성과의 관계가 모호하다는 제한점이 있음

6) 쓰레기통모형 ****

(1) 쓰레기통모형의 의의

① 코헨 · 올슨 · 킹돈 등, 정책결정은 합리성이나 협상, 타협 등을 통해 반드시 이루어진다고 보지는 않음
② 조직화된 무정부상태(혼란상태)속에서 나타나는 몇 가지 흐름에 의해 우연히 이루어짐
③ 의사결정의 기회에 해결책 · 참여자 · 문제점 등 요인이 합류되는 시점에서 의사결정이 됨
④ 합류의 시점은 의도적인 특성보다는 운 · 타이밍 · 우연 · 기회의 중요성 등도 강조한 모형임

(2) 쓰레기통모형의 평가

조직화된 혼란 상태는 모든 조직에서 나타나는 현상은 아니기 때문에 일부의 조직 또는 일시적으로 나타나는 혼란 상태에서의 의사결정형태를 설명하는 데 국한된다고 할 수 있음

제3절 사회복지정책의 집행과 평가

1. 정책집행

1) 정책집행의 개념

① 의도된 정책목표를 달성하기 위하여 결정된 사항들을 구체화시키는 활동
② 사회복지정책의 목표를 달성하기 위한 기술적 과정인 동시에 정치적 과정

2) 사회복지정책 집행의 특징

① 사회복지사업은 정치적 성격이 강하여 재분배 목적에 대한 정치적 반대가 심할 수 있음
② 재분배 정책은 반대 집단의 압력, 로비 등으로 원래의 목표를 변절시킬 수도 있음

③ 대상에 속하는 사회적 약자들이 정책의 결정 및 집행과정에 소외될 우려가 있음

2. 정책의 평가

1) 정책평가의 개념

(1) 협의 및 광의의 평가

① 협의의 평가: 정책집행의 결과에 대한 평가로 정책실시 이후에 이루어지는 평가로 정책이 원래 하고자 했던 문제를 얼마나 해결했는지를 평가하는 것을 말함

② 광의의 평가: 정책과정 전반에 대한 평가활동, 즉 정책활동이 시작되면서부터 정책이 종결된 이후의 모든 활동을 평가하는 것을 말함

(2) 정책평가의 목적 및 필요성

① 정책의 집행 및 감독에 있어 정보를 제공, 정책의 정당성 근거 확보

② 정책의 이론 형성, 자료나 연구의 기반 마련, 정책의 성과 홍보수단

③ 정책의 자원에 대한 합리성 파악, 기존 정책의 개선에 필요한 정보 제공

④ 문제해결을 위한 정책결정에 필요한 정보제공, 의도대로 집행되었는지 파악 등

2) 정책평가의 기준 ***

(1) 효과성

① 정해진 목표를 얼마나 달성했느냐에 대해 평가하는 것

② 자원의 투입에 상관없이 최대의 목표를 달성했는가에 대해 판단하는 것

(2) 효율성(능률성)

① 투입에 대한 산출의 비율, 경제적 가치로 환산하여 평가하는 것

② 최소의 비용으로 최대의 효과, 제한된 자원으로 정책목표를 최대로 성취하는 것

(3) 형평성(공평성)

① 효과나 노력이 얼마나 공평하고 공정하게 배분되는지를 평가하는 것

② 소외계층에 대해 서비스를 제공함으로써 사회적 공평성 · 공정성을 기하는 것

(4) 적절성

문제를 해결하기 위해 사용된 수단이나 방법들이 바람직하게 이루어졌는지를 평가하는 것

(5) 대응성

정책이 수혜자 집단의 욕구 · 선호 · 가치를 충족시키는 정도를 평가하는 것

3) 정책평가의 유형 ***

(1) 총괄평가(영향평가)

① 정책의 집행 후 정책이 사회에 미친 영향을 추정하는 판단활동

② 정책영향평가라고도 하며, 일반적으로 양적평가에 해당됨

③ 정책효과만이 아니라 부수적인 효과까지 포함하여 정책이 사회에 끼친 영향을 확인하는 사실 판단적 활동

(2) 과정평가(형성평가)

① 정책의 집행과정에서 나타난 활동을 분석하여 평가하는 방법

② 형성평가라고도 하며, 일반적으로 질적평가에 해당됨

※ 커버리지(coverage)와 바이어스(bias)

- 커버리지(coverage): 어떤 정책프로그램에 대한 대상집단의 참여가 실제로 얼마나 이루지고 있는가 하는 정도, 즉 충족도를 의미함
- 바이어스(bias): 어떤 정책목표 대상 집단들의 참여가 다를 수 있다는 것을 의미함, 즉 다른 집단의 참여정도를 나타냄

〈 기출 등 주요 Key Word 〉

O X 문제

01) 모든 대안들을 합리적으로 검토하여 최선의 정책대안을 찾을 수 있다고 가정하는 것은 최적모형이다. (O/X)

02) 제한된 합리성을 바탕으로 접근이 용이한 일부 대안에 대한 만족할 만한 수준을 추구하는 것은 점증모형이다. (O/X)

03) 합리적 요소와 함께 직관 · 판단 · 통찰력과 같은 초합리적인 요소를 바탕으로 정책결정을 한다고 보는 것은 최적모형이다. (O/X)

04) 쓰레기통 모형은 조직화된 무정부 상태 또는 조직화된 혼란 상태 속에서 나타나는 몇 가지 흐름 속에서 우연히 의사결정이 이루어진다고 본다. (O/X)

05) 합리모형은 정책결정자가 높은 합리성을 가지고 주어진 상황에서 최선의 정책대안을 찾아낼 수 있다고 보는 모형이다. (O/X)

06) 만족모형은 정책결정 과정에서 모든 정책대안이 다 고려되지도 않고 고려될 수도 없다고 본다. (O/X)

07) 점증모형은 기존의 정책에 기반한 약간의 정책개선이나 수정을 강조하는 모형으로 이상적 경제적 합리성보다는 시민의 지지를 얻을 수 있는 정치적 합리성을 더 추구하는 모형이라 할 수 있다. (O/X)

08) 쓰레기통모형은 정책결정이 일정한 규칙에 따라 이루어지는 것이 아니라 정책결정에 필요한 여러 가지 흐름이 우연히 한곳에 모여져 정책결정이 이루어진다고 보는 모형이다. (O/X)

09) 혼합모형은 합리모형과 점증모형의 절충적 형태로서 중요한 문제의 경우에는 합리모형에서와 같이 기본적인 정책결정을 하고, 이후 세부적인 사안을 점증적으로 결정한다는 모형이다. (O/X)

10) 최적모형은 인간이 매우 이기적 이성적이며 고도의 합리성에 따라 행동하고 결정한다는 전제하에 정책결정에는 경제적 합리성과 함께 직관 · 통찰력 · 창의력 등을 동시에 고려해야 한다는 모형이다. (O/X)

Answer **틀린 문제(1) 해설**

01) 모든 대안들을 합리적으로 검토하여 최선의 정책대안을 찾을 수 있다고 가정하는 것은 합리모형이다.

기출문제

上·中·下

01) 사회복지 정책결정의 이론적 모형에 대한 설명으로 옳지 않은 것을 모두 고른 것은?

(2019, 서울시)

> ㉠ 기존의 정책과 유사한 정책대안에 대한 검토와 보완을 거치는 모형은 점증모형이다.
> ㉡ 모든 대안들을 합리적으로 검토하여 최선의 정책대안을 찾을 수 있다고 가정하는 것은 만족모형이다.
> ㉢ 합리모형과 점증모형의 절충적 성격을 갖는 모형은 혼합모형이다.
> ㉣ 제한된 합리성을 바탕으로 접근이 용이한 일부 대안에 대한 만족할 만한 수준을 추구하는 것은 합리모형이다.

① ㉠, ㉡　　② ㉡, ㉢　　③ ㉡, ㉣　　④ ㉢, ㉣

해설

㉡ 모든 대안들을 합리적으로 검토하여 최선의 정책대안을 찾을 수 있다고 가정하는 것은 합리모형이다.
㉣ 제한된 합리성을 바탕으로 접근이 용이한 일부 대안에 대한 만족할 만한 수준을 추구하는 것은 점증모형이다.

〈 정답 ③ 〉

上·中·下

02) 정책결정과정에서 조직화된 무정부 상태 속에서 우연성을 강조하는 사회복지정책모형은?

(2014, 지방직)

① 합리모형　　② 점증모형　　③ 최적모형　　④ 쓰레기통모형

해설

쓰레기통모형은 조직화된 무정부 상태 또는 조직화된 혼란 상태 속에서 나타나는 몇 가지 흐름 속에서 우연히 의사결정이 이루어진다고 본다.

〈 정답 ④ 〉

제7장 사회보장의 이해

제1절 사회보장의 개요

1. 사회보장 일반

1) 사회보장의 제 개념

(1) 일반적인 개념

① 1935년에 제정된 미국의 사회보장법에 기원을 둠

② 노령 · 장애 · 사망 · 실업 · 산업재해 등 사회적 위험과 결혼 · 양육과 같은 특별 지출로부터 국민들을 보호하기 위해 재정적으로 지원하는 프로그램임

③ 사회보험, 공공부조, 사회서비스와 같은 공적 조치들을 의미함

④ 사회보장의 목표: 빈곤예방, 사회통합, 사회적 불평등의 완화, 소득재분배 등

(2) 베버리지보고서의 개념

① 사회보장을 좁은 의미로서의 소득보장을 의미함

② 부상 · 질병 · 실업 · 은퇴 등 소득이 감소되거나 중단되었을 때 소득을 보장함

③ 출생 · 결혼 · 사망 등에 관련된 특수한 지출을 보완하기 위해 소득을 보장함

(3) 국제노동기구(ILO)의 개념

① 1942년 '사회보장에의 접근' 이란 보고서를 통해 사회보장의 개념을 정의함

② 전 국민의 최저생활 보장, 공공기관을 통해 모든 위험과 사고에서 국민의 보호와 보장이 이루어져야 함

③ 사회보장 최저기준에 관한 조약(1952)을 통해 국가가 현대 산업사회에서 나타나는 사회적 위험으로부터 시민을 보호하기 위해 사회보장급여를 제공할 것을 권고함

※ ILO의 사회적 위험

의료 · 질병급여, 실업급여, 노령급여, 고용재해급여, 가족급여, 모성애(출산)급여, 폐

질급여, 유족급여 등

2) 사회보장의 기능

(1) 생존권과 최저생활보장

① 가장 기본적인 기능은 국민들의 생존권을 보장하는 데 있음

② 국민최저생활을 확보해 줌으로써 개인 및 가족, 사회의 안정을 도모함

(2) 생활과 경제의 안정

① 불경기에는 실업급여 지급 등에 의한 소득의 감소를 완화시킴

② 호경기에는 실업급여 등 지출을 감소시켜 경기변동의 안정화에 기여함

③ 소득의 재분배를 통해서 유효수요를 증가시켜 불황을 극복하는 기능을 함

(3) 사회적 연대와 통합

① 사회보장제도의 확립은 사회분열을 예방하여 사회적 연대의식을 함양시킴

② 사회보장제도의 확립은 사회연대성을 증진시켜 사회통합을 도모하는 기능을 함

3) 사회보장 프로그램의 형태 **

(1) 기여, 비 자산조사 프로그램: 사회보험프로그램

위험에 대한 예방의 차원에서 소득이 있을 때 보험료를 납부하고, 위험이 발생했을 때 급여를 받는 프로그램

(2) 비기여, 자산조사프로그램: 공공부조 프로그램

① 사회보장 프로그램들 중 가장 오래된 유형의 프로그램

② 소득과 재산이 일정기준 이하인 가구 혹은 개인에게 별도의 기여 없이 급여를 지급하여 최저한의 생활을 보장하고자 하는 프로그램

(3) 비기여, 비 자산조사 프로그램: 사회수당(데모그란트) 프로그램

① 가장 보편적인 프로그램으로 국적이나 인구학적 조건 등만 충족되면 별도의 기여나 자산조사 없이 급여를 지급하는 프로그램

② 재원이 많이 들고 제한된 자원에서는 급여액이 높지 못해 효과에는 한계가 있음

예) 아동수당(가족수당), 장애수당, 보편적 노령수당 등

2. 사회보장기본법의 분류(제3조 제1호)

사회보장이란 출산 · 양육 · 실업 · 노령 · 장애 · 질병 · 빈곤 및 사망 등의 사회적 위험으로부터 모든 국민을 보호하고 국민 삶의 질을 향상시키는 데 필요한 소득 · 서비스를 보장하는 사회보험, 공공부조, 사회서비스를 말한다.

1) 사회보험

국민에게 발생하는 사회적 위험을 보험방식에 의하여 대처함으로써 국민건강과 소득을 보장하는 제도를 말함

예) 국민연금, 건강보험, 고용보험, 산업재해보상보험, 노인장기요양보험

2) 공공부조

국가 및 지방자치단체의 책임하에 생활유지능력이 없거나 생활이 어려운 국민의 최저생활을 보장하고 자립을 지원하는 제도를 말함

예) 기초생활보장제도, 의료급여제도, 긴급복지지원제도, 기초연금제도, 장애인연금제도

3) 사회서비스

국가, 지방자치단체 및 민간의 도움을 필요로 하는 모든 국민에게 상담 · 재활 · 직업소개 및 지도와 사회복지시설이용 등을 제공하여 정상적인 사회생활이 가능하도록 지원하는 제도를 말함

예) 아동복지, 노인복지, 장애인복지, 청소년복지, 다문화복지 등 대상별 서비스

※ 사회보장기본법상 사회적 위험: 출산, 양육, 실업, 노령, 장애, 질병, 빈곤, 사망 등

제2절 사회보험의 개요

1) 사회보험의 개념 **

① 국민에게 발생하는 사회적 위험을 보험의 방식으로 대처함으로써 국민의 건강과 소득을 보장하는 제도를 말함

② 생활상에 직면하는 제반 사회적 위험을 민간보험원리를 적용하여 국가가 시행하는 강제보험을 총칭한다고 할 수 있음

2) 우리나라 사회보험의 역사

① 산업재해보상보험(1964), 의료보험(1977), 국민연금(1988), 고용보험(1995), 노인장기요양보험(2008) 순으로 실시되었음

② 특수직역을 대상으로 한 공무원연금(1960), 군인연금(1963), 사립학교교직원연금(1973) 등은 별도로 도입되었음

3) 사회보험의 일반적 특성 ***

① 사회적 위험으로부터 국민들을 보호하기 위해 강제적 가입방식으로 운영됨

② 모든 가입자에게 최저한의 기초생활을 유지할 수 있는 소득을 보장해 주는 제도

③ 급여는 권리이며, 자산조사가 없으며, 규정된 욕구에 따라 제공됨

④ 사회보험의 재정은 수익자 재정책임의 원칙이 적용되고, 급여는 관련 법령으로 규정되며, 재정의 완전한 적립이 불필요함

⑤ 개인적 형평성보다는 사회적 충분성을 중시함

- 개인적 형평성: 자신이 낸 보험료에 비례하여 급여를 받는 것을 말함
- 사회적 충분성: 모든 가입자에게 최저생계비 수준이상을 유지하도록 급여를 제공함

제3절 공공부조의 개요

1. 공공부조의 개념

1) 공공부조의 의의 **

① 사회보장기본법의 정의(제3조 제3호): 국가 및 지방자치단체의 책임하에 생활유지능력이 없거나 생활이 어려운 국민의 최저생활을 보장하고 자립을 지원하는 제도를 의미함

② 빈곤이 자본주의의 구조적 모순에 의해 발생한다는 것을 전제로 국가의 책임하에 법령에 의해 조세로서 생활이 곤궁한 자에게 최저생활을 보장해 주는 2차적 사회안전망

※ 사회안전망: 1차(사회보험), 2차(공공부조), 3차(긴급복지지원제도 등)

2) 공공부조의 기본원리 ***

(1) 생존권 보장의 원리

① 모든 국민은 인간다운 생활을 할 권리를 가짐(헌법 제34조)

② 생존권 보장의 이념을 실현함으로써 국민에게 보호받을 권리를 부여함

(2) 국가책임의 원리

① 공공부조의 재원은 국민의 세금에 의해 충당됨으로써 궁극적인 책임을 국가가 짐

② 생활능력이 없는 국민은 법률이 정하는 바에 의해 국가의 보호를 받음(헌법 제34조)

(3) 최저생활보호의 원리

모든 국민에게 최저한의 생활이 보장되도록 함

(4) 무차별성의 원리

요 보호상태에 빠지게 된 원인이나 인종, 성별, 사회적 신분여하를 불문하고 차별을 받지 않고 평등하게 보호를 받음

(5) 보충성의 원리

① 자신의 자산이나 근로능력 등을 활용할 의무와 더불어 친족부양우선 원칙 등이 적용됨

② 민법상 부양이나 다른 법률에 의한 보호는 공공부조에 의한 생활보호에 우선 적용됨

3) 공공부조제도의 일반적 특징 ***

(1) 국가의 책임

공공부조는 프로그램의 주체나 재원(일반조세)을 국가나 지방자치단체가 담당함

(2) 선별적 선정

공공부조는 법적으로 모든 국민이 보호의 대상이지만 실제로는 빈곤선 이하의 생활이 어려운 사람을 주된 대상으로 함

(3) 자산조사

① 공공부조는 자산조사를 통해 선별하며 규제적인 성격도 내포하고 있음

② 장점: 보호대상자의 선정뿐만 아니라 그의 욕구도 규명하는 역할을 함, 예산을 절약하며 공공부조의 보완적 성격을 충족시킴

③ 단점: 보호대상자에게 낙인감(stigma)을 줄 수 있음, 조사비용 및 기간이 많이 소요됨

(4) 신청주의

공공부조의 혜택은 본인의 의사에 반하여 강제적으로 제공될 수 없음

(5) 대상자 구분

공공부조는 구분 처우를 하고 있는데 대상자의 욕구나 근로능력 · 조건 · 가족상황 등에 따라 처우가 달라질 수 있음

(6) 자활촉구

공공부조는 적극적 측면도 가지고 있어 근로능력이 있는 경우 자활을 위한 프로그램의 운영에 참여하여야 함

(7) 기타 특징

① 공공부조는 빈곤의 악순환을 방지하려는 성격이 있음

② 공공부조는 선별적 · 보충적 프로그램에 해당됨

③ 공공부조는 사회를 통제하는 특징을 가지고 있음

사회보험과 공공부조

구분	사회보험	공공부조
대상	주로 근로자와 그 가족	일반국민(빈곤층)
재원	사회보험료,(기여금, 부담금 등)	일반 조세
수급 권리	법적 권리성이 강하고 구체적인	법적 권리성이 추상적임
급여	법적 규정에 의해 보험금 지급	수급여부 및 수급액예측이 어려움
자산 조사	불필요	필수조건
소득재분배	수평적 재분배 기능이 큼	수직적 재분배 기능이 매우 큼

사회보험과 민간보험

구분	사회보험	민간보험
가입	강제적	자발적
보장수준	최저소득의 보장	개인의 의사, 지불능력에 따라 고액보장 가능
강조요소	사회적 충분성 강조(복지요소)	개인적 공평성 강조(보험요소)
권리	급여는 법에 의해 규정	계약적 권리
운영주체	정부독점	자유경쟁
비용예측	비용예측 곤란	비용예측 전제
적립필요성	완전 적립 불필요	완전 적립
계약	보험계약 불필요(강제가입)	개인, 집단적 보험계약
물가상승반영	물가연동	물가상승에 취약

제8장 공적연금과 국민연금

제1절 공적연금의 개요

1. 공적연금의 개념

1) 공적연금의 의의

사회보장수단의 하나로서 장애 · 퇴직 · 노령 및 부양자의 사망에 의하여 소득이 상실되는 경우를 대비하여 미리 납부한 보험료를 기초로 하여 제공되는 현금급여로서 장기적으로 소득을 보장하는 제도

2) 공적연금제도의 유형 **

(1) 사회보험방식

① 연금제도에 보험원리를 적용하며 보험자인 국가의 독점관리방식을 원칙으로 함

② 일정기간 자신 또는 고용주와 함께 보험료를 납입, 이를 재원으로 연금을 지급함

③ 급여액 산정시 소득재분배를 위해 통상적으로 소득비례부분과 균등부분을 절충함

(2) 사회부조방식

① 자산조사 및 소득조사를 통해 기준 이하의 소득을 가진 노인들을 선별 지급함

② 선별된 노인들에게 별도의 보험료 납부 없이 국가의 일반재정으로 연금을 지급함

(3) 사회수당방식

① 별도의 보험료 납입을 요구하지 않고 소득에 따른 차별도 두지 않음

② 모든 노인들에게 국가의 일반재정을 통해 동일하게 연금을 지급함

(4) 강제가입식 민간연금제도

① 국가가 연금제도를 운영하지 않고 민간 보험회사들이 판매하는 연금상품에 가입함

② 연금상품에 대해 개인이 선택하나 반드시 가입하도록 강제하는 연금제도

예) 칠레 등 남미 일부 국가 시행

2. 공적 연금제도의 분류

1) 정액연금과 소득비례연금

(1) 정액연금

과거의 소득과는 무관하게 동일한 금액의 급여를 지급하는 형태

(2) 소득비례연금

과거의 소득 또는 가입기간을 기준으로 급여를 차등지급하는 형태

2) 기여식 연금과 무기여식 연금

(1) 기여식 연금

① 소득의 일정비율을 보험료로 징수하여 재원을 조달하여 연금급여를 제공하는 형태

② 기여금 수준에 따라 연금급여의 수준이 차등화됨

③ 종류: 사회보험식 연금, 강제가입식 연금 등

(2) 무기여식 연금

① 보험료징수와 무관하게 일정한 자격요건만 갖추면 연금을 지급함

② 보통 국민의 노후 최저생활을 보장하기 위하여 실시함

③ 종류: 장애인연금, 기초연금 등

3) 확정급여식 연금과 확정기여식 연금

(1) 확정급여식 연금(DB: Defined Benefit)

① 과거의 소득과 가입기간 등에 의해 받을 연금급여액을 사전에 결정함

② 원칙적으로 매달 납부하는 보험료는 확정되어 있지 않음

(2) 확정기여식 연금(DC: Defined Contribution)

① 기여금(보험료)만 사전에 결정되어 있을 뿐 급여액은 확정되지 않은 형태

② 적립한 기여금과 투자수익의 결과에 의해서 급여액이 결정되는 형태

3. 공적연금의 재정운용방식

1) 적립방식(funded system) ***

(1) 적립방식의 의의

① 장래에 지급하게 될 연금급여를 가입자가 보험료를 납부하는 동안 보험료 · 국고출연금 · 누적기금 등을 재원으로 적립했다가 지급하는 방식

② 제도시행 초기에는 지출보다 보험료수입이 크기 때문에 적립금이 계속 누적되고, 수입이 지출을 상회하게 됨

③ 제도가 점차 성숙되어 감에 따라 지출이 증가하고, 지출이 수입을 초과하는 시점에 이르게 되면 적립금으로 초과지출을 보충하게 됨

④ 수입과 지출을 일치하도록 설계하는 수지상등(收支上等)의 원칙을 중요시 함

(2) 적립방식의 장점

① 장기간 보험료를 평준화할 수 있어 세대 간 공평한 보험료 부담이 가능함

② 가입자의 저축이 강제되어 누적기금에 의해 형성된 자본을 활용할 수 있음

(3) 적립방식의 단점

① 제도시행 초기의 과중한 보험료 부담으로 피보험자의 가계에 부담을 줄 수 있음

② 장래에 변화하는 지출을 예측하기 어려워 시행초기에 적정 보험료율 산정의 어려움

③ 인플레이션시 등 경제사회적 변화에 취약함

2) 부과방식(pay-as-you-go-system) ***

(1) 부과방식의 의의

① 한헤의 지출액 정도에 해당하는 보유 잔액만 남겨두고, 그해 연금보험료 수입으로 그해 연금급여의 지출로 충당하는 방식

② 일정 기간에 지출될 연금급여비용을 동일기간의 보험료 수입으로 충당하는 것으로, 현재의 근로세대가 은퇴세대의 연금급여에 필요한 재원을 부담하는 방식

③ 대부분의 선진국에서 채용하고 있으며, 수지균형(收支均衡)의 원칙을 중요시 함

(2) 부과방식의 장점

① 시행초기에는 적은 보험료로 제도를 운영할 수 있음

② 연도별 수지균형의 원칙에 따르며, 연금재정의 장기추계를 필요로 하지 않음

③ 인플레이션의 영향을 크게 받지 않으므로 연금의 현재가치를 보장함

(3) 부과방식의 단점

① 연금수급자가 증가하면 후세대의 부담이 가중됨

② 인구구조의 영향을 많이 받으며, 장기적인 측면에서는 재정운영이 불안정해짐

③ 저출산 · 고령화로 인한 인구구조에 매우 취약함

공적연금의 재정운용 방식

구분	적립방식	부과방식
재분배	· 개인별 형평성 담보 · 세대 내 재분배	· 세대 간 소득 재분배
장점	· 보험료의 평준화 · 제도초기 적립기금 활용 · 재정의 안정운영	· 인플레이션에 강함 · 경제성장 비례, 연금실질 가치의 증진
단점	· 평균 보험료 산정곤란 · 인플레이션에 취약 · 장기적 재정추계 필요	· 재정운영의 불안 · 인구구조변화에 취약(노령화에 취약)

제2절 국민연금제도

1. 국민연금제도의 개념

1) 국민연금제도의 의의 **

① 사회보험형 공적 연금제도가 가장 보편적인 노후생활보장 방법이 되고 있음

② 급여를 받기 위해서는 반드시 기여를 조건으로 하는 보험원칙을 적용함

③ 가입강제, 균등부문이 있어 저소득층에 유리한 설계로 소득재분배기능이 있음

④ 수평적 소득재분배와 수직적 소득재분배를 동시에 추구하는 공적연금제도

⑤ 1988.1월 시행(10인 이상 사업장), 1999.4월 전 국민연금 실현(도시자영업자 확대)

2) 국민연금제도의 필요성

① 생활수준의 향상과 의료기술의 발달로 평균수명의 연장

② 출산율 감소로 인해 빠른 속도로 인구의 고령화가 진행됨

③ 노후준비의 부족으로 노인빈곤문제가 심각한 사회문제로 대두

④ 산업화 · 도시화 · 핵가족화 · 부양의식 변화 등으로 사적 부양의 역할 축소 등

3) 국민연금의 적용대상 ***

(1) 가입대상

당연적용 가입대상자는 국내에 거주하는 국민으로서 18세 이상 60세 미만인 자

(2) 당연적용 가입대상 제외

① 공무원, 군인, 사립학교교직원, 별정우체국의 직원 및 배우자

② 국민연금가입자와 수급권자의 배우자

③ 국민기초생활보장법에 따른 수급자

④ 18세 이상 27세 미만인 자로서 학생이거나 군복무 등의 이유로 소득이 없는 자

⑤ 1년 이상 행방불명된 자 등

4) 연금가입자의 유형 ***

(1) 사업장가입자

① 사업장의 18세 이상 60세 미만의 사용자 및 근로자로서 국민연금에 가입된 자

② 1인 이상의 근로자를 사용하는 사업장의 사용자 및 근로자

③ 사업장에 종사하는 18세 미만 근로자도 사업장의 당연가입자(2015.7월부터)가 됨, 다만 본인의 신청에 의해 적용제외자로도 가능함

④ 복수(다수)사업장의 합산 근무시간이 월 60시간 이상이고 근로자가 희망하여 신청하는 경우 사용자의 동의 없이 사업장 가입자로 적용됨(2016.1월 시행)

(2) 지역가입자

① 원칙적으로 사업장가입자가 아니면서 18세 이상 60세 미만인 자

② 제외자: 국민기초생활보장법에 의한 수급자, 실질적으로 소득이 없고 배우자에 의해 생활을 하고 있는 사람 등

(3) 임의가입자

가입대상연령 범위에는 포함되지만 사업장가입자나 지역가입자에 해당하지 않는 사람들 중 본인이 신청하여 가입한 사람

예) 전업주부, 학생, 의무복무 중인 군인 등

(4) 임의계속가입자

① 국민연금 가입자가 연금수급연령에 달한 자가 가입기간이 부족하여 연금을 받지 못하거나 가입기간을 연장하여 더 많은 연금을 받고자 원할 경우

② 본인의 신청에 의해 65세가 될 때까지만 가입이 가능함

5) 국민연금보험료 ***

① 연금보험료 = 가입자의 기준소득월액 × 연금보험료률(9%)

② 사업장가입자의 연금보험료: 근로자(기여금)와 사용자(부담금)가 각각 50%씩 부담함

③ 지역가입자(임의, 임의계속가입자 포함)의 연금보험료: 본인이 전액 부담함

6) 가입자격의 취득시기

① 사업장가입자: 사업장에 고용된 때 또는 그 사업장의 사용자가 된 때

② 지역가입자: 사업장가입자의 자격을 상실한 때, 국민연금 가입 대상 제외자에 해당하지 아니하게 된 때, 배우자가 별도의 소득이 있게 된 때, 18세 이상 27세 미만인 자가 소득이 있게 된 때

③ 임의가입자: 가입 신청이 수리된 날

7) 가입자격의 상실시기 ***

(1) 공통요건

① 사망한 때, 노령연금수급연령에 도달한 때, 국적을 상실하거나 국외로 이주한 때

② 공무원 · 군인 · 사립학교교직원 등 국민연금 가입대상 제외자에 해당된 때

(2) 개별요건

① 사업장가입자: 사용관계가 끝난 때

② 지역가입자: 사업장가입자의 자격을 취득한 때에는 그에 해당하게 된 날

③ 임의가입자: 공단에 신청하여 탈퇴신청이 수리된 때, 대통령령이 정하는 기간 이상 계속 하여 연금보험료를 체납한 때는 해당일 다음날, 사업장가입자 또는 지역가입자의 자격을 취득한 때는 해당일 다음날

8) 국민연금급여의 특징 ***

(1) 연금슬라이드 제도

① 급여수준의 실질가치 유지와 관련 일반적으로 물가수준의 변화에 연금급여를 연동시킴으로써 노후기간 동안 급여의 실질구매력을 유지시킴

② 우리나라의 연금액은 국민의 생활수준 · 임금 · 물가 · 기타 경제사정에 현저한 변동이 생긴 때 조정함

(2) 크레딧 제도

① 출산 크레딧(2008.1.1 이후 출생한 자녀부터 인정): 연금제도를 출산장려정책과 연계한 제도로 자녀 출산 수에 따라 연금 가입기간을 추가 인정해 줌으로써 노령연금 수급기회를 확대하는 제도로서 추가인정기간의 재원은 국가가 전부 또는 일부를 부담함

– 인정기간: 2자녀(12개월), 3자녀(30개월), 4자녀(48개월), 5자녀이상(50개월)

② 군복무 크레딧(2008.1.1 이후 군에 입대하는 자부터 인정): 6개월 이상 병역의무를 이행한 경우 6개월을 연금 가입기간으로 추가 인정해 줌으로써 노령연금 수급기회를 확대하는 제도이며, 추가인정기간의 재원은 국가가 전부 부담함

③ 실업 크레딧(2016.8월 이후 수급자격 인정일부터 적용): 실업기간 중 구직급여를 받는 기간을 가입기간으로 추가 산입하려는 경우 인정소득을 기준으로 연금보험료를 납부하여야 한다. 이 경우 국가는 연금보험료의 전부 또는 일부를 일반회계, 국민연금기금, 고용보험기금에서 지원할 수 있으며, 추가로 산입하는 기간은 1년을 초과할 수 없음

(3) 기타

수급권자에게 지급된 연금급여가 일정 금액 이하의 금액에 대해서는 압류하지 못하도록 하여 연금을 통한 기본적인 생활을 보장함

2. 국민연금급여의 구성

국민연금의 급여는 급여산정공식에 의해 확정되고, 급여액이 소득과 가입기간에 비례하는 확정소득비례형태를 채택하고 있음

1) 연금급여의 구성 **

(1) 연금급여: 기본연금액 + 부양가족연금액(가족수당영역의 부가급여)

(2) 기본연금액: 균등부분 + 소득비례부분

① 균등부분

- 가입자 개인의 소득과 관계없이 모든 가입자에게 균등하게 정액지급, 소득재분배 기능
- 연금수급 전 3년간 가입자 전원의 표준소득월액의 평균액

② 소득비례부분

- 가입자의 생애평균 기준소득월액에 의해 결정되므로 소득분배기능은 없음
- 가입자 개인의 가입기간 중 기준소득월액(상한액과 하한액 있음)의 평균액

※ 기본연금액은 노령연금, 장애연금, 유족연금의 산정기초가 됨

2) 급여수준 및 지급시기

① 급여수준은 평균적으로 가입자의 평균소득의 60% 수준이었으나, 국민연금법의 개정(2007.7)으로 소득대체율(급여수준)이 2008년부터 50%로 인하되었으며, 2009년부터는 매년 0.5%씩 점차적으로 감소되어 2028년부터는 40%가 됨

② 완전노령연금의 수급연령도 60세 이상이었으나 2013년에는 61세, 이후 5년마다 1년씩 연장하여 2033년에는 65세가 됨

3. 국민연금 급여의 종류

1) 노령연금 ****

(1) 노령연금(감액노령연금, 재직자노령연금 포함)

① 가입기간이 10년이고, 가입자가 지급연령에 해당된 때부터 그가 생존하는 동안 지급함

② 완전노령연금: 20년 이상인 경우, 기본연금의 100%에 부양가족연금액을 가산한 금액

③ 감액노령연금: 10년 이상 20년 미만인 경우, 기본연금액의 50%에 10년을 초과하는 1년마다 기본연금의 5%에 해당금액을 더한 금액에 부양가족연금액을 가산한 금액

④ 재직자노령연금: 가입기간이 10년 이상, 60세 이상 65세 미만인 자로 소득이 있는 업무에 종사하는 경우 소득별로 일정비율의 연금액을 감액하여 지급하는 금액

(2) 조기노령연금

① 가입기간이 10년 이상 가입자로서 55세 이상인 자가 소득이 있는 업무에 종사하지 아니하는 경우 본인의 희망에 의해 그가 생존하는 동안 지급되는 연금

② 급여액은 55세인 경우 기본연금액의 70%를 지급함, 연령이 1세 증가할 때마다 6%씩 기본연금액이 증가함

(3) 특례노령연금

① 국민연금의 시행초기와 확대과정에서 연령이 많은 사람이 장기간 가입할 수 없으므로 단기간(5년 이상) 가입하여도 60세에 도달하면 노령연금을 받을 수 있도록 한 제도임

② 현재는 특례노령연금을 수령하는 사람은 있어도 가입대상자는 없음

2) 분할연금 **

① 혼인기간 중 국민연금의 가입기간이 5년 이상인 자가 이혼한 경우

② 전배우자가 노령연금수급권자가 되고, 본인이 연금수급연령에 도달하면 혼인기간에 해당하는 연금액을 균등하게 분배받는 연금

3) 장애연금 **

① 연금가입 중에 발생한 질병 또는 부상으로 완치 후에도 신체 또는 정신상의 장애가 남았을 때, 장애등급에 따라 그 장애가 존속하는 동안 지급하는 연금

② 장애등급 1급~4급으로 나뉘며, 등급에 따라 다른 수준의 급여를 제공함

4) 유족연금 **

① 노령연금의 수급권자, 가입기간이 10년 이상인 가입자이었던 자, 장애등급2급 이상인 장애연금수급권자가 사망한 경우 생계를 유지하고 있던 유족에게 지급되는 연금

② 유족의 범위: 배우자 · 자녀 · 부모 · 손자녀 · 조부모 순위 중 최우선 순위자에게 지급함

5) 반환일시금 **

① 국민연금 급여(노령, 장애, 유족연금) 중 어느 하나도 받지 못하면서 가입자 자격을 상실하거나 다시 가입할 가능성이 희박한 경우

② 가입자, 그 유족의 청구에 의해 자신이 납부한 연금보험료에 이자를 가산한 금액을 지급함

6) 사망일시금 **

① 가입자 또는 가입자이었던 사람이 사망하였으나 국민연금법에 의한 유족이 없어 유족연금 또는 반환일시금을 지급받을 수 없는 경우

② 생계유지를 함께하던 4촌 이내의 방계혈족에게 지급하는 장제적 성격의 급여

※ 소득대체율

- 국민연금액이 개인의 생애평균소득의 몇 %가 되느냐 하는 개념
  - 소득대체율은 2008년 50%에서 2009년부터 점차적으로 매년 0.5%씩 감소되어 2028년에는 40%가 됨
- 저소득층일수록 급여의 절대액은 감소하지만 소득대체율은 높아지게 됨
- 소득이 높을수록 절대액은 커지지만 소득대체율은 낮아지게 됨

4. 국민연금의 재원

1) 연금의 재원 ***

① 재원은 국민연금의 보험료, 기금의 운용수익, 국고보조금 등

② 보험료 산정의 기초가 되는 기준소득월액에는 하한액과 상한액이 있음

③ 연금보험료

- 사업장가입자의 보험료(9%)는 근로자, 사용자가 각각 기준소득월액의 4.5%씩 분담함
- 지역가입자의 보험료(9%)는 전액 개인이 부담함
- 농어업인과 저소득 근로자인 경우 일정한 조건, 보험료의 일부를 국가에서 지원함

④ 국민연금법은 국가가 국민연금공단이 연금사업을 관리운영하는 데 필요한 비용의 전부

또는 일부를 부담하도록 하고 있음

⑤ 우리나라 국민연금의 재정운영방식: 수정적립방식을 취하고 있음

2) 관리운영체계

① 보건복지부: 국민연금사업의 정책을 결정하고 업무 전반을 총괄함

② 국민연금공단: 보건복지부장관의 위탁을 받아 국민연금업무의 실질적 집행을 함

※ 외국과의 사회보장협정(국민연금법 제127조)

대한민국이 외국과 사회보장협정을 맺은 경우에는 이 법에도 불구하고 국민연금의 가입, 연금보험료의 납부, 급여의 수급요건, 급여액의 산정, 급여의 지급 등에 관하여 그 사회보장협정에서 정하는 바에 따른다.

※ 국가의 연금보험료 지원제도(두루누리 사회보험제도)

- 지역(임의계속)가입자 중 농·어업인에 대해서는 본인 연금보험료의 1/2을 국가에서 지원해 준다.
- 근로자 10인 미만인 소규모사업장에 근로하는 월 평균 기준소득 미만인 근로자는 본인의 연금보험료와 사용자 부담분의 최대 90%까지 지원해 준다.

〈 기출 등 주요 Key Word 〉

사회보장 및 공적연금 일반 / 국민연금

O X 문제

01) 사회보장은 각 나라의 이념 및 재정상황에 따라 차이가 있지만, 사회보장을 대표하는 제도는 사회보험이며, 공공부조는 빈곤층에 한정되는 사회안전망이다. (O/X)

02) 적립방식은 현재 근로자가 납부한 보험료로 현재의 노인에게 연금을 지급하므로 인플레이션에 따른 물가상승만큼 보험료를 조정하여 실질가치를 보장하는 제도이다. (O/X)

03) 개인의 사회적 기능 향상을 위하여 교육, 상담 등 간접적 방법으로 비물질적 서비스를 제공하는 것은 사회서비스이다. (O/X)

04) 민영보험은 계약에 의해 급여수준이 결정되며, 사회보험은 법령에 의해 급여수준이 정해진다. (O/X)

05) 민영보험은 최저수준의 소득보장을, 사회보험은 지불능력에 따른 급여보장을 목적으로 한다. (O/X)

06) 민영보험에서 보험급여액은 개별적 공평성이, 사회보험의 보험급여액은 사회적 적정성이 강조된다. (O/X)

07) 국민연금액은 지급사유에 따라 기본연금과 부양가족연금을 기초로 산정한다. (O/X)

08) 공적연금의 재정운용방법 중 부과방식의 장점으로 인플레이션의 영향을 비교적 받지 않는 점, 시행초기에 재정적 부담이 적은 점, 연금의 장기적 수리 추계가 불필요한 점 등을 들 수 있다. (O/X)

09) 연금슬라이드제는 생활수준, 물가 등을 고려하여 연금급여 수준을 조정하는 것으로 국민연금은 전국 소비자물가 변동률을 반영하고 있다. (O/X)

10) 가입기간이 10년 이상이면서 55세 이상으로 소득이 있는 업무에 종사하지 아니할 때 본인이 신청해서 받는 것은 국민연금 급여 중 조기노령연금에 해당된다. (O/X)

Answer **틀린 문제(2, 5) 해설**

02) 현재 근로자가 납부한 보험료로 현재의 노인에게 연금을 지급하는 방식은 부과방식이며, 인플레이션에 따른 물가상승분 만큼 보험료를 조정하여 실질가치를 보장하는 제도이다.

05) 사회보험은 최저수준의 소득보장을, 민영보험은 개인의 지불능력에 따른 급여보장을 목적으로 한다.

기출문제

上·中·**下**

01) 사회보험과 공공부조에 대한 설명으로 가장 옳은 것은? (2019, 서울시)

① 사회보험은 생활유지능력이 없거나 생활이 어려운 국민의 최저생활을 보장하고 자립을 지원하는 제도이다.

② 공공부조는 정부가 조세를 통해 마련한 재원으로 급여나 서비스를 제공한다.

③ 공공부조는 보험적 기술을 이용하여 사회적 위험을 방지하기 위하여 조직된 제도이다.

④ 사회보험은 개인의 사회적 기능 향상을 위하여 교육, 상담 등 간접적 방법으로 비물질적 서비스를 제공하는 것이다.

해설 오답노트

① 생활유지능력이 없거나 생활이 어려운 국민의 최저생활을 보장하고 자립을 지원하는 제도는 공공부조이다.

③ 보험적 기술을 이용하여 사회적 위험을 방지하기 위하여 조직된 제도는 사회보험이다.

④ 개인의 사회적 기능 향상을 위하여 교육, 상담 등 간접적 방법으로 비물질적 서비스를 제공하는 것은 사회서비스이다.

〈 정답 ② 〉

上·**中**·下

02) 공적연금에 대한 설명으로 옳지 않은 것은? (2017, 지방직)

① 대표적인 4대 공적연금 중 가장 먼저 시행된 것은 군인연금이다.

② 공적연금에는 국민연금과 특수직연금이 있다.

③ 사립학교교직원연금은 공적연금에 해당한다.

④ 노령연금은 국민연금의 급여에 해당한다.

해설

대표적인 4대 공저연금 중 가장 먼저 시행된 것은 공무원연금(1960)이며, 이어서 군인연금(1963), 사립학교교직원연금(1973), 별정우체국직원연금(1992)이 시행되었다.

〈 정답 ① 〉

제9장 의료보장과 국민건강보험

제1절 의료보장의 개요

1. 의료보장의 개념

1) 의료보장의 의의

(1) 의료보장의 의미

모든 국민이 건강하고 쾌적한 생활유지를 위하여 차별 없이 예방 · 치료 · 재활 등 필요한 의료적 서비스를 언제, 어디서나 받을 수 있는 제도

(2) 의료보장의 원칙

① 모든 국민에게 공평한 기회를 제공해야 함, ② 모든 국민에게 인간다운 생활을 보장할 수 있어야 함, ③ 모든 국민의 능력에 비례하여 재원을 부담토록 해야 함

2) 의료보장제도의 유형 ***

(1) 사회보험방식(SHI: Social Health Insurance)

① 국가의 의료보장에 대한 책임을 기본으로 하지만 의료비에 대한 국민의 자기책임의식을 일정부분 인정하는 의료제도

② 정부기관이 아닌 보험자가 보험료재원을 마련하여 의료를 보장하는 방식으로 비스마르크 방식이라고도 함

③ 재원은 1차적으로 보험의 원리에 따라 보험료에 의해 조달하고, 국가는 2차적으로 지원함에 따라 정부 의존을 최소화함

④ 의료의 사유화를 전제로 의료공급자가 국민과 보험자간에서 보험급여를 대행 · 운영방식
예) 독일, 프랑스 등

(2) 국민건강보험방식(NHI: National Health Insurance)

① 사회보험의 방식으로 모든 국민이 건강보험에 강제로 가입하도록 하는 의료제도임

② 국민이 보험집단을 형성하여 보험료를 갹출하여 재원을 마련하고, 피보험자가 질병 · 부상 등 사고가 발생한 경우 의료기관을 통해 보험급여를 실시함

③ 사회연대성을 기반으로 민간보험의 원리를 도입한 의료보장의 체계

④ 보험자(운영기관)책임 하에 의료기관이 가입자에게 의료서비스를 제공하고 비용을 정산토록 하는 운영방식

예) 한국, 대만 등

(3) 국민보건서비스방식(NHS: National Health Service)

① 국민연대성의 원칙에 기초해 통합 일원화된 재정 및 행정체계로 국가 및 공공주체가 운영을 책임지는 의료서비스 제공방식

② 비용의 전부 또는 대부분을 조세로 부담, 급여의 범위도 치료뿐 아니라 예방 및 건강증진의 책임도 짐

③ 조세로 전 국민에게 무료에 가까운 서비스를 제공함으로써 의료의 사회화를 도모함

④ 지나친 형평성의 추구로 효율성 저해, 낮은 서비스 수준, 입원환자의 급증에 따른 대기기간의 장기화 등 단점이 발생함

예) 영국, 이태리, 스웨덴, 뉴질랜드 등

(4) 의료저축계정

정부가 강제하는 개인저축계좌방식으로 개인과 가족의 의료비지출에만 사용토록 하는 방식

예) 싱가포르

> **※ 의료서비스를 국가가 주도해야 하는 근거**
> • 의료서비스에 대한 역선택 발생, 수요자와 공급자간의 정보의 비대칭성 존재
> • 의료서비스는 공공재의 성격, 의료서비스의 남용 등 도덕적 해이현상이 발생함

3) 진료비 본인부담제 ***

(1) 본인부담제의 의의

① 진료비의 일부를 환자가 부담하게 만드는 제도

② 진료비 본인부담액은 선진국일수록 적고, 후진국 일수록 많은 편임

(2) 본인부담제를 두는 이유

① 의료서비스의 남용 억제(도덕적 해이의 방지)

② 수익자와 비 수익자 간의 공평성 도모

③ 수익자의 부담능력에 따라 부담을 달리함으로써 수익자의 책임 촉구

④ 수익자 부담분을 사회보장재원으로 재충당 가능

(3) 본인부담제의 형태

① 정률제도: 의료이용자가 의료서비스 비용의 일정비율을 부담하는 방식

- 본인부담률이 매우 높을 경우 본인부담금에 대한 추가적 보험수요가 발생함

② 정액제도: 서비스 비용에 관계없이 일정금액을 부담시키는 방법

③ 공제제도: 일정액까지는 본인 전액 부담, 그 이상 금액에 대해서는 의료보험의 부담 방식

- 의료보험 이용의 대부분을 차지하는 소액 진료비를 전부 본인부담시킴으로써, 심사 및 지불을 위한 행정비용을 줄이고, 의료보험의 남용을 막는다는 명분을 가짐

(4) 건강보험 관리운영방식

① 조합방식: 지역별 · 직업별 · 직장별로 여러 개의 조합으로 구성되어 있으며, 소규모 동질집단 내에서만 위험분산이 가능함

② 통합방식: 지역적 · 직업적으로 통일된 하나의 조합구성, 전국적 차원의 사회연대성을 강조, 우리나라는 국민건강보험공단에서 통합방식을 사용함

- 장점: 행정비용의 절감, 위험분산과 분배적 기능 확대, 지역 간 불평등 제거, 재정의 효율성 증가 등

③ 혼합방식: 제도의 일부는 정부, 나머지는 공법인이나 민간보험기관이 관리 운영하는 방식(예, 미국 등)

2. 진료비의 지불방법(의료비의 제3자 지불문제)

1) 행위별수가제(점수제, 성과불제) ***

의료기관이 환자에게 제공한 모든 의료서비스를 항목별로 계산하여 그 총액으로 진료비를 산정하는 방법 (예, 한국 · 일본 등)

(1) 장점

① 의료서비스의 질을 높일 수 있음

② 의료기관의 입장에서 볼 때 가장 합리적이라고 볼 수 있음

(2) 단점

① 과잉진료 우려: 의료기관의 진료행위 하나하나가 의료기관의 수익에 직결됨

② 진료비의 부당청구 가능성: 지불방식 중 비용절감 효과가 가장 낮음

③ 관리의 어려움 및 비용 과다 소요: 청구된 의료비를 일일이 심사해야 함

2) 총액계약제 **

보험자(국가, 공단)와 의료기관의 대표 간 일정 기준에 따라 1년간 진료비 총액을 계약하고 그 총액의 범위내에서 의료서비스를 제공하도록 하는 방식 (예, 독일, 프랑스 등)

(1) 장점

① 부당한 진료나 과잉진료가 발생하지 않는다는 점

② 보험재정의 안정적 운영이 가능함

(2) 단점

① 비용절감을 위한 과소진료, ② 크림 떠내기(cream skiming)현상 발생 가능, ③ 의료신기술 개발 및 도입이 어려움, ④ 의료서비스의 질 저하 가능성 등

3) 포괄수가제(DRG 지불제) ***

(1) 포괄수가제의 형태

① 환자1인당 또는 진료일수 1일당 정액의 진료비를 지급하는 방식

② 질병을 군별로 분류하여 질병군에 따라 정액의 수가를 지급하는 방식

(2) 장점 및 단짐

① 장점: 동일질병에 동일급여 보장, 과잉진료와 의료의 오 · 남용 억제, 비용절감을 통한 본인부담금의 감소, 행정절차의 간소화 등

② 단점: 진료량에 관계없이 동일한 진료비를 받기 때문에 최소한의 서비스만을 제공하려고

할 수 있어 진료의 질이 저하될 우려가 있음

> **※ 우리나라 일부 시행(2012년 7월부터): 7가지 질병군에 적용**
> 백내장 수술, 치질 수술, 맹장 수술, 편도 수술, 탈장 수술, 자궁 및 자궁부속기 수술, 제왕 절개수술 등

4) 인두제

주로 주치의제도를 실시하고 있는 국가에서 채택하고 있으며, 주치의에게 등록된 수에 따라 일정금액을 지급하는 방식임

① 장점: 비용이 저렴하고, 예방과 건강증진에 도움 등

② 단점: 환자의 선택권이 제한되고, 과소진료의 가능성 등

국민건강보험 방식(NHI)및 국민보건서비스 방식(NHS)

구 분	NHI(국민건강보험 방식)	NHS(국민보건서비스 방식)
적용대상 관리	직장가입자, 지역가입자 등	전 국민 일괄 적용(집단구분 없음)
재원조달	보험료, 일부 국고지원	정부의 일반조세
의료기관	일반 의료기관 중심(의료사유화 전제)	공공의료기관 중심(의료의 사회화 전제)
급여내용	치료 중심적	예방 중심적
수가산정 방법	행위별 수가제, 포괄수가제	병원급은 의사봉급제, 개원의는 인두제
관리기구	보험자(조합, 공단)	정부기관(사회보험청 등)
채택국가	한국, 대만 등	영국, 이탈리아, 스웨덴 등

제2절 국민건강보험제도

1. 국민건강보험제도의 개요

1) 국민건강보험제도의 의의

(1) 건강보험제도의 목적

국민의 질병 · 부상 등에 대한 예방 · 진단 · 치료 · 재활과 출산 · 사망 및 건강증진에 대하여 보험급여를 실시함으로써 국민보건을 향상시키고 사회보장을 증진함을 목적으로 함

(2) 건강보험제도의 특성

① 부담능력에 따른 보험료 차등부담: 소득수준 등 보험료 부담능력에 따라 차등부담

② 보험급여의 균등한 수혜: 보험료 부과수준에 관계없이 균등한 의료급여 제공

③ 보험료 납부의 강제성: 피보험자에게 보험료 납부의무 부과. 보험자에게는 보험료의 강제 징수권 부여

④ 단기보험: 1년 단위의 회계연도 적용

2) 건강보험제도의 주요 내용 **

(1) 적용대상

① 국내에 거주하는 국민은 건강보험의 가입자 또는 피부양자가 되나 의료급여대상자는 제외됨

② 피부양자는 다음에 해당하는 사람 중 직장가입자에게 주로 생계를 의존하는 사람으로서 소득 및 재산이 보건복지부령으로 정하는 기준 이하에 해당하는 사람을 말함

- 직장가입자의 배우자나 형제자매, 직장가입자의 직계존속(배우자의 직계존속 포함)
- 직장가입자의 직계비속(배우자의 직계비속 포함) 및 그 배우자

(2) 건강보험의 가입자 **

① 직장가입자: 모든 사업장의 근로자 및 사용자, 공무원 및 교직원 그리고 그 피부양자

② 지역가입자: 직장가입자와 그 피부양자, 의료급여대상자를 제외한 자

(3) 자격의 취득시기

가입자는 국내에 거주하게 된 날에 직장가입자 또는 지역가입자의 자격을 얻는다. 다만, 다음의 어느 하나에 해당하는 사람은 그 해당되는 날에 각각 자격을 취득하게 됨

- 수급권자이었던 사람은 그 대상자에서 제외된 날
- 직장가입자의 피부양자이었던 사람은 그 자격을 잃은 날
- 유공자 등 의료보호대상자이었던 사람은 그 대상자에서 제외된 날

(4) 자격의 상실시기

① 사망한 날의 다음 날, 국적을 잃은 날의 다음 날, 국내에 거주하지 아니하게 된 날의 다음날

② 직장가입자의 피부양자가 된 날, 수급권자가 된 날

③ 건강보험을 적용받고 있던 사람이 유공자 등 의료보호대상자가 되어 건강보험의 적용배제신청을 한 날

3) 재원 및 관리운영체계 **

(1) 직장가입자의 보험료

① 보수월액에 보험료율을 곱하여 얻은 금액

② 상한액 및 하한액이 있으며 사용자와 근로자가 각각 50%씩 분담함

(2) 지역가입자의 보험료

① 소득 · 재산 · 생활수준 · 경제활동참가율 등 고려 부과점수에 점수당 금액 곱하여 산정

② 세대별로 부과, 대통령령 기준에 따라 상한액 및 하한액을 정함

(3) 정부재정지원: 보험료 수입의 20%에 상당하는 금액

① 매년 예산의 범위 안에서 당해 연도 보험료 예상수입의 14% 상당금액 국고에서 지원

② 국민건강증진법의 규정에 의거 국민건강증진기금에서 6% 지원 받을 수 있음

☞ 보험료부과제도개선위원회의 설치(보건복지부장관 소속)

※ 보험료의 경감대상(법 제75조)

65세 이상인자, 장애인복지법에 따라 등록한 장애인, 섬 · 벽지 · 농어촌 등 대통령령이 정하는 지역에 거주하는 자, 휴직자, 국가유공자 등

(4) 건강보험 관리운영체계

① 보건복지부: 건강보험사업의 정책을 결정하고 업무전반을 총괄함

- 보험료(요율), 보험료부과기준, 요양급여범위, 공단예산 및 규정 등 승인

② 국민건강보험공단(보험자): 가입자의 자격과 관리, 보험료의 부과징수, 보험급여비 지급

③ 건강보험심사평가원: 요양기관으로부터 청구된 요양급여 비용의 심사 및 적정성 평가

2. 국민건강보험의 급여

1) 요양급여(현물급여) ***

(1) 요양급여의 의의

① 가입자 및 피부양자가 질병 · 부상 · 출산 등으로 의료서비스를 받는 것을 말함

② 업무 · 일상생활에 지장이 없는 질환, 기타 보건복지부령으로 정하는 사항은 요양급여 대상에서 제외(보험 비 급여항목)할 수 있음

③ 요양급여를 받는 자는 비용의 일부를 본인이 부담(본인부담금)

④ 요양급여비용의 청구와 지급

- 요양기관은 요양급여비용을 심사평가원에 심사 청구
- 심사평가원은 이를 심사한 후 지체 없이 그 내용을 공단과 요양기관에 통보
- 공단은 지체 없이 그 내용에 따라 요양급여비용을 요양기관에 지급

(2) 요양기관

① 의료법에 따라 개설된 의료기관

② 약사법에 따라 등록된 약국

③ 약사법에 따라 설립된 한국희귀 · 필수의약품센터

④ 지역보건법에 따른 보건소 · 보건의료원 및 보건지소

⑤ 농어촌 등 보건의료를 위한 특별조치법에 따라 설치된 보건진료소

(3) 비용의 일부부담

요양급여를 받는 자는 비용의 일부(본인부담금)를 본인이 부담함

2) 건강검진(현물급여)

① 질병의 조기발견, 그에 따른 요양급여를 실시하기 위하여 가입자 및 피부양자가 건강에 대한 검진을 받는 것

② 일반건강검진, 암 검진, 영유아건강검진 등

③ 건강검진은 사무직인 경우 2년마다 1회 이상, 기타 직장가입자는 1년 1회 지정된 건강검진기관에서 실시

3) 요양비(현금급여) **

① 기타 부득이한 사유로 인하여 요양기관과 유사한 기능을 수행하는 기관에서 질병 · 부

상 · 출산 등 요양을 받을 경우 그 요양급여에 상당하는 금액을 지급

② 요양기관 이외의 장소에서 출산한 가입자 및 피부양자에게 지급

4) 장애인보조기기 급여비(현금급여)

장애인복지법에 의하여 등록된 장애인 가입자 및 피부양자가 보장기기를 구입한 경우, 그 구입금액의 일부를 현금으로 지급

5) 본인부담 상환제도 ***

① 고액중증질환자의 과다한 진료비지출로 인한 가계의 경제적 부담을 덜어주기 위한 제도로 2014년 7월 1일부터 시행됨

② 가입자의 소득수준에 따라 10분위로 구분, 해당 분위 금액을 초과하는 경우 그 초과한 금액은 공단이 부담(단, 비 급여항목은 제외)함으로써 전액을 환자에게 돌려주는 제도

6) 부가급여(임의급여)

① 공단은 국민건강보험법에서 정한 요양급여 외 대통령령으로 정하는 바에 따라 임신 · 출산진료비, 장제비, 상병수당, 그 밖의 급여를 실시할 수 있음

② 장제비는 폐지되었고, 상병수당은 지급되지 않고 있음

※ 상병수당

건강보험가입자가 업무상 질병이나 부상이 아닌 일반적인 질병이나 부상으로 인하여 치료를 받는 동안 상실되는 소득을 현금으로 보전하는 급여이며, 우리나라에서는 실시되지 않고 있음

※ 사회보험징수업무의 통합

4대 보험의 보험료 징수업무(고지, 수납, 체납)를 일원화하여 건강보험공단에 위탁함(2011년 1월부터). 단, 자격관리 · 보험료부과 · 급여업무는 현재와 같이 각 공단에서 수행하고 있음

제3절 노인장기요양보험제도

1. 장기요양보험제도 개요

1) 장기요양보험의 의의

① 가족의 영역에 맡겨져 왔던 치매 · 중풍 등 노인성 질환에 대한 장기간에 걸친 간병 및 요양문제를 사회연대의 원리에 따라 국가와 사회가 분담하는 사회보험제도

② 모든 세대에게 혜택을 주는 사회적인 효(孝)제도: 노인들은 더 이상 자식들에게 부담을 주지 않고 계획적이고 전문적 장기요양서비스를 받을 수 있어 보다 품위 있게 노후를 보낼 수 있음

- 중 · 장년층은 장기요양에서의 정신적, 육체적 부담에서 벗어나 경제사회활동에 전념할 수 있음
- 자녀들도 장기요양 부담이 해소된 가정에서 더 나은 교육과 보살핌을 받을 수 있음

2) 장기요양보험의 목적

고령이나 노인성 질병 등으로 인해 6개월 이상 일상생활을 혼자서 수행하기 어려운 노인 등에게 신체활동 또는 가사지원 등의 장기요양급여를 제공하여 노후의 건강증진 및 생활안정을 도모하고 그 가족의 부담을 덜어줌으로써 국민의 삶의 질을 향상시키는 데 있음

3) 급여제공의 기본원칙

① 노인 등의 심신상태, 생활환경 및 그 가족의 욕구나 선택을 종합적으로 고려하여 필요한 범위 안에서 이를 적정하게 제공하여야 함

② 노인 등이 가족과 함께 생활하면서 가정에서 장기요양을 받는 재가급여를 우선적으로 제공하여야 함

③ 노인 등의 심신 상태나 건강 등이 악화되지 않도록 의료서비스와 연계하여 이를 제공하여야 함

4) 요양보험의 필요성

(1) 가정에 의한 요양보호의 한계

① 급속한 인구의 고령화, 치매 · 중풍 등 노인성 질환으로 장기요양이 필요한 노인 급증

② 핵가족화, 여성의 사회참여 증가 등으로 장기간 가정에서 노인을 돌보는 것은 어렵게 됨

③ 해당 가정의 비용부담이 가중되어 노인의 장기요양문제는 사회적 문제로 대두됨

(2) 요양비용의 증가

유료시설 이용시 비용부담이 큰 점도 문제로 대두되고 있음

(3) 노인의료비의 증가

불필요한 장기입원으로 인한 노인의료비가 큰 폭으로 증가하는 추세

5) 건강보험과의 차이점

① 국민건강보험: 치매 · 중풍 등 질환의 진단, 입원 및 외래치료, 재활치료 등을 목적으로 병 · 의원 및 약국 등에서 서비스를 제공하는 제도

② 노인장기요양보험: 치매 · 중풍 등과 같이 노화 및 노인성 질환 등으로 인하여 혼자 힘으로 일상생활을 영위하기 어려운 대상자에게 요양시설이나 장기요양기관을 통해 신체활동 · 가사지원 등의 서비스를 제공하는 제도

2. 장기요양보험의 주요내용

1) 장기요양인정 및 서비스 이용절차 **

① 건강보험공단 각 지사 별 장기요양센터에 이용신청을 할 수 있음

② 건강보험공단직원이 신청자의 가정 등 방문하여 조사를 함

- 신청인의 심신상태 및 신청인에게 필요한 장기요양급여의 종류 및 내용
- 그 밖에 장기요양에 관하여 필요한 사항으로 보건복지부령이 정하는 사항

③ 등급판정위원회가 장기요양 인정 및 등급을 판정함

④ 장기요양센터는 장기요양인정서 및 표준장기요양이용계획서를 신청자에게 통지

⑤ 장기요양기관은 급여대상자와 장기요양급여이용 계약 및 서비스의 제공

2) 등급판정 **

공단은 장기요양신청의 조사가 완료된 때 조사결과서, 신청서, 의사소견서 등 자료를 장기요양등급판정위원회에 제출함

① 1등급: 심신의 기능상태장애로 일상생활에서 전적으로 다른 사람의 도움이 필요한 자
② 2등급: 심신의 기능상태장애로 일상생활에서 상당부분 다른 사람의 도움이 필요한 자
③ 3등급: 심신의 기능상태장애로 일상생활에서 다른 사람의 부분적인 도움이 필요한 자
④ 4등급: 심신의 기능상태장애로 일상생활에서 일정부분 다른 사람의 도움이 필요한 자
⑤ 5등급: 치매환자(노인성 질병에 해당하는 치매환자)로서 요양인정점수가 45점 이상 51점 미만인 자
⑥ 인지지원등급: 치매환자(노인성 질병에 해당하는 치매환자)로서 요양인정점수가 45점 미만인 자

3) 장기요양인정서

① 공단은 장기요양인정서를 작성하여 수급자에게 송부함
② 장기요양등급, 장기요양의 급여 및 내용, 그 밖에 장기요양급여에 관한 사항으로서 보건복지부령이 정하는 사항 포함

4) 장기요양인정의 유효기간 및 갱신

① 유효기간: 1년으로 함. 다만 장기요양인정의 갱신결과 직전과 동일한 경우 1등급 4년, 2~4등급 3년, 5등급의 경우 2년으로 함
② 갱신: 수급자는 유효기간이 만료된 후 요양급여를 계속 받고자 하는 경우 기간만료 1개월 전 건강보험공단에 장기요양인정의 갱신신청을 하여야 함

3. 장기요양급여의 종류

1) 재가급여 ****

① 방문요양: 수급자의 가정을 방문하여 신체활동 및 가사활동 등 서비스를 제공함
② 방문목욕: 목욕설비를 갖춘 장비를 이용하여 가정 등을 방문하여 목욕서비스를 제공함
③ 방문간호: 간호사 등이 의사, 한의사 또는 치과의사의 지시서에 따라 가정을 방문하여 간호 및 진료보조, 요양상담 또는 구강위생 등 서비스를 제공함
④ 주 · 야간보호: 하루 중 일정시간 동안 요양기관에서 신체활동지원 및 기능회복훈련 등 서비스를 제공함

⑤ 단기보호: 일정기간 동안 요양기관에서 신체활동 지원 및 기능회복훈련 등 서비스를 제공함
⑥ 기타재가급여: 수급자의 일상생활, 신체활동지원에 필요한 용구를 제공하거나 가정을 방문하여 재활에 관한 지원 등 서비스 제공함

2) 시설급여

① 노인의료복지시설에 장기간 입소하여 신체활동지원, 심신기능의 유지 및 향상을 위한 교육훈련을 제공하는 요양급여를 말함
② 노인요양시설 및 노인요양공동생활가정에 장기 입소하여 지원을 받는 급여

3) 특별현금급여 ***

① 가족요양비: 장기요양기관이 현저히 부족한 도서 · 벽지에 거주하는 자, 천재지변 등으로 장기요양급여의 이용이 어렵다고 인정된 자, 신체 · 정신 · 성격 등의 사유로 가족 등이 장기요양을 받아야 하는 자에게 지급함
② 특례요양비: 수급자가 장기요양기관으로 지정되지 않은 장기요양시설 등의 기관과 재가 또는 시설급여에 상당한 장기요양급여를 받은 경우 요양급여 비용의 일부를 지급함
③ 요양병원간병비: 수급자가 노인전문병원 또는 요양병원에 입원한 때에 장기요양에 사용되는 비용의 일부를 지급함

4. 요양보험의 재원 및 관리운영체계 등

1) 장기요양보험료 **

① 장기요양보험가입자는 국민건강보험 가입자와 동일, 공단은 건강보험료와 통합징수하고, 각각 독립회계로 관리해야 함
② 장기요양보험료는 건강보험료액에서 경감 또는 면제되는 비용을 공제한 금액에 장기요양보험료율을 곱해 산정함
③ 보험료율은 장기요양위원회의 심의를 거쳐 대통령령으로 정함

2) 국가 및 지방자치단체의 부담 **

① 국가는 매년 예산의 범위 안에서 당해 연도 장기요양보험료 예상수입액의 20%에 상당하

는 금액을 공단에 지원함

② 국가와 지방자치단체는 의료급여수급자의 장기요양급여비용, 의사소견서발급비용, 방문간호지시서 발급비용 중 공단이 부담하여야 할 비용 및 관리운영비의 전액을 분담함

3) 본인 부담금

① 일반 수급자: 재가급여(15%), 시설급여(20%)

② 기초생활수급권자: 무료

③ 기초생활수급권자 외 의료급여수급권자 및 경감적용 대상자: 본인부담금의 60%의 범위에서 보건복지부장관이 정하는 바에 따라 차등하여 경감할 수 있음

4) 관리운영체계

① 보건복지부: 장기요양보험사업의 전반적인 업무를 관장함

② 국민건강보험공단: 장기요양보험사업의 사업자로서 관련 업무를 관리운영함

③ 지방자치단체: 장기요양서비스 사업자에 대한 지도 · 감독업무를 수행함

④ 장기요양등급판정위원회: 장기요양인정 및 장기요양등급판정 등을 심의하기 위해 건강보험공단에 설치함

5) 장기요양기관의 지정

① 재가급여 또는 시설급여를 제공하는 장기요양기관을 운영하려는 자는 소재지를 관할 구역으로 하는 시장 · 군수 · 구청장으로부터 지정을 받아야 함

② 장기요양기관으로 지정받으려는 자는 보건복지부령으로 정하는 장기요양에 필요한 시설 및 인력을 갖추어야 함

③ 장기요양기관으로 지정을 받을 수 있는 시설은 노인복지법에 따른 시설 중 대통령령으로 정하는 시설

④ 장기요양기관 중 의료기관이 아닌 자가 재가급여 중 방문간호를 제공하는 경우에는 방문간호의 관리책임자로서 간호사를 두어야 함

〈 기출 등 주요 Key Word 〉

O X 문제

01) 국민건강보험에 의한 요양급여는 가입자 및 피부양자가 질병, 부상, 출산 등으로 의료서비스를 받는 것을 말한다. (O/X)

02) 행위별수가제는 의료기관이 환자에게 제공한 모든 의료서비스를 항목별로 계산하여 그 총액으로 전체를 산정하는 방법이다. (O/X)

03) 총액계약제는 질병을 군별로 분류하여 질병군에 따라 정액의 수가를 지급하는 방식이다. (O/X)

04) 장기요양급여는 65세 이상의 노인 또는 65세 미만의 자로서 치매, 뇌혈관성질환 등 대통령령으로 정하는 노인성 질병을 가진 자를 대상으로 한다. (O/X)

05) 인두제는 의사의 과잉진료에 대한 절차적 통제를 필요로 한다. (O/X)

06) 장기요양급여는 노인 등이 가족과 함께 생활하면서 가정에서 장기요양을 받는 재가급여를 우선적으로 제공하여야 한다. (O/X)

07) 장애요양등급은 장기요양등급판정위원회에서 판정하고, 세밀한 판정을 위해 6개 등급의 체계로 운용한다. (O/X)

08) 국민건강보험법상 해당일의 다음날에 자격을 상실하는 경우로는 사망, 국적 상실, 국내에 거주하지 아니하게 경우에 해당된다. (O/X)

09) 신체 · 정신 · 성격 등의 사유로 가족 등으로부터 장기요양을 받아야 하는 자에게 현금급여를 지급할 수 있다. (O/X)

10) 인두제는 의사가 담당하는 환자의 수에 비례하여 일정 금액을 지급하는 방식으로 주치의제도를 시행하는 국가에서 일반적으로 사용하고 있다. (O/X)

Answer **틀린 문제(3, 5) 해설**

03) 질병을 군별로 분류하여 질병군에 따라 정액의 수가를 지급하는 방식은 포괄수가제(DRG 지불제)이다.

05) 행위별 수가제는 의사의 과잉진료에 대해 절차적 통제를 필요로 한다.

기출문제

上·中·下

01) 일상생활을 수행하기 어려운 노인과 관련된 사례를 접한 A 사회복지사가 현행 노인장기 요양보험제도의 급여와 관련하여 처리해야 할 사안 중 옳지 않은 것은? (2019, 보호직)

① 연령이 65세 이상 또는 65세 미만으로서 치매 등 대통령령으로 정하는 노인성 질병여부를 확인한다.

② 재가노인요양보호가 집에서 24시간 재가급여를 제공하기 때문에 시설급여를 제공하는 장기요양기관보다 주간보호센터 등 재가급여 기관을 우선 조사한다.

③ 도서벽지 등 장기요양기관이 현저하게 부족한 지역은 보건복지부장관이 정하여 고시하는 경우 특별현금급여가 가능하므로 노인의 거주지를 파악한다.

④ 장기요양보험사업의 보험자는 국민건강보험공단이므로 관련 문의사항은 국민연금공단에 확인한다.

해설

재가급여는 장기요양보험수급자가 자택에 거주하면서 방문요양, 방문목욕 등의 서비스를 일정시간(1일 3~4시간) 제공받는 제도이다. 24시간 서비스를 제공받는 것은 시설급여에 해당된다. 〈정답 ②〉

上·中·下

02) 다음 사례에서 갑(甲)에게 적용되는 사회보험의 급여는? (2018, 보호직)

갑(甲) 4대 사회보험이 적용되는 제조업체에서 일하는 30대 정규직 근로자이다. 갑(甲)은 휴일에 중학교 동창 친구들과 나들이를 갔다가 손목을 다쳤다. 장애판정을 받을 만큼 심각하지 않았기 때문에, 퇴근 후 거주지 부근 정형외과를 다니며 치료를 받았다. 업무를 수행할 때 약간 불편하지만 일을 그만둘 정도는 아니므로 현재 정상적으로 근무하는 중이다.

① 국민건강보험에 의한 요양급여
② 국민연금에 의한 노령연금
③ 산재보험에 의하 장해급여
④ 고용보험에 의한 조기재취업수당

해설

국민건강보험에 의한 요양급여는 가입자 및 피부양자가 질병, 부상, 출산 등으로 의료서비스를 받는 것을 말한다. 〈정답 ①〉

제10장 산업재해보상보험과 고용보험

제1절 산업재해보상보험제도

1. 산재보험제도의 개념

1) 산재보험제도의 의의

① 산업재해를 당한 근로자에게 신속한 보상을 하고, 사업주에게는 재해 발생시 보상에 따른 경제적 부담을 덜어주기 위해 국가에서 관장하는 사회보험

② 국가는 근로자를 사용하는 모든 사업주로부터 보험료를 징수하여 산업재해로 부상 또는 사망한 근로자와 그 가족에게 산재보험급여를 지급함

2) 산재보험이론 ***

① 직업위험이론: 산업재해는 필연적으로 발생하며 그 배상은 사업주의 과실여부와 관계없이 당연히 이루어져야 하고, 산재비용은 생산비용의 일부라고 봄

② 최소사회비용이론: 산재보험제도를 도입하는 것이 민사소송에 의해 과실 책임을 판결하는 것보다 비용 및 시간 등 경제적 손실을 최소화함으로써 효율적이라고 봄

③ 사회적 협약이론: 산업재해는 필연적으로 발생하며 산재보험의 도입은 사업주와 근로자 모두에게 이익이 되기 때문에 양측이 도입에 대한 사회적 협약을 체결하는 것으로 봄

④ 원인주의이론: 산업재해로 인정받기 위해서는 업무기인성과 업무수행성이라는 2가지 요건을 모두 충족시켜야 한다고 봄

3) 산재보험제도의 특징 ***

(1) 무과실책임주의

① 기업의 고의 · 과실을 묻지 않고 근로자가 입은 재해에 대해 배상책임을 지우는 것이 공평과 정의에 부합됨

② 산업재해보상제도의 사용자 보상책임은 생존권보장의 이념에 입각하고 있다고 볼 수 있으며, 초기 민법에 근거한 과실책임주의에서 점차 무과실책임주의로 전환되었음

(2) 사업장 중심의 관리

① 타 보험제도와 달리 사업장 단위로만 가입이 가능하며, 보험료는 원칙적으로 사업주가 전액 부담함

② 피보험자의 개념을 별도로 규정하고 있지 않아 개별 근로자의 관리는 이루어지지 않음

(3) 자진신고 및 자진납부, 종합적 보상제도

① 사업주는 산재보험의 자진 신고, 보험료의 자진 납부

② 현금급여와 현물급여가 모두 제공되는 종합적 보상제도

(4) 개별 실적요율주의

① 개별실적에 따라 산재발생이 높은 사업장은 높은 보험료, 산재발생이 낮은 사업장은 낮은 보험료를 부담하는 방식으로 보험요율을 결정함

② 산재보험요율은 매년 6월 30일 최근 3년간의 임금총액에 대한 보험급여 총액의 비율을 기초로 하여 재해발생의 위험성에 따라 분류된 업종별 보험요율을 세분화하여 적용함

(5) 산재보험의 의제가입

산재보험의 당연가입 대상이었던 사업주가 사업규모의 변동 등으로 인하여 당연가입자에서 제외된 경우에도 당해 사업주는 보험에 가입한 것으로 봄

2. 산재보험제도의 주요내용

1) 산재보험의 적용대상

① 부상 · 질병 · 신체장애 또는 사망 등 업무상 재해를 당한 근로자와 사업주

② 재해를 당한 근로자는 사업주의 성립신고 여부와 관계없이 산재보상을 받을 수 있음

2) 근로자의 범위

① 사업 또는 사업장에 입금을 목적으로 근로를 제공하는 자

② 보험모집인, 학습지교사, 레미콘 기사, 골프장 캐디 등 특수형태 근로 종사자도 적용됨

3) 산재보험의 적용제외 사업 또는 사업장 **

① 공무원연금법 또는 군인연금법에 따라 재해보상이 되는 사업

② 선원법, 어선원 및 어선재해보상보험법 또는 사립학교교직원연금법에 따라 재해보상이 되는 사업

③ 총 공사금액이 2천만원 미만인 공사이거나 연면적이 100제곱미터 이하인 건축물의 건축 또는 연면적 200제곱미터 이하인 건축물의 대수선에 관한 공사

④ 상시근로자수가 1명 미만인 사업, 가구 내 고용 활동

⑤ 농업, 임업(벌목업은 제외), 어업 및 수렵업 중 법인이 아닌 자의 사업으로 상시 근로자 5명 미만인 사업 등

4) 산재보험의 관계

① 국가 또는 근로복지공단이 보험자가 되며, 사업주는 보험가입자가 됨

② 피보험자의 개념이 성립하지 않는 책임보험의 성격을 가짐

5) 가입자의 종류 ***

(1) 당연적용 가입자

① 당연적용사업: 사업이 개시되거나 사업개시에 필요한 일정요건에 도달하게 되면 사업주의 의사와 관계없이 법률적으로 당연히 보험관계가 성립하는 사업

② 산재보험법의 적용을 받는 사업주는 당연히 산재보험의 당연적용 가입자가 됨

(2) 임의적용 가입자

① 임의적용사업: 산재보험에 의한 적용제외 사업으로, 보험가입여부가 사업주의 자유의사에 일임되어 있는 사업

② 사업주는 근로복지공단의 승인을 얻어 산재보험에 가입할 수 있음

(3) 의제적용 가입자

① 의제적용사업: 산재보험의 당연적용 사업이 임의적용 사업으로 된 경우 일정기간 당연적용이 되는 사업으로 간주됨

② 당연적용사업이 사업규모의 변동 등으로 적용 제외사업이 된 때에는 그날부터 1년의 범위 안에서 보험에 가입한 것으로 봄

(4) 특례가입

① 중소기업 사업주에 대한 특례(임의가입방식)

② 특수형태 근로종사자에 대한 특례(당연가입방식)

③ 해외파견 근로자에 대한 특례(임의가입방식)

④ 현장실습생에 대한 특례(당연가입방식)

⑤ 자활급여 수급자에 대한 특례(당연가입방식)

6) 산재보험급여의 산정기준

① 보험급여를 산정하는 경우 해당 근로자의 평균임금으로 하고, 그 근로자의 연령이 60세 이후에는 소비자물가 변동율에 따라 평균임금이 증감됨

② 평균임금을 적용하는 것이 적당하지 아니하다고 인정되는 경우 대통령령으로 정하는 산정방법에 따라 산정한 금액을 평균임금으로 함

7) 업무상 재해의 인정 ***

① 업무상 재해의 정의: 업무상의 사유에 따른 근로자의 부상 · 질병 또는 사망을 말함

② 산업재해인정의 범위

- 업무수행성: 사용자의 지배 또는 관리 하에서 이루어지는 업무수행 및 그에 수반되는 통상적인 활동과정에 기인하여 재해가 발생할 것
- 업무기인성: 재해와 업무 간에 상당한 인과관계가 있을 것

8) 업무상 재해의 인정기준 ***

(1) 업무상 사고

① 근로자가 근로계약에 따른 업무나 그에 따르는 행위를 하던 중 발생한 사고

② 사업주가 제공한 시설물 등을 이용하던 중 결함이나 관리소홀로 발생한 사고

③ 사업주가 주관하거나 사업주의 지시에 따라 참여한 행사나 행사준비 중에 발생한 사고

④ 휴게시간 중 사업주의 지배관리하에 있다고 볼 수 있는 행위로 발생한 사고

⑤ 그 밖에 업무와 관련하여 발생한 사고

(2) 업무상 질병

① 업무수행과정에서 물리적 인자(因子), 화학물질, 분진, 병원체, 신체에 부담을 주는 업무

등 근로자의 건강에 장해를 일으킬 수 있는 요인을 취급하거나 그에 노출되어 발생한 질병

② 업무상 부상이 원인이 되어 발생한 질병

③ 근로기준법에 따른 직장 내 괴롭힘, 고객의 폭언 등으로 인한 업무상 정신적 스트레스가 원인이 되어 발생한 질병

④ 그 밖에 업무와 관련하여 발생한 질병

(3) 출퇴근 재해

① 사업주가 제공한 교통수단이나 그에 준하는 교통수단을 이용하는 등 사업주의 지배관리 하에서 출퇴근하는 중 발생한 사고

② 그 밖에 통상적인 경로와 방법으로 출퇴근하는 중 발생한 사고

3. 산재보험급여의 종류

1) 요양급여(현물급여) **

① 요양급여는 근로자가 업무상 사유로 부상을 당하거나 질병에 걸린 경우 지급

② 진찰 및 검사, 약제 또는 진료재료와 의지 그 밖의 보조기의 지급, 처치수술 그 밖의 치료, 재활치료 · 입원 · 간호 및 간병 · 이송, 그 밖에 고용노동부령으로 정하는 사항

③ 요양급여는 현물급여가 원칙이나 부득이하게 본인이 먼저 부담한 경우 산재환자에게 현금으로 지급이 가능함

④ 요양급여의 진료비는 근로복지공단이 의료기관에 직접 지급함(본인부담금 없음)

⑤ 3일 이내의 요양으로 치료될 수 있을 때에는 지급하지 아니함(대기기간 3일)

2) 휴업급여(현금급여) **

① 업무상 사유로 부상을 당하거나 질병에 걸린 근로자에게 요양으로 취업하지 못한 기간에 대하여 지급하는 급여, 다만, 취업하지 못한 기간이 3일 이내이면 지급하지 않음

② 1일당 지급액은 평균임금의 70%에 상당하는 금액

3) 장해급여(현금급여)

① 부상이나 질병을 치유한 후에도 신체 등에 장해가 있는 경우 지급하는 급여

② 장해 정도에 따라 14등급으로 나누며, 장해급여는 장해등급에 따라 차등 지급함

③ 장해등급 1~3급의 중증장애인의 경우 연금으로만 지급함

④ 장해보상연금의 수급권자가 재요양을 받는 경우에도 연금지급은 정지되지 않음

4) 간병급여(현금급여)

요양급여를 받은 자 중 치유 후 의학적으로 상시 또는 수시로 간병이 필요하여 실제로 간병을 받는 자에게 지급하는 급여를 말함

5) 유족급여(현금급여)

① 근로자가 업무상의 사유로 사망한 경우에 유족에게 지급하며, 유족보상연금이나 유족보상일시금으로 지급함

② 유족보상연금을 받을 수 있는 자격이 있는 자가 원하면, 50%에 상당하는 금액을 유족보상일시금으로 지급하고, 유족보상연금은 50%를 감액 지급함

6) 상병보상연금(현금급여) ***

요양급여를 받는 자가 요양을 시작한 지 2년이 지난날 이후, 다음의 요건 모두에 해당하는 경우에는 휴업급여 대신 근로자에게 지급하는 급여를 말함

① 부상이나 질병이 치유되지 아니한 상태일 것

② 요양으로 인하여 취업하지 못하였을 것

③ 부상 · 질병에 따른 중증요양상태의 정도가 대통령령으로 정하는 중증요양상태 등급기준에 해당할 것

7) 장의비(현금급여)

① 근로자가 업무상의 재해로 사망한 경우에 지급하는 급여

② 평균임금의 120일분에 상당하는 금액을 그 장제를 지낸 유족 등에게 지급함

8) 직업재활급여(현금급여)

① 장해급여자 중 직업훈련이 필요한 자에 대하여 실시하는 직업훈련에 소요되는 비용 및 직업훈련수당으로 지급하는 급여

② 사업장에 복귀한 장해급여자에 대하여 사업주가 직장적응훈련, 재활운동을 실시하는 경

우 직장복귀지원금, 직장적응훈련비 및 재활운동비를 사업주에게 각각 지급함

9) 기타 급여

(1) 장해특별급여

① 사업주의 고의 또는 과실로 발생한 업무상의 재해로 근로자가 장해를 입은 경우에 지급하는 급여

② 근로자가 민법에 따른 손해배상을 청구하는 대신 산재보험에서 지급하고 사업주에게 납부하도록 하는 제도

(2) 유족특별급여

① 사업주의 고의 또는 과실로 발생한 업무상의 재해로 근로자가 사망한 경우에 지급하는 급여

② 근로자의 유족이 민법에 따른 손해배상을 청구하는 대신 산재보험에서 지급하고 사업주에게 납부하도록 하는 제도

4. 산재보험의 재원 및 운영

1) 산재보험료 **

(1) 사업주의 보험료 전액부담

사용자의 무과실책임원리를 기초로 근로자를 보호하는 것이 산재보험제도의 목적이기 때문임(단, 특수형태의 근로종사자는 사업주와 근로자가 1/2을 분담함)

(2) 산재보험의 보험료율: 업종별 요율과 개별 실적요율을 함께 적용

① 업종별 요율: 업종의 평균적인 재해율을 기초로 선정하며, 개별 사업주는 자신이 속한 업종의 보험료율을 적용함

② 개별 실적요율: 각 업종 내 개별 사업장별로 재해발생이 많고 적음에 따라 일정한 범위에서 보험료율을 증가 또는 경감하여 적용함

2) 산재보험료의 산정 및 재정지원

① 월별보험료의 산정: 사업주에게 부과하는 월별보험료는 근로자 개인별 월평균 보수에 보

험료율을 곱한 금액을 합산 산정함

② 보험료의 부과징수: 전 사업장에 대해 보험료는 근로복지공단이 매월 부과하고, 건강보험공단이 이를 징수함

③ 정부의 재정지원: 회계연도마다 예산의 범위에서 보험사업의 사무집행 비용을 부담하며, 예산의 범위에서 보험사업 비용의 일부를 지원할 수 있음

3) 관리운영체계

① 고용노동부: 산재보험사업의 정책을 결정하고 업무전반을 총괄함

② 근로복지공단: 고용노동부장관의 위탁으로 산재보험사업을 실질적으로 수행함

제2절 고용보험제도

1. 고용보험제도의 개요

1) 고용보험제도의 성격

(1) 사후적 · 소극적 사회보장정책

① 실업 등으로 인한 사회경제적 어려움을 해소하여 근로자의 생활안정을 도모함

② 종류: 실업급여(구직급여, 취업촉진수당), 모성보호급여 등

(2) 사전적 · 적극적 노동시장정책

① 근로자의 실업예방, 고용안정, 직업능력개발 및 고용기회의 확대 등을 도모함

② 종류: 고용안정 및 직업능력개발 사업 등

2) 고용보험제도의 시행목적 **

(1) 산업구조의 조정과 경영합리화의 촉진

가속화되는 기술진보와 시장여건의 변화에 따라 발생하는 잉여인력을 새로운 수요에 부응하는 직업훈련을 실시하고, 재취업을 알선함으로써 원활한 산업구조 조정을 촉진함과 동시에 기업의 경영합리화를 촉진함

(2) 기업의 경쟁력 강화

근로자의 직업능력개발을 위한 다양한 제도적 장치를 마련하고, 실직자에게도 재취업훈련을 실시하여 신속히 산업인력화함으로써 기업의 인력난 해소와 실업의 감소에 기여함

(3) 실직 근로자의 생활안정 도모 및 재취업의 촉진

실직근로자의 생계를 제도적으로 보장함으로써 생활안정을 도모하고, 각종 고용정보제공 등을 통해 재취업을 촉진함

3) 고용보험의 적용대상 ***

(1) 당연적용사업과 임의적용 사업

① 당연적용사업: 1인 이상 근로자를 고용하는 사업 및 사업장은 사업주 또는 근로자의 의사와 관계없이 보험관계가 성립함

② 임의적용사업: 고용보험법의 의무적용을 받지 아니하는 사업으로서, 가입여부가 사업주의 자유의사에 일임되어 있는 사업

(2) 적용제외 사업

① 농업, 어업, 임업, 수렵업 중 법인이 아닌 자가 상시근로자를 5명 미만 고용하는 사업

② 총 공사금액이 2천만원 미만인 공사

③ 연면적 100제곱미터 이하인 건축물의 건축 또는 연면적 200제곱미터 이하인 건축물의 대수선공사에 관한 공사

④ 가구내 고용활동이나 자가소비 생산활동 등

(3) 적용대상 제외 근로자

① 65세 이후에 고용되거나 자영업을 개시한 자(고용안정/직업능력개발사업은 적용)

② 1개월 소정 근로시간이 60시간 미만인 근로자

③ 국가공무원법 및 지방공무원법의 적용을 받는 자

④ 사립학교교직원연금법의 적용을 받는 자

⑤ 별정우체국법에 따른 별정우체국직원

4) 고용보험 가입자의 종류 **

(1) 당연적용가입자

① 사업이 개시되어 적용요건을 갖추었을 때는 사업주나 근로자의 의사에 관계없이 자동적으로 보험관계가 성립되는 경우

② 고용보험법적용을 받는 사업의 사업주와 근로자는 고용보험의 당연적용가입자가 됨

(2) 임의적용가입자

① 당연적용 제외사업으로서 고용보험의 가입여부가 사업주와 근로자의 의사에 의해 해결되는 경우

② 적용제외사업의 사업주는 근로자 과반수의 동의를 얻어 근로복지공단의 승인을 얻은 때 고용보험에 가입할 수 있음

(3) 의제적용가입자

당연적용사업이 당연적용 제외사업으로 된 경우 일정기간 당연적용사업이 되는 것으로 간주되는 경우

2. 고용보험의 급여

1) 실업급여의 개념 ***

(1) 실업급여의 의의

① 사후적 소극적인 사회보장정책에 해당되며, 근로자가 실직하여 재취업활동을 하는 기간에 소정의 급여 지급

② 실업으로 인한 생계불안의 극복과 생활의 안정 도모 및 재취업의 기회 지원

(2) 실업급여의 종류

① 구직급여(훈련연장급여, 개별연장급여, 특별연장급여 포함)

② 취업촉진수당: 조기재취업수당, 직업능력개발수당, 광역구직활동비, 이주비 등

2) 구직급여 ****

(1) 구직급여의 수급요건

① 구직급여는 이직한 피보험자가 다음의 요건을 모두 갖춘 경우에 지급함
- 기준기간 동안의 피보험 단위기간이 합산하여 180일 이상일 것
- 근로 의사와 능력이 있음에도 불구하고 취업하지 못한 상태에 있을 것
- 이직사유가 수급자격의 제한 사유에 해당하지 아니할 것
- 재취업을 위한 노력을 적극적으로 할 것
- 일용근로자인 경우 수급자격 인정신청일 이전 1개월 동안의 근로일수가 10일 미만일 것

② 기준기간은 이직일 이전 18개월로 하되, 별도의 규정에 해당하는 경우 그 구분에 따른 기간을 기준기간으로 함

(2) 실업의 신고

구직급여를 지급받으려는 자는 이직 후 지체 없이 직업안정기관에 출석하여 실업을 신고하여야 하며, 실업의 신고에는 구직 신청과 수급자격의 인정신청을 포함하여야 함

(3) 실업의 인정

구직급여는 수급자격자가 실업한 상태에 있는 날 중에서 직업안정기관의 장으로부터 실업의 인정을 받은 날에 대하여 지급함

(4) 수급기간 및 구직급여일액

① 구직급여는 이직일의 다음 날부터 계산하기 시작하여 12개월 내에 소정급여일수를 한도로 지급함

② 구직급여일액은 기초일액에 100분의 60을 곱한 금액으로 함, 다만 최저구직급여일액에 해당하는 경우에는 기초일액에 100분의 80을 곱한 금액

(5) 대기기간

① 실업의 신고일부터 계산하기 시작하여 7일간은 대기기간으로 보아 구직급여를 지급하지 아니함

② 다만, 최종 이직 당시 건설일용 근로자였던 사람에 대해서는 실업의 신고일부터 계산하여 구직급여를 지급함

(6) 이직사유에 따른 수급자격의 제한

① 중대한 귀책사유(歸責事由)로 해고된 피보험자로서 다음의 어느 하나에 해당하는 경우
- 형법 또는 직무와 관련된 법률을 위반하여 금고 이상의 형을 선고받은 경우
- 사업에 막대한 지장을 초래하거나 재산상 손해를 끼친 경우로서 고용노동부령으로 정하는 기준에 해당하는 경우
- 정당한 사유 없이 근로계약 또는 취업규칙 등을 위반하여 장기간 무단결근한 경우

② 자기 사정으로 이직한 피보험자로서 다음의 어느 하나에 해당하는 경우
- 전직 또는 자영업을 하기 위하여 이직한 경우
- 중대한 귀책사유가 있는 자가 해고되지 아니하고 사업주의 권고로 이직한 경우

3) 기타 구직급여(연장급여) ***

① 훈련연장급여: 직업안정기관의 장은 수급자격자의 연령 · 경력 등을 고려할 때 재취업을 위하여 직업능력개발 훈련 등이 필요하다고 판단되면, 그 수급자격자에게 직업능력개발 훈련 등을 받도록 지시할 수 있으며, 지급기간은 대통령령으로 정하는 기간을 한도로 함

② 개별연장급여: 직업안정기관의 장은 취업이 특히 곤란하고 생활이 어려운 수급자격자로서 대통령령으로 정하는 자에게는 60일의 범위 내에서 그가 실업의 인정을 받은 날에 대하여 소정급여일수를 초과하여 구직급여를 연장하여 지급할 수 있음

③ 특별연장급여: 고용노동부장관은 실업의 급증 등 대통령령으로 정하는 사유가 발생한 경우에는 60일의 범위에서 수급자격자가 실업의 인정을 받은 날에 대하여 소정급여일수를 초과하여 구직급여를 연장하여 지급할 수 있음

4) 취업촉진수당 ***

① 조기재취업수당: 수급자격자가 안정된 직업에 재취직하거나 스스로 영리를 목적으로 하는 사업을 영위하는 경우로서 대통령령으로 정하는 기준에 해당하면 지급함

② 직업능력개발수당: 수급자격자가 직업안정기관의 장이 지시한 직업능력개발 훈련 등을 받는 경우에 그 직업능력개발 훈련 등을 받는 기간에 대하여 지급함

③ 광역구직활동비: 수급자격자가 직업안정기관의 소개에 따라 광범위한 지역에 걸쳐 구직활동을 하는 경우로서 대통령령으로 정하는 기준에 따라 직업안정기관의 장이 필요하다고 인정하면 지급할 수 있음

④ 이주비: 수급자격자가 취업하거나 직업안정기관의 장이 지시한 직업능력개발 훈련 등을 받기 위하여 그 주거를 이전하는 경우로서 대통령령으로 정하는 기준에 따라 직업안정기

관의 장이 필요하다고 인정하면 지급할 수 있음

5) 모성보호급여 **

(1) 출산전후휴가 급여

고용노동부장관은 남녀고용평등과 일 · 가정 양립 지원에 관한 법률에 따라 피보험자가 출산전후휴가 또는 유산 · 사산휴가를 받은 경우와 남녀고용평등과 일 · 가정 양립 지원에 관한 법률에 따른 배우자 출산휴가를 받은 경우로서 다음의 요건을 모두 갖춘 경우에 출산전후휴가 급여 등을 지급함

① 휴가가 끝난 날 이전에 피보험 단위기간이 합산하여 180일 이상일 것

② 휴가를 시작한 날 이후 1개월부터 휴가가 끝난 날 이후 12개월 이내에 신청하여야 함

(2) 육아휴직급여

① 고용노동부장관은 남녀고용평등과 일 · 가정 양립 지원에 관한 법률에 따른 육아휴직을 30일 이상 부여받은 피보험자 중 육아휴직을 시작한 날 이전에 피보험 단위기간이 합산하여 180일 이상인 피보험자에게 육아휴직 급여를 지급함

② 육아휴직 급여를 지급받으려는 사람은 육아휴직을 시작한 날 이후 1개월부터 육아휴직이 끝난 날 이후 12개월 이내에 신청하여야 함

(3) 육아기 근로시간 단축 급여

① 고용노동부장관은 남녀고용평등과 일 · 가정 양립 지원에 관한 법률에 따른 육아기 근로시간 단축을 30일 이상 실시한 피보험자 중 육아기 근로시간 단축을 시작한 날 이전에 피보험 단위기간이 합산하여 180일 이상인 피보험자에게 육아기 근로시간 단축급여를 지급함

② 육아기 근로시간 단축 급여를 지급받으려는 사람은 육아기 근로시간 단축을 시작한 날 이후 1개월부터 끝난 날 이후 12개월 이내에 신청하여야 함

3. 고용보험의 재원 및 운영 등

1) 고용보험의 재원 **

(1) 고용보험료

① 실업급여 사업의 보험료: 사업주와 근로자가 50%씩 각각 분담함
② 고용안정 · 직업능력개발 사업의 보험료: 사업주가 전액 부담함
③ 고용안정 · 직업능력개발 사업의 보험료는 기업규모에 따라 차등 적용됨

(2) 고용보험기금: 고용노동부장관 관장

① 보험사업에 필요한 재원에 충당하기 위하여 고용보험기금의 설치
② 기금의 조성: 보험료와 고용보험법에 따른 적립금, 기금운영 수익금 등
③ 실업급여의 지급, 고용안정 및 직업능력개발사업에 필요한 경비 지급
④ 육아휴직급여 및 출산 전 · 후 휴가 급여 등 지급 등

2) 관리운영체계

① 고용노동부: 고용보험사업의 정책을 결정하고 업무전반을 총괄함
② 근로복지공단: 고용노동부장관의 위탁을 받아 고용보험사업을 실질적으로 수행함
③ 고용지원센터: 실업급여 및 모성보호급여 등 업무를 집행함

3) 권리구제 및 수급권의 보호 등 ***

(1) 심사 및 재심사 청구

① 피보험자격의 취득 · 상실에 대한 확인, 실업급여 및 육아휴직 급여와 출산전후휴가 급여 등에 관한 처분에 이의가 있는 자는 고용심사관에게 심사청구를 할 수 있음
② 심사청구의 결정에 이의가 있는 자는 고용보험심사위원회에 재심사청구를 할 수 있음
③ 심사의 청구는 처분이 있음을 안 날부터 90일 이내에, 재심사의 청구는 심사청구에 대한 결정이 있음을 안 날부터 90일 이내에 각각 제기하여야 함

(2) 수급권의 보호

① 수급권의 보호: 실업급여를 받을 권리는 양도 또는 압류하거나 담보로 제공할 수 없다. 지정된 실업급여수급계좌의 예금 중 대통령령으로 정하는 액수 이하의 금액에 관한 채권은 압류할 수 없음
② 불이익 처우의 금지: 사업주는 근로자가 확인의 청구를 한 것을 이유로 그 근로자에게 해고나 그 밖의 불이익한 처우를 하여서는 아니 됨
③ 소멸시효: 지원금 · 실업급여 · 육아휴직 급여 또는 출산전후휴가 급여 등을 지급받거나

그 반환을 받을 권리는 3년간 행사하지 아니하면 시효로 소멸함

※ 상병급여

실업신고를 한 이후 7일 이상 질병 · 부상 · 출산으로 취업이 불가능하여 실업의 인정을 받지 못한 날에 대해 구직급여를 대신해 지급할 수 있는 급여이며, 출산의 경우 출산일로부터 45일간 지급할 수 있음

※ 자영업자인 피보험자의 실업급여의 종류

자영업자인 피보험자의 실업급여의 종류는 구직급여와 취업촉진수당이 있다. 다만, 연장급여와 조기재취업 수당은 제외함

※ 두루누리사업

소규모사업장 저임금근로자의 사회보험료 지원, 사회보험(고용보험, 국민연금 등)료 부담분의 일부를 지원하여 사회보험 가입확대 및 사회안전망을 강화하는 데 목적이 있으며, 10인 미만 사업장에 근로하는 월 일정소득 이하의 근로자와 사업주를 지원함

〈 기출 등 주요 Key Word 〉

O X 문제

01) 고용보험은 사전 · 적극적 사회보장인 고용안정 및 직업능력개발사업과 사후 · 소극정책인 실업급여 사업을 연계해 실시한다. (O/X)

02) 산업재해보상보험법에서 업무상 부상이 7일 이내의 요양으로 치유될 수 있는 경우에는 요양급여를 지급하지 아니한다. (O/X)

03) 실업이란 근로의 의사와 능력이 있음에도 불구하고 취업하지 못한 상태에 있는 것을 말한다. (O/X)

04) 고용보험법에서 구직급여의 수급 요건은 기준기간 동안의 피보험 단위기간이 합산하여 180일 이상 이어야 한다. (O/X)

05) 고용보험법상 취업촉진 수당의 종류로는 조기(早期)재취업수당, 직업능력개발 수당, 광역 구직활동비, 이주비가 있다. (O/X)

06) 고용보험법상 피보험자가 육아휴직 급여 기간 중에 그 사업에서 이직(離職)한 경우에는 그 이직(離職)하였을 때부터 육아휴직급여를 지급하지 아니한다. (O/X)

07) 산재보험에서 무과실책임주의는 기업의 고의 · 과실을 묻지 않고 근로자가 입은 재해에 대해 배상책임을 지우는 것을 말한다. (O/X)

08) 산재보험에서 업무상 재해의 인정범위는 업무수행성과 업무기인성과 관련되어야 한다. (O/X)

09) 고용보험에서 실업의 신고일 부터 계산하기 시작하여 7일간은 대기기간으로 보아 구직급여를 지급하지 아니한다. (O/X)

10) 고용보험에서 상병급여는 실업신고를 한 이후 7일 이상 질병 · 부상 · 출산으로 취업이 불가능하여 실업의 인정을 받지 못한 날에 대해 구직급여 대신 지급할 수 있는 급여이다. (O/X)

Answer **틀린 문제(2) 해설**

02) 산업재해보상보험에서 업무상 부상이 3일 이내의 요양으로 치유될 수 있는 경우에는 요양급여를 지급하지 아니한다.

기출문제

上 · **中** · 下

01) 고용보험법상 구직급여의 지급일수는 (㉠), (㉡)에 의해서 결정된다. ㉠, ㉡에 들어갈 말을 〈보기〉에서 골라 바르게 짝지은 것은? (2019, 서울시)

㉠ 재취업을 위한 노력	㉡ 이직일 현재 연령
㉢ 피보험기간	㉣ 소득 수준

① ㉠, ㉢ ② ㉠, ㉣ ③ ㉡, ㉢ ④ ㉡, ㉣

해설

하나의 수급자격에 따라 구직급여를 지급받을 수 있는 날(이하 '소정급여일수' 라 한다)은 대기기간이 끝난 다음날부터 계산하기 시작하여 피보험기간과 연령에 따라 별표 1에서 정한 일수가 되는 날까지로 한다(제50조 제1항).

〈 정답 ③ 〉

上 · **中** · 下

02) 우리나라 산업재해보상보험제도의 특징이 아닌 것은?

① 보험료는 업종별로 상이한 보험료율을 적용하고 있다.

② 보험료는 개별 사업장의 산재사고실적에 따라 보험료를 증감한다.

③ 당연적용사업장 중 미 가입 사업자에게 발생한 산재사고에 대해서는 보상받을 수 없다.

④ 산업재해보상보험에서는 근로자의 과실여부에 상관없이 산재사고에 대한 보상이 이루어진다.

해설

당연적용사업은 사업이 개시되거나 사업개시에 필요한 일정한 요건에 도달하게 되면 사업주의 의사와 상관없이 법률적으로 당연히 보험관계가 성립한다. 즉, 사용자가 보험관계 성립신고를 하였는지 여부와 상관없이 사업이 개시되거나 사업개시에 필요한 일정한 요건에 도달하게 된 날 이후에 재해를 당한 근로자는 산업재해보상보험법에 의해 보상을 받을 수 있다.

〈 정답 ③ 〉

제11장 빈곤과 공공부조

제1절 빈곤의 이해

1. 빈곤의 개념

1) 절대적 빈곤

(1) 절대적 빈곤의 개념

① 객관적으로 결정한 절대적 최저한도보다 미달되는 상태를 말함

② 최저생활을 유지할 수 없는 수준, 즉 최소한의 신체적 효율성을 유지하는데 필요한 의식주를 가지지 못한 수준임

③ 최소한의 하루 칼로리 섭취량, 식품비가 가계지출에서 차지하는 비율(엥겔계수), 최소한의 생필품을 구입하는데 필요한 소득 등

④ 절대빈곤의 개념은 과학적인 사회조사를 최초로 한 부스(Booth)로 부터 시작, 빈곤선개념이 등장함

⑤ 라운트리(Rowntree)는 부스의 빈곤선 개념을 발전시켜 1, 2차 빈곤으로 구분함

- 1차 빈곤: 4가지 기초생필품(음식, 연료, 거처, 피복 등)을 구입할 능력도 안 되는 수준
- 2차 빈곤: 4가지 기초생필품을 구입할 능력은 있지만 소득의 일부를 다른 용도로 사용하는 경우

(2) 측정방법: 라운트리방식, 오르샨스키 방식

① 라운트리방식(전물량 방식, 마켓 바스켓 방식): (필수품의 가격×최저소비량)의 총합

- 인간생활에 필수적인 모든 품목에 대하여 최저한의 수준을 정하고, 이를 화폐가치로 환산(가격×최저량)한 총합으로 최저생계비를 구하는 방식
- 보충급여체계에서의 의료비, 교육비 등 급여종류별 기준액 산정과 장애인, 노인 등의 가구유형별 부가급여 기준결정에 유용한 반면, 필수품 선정에 있어 연구자의 자의성이 개입될 수 있음

② 오르샨스키방식(반물량방식, 엥겔방식): 최저식료품비×엥겔계수의 역수

- 최저식료품비를 구하고, 여기에 엥겔계수의 역수를 곱한 금액을 최저생계비로 봄
- 전물량 방식보다 계측이 간편하고 연구자의 자의성을 줄일 수 있으나 엥겔계수를 도출하기 위한 최저생활수준을 설정하는데 자의성을 배제하기 힘들고, 전 물량방식에 비해 가구유형별 최저생계비 계측이 곤란함
- 사회보장청(미국)의 빈곤측정 방법임

> **※ 엥겔계수(Engel's Coefficient)**
> • 일정기간 가계소비지출 총액에서 식료품비가 차지하는 비율로서 가계의 생활수준을 가늠하는 척도
> • 저소득 가계일수록 식료품비가 차지하는 비율이 높고, 고소득가계일수록 그 비율이 낮음

2) 상대적 빈곤 ***

(1) 상대적 빈곤의 개념

① 평균(또는 중위)소득의 '일정비율' 이하에서는 그 사회의 대다수가 일반적으로 누리고 있는 생활수준을 향유하지 못한다고 봄

② 특정사회의 전반적인 생활수준과 밀접히 관련된 개념이어서 경제사회발전에 따라 정책적으로 중시되며 상대적 박탈과 불평등의 개념을 중시한다. 즉, 상대적 빈곤은 소득불평등의 영향을 직접적으로 받음

(2) 측정방법: 타운젠트방식

① 소득수준과 비교하여 일정수준 이하를 빈곤선으로 사용함

② 일반적으로 평균소득 50%이하를 절대적 빈곤층, 80% 이하를 상대적 빈곤층으로 정의

3) 주관적 빈곤

(1) 주관적 빈곤의 개념

① 자신이 충분히 갖고 있지 못하다고 느끼는 것을 말함

② 개인의 주관적 판단수준에서 결정함

(2) 측정의 방법: 라이덴방식

① 개인의 실제소득이 증가하면 주관적으로 판단하는 최소소득도 높아진다는 것에 기초함
② 자신이 생각하는 최소소득과 실제소득을 묻고, 둘의 관계를 비교 분석하여 빈곤선을 결정함

※ 빈곤율(Poverty rate): 빈곤한 사람들의 수가 전체인구에서 차지하는 비율
(빈곤선 이하의 사람수 / 전체 인구수)
※ 빈곤갭(Poverty gap): 빈곤선 이하 사람들의 소득을 모두 빈곤선까지 끌어올리기 위해 어느 정도의 소득이 필요한가를 보여주는 지표
(빈곤선- 빈곤가구 소득)을 계산하여 모두 합한 금액

2. 소득불평등

1) 소득불평등의 개념 **

① 사회의 구성원인 개인 또는 세대간, 고소득에서 저소득까지 소득분포가 산재해 있어 균형화되지 못한 상태를 말함
② 소득불평등 정도의 측정은 한 사회의 소득이 얼마나 평등하게 또는 불평등하게 분배되어 있는지를 측정하는 것임

2) 소득불평등의 측정 ****

(1) 지니계수

① 빈부격차와 계층간 소득분포의 불균형 정도를 나타내는 수치, 소득이 어느 정도 균등하게 분배되어 있는지를 평가하는데 주로 이용됨
② 근로소득, 사업소득의 정도는 물론 부동산, 금융자산 등 자산분배 정도의 파악도 가능함
③ 지니계수는 0~1 사이의 값을 가지는 데, 값이 0에 가까울수록 소득분배가 평등하고, 1에 가까울수록의 소득분배가 불평등하다는 것을 의미함, 보통 0.4가 넘으면 소득분배의 불평등 정도가 심한 것으로 봄

(2) 로렌츠곡선(Lorenz Curve)

① 소득분포의 불평등도를 측정하는 방법, 가로축에는 소득이 낮은 인구로부터 가장 높은 수준으로 비율을 누적하여 표시, 세로축에는 각 인구의 소득수준을 누적한 비율을 표시한

후 그 대응점을 나타낸 곡선

② 균등분포선은 완전평등선이라고 할 수 있는데, 이는 소득 전액이 전 국민에게 똑같이 분배된 상태임

③ 균등분포선과 로렌츠곡선이 만나 만들어지는 부분이 '불균등면적' 인데, 이것이 커질수록 분배의 불평등이 심하다는 것을 의미함

로렌츠곡선

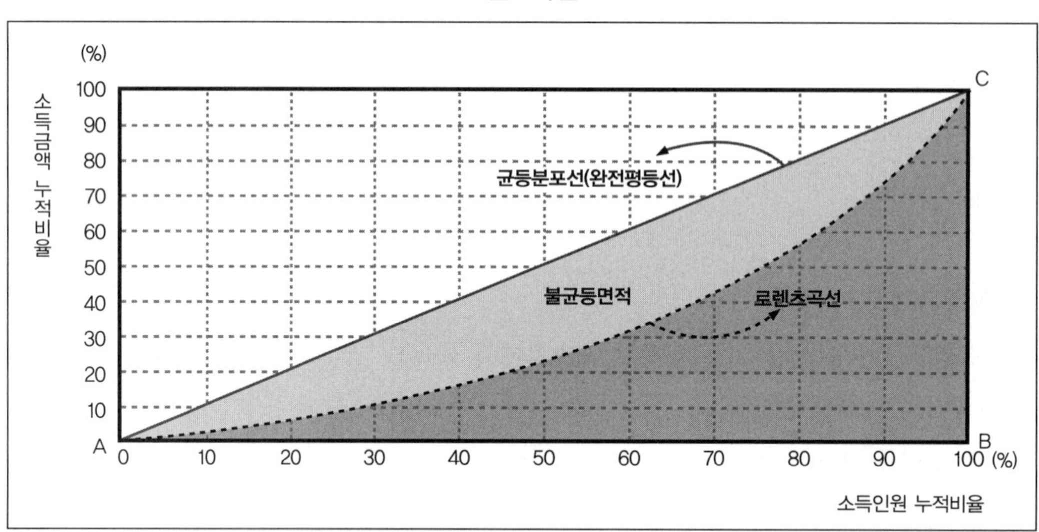

(3) 10분위 분배율

① 모든 사람을 소득의 크기순으로 배열, 이를 10등급으로 분류, 소득이 낮은 1~4등급까지의 소득합계를 소득이 가장 높은 9~10등급의 소득합계로 나눈 비율

② 상위소득 20%의 소득합계에 대한 하위소득 40%의 비율
(하위 40%의 소득합계 / 상위 20%의 소득합계)

③ 빈부격차가 클수록 10분위 소득배율의 값은 점점 작아짐, 즉 이 비율이 높을수록 소득불평등이 낮은 것이며, 반대로 낮을수록 소득불평등이 심각한 상태를 의미함

(4) 5분위 분배율

① 소득이 작은 가구에서 소득이 높은 가구를 일렬로 배열하여 5개의 구간으로 나눈 후, 상위 20%(최상위 구간)의 소득을 하위 20%(최하위 구간)의 소득으로 나눈 비율

② 하위소득 20%의 소득합계액에 대한 상위소득 20%의 비율

(상위 20%의 소득합계 / 하위 20%의 소득합계)

③ 빈부격차가 클수록 5분위 소득배율의 값은 점점 크게 나타남, 즉 이 비율이 높을수록 소득불평등이 높은 것이며, 반대로 낮을수록 소득불평등이 약한 상태를 의미함

3. 사회적 배제

1) 사회적 배제의 개념

① 사회구조적으로 다양한 영역에서의 박탈과 결핍, 불이익을 당해 사회 · 경제 · 정치활동에 제대로 참여할 수 없게 됨으로써 인간으로서 최소한의 기본권마저 침해당하는 상황을 말함

② 기존의 빈곤에 대한 확대개념이며, 전반적 사회문제를 나타내는 새로운 인식됨

2) 사회적 배제의 영역

고용 · 취업 · 교육 · 건강 · 사회적 관계, 물질적 차원 등에서 사회적 배제가 폭넓게 존재함

제2절 국민기초생활보장제도

1. 국민기초생활보장제도의 개요

1) 국민기초생활보장제도의 의의 **

① 근로능력에 관계없이 빈곤선 이하의 모든 저소득층에 최저생계비 이상 수준의 생활을 보장하는 제도

② 근로능력자에 대해서는 빈곤에서 스스로 탈출하도록 체계적 자활지원서비스를 제공하여 생산적 복지를 구현하는 제도

③ 빈곤계층에 대하여 국가가 생계 · 주거 · 교육 · 의료 등 기본적인 생활을 보장하는 일반적 공공부조제도

2) 국민기초생활보장법의 제정배경

① 생활보호법제정(1961)이 40년간 빈곤계층을 보호하기 위한 제도로 실시되어 왔음

② 1997년 말 외환위기 이후 최저생계비 이하의 국민들을 보호하기에는 한계점이 많음
③ 1999년 9월 7일 국민기초생활보장법을 제정, 2000년 10월 1일부터 시행함
④ 2015년 7월 1일(법률개정, 2014.12.30)부터 맞춤형 기초생활보장제도로 변경 시행함

3) 생활보호법 대비 국민기초생활보장법의 특징 **

① 최저생계보장이 국민의 기본권으로 인정, 국가가 절대빈곤을 해소하는데 책임을 짐
② 근로능력과 연령에 관계없이 모든 저소득층에게 소득인정액 이상의 생활을 보장함
③ 근로능력자에 대해서는 빈곤에서 스스로 탈출하도록 체계적인 자활지원서비스를 제공함

4) 기준중위소득 ****

① 통계청이 공표하는 통계자료의 가구 경상소득의 중간 값에 최근 가구소득 평균증가율, 가구규모에 따른 소득수준의 차이 등을 반영하여 가구규모별로 산정함
② 그 밖의 가구규모별 소득수준 반영방법 등 기준 중위소득의 산정에 필요한 사항은 중앙생활보장위원회에서 결정함

5) 급여할당의 기준 *****

(1) 소득인정액 기준: 소득인정액은 개별가구 소득평가액에 재산의 소득환산액을 합한 금액

※ 소득인정액 = 소득평가액 + 재산의 소득환산액

- 소득평가액: 실제소득(근로, 사업, 재산, 이전소득)－가구특성별 지출요인금액 등
- 재산의 소득환산액: (총재산－기본재산액－부채)×소득환산율

(2) 부양의무자 기준

수급권자를 부양할 책임이 있는 사람으로서 수급권자의 1촌의 직계혈족 및 그 배우자를 말함. 다만, 사망한 1촌의 직계혈족의 배우자는 제외함

2. 기초생활보장급여의 종류

1) 생계급여 ****

(1) 생계급여의 내용

① 일상생활에 기본적으로 필요한 의복, 음식물 및 연료비 등을 지급하는 급여
② 수급권자는 부양의무자가 없거나 부양의무자가 있어도 부양능력이 없거나 부양을 받을 수 없는 사람으로서 그 소득인정액이 '생계급여 선정기준' 이하인 자
③ 선정기준: 기준중위소득의 100분의 30 수준

(2) 생계급여의 보장수준

① 최저보장수준은 생계급여와 소득인정액을 포함하여 생계급여 선정기준 이상이 되도록 함
② 보장시설에 위탁하여 생계급여를 실시하는 경우에는 보건복지부장관이 정하는 고시에 따라 그 선정기준 등을 달리할 수 있음

(3) 부양능력이 없는 경우

① 기준 중위소득 수준을 고려하여 대통령령으로 정하는 소득 · 재산 기준 미만인 경우
② 직계존속, 장애인연금법의 중증장애인인 직계비속을 자신의 주거지에서 부양하는 경우
③ 부양의무자가 징집되거나 소집된 경우
④ 부양의무자가 해외 이주자에 해당하는 경우
⑤ 부양의무자가 교도소 등에 수용중인 경우
⑥ 부양의무자가 부양을 기피하거나 거부하는 경우
⑦ 그 밖에 부양을 받을 수 없는 것으로 보건복지부장관이 정하는 경우

(4) 생계급여의 기본원칙

현금급여의 원칙, 직접급여의 원칙, 정기급여의 원칙, 차등급여의 원칙(보충성의 원칙), 주거급여의 원칙, 자활사업 참가조건부 지급(조건부수급자)의 원칙 등

2) 주거급여 **

① 주거안정에 필요한 임차료, 수선유지비 등을 지급하는 급여, 국토교통부장관 소관
② 자가 가구는 주택의 노후도에 따라 도배, 난방, 시붕 등 종합적인 수리비를 지원함
③ 소득인정액이 주거급여 선정기준 이하인 자(부양의무자 기준의 적용은 없음)
④ 선정기준: 기준중위소득의 100분의 45 수준(단, 가구원에 따라 차등 지급함)
⑤ 주거급여에 관하여 필요한 사항은 따로 법률(주거급여법)에서 정함

3) **의료급여** **

① 수급자에게 건강한 생활을 유지하는 데 필요한 각종 검사 및 치료 등을 제공하는 급여

② 수급권자는 부양의무자가 없거나 부양의무자가 있어도 부양능력이 없거나 부양받을 수 없는 자로서 그 소득인정액이 '의료급여 선정기준' 이하인 자

③ 선정기준: 기준중위소득의 100분의 40 수준

④ 의료급여에 관하여 필요한 사항은 따로 법률(의료급여법)에서 규정함

4) **교육급여** **

① 수급자에게 입학금, 수업료, 학용품비 등을 지급하는 급여, 교육부장관 소관

② 수급권자는 부양의무자가 없거나 부양의무자가 있어도 부양능력이 없거나 부양을 받을 수 없는 사람으로서 그 소득인정액이 '교육급여 신정기준' 이하인 자(부양의무자 기준의 적용은 없음)

③ 선정기준: 기준중위소득의 100분의 50 수준

5) **해산급여**

① 생계급여, 주거급여, 의료급여 중 하나 이상의 급여 수급자에게 지급함

② 조산, 분만 전후에 필요한 조치와 보호를 위한 급여를 실시함

③ 보장기관이 지정하는 의료기관에 위탁하여 실시할 수 있음

6) **장제급여**

① 생계급여, 주거급여, 의료급여 중 하나 이상의 급여 수급자가 사망한 경우

② 사체의 검안 · 운반 · 화장 또는 매장, 그 밖의 장제 조치 등 급여를 실시함

③ 실제로 장제를 실시하는 사람에게 장제에 필요한 비용을 지급함

7) **자활급여** **

① 수급자의 자활을 돕기 위하여 실시하는 급여

② 자활에 필요한 금품의 지급 또는 대여, 자활에 필요한 근로능력의 향상 및 기능습득의 지원, 취업알선 등 정보의 제공, 자활을 위한 근로기회의 제공 등

③ 자활에 필요한 시설 및 장비의 대여, 창업교육, 기능훈련 등 각종 지원을 함

> **※ 참고사항**
> • 차상위자에 대한 급여: 보장기관이 차상위자의 가구별 생활여건을 고려하여 예산의 범위내에서 주거급여, 의료급여, 교육급여, 장제급여, 자활급여의 전부 또는 일부를 지급할 수 있다.

제3절 기타 저소득층지원 제도

1. 근로장려세제(EITC: Earned Income Tax Credit)

1) 근로장려세제의 의의 **

① 근로장려세제는 1975년 미국에서 처음 실시한 이래 여러 선진국에서 운영하고 있음

② 근로빈곤층(Working Poor)의 소득이 일정액 이하인 가구에 대해 현금을 지급함으로써 근로의욕을 고취시켜 스스로 빈곤에서 탈출하도록 지원하는 조세환급제도

③ 근로동기의 유인, 근로빈곤계층의 빈곤감소, 경제적 자립지원, 빈곤함정 탈출 등을 유도하기 위해 시행함

2) 근로장려세제의 주요내용 ***

(1) 근로장려금

① 소득이 적어 생활이 어려운 근로자, 종교인 또는 사업자(전문직 제외) 가구에 지급함

② 근로연계형 소득지원 제도로 단독가구, 홑벌이가구, 맞벌이가구로 구분하여 지급함

③ 가구단위로 소득요건(부부합산), 재산요건을 모두 충족하여야 함

(2) 자녀장려금

저소득 가구의 자녀양육 부담을 경감하기 위해 일정한 소득 미만인 경우에 부양자녀(18세 미만)의 수에 따라 차등 지급함

(3) 산정방법

① 근로장려금은 부부의 근로소득과 사업소득을 합한 금액(총 급여액)을 감안하여 지급함

② 근로장려금의 계산방법은 점증구간(점증율), 평탄구간(최대지급액), 점감구간(점감율)의

특성에 따라 계산함

(4) 신청제외자

① 기준연도 중 대한민국 국적을 보유하지 아니한 자(다만, 대한민국 국적을 가진 자와 혼인한 자, 대한민국 국적의 부양자녀가 있는 자는 제외)

② 기준연도 중 다른 거주자의 부양자녀인 자

③ 거주자(배우자 포함)가 전문직 사업을 영위하고 있는 자

(5) 근로장려세제의 지원효과

① 빈곤에서 벗어나 경제적으로 자립할 수 있도록 지원할 수 있음

② 조세제도를 통한 소득재분배효과를 거둘 수 있음

③ 저소득 근로계층의 사회적 보호를 강화할 수 있음

(6) 기타

① 근로장려금의 3단계 모형: 점증(漸增)구간, 평탄(平坦)구간, 점감(漸減)구간

② 소관부처: 기획재정부(국세청에서 업무수행)

③ 근거법률: 조세특례제한법

2. 자산형성지원제도

1) 희망키움통장(Ⅰ)

① 가입대상: 일하는 생계급여, 의료급여 수급가구

② 가입조건: 소득인정액이 기준 중위소득의 40%이하인 수급가구

③ 본인저축액: 월 5/10만원(선택)

④ 정부지원금: 가구소득에 비례한 일정비율

⑤ 지원조건: 3년 이내 탈 수급조건

2) 희망키움통장(Ⅱ)

① 가입대상: 일하는 주거급여, 교육급여 수급가구 및 차상위가구

② 가입조건: 총 근로(사업)소득이 기준중위소득 50% 이하인 가구

③ 본인저축액: 월 10만원

④ 정부지원금: 본인저축액 1 : 1 매칭 지원

⑤ 지원조건: 통장 3년 유지 및 교육이수 조건

3) 내일키움통장

① 가입대상: 자활근로사업단 참여자

② 가입조건: 최근 자활근로사업단에 1개월이상 성실 참여자

③ 본인저축액: 월 5/10/20만원(선택)

④ 정부지원금: 본인저축액 1 : 1 매칭 지원

⑤ 지원조건: 3년이내 일반노동시장 등으로 취업이나 창업 및 교육 이수 조건

〈 기출 등 주요 Key Word 〉

O X 문제

01) 국민기초생활보장제도에서 소득인정액은 개별가구의 소득평가액과 재산의 소득환산액을 합산한 금액이다. (O/X)

02) 균등분포선과 로렌츠곡선이 이루는 면적이 클수록 소득불평등정도는 커진다. (O/X)

03) 지니계수는 0~1 사이의 값을 가지는데, 값이 1에 가까울수록 소득분배가 평등하다. (O/X)

04) 사회적 배제(social exclusion)는 결과적 상태를 나타내는 빈곤과는 달리 빈곤화에 이르는 역동적 과정을 강조한다. (O/X)

05) 근로장려세제(EITC, Earned Income Credit)는 근로빈민의 근로의욕을 고취시켜 스스로 빈곤에서 탈출하도록 지원하는 조세환급제도이다. (O/X)

06) 빈곤율(Poverty rate)은 빈곤자(가구)가 전체 인구(가구)에서 차지하는 비율을 말한다. (O/X)

07) 국민기초생활보장제도에서 부양의무자의 존재 여부와 부양의무자의 부양능력이 수급여부에 영향을 미친다. (O/X)

08) 생계급여는 수급자가 희망하는 경우에도 수급자를 보장시설이나 타인의 가정에 위탁하여 실시할 수 없다. (O/X)

09) 보건복지부장관 또는 소관 중앙행정기관의 장은 급여의 종류별 수급자 선정기준 및 최저 보장수준을 결정하여야 한다. (O/X)

10) 로렌츠곡선과 균등분포선이 일치하는 사회에서는 누적인구비율 20%의 누적소득비율은 20%가 된다. (O/X)

Answer **틀린 문제(3, 8) 해설**

03) 지니계수는 0~1 사이의 값을 가지는데, 값이 0에 가까울수록 소득분배가 평등하다.

08) 생계급여는 수급자가 희망하는 경우에는 수급자를 보장시설이나 타인의 가정에 위탁하여 실시할 수 있다.

기출문제

上·中·下

01) 국민기초생활보장제도에 대한 설명으로 옳지 않은 것은? (2019, 지방직)

① 수급자 선정시 기준 중위소득을 활용한다.

② 소득인정액은 개별가구의 소득평가액과 재산의 소득환산액을 합산한 금액이다.

③ 급여의 기준은 급여종류에 관계없이 동일한 선정기준이 적용된다.

④ 생계급여는 수급자가 희망하는 경우에 수급자를 보장시설이나 타인의 가정에 위탁하여 실시할 수 있다.

해설

급여의 기준은 급여종류에 따라 다른 선정기준이 적용된다.

보충노트

국민기초생활보장법 제6조(최저보장수준의 결정 등)

- 보건복지부장관 또는 소관 중앙행정기관의 장은 급여의 종류별 수급자 선정기준 및 최저 보장수준을 결정하여야 한다.
- 보건복지부장관 또는 소관 중앙행정기관의 장은 매년 8월 1일까지 중앙생활보장위원회의 심의 · 의결을 거쳐 다음 연도의 급여의 종류별 수급자 선정기준 및 최저보장수준을 공표하여야 한다.

〈 정답 ③ 〉

上·中·下

02) 국민기초생활보장제도에 대한 설명으로 가장 옳지 않은 것은? (2018, 서울시)

① 조세를 재원으로 한다.

② 급여수준은 소득인정액과 상관이 없다.

③ 자산을 조사하여 수급여부를 결정하고 제공한다.

④ 부양의무자의 존재 여부와 부양의무자의 부양능력이 수급여부에 영향을 미친다.

해설

생계급여의 수급권자는 부양의무자가 없거나, 부양의무자가 있어도 부양능력이 없거나 부양을 받을 수 없는 사람으로서 그 소득인정액이 중앙생활보장위원회의 심의 · 의결을 거쳐 결정하는 금액이하인 사람으로 한다. 이 경우 생계급여 선정기준은 기준중위소득의 100분의 30 이상으로 한다.

〈 정답 ② 〉

제12장 대상별 사회복지서비스

제1절 아동 및 청소년복지

1. 아동복지

1) 아동복지의 개념 **

(1) 협의 및 광의의 의미

① 협의의 의미: 부모가 아동양육책임을 이행할 수 없거나 지역사회가 아동 및 가족이 요구하는 자원과 보호를 제공하지 못할 때 기능을 강화 · 보완 · 대리하는 것이라는 치료적인 측면을 강조함

② 광의의 의미: 일반아동을 포함한 모든 아동들의 행복을 위해서 그들의 신체적 사회적 심리적 발달을 보호하고 촉진하기 위한 방법으로 예방적인 측면을 강조함

③ 아동복지법: 아동이 행복한 삶을 누릴 수 있는 기본적인 여건을 조성하고 조화롭게 성장 발달할 수 있도록 하기 위한 경제적 사회적 정서적 지원을 말함

※ 아동복지법상 아동의 연령기준: 18세 미만(법 제3조)

(2) 아동발달의 특성

① 기초성: 인간발달의 초기에 이루어져야 할 발달이 제대로 이루어지지 못하면 후일의 발달에 부정적인 영향을 미치게 됨

② 적기성: 모든 발달에는 최적의 시기가 있는데, 이 각각의 발달시기에 이루어져야 할 과업을 제대로 수행되지 못하게 되면 후일의 발달에 부정적인 영향을 미침

③ 누적성: 발달적 손상은 그 이후의 발달에도 계속적으로 영향을 미침

④ 불가역성: 이미 이루어진 발달적 손상은 그 후의 노력으로도 회복되기가 매우 어려운 특성을 지님

(3) 아동의 권리와 책임

① 생존의 권리: 적절한 생활수준을 누릴 권리, 의료서비스를 받을 수 있는 권리 등
② 발달의 권리: 교육 · 놀이 · 여가 · 정보를 누릴 권리, 문화 활동, 사상 · 양심 · 종교의 자유를 누릴 권리 등
③ 보호의 권리: 각종 착취와 학대, 가족과의 인위적 분리, 형법들의 폐습으로부터 보호받을 권리 등
④ 참여의 권리: 자신의 의견을 표현할 자유와 자기생활에 영향을 주는 일에 대해 말할 수 있는 권리, 책임감 있는 어른이 되기 위해 아동 자신의 능력에 부응하여 적절한 사회활동에 참여할 기회를 가질 권리 등
⑤ 아동의 책임: 아동은 권리의 주체임과 사회구성원으로서 개인의 책임감을 발전시켜 나가야 함

2) 아동서비스의 기능별 분류 ***

(1) 카두신(A. Kadushin)의 분류: 3'S 모델

가정의 역할을 중심으로 그 안에서 아동복지서비스가 어떠한 기능을 지니는가에 따라 지지적, 보충적, 대리적 서비스로 구분하였음

① 지지적 서비스: 부모와 아동의 관계에서 일어나는 갈등상황을 처리할 수 있도록 가족의 능력을 지원하고 강화시켜주는 서비스로서, 아동들이 자신의 가정에 머물러 생활하면서 받을 수 있는 서비스
② 보충적 서비스: 부적절하거나 부족한 부모역할 내지 양육을 보충해 주는 서비스로써 가정 내에서 이루어지며, 부모들이 가진 역할의 일부를 대행하는 서비스
③ 대리적 서비스: 부모가 아닌 제3자가 부모역할의 전부를 일시적 혹은 영구적으로 대신하는 서비스로서, 아동이 자신의 가정을 완전히 떠나서 다른 가족이나 양육자에 의하여 일시적 혹은 영구적으로 보호받는 서비스
예) 입양서비스, 가정위탁, 시설보호서비스 등
※ 가정위탁보호(Child foster care): 대리부모는 위탁보호아동과 법적 친권관계를 맺는 것은 아님

(2) 방어선의 위치에 따른 분류

① 제1차 방어선: 가정은 아동에게 1차적인 방어선으로서의 기능을 수행함
② 제2차 방어선: 가정이 정상적인 기능을 충분히 수행하지 못할 때, 아동의 출생가정 역할

을 대신할 수 있는 다른 보호의 장이 요구됨

③ 제3차 방어선: 아동의 욕구가 출생가정이나 대리가정에 의하여 충족될 수 없는 경우에 한하여 집단적인 보호를 제공하게 됨

〈참고〉 UN 아동권리협약(CRC, Convention on the Rights of the Child)

- 아동을 단순한 보호대상이 아닌 존엄성과 권리를 지닌 주체로 보고 이들의 생존, 발달, 보호, 참여에 관한 기본 권리를 명시하고 있다.
- 무차별의 원칙, 아동이익 최우선의 원칙, 생존 및 발달보장의 원칙, 참여의 원칙
- 한국은 1990년 9월 협약에 서명하고, 1991년 11월 비준하여 조약당사국이 되었다.
- 당사국은 모든 아동들의 인권보장을 위한 법적 · 제도적 · 행정적 조치를 하여야 한다.

〈참고〉 드림스타트(Dream Start)사업

- 빈곤아동을 대상으로 사례관리를 통한 맞춤형 서비스를 제공한다.
- 보건, 복지, 교육 및 보육서비스를 통합적으로 제공한다.
- 지방자치중심의 지역사회보건복지사업으로 빈곤아동의 실제욕구에 적응한 맞춤형 통합서비스를 제공한다.
- 2007년부터 시작하였고, 드림스타트란 사업명은 2008년부터 사용되었다.

2. 청소년복지

1) 청소년복지의 개념

(1) 청소년복지의 의의

① 청소년복지는 사회적 기능을 수행하지 못하는 계층에게 프로그램과 서비스를 시혜적으로 제공한다는 잔여적 개념으로부터 정상적이고 일반적인 가족들도 현대의 복잡한 사회속에서 공동의 인간적 욕구를 가지고 있으며 수시로 도움을 필요로 한다고 보는 제도적 개념으로 전환하고 있음

② 청소년기본법: 청소년복지란 청소년이 정상적인 삶을 누릴 수 있는 기본적인 여건을 조성하고 조화롭게 성장 · 발달할 수 있도록 제공되는 사회적 경제적 지원을 말함

(2) 청소년복지의 기본적인 가치

청소년은 국가를 짊어지고 나아갈 미래의 동량이기에 다양한 사회적 위험으로부터 보호하고 이들이 청소년기의 발달과업을 잘 수행해 나갈 수 있도록 돕는 것

2) 청소년복지의 필요성과 지원사업 **

(1) 청소년복지의 필요성

① 청소년문제는 개인, 가정, 학교문제뿐만 아니라 사회환경 속에서 겪고 있는 문제의 다양성과 이러한 문제들이 청소년들에게 미치는 영향을 총체적으로 이해할 수 있음

② 청소년에 대한 욕구조사를 실시하고 욕구파악을 기초로 한 상담 및 다양한 프로그램을 통해 그들이 겪고 있는 가정생활, 학교생활, 사회생활에서의 어려운 부분을 극복하고 도와줌으로써 청소년문제를 예방하고, 나아가 청소년들의 복지를 향상시킬 수 있음

(2) 청소년지원사업

① 꿈드림: 학교 밖 청소년을 지원하는 청소년지원센터를 말함

② 지역사회 청소년통합지원체계(CYS-Net): 지역사회자원을 연계하여 위기청소년에 대한 맞춤형 서비스 제공

③ 이주배경청소년지원단 무지개청소년센터: 탈북청소년, 다문화청소년, 중도입국청소년 등을 지원하는 비영리재단법인

④ 청소년쉼터: 가출청소년이 가정, 학교, 사회로 복귀하여 생활할 수 있도록 가출청소년을 일정기간 보호하면서 상담, 학업, 자립 등을 지원하는 시설

〈참고〉 교육복지 투자우선지원 사업

- 가정, 학교, 지역사회를 연결하는 통합지원체계 구축을 통해 학습 · 심리 · 정서 · 복지 등 학생들의 삶을 전 영역에서 필요에 대응하기 위한 사업이다.
- 학교에서 "지역사회 교육전문가"를 배치하여 학교와 지역사회 기관들과의 네트워크를 통해 지역의 인적 · 물적 자원을 연계하는 역할을 담당하는 사업이다.
- 학교에서 학생들의 삶의 질을 향상시키기 위해 학생, 가정과 지역사회에 교육 · 문화 · 복지서비스를 제공하는 사업이다.

〈참고〉 학교폭력예방 및 대책에 관한 법률(제2조)

- 학교 폭력: 학교 내외에서 학생을 대상으로 발생한 상해, 폭행, 감금, 협박, 약취 · 유인, 명예훼손 · 모욕, 공갈, 강요 · 강제적인 심부름 및 성폭력, 따돌림, 사이버 따돌림, 정보통신망을 이용한 음란 · 폭력 정보 등에 의하여 신체 · 정신 또는 재산상의 피해를 수반하는 행위를 말한다.
- 따돌림: 학교 내외에서 2명 이상의 학생들이 특정인이나 특정집단의 학생들을 대상으로 지속적이거나 반복적으로 신체적 또는 심리적 공격을 가하여 상대방이 고통을 느끼도록 하는 일체의 행위를 말한다.

제2절 노인 및 장애인복지

1. 노인복지

1) 노인복지의 개념

(1) 노인복지의 의의

노인이 인간다운 생활을 영위하면서 자기가 속한 사회에 적응하고 통합할 수 있도록 필요한 자원과 서비스를 제공하는데 관련된 공적 및 사적 차원에서의 조직적 제반 활동이라고 정의할 수 있음

(2) 사회적 노화의 주요이론

① 활동이론: 지위에 따르는 역할이나 다양한 활동에 적극적으로 참여함으로써 긍정적 자아개념을 유지하고 성공적으로 노화에 적응할 수 있음

② 분리이론: 사회교류와 활동의 범위를 축소하고 스스로 사회에서 분리되고 사회 역시 노인을 사회에서 분리하는 것이 타당함

③ 현대화이론: 사회의 현대화 수준과 반비례하여 노인의 지위가 하락되고 이에 비례하여 노인문제가 발생함

④ 낙인이론: 사회가 노인을 비생산적이고 쓸모없는 존재로 규정하며, 노인은 이러한 사회적 규범과 낙인에 맞추어 행동하려는 경향이 있음

⑤ 교환이론: 노인은 재산소유 및 통제권의 약화 등으로 인하여 교환자원이 점차 약화되고 가치가 저하됨에 따라 열등한 지위에 처하게 되어 사회적 상호작용에서 소외됨

⑥ 성공적 노화이론: 노화의 수준에서 최적의 노화에 해당하는 것으로서 생물적 · 심리적 · 사회적 기능수준이 높고 삶의 만족과 환경에 대한 적응수준이 높은 상태

(3) 노화의 영역

① 생물학적 노화: 생물적 퇴화과정이 생물적 재생과정을 능가하여 유기체 내에 퇴행적 변화가 나타나는 현상

② 심리학적 노화: 감각기능, 인지기능, 정서 및 정신기능, 성격 등의 심리적 측면과 심리외적 측면의 상호작용에서의 퇴행, 유지 및 성숙을 동시에 내포하는 심리적 조절 과정

③ 사회학적 노화: 한 개인이 사회에서 자신의 연령에 맞게 역할을 얼마나 잘 수행하는지를 말하며 사회적 기대나 규범이 반영된 변화

〈참고〉 노인복지관련 용어 ***

- 고령화 사회: 전체 중에서 65세 이상 인구가 차지하는 비율이 7~13%인 사회
- 고령 사회: 전체 중에서 65세 이상 인구가 차지하는 비율이 14~19%인 사회
- 초 고령사회: 전체 중에서 65세 이상 인구가 차지하는 비율이 20% 이상인 사회
- 노년부양비 = [65세 이상 인구/생산가능인구(15~64세)]×100
- 노령화 지수 = [65세 이상 인구/0~14세 이하의 연소 인구]×100
- 제1차 베이비부머세대: 1955년(6.25전쟁 휴전)부터 1963년(산아제한 정책시행) 사이에 태어난 세대를 말한다.

2) 노인복지시설의 종류 ****

(1) 노인주거복지시설

① 양로시설: 노인을 입소시켜 급식과 그 밖에 일상생활에 필요한 편의를 제공함을 목적으로 하는 시설

② 노인공동생활가정: 노인들에게 가정과 같은 주거여건과 급식, 그 밖에 일상생활에 필요한 편의를 제공함을 목적으로 하는 시설

③ 노인복지주택: 노인에게 주거시설을 분양 또는 임대하여 주거의 편의, 생활지도, 상담 및

안전관리 등 일상생활에 필요한 편의를 제공함을 목적으로 하는 시설

(2) 노인의료복지시설

① 노인요양시설: 치매, 중풍 등 노인성 질환 등으로 심신에 상당한 장애가 발생하여 도움을 필요로 하는 노인을 입소시켜 급식, 요양과 그 밖에 일상생활에 필요한 편의를 제공함을 목적으로 하는 시설

② 노인요양공동생활가정: 치매, 중풍 등 노인성 질환 등으로 심신에 상당한 장애가 발생하여 도움을 필요로 하는 노인에게 가정과 같은 주거여건과 급식, 요양, 그 밖에 일상생활에 필요한 편의를 제공함을 목적으로 하는 시설

(3) 노인여가복지시설

① 노인복지관: 노인의 교양, 취미생활 및 사회참여활동 등에 대한 각종 정보와 서비스를 제공하고, 건강증진 및 질병예방과 소득보장, 재가복지, 그 밖에 노인의 복지증진에 필요한 서비스를 제공함을 목적으로 하는 시설

② 경로당: 지역노인들이 자율적으로 친목도모, 취미활동, 공동작업장 운영 및 각종 정보교환과 기타여가활동을 할 수 있도록 하는 장소를 제공함을 목적으로 하는 시설

③ 노인교실: 노인들에 대하여 사회활동 참여욕구를 충족시키기 위하여 건전한 취미생활, 노인건강유지, 소득보장 등 기타 일상생활과 관련된 학습프로그램을 제공함

(4) 재가노인복지시설

① 방문요양서비스: 가정에서 일상생활을 하고 있는 노인에게 가정을 방문하여 서비스를 제공하며, 신체적 · 정신적 장애로 어려움을 겪고 있는 노인에게 필요한 각종 편의를 제공함

② 주 · 야간보호서비스: 부득이하게 일시적으로 가족의 보호를 받을 수 없는 노인에게 서비스를 제공하며, 주간 또는 야간 동안 보호시설에 입소시켜 필요한 서비스를 제공함

③ 단기보호서비스: 부득이하게 일시적으로 가족의 보호를 받을 수 없는 노인에게 서비스를 제공하며, 단기간 보호시설에 입소시켜 보호함으로써 노인가정의 복지증진을 도모함

④ 방문목욕서비스: 목욕장비를 갖추고 재가노인을 방문하여 목욕서비스를 제공함

⑤ 그 밖의 서비스: 재가 노인에게 제공하는 서비스로 보건복지부령으로 정한 서비스

(5) 노인보호전문기관

① 노인학대의 예방 및 방지를 위한 홍보, 학대 받은 노인의 발견, 상담 및 보호함
② 치료의뢰 및 노인복지시설에의 입소의뢰, 노인학대행위자에 대한 상담 및 교육 등의 서비스를 제공하는 기관

(6) 노인일자리 지원기관

국가 또는 지방자치단체는 노인의 능력과 적성에 맞는 일자리 지원사업을 전문적 체계적으로 수행하기 위한 노인일자전담기관을 설치 · 운영하거나 그 운영의 전부 또는 일부를 법인이나 단체 등에 위탁할 수 있음

(7) 학대피해노인 전용쉼터

국가와 지방자치단체는 학대피해 노인을 일정기간 보호하고 심신치유프로그램을 제공하기 위하여 설치 · 운영할 수 있음

2. 장애인복지

1) 장애 및 장애인의 정의

(1) 국제장애분류(ICIDH)

1980년 세계보건기구(WHO)는 국제장애분류(ICIDH)라는 장애에 관한 개념틀을 발표하였음
① 기능장애: 신체적, 정신적 또는 해부학적으로 기구나 기능의 상실 또는 이상
② 능력장애: 개인적 차원에서 일상생활의 활동에 나타나는 장애를 의미하며, 행동장애, 의사소통장애, 운동장애, 가사활동장애 등
③ 사회적 불리: 기능장애와 능력 장애에 의해 야기된 사회적 불이익으로서 장애인이 경험하는 불이익, 편견, 차별적 상황 등

(2) 국제기능장애건강분류(ICF)

① 2001년 세계보건기구(WHO)가 발표한 국제기능장애건강분류(ICF)는 기존의 국제장애분류(ICIDH)가 신체기능에 치중하여 장애를 바라본 것과는 달리 사회적 물리적 환경의 정비에 의해 장애인의 활동과 참여가 확대될 수 있다는 관점을 취하고 있음
② 장애란 손상, 활동의 제한, 참여의 제약을 포함함

③ 장애를 크게 기능과 환경 간에 이루어지는 상호작용의 결과가 부정적일 때 그 개인의 상태를 장애라고 함

(3) 장애인의 정의 등(장애인복지법 제2조)

① 장애인이란 신체적 · 정신적 장애로 오랫동안 일상생활이나 사회생활에서 상당한 제약을 받는 자를 말함

- 신체적 장애: 주요 외부 신체기능의 장애, 내부기관의 장애 등
- 정신적 장애: 발달장애 또는 정신질환으로 발생하는 장애 등

② 장애인학대: 장애인에 대하여 신체적 · 정신적 · 정서적 · 언어적 성적 폭력이나 가혹행위, 경제적 착취, 유기 또는 방임을 하는 것

〈참고〉 장애인복지 전문인력

의지 · 보조기 기사, 언어재활사, 장애인 재활상담사, 한국수어통역사, 점역 · 교정사 등

2) 장애의 유형(법 시행령 제2조)

(1) 신체적 장애

① 외부 신체기능장애

- 지체장애: 절단장애, 지체기능장애, 관절장애, 변형 등의 장애
- 뇌병변장애: 중추신경 손상에 따른 복합적 장애
- 시각장애: 시력장애, 시아결손장애
- 청각장애: 청력장애, 평형기능장애
- 언어장애: 언어장애, 음성장애
- 안면장애: 안면부의 변형으로 인하여 장애

② 내부 기관장애

- 신장장애: 신장을 이식받았거나 투석 치료 중인 경우
- 심장장애: 일상생활에 현저한 제한을 받는 심신기능의 이상
- 간장애: 간기능의 장애 이상
- 호흡기장애: 폐, 기관지 등 호흡기관의 장애
- 장루 · 요루장애: 장루 · 요루 기능의 장애

– 뇌전증장애: 뇌전증에 의한 신경세포의 장애

(2) 정신적 장애

① 지적장애: 지능지수와 사회성숙성지수가 70 이하인 경우

② 자폐성장애: 소아기자폐증, 비전형적 자폐증에 따른 사회적응기능 및 능력의 장애

③ 정신장애: 정신불열증, 분열형 정동장애, 양극성 정동장애, 반복성 우울장애

3) 장애인복지의 개념

(1) 장애인복지의 의의 및 특성

장애인복지는 사회복지의 한 분야로서 여러 종류의 심신장애로 인해 생활의 곤란을 겪고 있는 사람에 대하여 각종 재활을 통하여 사회적 인식의 개선과 물리적 환경을 조성하며, 모든 분야에서 사회적 생활이 보장되고 심리적으로 안정된 삶을 영위하도록 원조하는 국가 및 사회의 조직적 노력의 총체를 말함

(2) 장애인복지의 이념

① 정상화

- 1960년대 장애인의 격리된 시설보호에 대한 반대이론으로 등장한 이론
- 정신지체인도 가능한 탈시설화하여 지역사회에서 보통 사람처럼 생활하게 하는 것
- 장애인도 사회에 참여할 권리를 가진다는 사회정치적 의미를 내포하고 있음

③ 사회통합

- 장애인의 불리를 경감하고 해소하여 의미 있는 사회참여를 할 수 있도록 하는 것
- 사회에 장애인이 공존할 수 있도록 기본적 시민의 권리를 실현할 수 있도록 하는 것

④ 자립생활

- 타인에게 의존하지 않고 자신이 삶의 주체기 되어 자기결정권을 행사하는 것
- 지역사회중심에서 주역으로 스스로 살아갈 수 있는 법적 제도적 권익을 확보하는 것

(3) 장애인복지모델

① 의료적 모델(복지모델): 개인적 관점

- 장애인을 신체적 정신적으로 손상된 사람으로 정의함
- 장애인을 보호의 대상으로 봄

- 장애의 유형에 따른 적합한 재활서비스의 제공을 강조함

② 사회적 모델(시민권모델): 사회적 관점

- 장애인을 장애로 인해 사회적 불이익이나 배제를 당하는 사람으로 봄
- 장애인의 자기결정권에 의한 자립생활에 중점을 둠
- 장애인의 차별을 유발하는 사회적 환경과 인식의 개선을 강조함

(4) 장애인복지시설

① 장애인 거주시설: 거주공간을 활용하여 일반가정에서 생활하기 어려운 장애인에게 일정기간 동안 거주 · 요양 · 지원 등 서비스를 제공하는 동시에 지역사회생활을 지원하는 시설

② 장애인 지역사회재활시설: 장애인을 전문적으로 상담 · 치료 · 훈련하거나 장애인의 일상생활, 여가활동 및 사회참여활동 등을 지원하는 시설

③ 장애인 직업재활시설: 일반 직업 환경에서는 일하기 어려운 장애인이 특별히 준비된 작업환경에서 직업훈련을 받거나 직업 생활을 할 수 있도록 하는 시설

④ 장애인 의료재활시설: 장애인을 입원 또는 동원하게 하여 상담, 진단, 판정, 치료 등의 치료재활서비스를 제공하는 시설

※ 장애인활동지원사업

- 사업의 목적: 신체적 정신적 장애 등의 사유로 일상생활과 사회생활을 영위하기가 어려운 장애인에게 활동지원서비스를 제공하여 자립생활을 지원하고 그 가족의 부담을 줄임으로써 장애인의 삶을 향상시키는 데 있다.
- 신청대상: 만 6~64세의 장애인, 소득수준이나 장애유형에 관계없이 신청가능하다.

※ 장애인 고용유형(장애인고용촉진 및 직업재활법)

- 지원고용(제13조): 고용노동부장관과 보건복지부장관은 중증장애인 중 사업주가 운영하는 사업장에서는 직무수행이 어려운 장애인이 직무를 수행할 수 있도록 지원고용을 실시하고 필요한 지원을 하여야 한다.
- 보호고용(제14조): 국가, 지방자치단체는 장애인 중 정상적인 작업조건에서 일하기 어려운 장애인을 위해 특정한 근로환경을 제공하고 그 근로환경에서 일할 수 있도록 보호고용을 실시하여야 한다.

〈 기출 등 주요 Key Word 〉

O X 문제

01) 아동복지대상과 서비스 분류에서 지지적 서비스는 가정을 이탈한 아동이 다른 체계에 의해 보호를 받는 동안 부모를 지원하여 가족기능을 강화하도록 하는 상담서비스이다. (O/X)

02) 드림스타트(Dream Start)사업은 지방자치중심의 지역사회보건복지사업으로 빈곤아동의 실제욕구에 적응한 맞춤형 통합서비스를 제공한다. (O/X)

03) 노인복지주택에 입소할 수 있는 자는 60세 이상으로 소득인정액이 보건복지부장관이 정하여 고시하는 금액이하인 사람으로 한다. (O/X)

04) 전체 인구 중 65세 이상 노인인구가 차지하는 비율이 14%에 도달한 사회는 고령화 사회에 해당한다. (O/X)

05) 노년부양비는 생산가능인구 대비 65세 이상 인구의 비율이다. (O/X)

06) 노령화 지수는 0~14세 이하의 연소 인구 대비 중 65세 이상 인구의 비율이다. (O/X)

07) 장애인의 자립생활은 지역사회에서 자기결정권에 의해 자유롭게 독립적으로 살아가는 것을 말한다. (O/X)

08) 기초연금은 65세 이상의 노인 중 선정기준액 이하에게 제공되는 선별적 현금 급여이다. (O/X)

09) 꿈드림은 학교 밖 청소년을 지원하는 청소년 지원센터이다. (O/X)

10) 지역사회 청소년통합지원체계(CYS-Net) 지역사회자원을 연계하여 위기청소년에 대한 맞춤형 서비스를 제공한다. (O/X)

Answer **틀린 문제(1, 4) 해설**

01) 가정을 이탈한 아동이 다른 체계에 의해 보호를 받는 것은 가정위탁이나 시설보호와 같은 대리적 서비스이다.

04) 전체 인구 중 65세 이상 노인인구가 차지하는 비율이 14%에 도달한 사회는 고령사회에 해당한다.

기출문제

上·中·下

01) 드림스타트(Dream Start)에 대한 설명으로 옳은 것만을 모두 고른 것은? (2017, 보호직)

ㄱ. 아동과 가족을 대상으로 맞춤형 통합서비스 제공 ㄴ. 시군구가 아동통합서비스지원기관설치 운영 ㄷ. 아동에 대한 사회투자의 중요성 강조 ㄹ. 아동의 사회진출 시 필요한 자립자금마련

① ㄱ, ㄴ ② ㄱ, ㄷ ③ ㄱ, ㄴ, ㄷ ④ ㄴ, ㄷ, ㄹ

해설

드림스타트(Dream Start)사업은 지방자치중심의 지역사회보건복지사업으로 빈곤아동의 실제욕구에 적응한 맞춤형 통합서비스를 제공하며, 2007년부터 시작하였고, 드림스타트란 사업명은 2008년부터 사용되었다.

오답노트

• 아동의 사회진출 시 필요한 자립자금을 마련해 주는 것은 아동발달지원계좌(디딤돌씨앗통장)제도이다.

〈 정답 ③ 〉

上·中·下

02) 노인복지법상 노인복지시설의 종류에 해당하는 것만을 모두 고른 것은? (2017, 지방직)

㉠ 노인주거복지시설	㉡ 노인의료복지시설	㉢ 재가노인복지시설
㉣ 노인보호전문기관	㉤ 노인여가복지시설	

① ㉠, ㉣, ㉤ ② ㉡, ㉢, ㉤

③ ㉠, ㉡, ㉢, ㉣ ④ ㉠, ㉡, ㉢, ㉣, ㉤

해설

노인일자리지원기관, 학대피해노인전용쉼터도 노인복지시설에 해당된다. 〈 정답 ④ 〉

제2편
사회복지법제와 행정

제1장 사회복지법의 이해

제1절 법(法)의 개요

1. 법(法)의 개념

1) 법(法)의 의의

법이란 인간이 사회생활을 하면서 꼭 해야 할 일과 해서 안 될 일을 규정하여 사회정의를 실현하고 법적 안정성을 기반으로 사회질서를 유지하기 위한 강제력을 가진 규범

2) 법(法)의 일반적 분류

(1) 자연법과 실정법

① 자연법: 자연적으로 발생하는 보편타당한 원칙으로서 정의의 이념으로 법의 근원이 됨

② 실정법: 사회질서의 유지를 목적으로 성립된 것으로 제정법, 관습법, 판례법 등이 있음

(2) 국내법과 국제법

① 국내법: 한 국가의 주권이 미치는 범위 내에만 효력을 가지는 법

② 국제법: 국제연합 등 국제기구에 의해 인정되어 국가 간에 효력이 인정되는 규범

※ "헌법에 의해 체결 · 공포된 조약과 일반적으로 승인된 국제법규는 국내법과 같은 효력을 가진다." (헌법 제6조 제1항)

(3) 일반법과 특별법

① 일반법: 보통법이라고도 하며, 특별법에 비하여 넓은 범위의 사람 · 장소 또는 사항에 적용되는 법

② 특별법: 일반법보다도 좁은 범위의 사람 · 장소 또는 사항에 적용되는 법

※ 일반법과 특별법의 구분 사례

• 사람: 국민 전체에 대하여 적용되는 형법 및 형사소송법은 일반법이고, 소년에 대한

형벌 및 이를 과하는 절차를 정한 소년법은 형법 및 형사소송법의 특별법임
• 장소: 전국에 적용되는 지방자치법은 일반법이고, 제주도에만 적용되는 "제주특별자치도 설치 및 국제자유도시 조성을 위한 특별법"은 특별법임
• 사항: 일상생활에 적용되는 민법은 일반법이고, 상거래에 적용되는 상법은 특별법임

(4) 공법, 사법 및 사회법

① 공법(公法): 국가통치권의 발동에 관한 관계를 규정하는 법
예) 헌법, 형법, 형사소송법, 행정법, 행정소송법 등

② 사법(私法): 사인(私人) 간의 관계를 규정하는 법
예) 민법, 민사소송법, 상법 등

③ 사회법(社會法): 공법과 사법의 중간영역으로 개인의 자유와 국가의 관여가 혼합된 법
예) 노동관계법, 경제관계법, 사회복지관계법 등

3) 법(法) 적용의 일반원칙

(1) 일반법과 특별법의 관계: 특별법(特別法) 우선의 원칙

① 법 적용의 순위를 정하는 데 있어 일반적인 원칙으로 특별법은 일반법에 우선하여 적용하고, 특별법에 해당 규정이 없는 경우에 보충적으로 일반법을 적용함

② 일반법과 특별법은 절대적인 개념이라기보다는 상대적 개념으로 비교대상에 따라 일반법이었던 법이 특별법이 될 수 있고, 특별법이 일반법이 될 수도 있음

(2) 상위법과 하위법의 관계: 상위법(上位法) 우선의 원칙

① 법규범은 수직적으로 체계화되어 있는데, 그 순서는 헌법, 법률, 명령(시행령, 시행규칙), 자치법규(조례, 규칙) 등

② 하위에 있는 규범이 상위의 규범을 위반하면 위헌 또는 위법이 됨

(3) 신법과 구법의 관계: 신법(新法) 우선의 원칙

① 신법은 새로 제정된 법이고, 구법은 신법에 의해 폐지되는 법

② 신법의 시행시기와 구법의 종료시점이 불일치할 경우 신법에 '경과규정' 또는 '부칙'을 통해 해결함

2. 법원(法源)의 종류

1) 법원(法源)의 의의

① 법이 어떤 방식으로 존재하는가에 대한 것을 의미하는데, 성문법과 불문법으로 분류함

② 성문법이 모든 법률관계를 빠짐없이 모두 규율하기는 어려우므로 성문법 외에 관습법, 판례법, 조리 등 불문법이 보충적 기능을 함

③ 우리나라는 성문법주의를 채택하고, 예외적으로 불문법을 인정하고 있음

2) 성문법원(成文法源) **

일정한 형식과 절차를 거쳐 공포되고, 문서의 형식으로 표현된 법을 말하며 헌법, 법률, 명령(시행령, 시행규칙), 자치법규(조례, 규칙), 국제조약 및 국제법규 등이 해당됨

(1) 헌법(憲法)

국민의 기본적 인권을 보장하고 있는 권리장전으로서의 성격뿐만 아니라 국가의 기본조직과 통치 작용의 원리에 관하여 규정하고 있는 국가의 기본법이며, 최상위 법규범으로서의 성격도 가지고 있다. 헌법은 사회복지에 관한 기본적 사항들을 많이 내포하고 있어 사회복지법규의 중요한 최고의 법원이 되고 있음

① 인간의 존엄과 가치 및 행복추구권(제10조), 인간다운생활을 할 권리(제34조)

② 교육을 받을 권리(제31조), 근로의 권리(제32조), 근로자의 권리(제33조), 환경권(제35조), 혼인과 가족생활의 보호(제36조)

③ 평등권(제11조), 재판청구권(제27조), 국가배상청구권(제29조), 위헌법령심사권 및 행정심판권(제107조) 등

(2) 법률(法律)

입법권자인 국회가 제정하여 대통령이 공포한 법을 말하는데 사회복지관련 법률로는 일반법으로서의 사회보장기본법 및 사회보장급여의 이용 · 제공 및 수급권자발굴에 관한 법률, 사회복지사업법, 개별법으로서 사회복지사업법 제2조(정의) 제1호에 규정된 법률이 있음

(3) 명령(命令)

권한 있는 행정관청에 의하여 제정된 법규로서 제정 주체에 따라 대통령령(시행령), 총리령

및 부령(시행규칙)으로 구분함

(4) 자치법규(自治法規)

헌법 제117조에 의거하여 지방자치단체가 법령의 범위 내에서 제정하는 자치에 관한 규범을 말하며, 조례와 규칙으로 구분함

① 조례: 지방의회가 법령의 범위 안에서 지역사무에 관하여 제정하는 규범

② 규칙: 지방자치단체의 장이 법령 및 조례가 위임한 범위 내에서 그 권한에 속하는 사무에 관하여 정립한 규범

(5) 국제법(國際法)

① 국제조약: 국가와 국가 간 , 국가와 국제기구 간, 국제기구 상호간에 체결한 문서에 의한 합의를 말하며, 일반적으로 조약은 협정, 협약, 약정, 의정서, 규약, 헌장 등의 명칭으로도 불림

② 국제법규: 우리나라가 체결당사국이 아닌 조약으로서 국제사회에서 일반적으로 규범성이 승인된 것과 국제관습법을 말함

3) 불문법원(不文法源) **

입법기관에 의해 일정한 절차에 따라 제정 · 공포되지 않고 문서화되지 않은 법을 말하며, 관습법, 판례법, 조리로 구분함

(1) 관습법(慣習法)

① 오랜 기간에 걸쳐 자연적으로 형성되어 사회적 관행으로 준수되어 온 사회생활의 규범

② 사회구성원의 법적 확신을 얻게 되어 국가에 의해 불문의 형태로 승인되고 강행되는 법

③ 사실적인 관습이 법원(法源)으로 인정을 받는 것은 법원(法院)이 판례를 통해 이를 법규범으로 인정함으로써 이루어짐

④ 사회적 관습이 재판의 근거로 채택되기 전에는 단순히 관습으로만 남게 됨

⑤ 관습법은 성문법의 규정이 없을 때 이를 보충하는 법으로서의 효력을 가짐

(2) 판례법(判例法)

① 최고법원인 대법원(大法院)의 판결을 통해 형성된 판례를 법규범으로 인정하는 것

② 유사한 사건에 대하여 최고법원이 동일한 취지의 판결을 반복함으로써 동종의 다른 사건

이 발생할 경우 같은 판결이 나오게 되어 사실상의 구속력을 미치게 하는 것
③ 국민연금법, 국민건강보험법, 사회복지사업법, 공공부조관련법 등과 관련된 판례 존재

(3) 조리(條理)

① 사물의 도리, 사회통념, 공서양속, 신의성실의 원칙, 법의 일반원칙 등을 의미함
② 재판에서 성문법규가 없고 관습법, 판례도 없는 경우에 한하여 최종적으로 적용함
③ 우리 민법은 "민사에 관하여 법률에 규정이 없으면 관습법에 의하고, 관습법이 없으면 조리에 의한다(제1조)"라고 규정하여 조리의 법원성을 인정하고 있음

제2절 사회복지법의 개념

1. 사회복지법의 의의 및 분류체계

1) 사회복지법의 의의

사회복지를 시행하기 위한 제도와 수혜자의 권리와 의무관계를 규정하는 법을 말함

(1) 형식적 의미

사회복지법이라는 외적인 형식을 가진 제반 법규인데, 우리나라의 경우 독립적인 사회복지 법전은 존재하지 않으므로 그 범위가 명확하지는 않다. 일반적으로 사회보장기본법에서 규정하고 있는 사회보험, 공공부조, 사회서비스와 관련된 법률과 사회복지사업법에서 규정하고 있는 사회복지사업에 속하는 개별 법률들이 이에 해당됨

(2) 실질적 의미

법의 존재형식과 명칭에 관계없이 실질적으로 법의 내용, 목적, 기능 등이 사회복지에 관한 사항을 규정하고 있는 법규를 의미함
① 광의의 사회복지법: 사회복지정책 또는 사회정책의 실현과 관련된 제반 법률을 의미하며, 전 국민의 물질적 · 정신적 · 사회적 기본욕구를 해결함으로써 인간다운 생활을 할 수 있도록 보장하기 위한 공적 · 사적인 모든 사회적 서비스와 관련된 법규범들을 의미함
② 협의의 사회복지법: 현실생활에서 어려움을 겪는 사회적 약자들이나 요보호대상자를 위

한 제한적인 제반 사회복지정책 및 사회정책을 의미함

2) 사회복지관련 법률의 분류체계 ***

(1) 기본적 법률

① 사회보장기본법

- 사회복지 및 사회보장 일반에 관한 기본적인 법률
- 사회보장에 관한 국민의 권리와 국가 및 지방자치단체의 책임을 정하고 사회보장정책의 수립추진과 관련 제도에 관한 기본적인 사항을 규정함으로써 국민의 복지증진에 이바지하는 것을 목적으로 함(제1조)
- 사회보장이란 출산, 양육, 실업, 노령, 장애, 질병, 빈곤 및 사망 등의 사회적 위험으로부터 모든 국민을 보호하고 국민의 삶의 질을 향상시키는데 필요한 소득이나 서비스를 보장하는 사회보험 · 공공부조 · 사회서비스를 말함(제3조)

② 사회보장급여의 이용 · 제공 및 수급권자 발굴에 관한 법률(사회보장급여법)

- 사회보장기본법에 따른 사회보장급여의 이용 및 제공에 관한 기준과 절차 등 기본적인 사항을 규정함
- 사회보장의 지원을 받지 못하는 대상자를 발굴하여 지원함으로써 인간다운생활을 할 권리를 최대한 보장하고, 사회보장급여가 공정하고 효과적으로 제공되도록 함
- 사회보장제도가 지역사회에서 통합적으로 시행될 수 있도록 그 기반을 구축하는 것을 목적으로 함

③ 사회복지사업법

- 사회복지법인의 설립과 운영, 사회복지시설의 설치와 운영, 사회복지사와 사회복지관, 법적 단체 등

(2) 사회보험 관련법

① 사회보험이란 국민에게 발생하는 사회적 위험을 보험의 방식으로 대처함으로써 국민의 건강과 소득을 보장하는 제도를 말함(사회보장기본법 제3조 제2호)

② 사회보험은 사회보장제도의 하나로서 우리의 삶에 직면하는 사회적 위험을 민간보험원리를 적용하여 국가가 시행하는 강제보험

예) 국민연금법, 국민건강보험법, 산업재해보상보험법, 고용보험법, 노인장기요양보험법

(3) 공공부조 관련법

① 공공부조(公共扶助)란 국가와 지방자치단체의 책임 하에 생활유지능력이 없거나 생활이 어려운 국민의 최저생활을 보장하고 자립을 지원하는 제도(사회보장기본법 제3조 제3호)

② 공공부조제도의 실시와 관련되는 사항을 규정하고 있는 법

예) 국민기초생활보장법, 의료급여법, 긴급복지지원법, 기초연금법, 장애인연금법 등

(4) 사회서비스 관련법

① 사회서비스란 국가 · 지방자치단체 및 민간부문의 도움이 필요한 모든 국민에게 복지 · 보건의료 · 교육 · 고용 · 주거 · 문화 · 환경 등의 분야에서 인간다운 생활을 보장하고, 상담 · 재활 · 돌봄 · 정보의 제공 · 관련 시설의 이용 · 역량 개발 · 사회참여 지원 등을 통하여 국민의 삶의 질이 향상되도록 지원하는 제도(사회보장기본법 제3조 제4호)

② 사회복지사업법(제2조 제1호)에 규정된 사회서비스법

- 아동복지법, 노인복지법. 장애인복지법, 한부모가족지원법, 영유아보육법, 성매매방지 및 피해자보호 등에 관한 법률, 정신건강증진 및 정신질환자복지서비스 지원에 관한 법률
- 성폭력방지 및 피해자보호 등에 관한 법률, 입양특례법, 다문화가족지원법, 일제하 일본군위안부 피해자에 대한 생활안정지원 및 기념사업 등에 관한 법률
- 사회복지공동모금회법, 장애인 · 임산부 등의 편의증진 보장에 관한 법률, 가정폭력방지 및 피해자보호 등에 관한 법률, 농어촌주민의 보건복지증진을 위한 특별법, 식품기부 활성화에 관한 법률, 장애인활동 지원에 관한 법률
- 노숙인 등의 복지 및 자립지원에 관한 법률, 보호관찰 등에 관한 법률, 장애아동복지지원법, 발달장애인 권리보장 및 지원에 관한 법률, 청소년복지지원법 등

[사회복지관련 법률체계]

헌법(憲法) 전문, 제10조, 제11조, 제34조 등

국내법(國内法) 국제법(國際法)

공법(公法) **사회법(社會法)** 사법(私法)

경제 관련법 **사회복지 관련법** 노동 관련법

사회보장기본법

(사회보장급의 이용 · 제공 및 수급권자발굴에 관한 법률)
(사회복지사업법)

〈사회보험 관련법〉
- 국민연금법
- 국민건강보험법
- 산업재해보상보험법
- 고용보험법
- 노인장기요양보험법

(특수직연금)
- 공무원연금법
- 군인연금법
- 사립학교교직원연금법
- 별정우체국연금법

〈공공부조 관련법〉
- 국민기초생활보장법
- 의료급여법
- 주거급여법
- 긴급복지지원법
- 기초연금법
- 장애인연금법

〈사회서비스 관련법〉
- 아동복지법
- 노인복지법
- 장애인복지법
- 한부모가족지원법
- 영유아보육법
- 다문화가족지원법
- 입양특례법
- 사회복지공동모금회법
- 장애아동복지지원법
- 청소년복지지원법

〈사회서비스 관련법〉
- 성매매방지 및 피해자보호등에 관한 법률
- 정신건강증진 및 정신질환자 복지서비스지원에 관한 법률
- 성폭력방지 및 피해자보호등에 관한 법률
- 일제하 일본군위안부 피해자 지원등에 관한 법률
- 편의증진보장에 관한법률
- 가정폭력방지 및 피해자보호등에 관한 법률
- 농어촌주민의 복지증진을 위한 특별법
- 식품기부활성화에 관한 법률
- 장애인활동지원에 관한 법률
- 노숙인등의 복지 및 자립지원에 관한 법률
- 발달장애인 권리보장 및 지원에 관한 법률연금법

〈기타 사회복지 관련법〉
- 자원봉사활동기본법, 장애인고용촉진 및 직업재활법, 건강가정기본법, 치매관리법 등

2. 사회복지수급권의 특징

1) 사회복지급여의 신청주의 **

① 사회복지급여를 받으려는 사람은 관계 법령에서 정하는 바에 따라 국가나 지방자치단체에 신청하여야 함

② 관계 법령에서 따로 정하는 경우에는 국가나 지방자치단체가 신청을 대신할 수도 있음

2) 사회보상수급권의 보호 **

① 사회복지수급권은 개인에게 전적으로 귀속하는 일신전속권(一身專屬權)의 성격이 있음

② 사회보장기본법(제12조): 사회보장수급권은 관계법령이 정하는 바에 따라 타인에게 양도하거나 담보로 제공할 수 없으며, 이를 압류할 수도 없음

3) 사회복지권의 제한 **

(1) 사회복지수급권 제한의 성격

① 사회복지수급권은 제한되거나 정지될 수 없다. 다만, 관계 법령에서 따로 정하고 있는 경우에는 그러하지 아니함

② 사회보장 수급권자가 대상자의 적격성이나 적법성에 위반되는 경우에는 제한할 수 있음

③ 사회복지수급권이 제한되거나 정지되는 경우에는 제한 또는 정지하는 목적에 필요한 최소한의 범위에 그쳐야 함

(2) 불법행위에 대한 구상권(求償權)

제3자의 불법행위에 의하여 사회보장수급권을 가지게 된 경우 사회보장제도를 운영하는 자는 불법행위의 책임이 있는 자에 대하여 관계법령이 정하는 바에 의하여 구상권을 행사할 수 있음

4) 사회복지수급권의 소멸 **

사회복지수급권의 경우에도 무한히 보장되는 것은 아니면 일정요건에 해당되면 소멸한다.

① 수급권자의 사망

② 수급권의 포기

③ 수급권의 소멸시효 도래 등

5) 사회복지권의 권리구제 절차 ***

(1) 사회보험

구분	1차 권리구제(처분청)	2차 권리구제(감독청)
국민연금법	심사청구(국민연금심사위원회)	재심사청구(국민연금재심사위원회)
산업재해보상보험법	심사청구(산재보험심사위원회)	재심사청구(산재보험재심사위회)
고용보험법	심사청구(고용보험심사관)	재심사청구(고용보험심사위원회)
노인장기요양보험법	심사청구(장기요양심사위원회)	재심사청구(장기요양재심사위원회)
국민건강보험법	이의신청(건보공단,심사평가원)	심판청구(건강보험분쟁조정위원회)

(2) 공공부조

구분	1차 권리구제	2차 권리구제
국민기초생활보장법	이의신청(시 · 도지사) – 시장 · 군수 · 구청장 경유	이의신청(보건복지부장관) – 시 · 도지사 경유
의료급여법	이의신청(시장 · 군수 · 구청장)	심판청구(건강보험분쟁조정위원회)

3. 사회복지와 관련된 국제협약

1) 국제인권규약(A, B) **

1948년 선포한 세계인권선언을 실현하기 위해 1966년에 유엔총회에서 채택되었으며, 우리나라는 1990년 4월에 비준하여 효력이 있는 국제조약

(1) 경제적 · 사회적 및 문화적 권리에 관한 규약(A 규약)

① 1966년 12월 16일 유엔총회에서 채택되었고, 1976년 1월 발효되었음

② 생존권적 기본권을 대상으로 자기결정권, 노동권, 사회보장권, 건강권, 교육권, 남녀평등, 가정에 대한 보호 등을 규정함

(2) 시민적 및 정치적 권리에 관한 규약(B 규약)

① 1966년 12월 16일 유엔총회에서 채택되었고, 1976년 3월 발효되었음

② 자유권적 기본권의 존재를 전제로 하여 체약국이 이를 존중할 것을 의무화함

③ 이것의 확보를 위하여 인권심사위원회 설치와 개인의 위원회 청원제도를 규정함

> **※ 국제인권규약의 특징**
>
> - 우리나라도 A, B 규약을 1990년 4월에 비준하여 법적 구속력이 있음
> - 세계인권선언이 법적 구속력이 없었던 것에 비해, 국제인권규약은 국제조약으로서 체약국을 법적으로 구속함

2) 아동 및 장애인의 권리에 관한 협약 **

(1) 아동의 권리에 관한 협약(아동권리협약)

① 1989년 11월 20일 유엔총회에서 채택, 1990년 9월 2일 발효되었음

② 우리나라는 1991년 11월 20일에 비준하여 가입하였음

③ 가입국은 가입 뒤 2년 안에, 그 뒤 5년마다 어린이의 인권상황에 대한 보고서를 제출하여야 할 의무가 있음

④ 주요 원칙: 무차별의 원칙, 아동의 최선의 이익 우선원칙

⑤ 아동의 4대 권리: 생존의 권리, 발달의 권리, 보호의 권리, 참여의 권리

(2) 장애인권리 협약

① 장애인권리협약은 2006년 12월 유엔총회에서 채택되었으며, 2007년 5월 3일 발효되었음

② 우리나라는 2008년 12월 협약비준동의안 의결

③ 국내 발효 후 2년 이내, 그 후 최소 4년마다 협약 이행사항에 대한 보고서를 작성하여 유엔장애인권리위원회에 제출하여야 함

④ 주요 내용: 차별금지, 여성장애인과 장애아동에 대한 보호, 자립생활지원, 이동권, 교육권, 건강권, 근로 · 정치 · 문화생활 등의 보장 등

3) ILO의 국제사회복지조약 **

(1) 의의

국제노동기구(ILO)는 1944년에 소득보장의 권고, 의료보장의 권고, 고용서비스의 권고를 사회보장법체계의 3대 기본요소로 채택하였음

(2) 사회보장최저기준에 관한 조약(102호 조약)

① 1952년 ILO 제35차 총회에서 채택되었으며, 사회보험, 공공부조 등 다양한 접근방식을 인정하였음

② 적용범위 및 급여의 종류와 수준, 사회보장의 비용부담, 기여자와 수급자의 권리보호, 행정관리문제 등에 대해 회원국이 준수해야 할 최저기준을 제정함

③ 사회보장최저기준의 원칙(3): 대상의 보편성, 비용부담의 공평성, 급여수준의 적절성 등

④ 사회보장급여(9): 의료급여(요양급여), 질병급여(상병급여), 실업급여, 노령급여, 업무상재해급여, 가족급여(아동급여), 출산급여, 폐질급여(장애급여), 유족급여 등

⑤ 우리나라는 아직 비준동의를 하지 않음

4. 사회보장협정

1) 사회보장협정의 개념 *

(1) 사회보장협정의 의의

① 사회보장에 관한 상호주의에 입각하여 정부가 국회의 동의 없이 단독으로 외국정부와 맺은 협정 또는 약정을 말함

② 양 국가들이 상대국에서 파견 또는 근로하는 기간 동안 협정 당사국이 보장하는 동등한 권리를 누릴 수 있도록 보장하도록 합의하는 것임

(2) 사회보장협정을 체결하는 목적

협정 당사국의 연금제도 간 다른 점을 상호 조정하여 다음과 같은 혜택을 부여하기 위함

① 이중가입배제: 이중보험료 부담문제 해결

② 가입기간 합산 및 동등대우: 연금혜택의 기회확대

③ 연금급여의 자유로운 송금보장 등

2) 우리나라의 경우

① 일반적으로 국민연금법만을 대상으로 하고 있으나 미국과는 산재보험법, 독일과는 고용보험법이 포함되어 있음

② 국민연금법 제127조(외국과의 사회보장협정): 대한민국이 외국과 사회보장협정을 맺은 경우에는 이 법에도 불구하고 국민연금의 가입, 연금 보험료의 납부, 급여의 수급 요건, 급여액의 산정, 급여의 지급 등에 관하여 그 사회보장협정에서 정하는 바에 따른다고 규정하고 있음

제3절 한국 사회복지법의 역사

1. 1960~1970년대 사회복지 입법

군사정권은 정책의 중심을 경제개발에 두었으며, 사회복지에는 별로 관심이 없었고, 사회복지관련 법률들은 형식적인 수준에서 입법화하였다고 볼 수 있음

1) 1960년대

① 공무원연금법(1960. 제정)

② 생활보호법(1961. 제정)

③ 아동복리법(1961. 제정)

④ 재해구호법(1962. 제정)

⑤ 산업재해보상보험법(1963. 제정)

⑥ 의료보험법(1963. 제정): 임의적용, 미실시

⑦ 군인연금법(1963. 제정)

2) 1970년대

① 사회복지사업법(1970. 제정)

② 국민복지연금법(1973. 제정)

③ 국민의료보험법(1976. 제정): 강제적용, 직장의료보험 시행(1977)

④ 의료보호법(1977. 제정)

⑤ 공무원 및 사립학교 교직원의료보험법(1977. 제정)

2. 1980~1990년대 사회복지 입법

1) 1980년대

① 제5공화국헌법(8차 개정, 1980.10.27)

② 아동복지법(1981. 제정): 기존 아동복리법 전면개정

③ 심신장애자복지법(1981. 제정)

④ 노인복지법(1981. 제정)

⑤ 사회복지사업법(1983. 전면개정)

⑥ 복지증진의 책임이 국가와 지방자치단체에 있음을 명문화함

⑦ 사회복지사업종사자를 사회복지사로 명칭을 변경함

⑧ 사회복지사 자격을 1~3급으로 구분하였음

⑨ 국민연금법(1986. 제정): 국민복지연금법 전면 개정, 1988년 시행

⑩ 최저임금법(1986년. 제정)

⑪ 장애인복지법(1989. 제정): 심신장애자복지법 전면 개정

2) 1990년대

① 영유아보육법(1991. 제정)

② 고용보험법(1993. 제정): 1995년 시행

③ 사회보장기본법(1995. 제정)

④ 정신보건법(1995. 제정)

⑤ 사회복지공동모금법(1997. 제정)

⑥ 사회복지공동모금회법(1999. 개정)

⑦ 국민건강보험법(1999. 제정): 조합주의에서 통합주의로 전환

⑧ 국민기초생활보장법(1999.9.7. 제정): 2000.10.1. 시행

3. 2000년대 이후 사회복지 입법

1) 2000년대

① 장애인고용촉진및직업재활법(2000. 제정)

② 의료급여법(2001. 제정): 의료보호법 개정

③ 긴급복지지원법(2005. 제정)

④ 노인장기요양보험법(2007. 제정)

⑤ 기초노령연금법(2007. 제정)

⑥ 다문화가족지원법(2008. 제정)

2) 2010년대

① 장애인연금법(2010. 제정)

② 장애인활동지원에관한 법률(2011. 제정)

③ 노숙인등의 복지 및 자립지원에 관한 법률(2011)

④ 치매관리법(2011. 제정)

⑤ 기초연금법(2014. 제정): 기초노령연금 대체

⑥ 사회보장급여의 이용 · 제공 및 수급권자발굴에 관한 법률(2014)

⑦ 국민기초생활보장법 개정(2014): 맞춤형 기초생활보장제도

⑧ 정신건강증진 및 정신질환자 복지서비스 지원에 관한 법률(2016. 제정)

⑨ 아동수당법(2018. 제정)

〈기출 등 주요 Key Word〉

O X 문제

01) 유엔 '아동권리에 관한 협약'의 아동복지 원칙은 무차별의 원칙, 아동이익 최선의 원칙, 생존 및 발달보장의 원칙, 참여의 원칙 등이 있다. (O/X)

02) 사회복지급여 수급권은 행정기관의 기속행위에 의해 인정되는 것이 아니라 법률의 규정에 의해 인정되는 재량행위이다. (O/X)

03) 1962년 헌법개정시 인간다운생활을 할 권리보장 조항을 헌법에 신설함으로써 향후 사회복지입법의 토대를 마련하였다. (O/X)

04) 사회복지급여 수급권은 정당한 이유 없이 불이익하게 변경될 수 없다. (O/X)

05) 국민복지연금법은 1973년 제정되었으나 시행되지 못하였고, 1986년 국민연금법이 제정되어 1988년부터 본격적으로 시행되었다. (O/X)

06) 분권교부세에 근거한 사회복지사업의 지방이양은 2005년부터 이루어졌다. (O/X)

07) 보육서비스 지원확대는 1991년에 제정된 영유아보육법을 근간으로 이루어지고 있다. (O/X)

08) 사회복지급여 수급권을 행사하는 자는 수급절차 및 과정에서 각종 보고서와 자료제출 등의 의무를 이행해야 한다. (O/X)

09) 국민연금과 국민건강보험의 권리구제절차로는 심사청구와 재심사청구가 있다. (O/X)

10) 산재보험과 고용보험의 권리구제절차로는 심사청구와 재심사청구가 있다. (O/X)

Answer **틀린 문제(2, 9) 해설**

02) 사회복지급여 수급권은 행정기관의 재량행위에 의해 인정되는 것이 아니라 법률의 규정에 의해 인정되는 기속행위이다.

09) 국민건강보험의 권리구제로는 이의신청과 심판청구가 있다.

기출문제

上·**中**·下

01) 아동권리에 관한 국제협약에서 규정한 아동의 기본적인 4대 권리로 가장 적절하지 않은 것은? (2019, 서울시)

① 자유권 ② 보호권 ③ 발달권 ④ 참여권

해설

유엔 '아동권리에 관한 협약'의 아동복지 원칙은 무차별의 원칙, 아동이익 최선의 원칙, 생존 및 발달보장의 원칙, 참여의 원칙 등이 있다. 〈 정답 ① 〉

上·中·**下**

02) 사회보장권리구제에 대한 심사청구 및 재심사청구를 규정하고 있지 않은 법률은? (2019, 지방직)

① 산업재해보상보험법 ② 국민건강보험법

③ 고용보험법 ④ 국민연금법

해설

국민건강보험은 이의신청, 행정심판의 단계를 거친다. 〈 정답 ② 〉

上·中·下

03) 사회복지급여 수급권에 대한 설명으로 옳지 않은 것은? (2018, 보호직)

① 사회복지급여 수급권은 정당한 이유 없이 불이익하게 변경될 수 없다.

② 사회복지급여 수급권은 상속될 수 없다.

③ 사회복지급여 수급권을 행사하는 자는 수급절차 및 과정에서 각종 보고서와 자료제출 등의 의무를 이행해야 한다.

④ 사회복지급여 수급권은 행정기관의 재량행위에 의해 인정된다.

해설

사회복지급여 수급권은 행정기관의 재량행위에 의해 인정되는 것이 아니라 법률의 규정에 의해 인정되는 기속행위이다. 〈 정답 ④ 〉

제2장 사회보장 기본 법률

제1절 사회보장기본법

1. 사회보장기본법의 개요

1) 목적 및 기본이념 ***

(1) 제정목적(제1조)

사회보장에 관한 국민의 권리와 국가 및 지방자치단체의 책임을 정하고 사회보장정책의 수립 · 추진과 관련 제도에 관한 기본적인 사항을 규정함으로써 국민의 복지증진에 이바지하는 것을 목적으로 한다.

(2) 기본이념(제2조)

사회보장은 모든 국민이 다양한 사회적 위험으로부터 벗어나 행복하고 인간다운 생활을 향유할 수 있도록 자립을 지원하며, 사회참여 · 자아실현에 필요한 제도와 여건을 조성하여 사회통합과 행복한 복지사회를 실현하는 것을 기본이념으로 한다.

(3) 용어의 정의(제3조)

① 사회보장: 출산, 양육, 실업, 노령, 장애, 질병, 빈곤 및 사망 등의 사회적 위험으로부터 모든 국민을 보호하고 국민 삶의 질을 향상시키는 데 필요한 소득 · 서비스를 보장하는 사회보험, 공공부조, 사회서비스를 말한다.

② 사회보험: 국민에게 발생하는 사회적 위험을 보험의 방식으로 대처함으로써 국민의 건강과 소득을 보장하는 제도를 말한다.

③ 공공부조(公共扶助): 국가와 지방자치단체의 책임 하에 생활유지능력이 없거나 생활이 어려운 국민의 최저생활을 보장하고 자립을 지원하는 제도를 말한다.

④ 사회서비스: 국가 · 지방자치단체 및 민간부문의 도움이 필요한 모든 국민에게 복지, 보건의료, 교육, 고용, 주거, 문화, 환경 등의 분야에서 인간다운 생활을 보장하고 상담, 재활, 돌봄, 정보의 제공, 관련 시설의 이용, 역량개발, 사회참여 지원 등을 통하여 국민의 삶의

질이 향상되도록 지원하는 제도를 말한다.

⑤ 평생사회안전망: 생애주기에 걸쳐 보편적으로 충족되어야 하는 기본욕구와 특정한 사회위험에 의하여 발생하는 특수욕구를 동시에 고려하여 소득 · 서비스를 보장하는 맞춤형 사회보장제도를 말한다.

2) 국가와 지방자치단체의 책임 등 **

(1) 국가와 지방자치단체의 책임(제5조)

① 국가와 지방자치단체는 모든 국민의 인간다운 생활을 유지 · 증진하는 책임을 가진다.

② 국가와 지방자치단체는 사회보장에 관한 책임과 역할을 합리적으로 분담하여야 한다.

③ 국가와 지방자치단체는 국가 발전수준에 부응하고 사회 환경의 변화에 선제적으로 대응하며 지속가능한 사회보장제도를 확립하고 매년 이에 필요한 재원을 조달하여야 한다.

④ 국가는 사회보장제도의 안정적인 운영을 위하여 중장기 사회보장 재정추계를 격년으로 실시하고 이를 공표하여야 한다.

(2) 외국인에 대한 적용(제8조)

국내에 거주하는 외국인에게 사회보장제도를 적용할 때에는 상호주의의 원칙에 따르되, 관계 법령에서 정하는 바에 따른다.

2. 사회보장기본법의 주요 개념

1) 사회보장기본법의 주요 내용 ***

(1) 사회보장급여의 수준(제10조)

① 국가와 지방자치단체는 모든 국민이 건강하고 문화적인 생활을 유지할 수 있도록 사회보장급여의 수준향상을 위하여 노력하여야 한다.

② 국가는 관계법령에 따라 최저보장수준과 최저임금을 매년 공표하여야 한다.

③ 국가와 지방자치단체는 최저보장수준과 최저임금 등을 고려하여 사회보장급여의 수준을 결정하여야 한다.

(2) 사회보장수급권의 보호(제12조)

사회보장수급권은 관계 법령에서 정하는 바에 따라 다른 사람에게 양도하거나 담보로 제공할 수 없으며, 이를 압류할 수 없다.

(3) 사회보장수급권의 제한 등(제13조)

① 사회보장수급권은 제한되거나 정지될 수 없다. 다만, 관계 법령에서 따로 정하고 있는 경우에는 그러하지 아니하다.

② 사회보장수급권이 제한되거나 정지되는 경우에는 제한 또는 정지하는 목적에 필요한 최소한의 범위에 그쳐야 한다.

(4) 사회보장수급권의 포기(제14조)

① 사회보장수급권은 정당한 권한이 있는 기관에 서면으로 통지하여 포기할 수 있다.

② 사회보장수급권의 포기는 취소할 수 있다.

③ 사회보장수급권을 포기하는 것이 다른 사람에게 피해를 주거나 사회보장에 관한 관계 법령에 위반되는 경우에는 사회보장수급권을 포기할 수 없다.

2) 사회보장기본계획 **

(1) 사회보장기본계획의 수립(제16조)

① 보건복지부장관은 관계 중앙행정기관의 장과 협의하여 사회보장 증진을 위하여 사회보장에 관한 기본계획을 5년마다 수립하여야 한다.

② 사회보장기본계획에는 국내외 사회보장환경의 변화와 전망, 사회보장의 기본목표 및 중장기 추진방향, 주요 추진과제 및 추진방법, 필요한 재원의 규모와 조달방안, 사회보장 관련 기금 운용방안, 사회보장 전달체계 등을 포함하여야 한다.

(2) 다른 계획과의 관계(제17조)

기본계획은 다른 법령에 따라 수립되는 사회보장에 관한 계획에 우선하며 그 계획의 기본이 된다.

(3) 연도별 시행계획의 수립 · 시행 등(제18조, 제19조)

① 보건복지부장관 및 관계 중앙행정기관의 장은 기본계획에 따라 사회보장과 관련된 소관 주요시책의 시행계획을 매년 수립 · 시행하여야 한다.

② 광역 및 기초자치단체장은 관계 법령으로 정하는 바에 따라 사회보장에 관한 지역계획을 수립 · 시행하여야 하며, 지역계획은 기본계획과 연계되어야 한다.

3) 사회보장위원회(제20조) ***

사회보장에 관한 주요 시책을 심의 · 조정하기 위하여 국무총리 소속으로 사회보장위원회를 둔다.

(1) 사회보장위원회의 심의 · 조정사항

① 사회보장증진을 위한 기본계획, 사회보장 관련 주요 계획, 사회보장제도의 평가 및 개선

② 사회보장급여 및 비용 부담, 국가와 지방자치단체의 역할 및 비용 분담 등

(2) 사회보장위원회의 구성 등(제21조)

① 위원회는 위원장 1명, 부위원장 3명과 행정안전부장관, 고용노동부장관, 여성가족부장관, 국토교통부장관을 포함한 30명 이내의 위원으로 구성한다.

② 위원장은 국무총리가 되고 부위원장은 기획재정부장관, 교육부장관 및 보건복지부장관이 된다.

③ 위원의 임기는 2년으로 한다. 다만, 공무원인 위원의 임기는 그 재임 기간으로 하고, 위원이 기관 · 단체의 대표자 자격으로 위촉된 경우에는 그 임기는 대표의 지위를 유지하는 기간으로 한다. 보궐위원의 임기는 전임자 임기의 남은 기간으로 한다.

⑤ 위원회를 효율적으로 운영하고 위원회의 심의사항을 전문적으로 검토하기 위하여 위원회에 실무위원회를 두며, 실무위원회에 분야별 전문위원회를 둘 수 있다.

3. 사회보장정책의 기본방향 및 사회보장제도의 운영

1) 사회보장정책의 기본방향 ***

(1) 평생사회안전망의 구축 및 운영(제22조)

① 국가와 지방자치단체는 모든 국민이 생애 동안 삶의 질을 유지 · 증진할 수 있도록 평생사회안전망을 구축하여야 한다.

② 국가와 지방자치단체는 평생사회안전망을 구축 · 운영함에 있어 사회적 취약계층을 위한 공공부조를 마련하여 최저생활을 보장하여야 한다.

(2) 사회서비스 보장(제23조)

① 국가와 지방자치단체는 모든 국민의 인간다운 생활과 자립, 사회참여, 자아실현 등을 지원하여 삶의 질이 향상될 수 있도록 사회서비스에 관한 시책을 마련하여야 한다.

② 국가와 지방자치단체는 사회서비스 보장과 소득보장이 효과적이고 균형적으로 연계되도록 하여야 한다.

(3) 소득보장(제24조)

① 국가와 지방자치단체는 다양한 사회적 위험 하에서도 모든 국민들이 인간다운 생활을 할 수 있도록 소득을 보장하는 제도를 마련하여야 한다.

② 국가와 지방자치단체는 공공부문과 민간부문의 소득보장제도가 효과적으로 연계되도록 하여야 한다.

2) 사회보장제도의 운영원칙(제25조) **

① 보편성: 국가와 지방자치단체가 사회보장제도를 운영할 때에는 이 제도를 필요로 하는 모든 국민에게 적용하여야 한다.

② 형평성: 국가와 지방자치단체는 사회보장제도의 급여 수준과 비용 부담 등에서 형평성을 유지하여야 한다.

③ 민주성: 국가와 지방자치단체는 사회보장제도의 정책 결정 및 시행 과정에 공익의 대표자 및 이해관계인 등을 참여시켜 이를 민주적으로 결정하고 시행하여야 한다.

④ 연계성, 전문성: 국가와 지방자치단체가 사회보장제도를 운영할 때에는 국민의 다양한 복지 욕구를 효율적으로 충족시키기 위하여 연계성과 전문성을 높여야 한다.

⑤ 책임성: 사회보험은 국가의 책임으로 시행하고, 공공부조와 사회서비스는 국가와 지방자치단체의 책임으로 시행하는 것을 원칙으로 한다. 다만, 국가와 지방자치단체의 재정 형편 등을 고려하여 이를 협의 · 조정할 수 있다.

3) 사회보장급여의 권리구제(제39조) ***

위법 또는 부당한 처분을 받거나 필요한 처분을 받지 못함으로써 권리 또는 이익을 침해받은 국민은 행정심판법에 따른 행정심판을 청구하거나 행정소송법에 따른 행정소송을 제기하여 그 처분의 취소 또는 변경 등을 청구할 수 있다.

제2절 사회보장급여의 이용 · 제공 및 수급권자발굴에 관한 법률 (약칭: 사회보장급여법)

1. 사회보장급여법의 개요

1) 사회보장급여법의 의의 **

(1) 목적(제1조)

이 법은 사회보장기본법에 따른 사회보장급여의 이용 및 제공에 관한 기준과 절차 등 기본적 사항을 규정하고, 지원을 받지 못하는 지원대상자를 발굴하여 지원함으로써 사회보장급여를 필요로 하는 사람의 인간다운 생활을 할 권리를 최대한 보장하고, 사회보장급여가 공정하고 효과적으로 제공되도록 하며, 사회보장제도가 지역사회에서 통합적으로 시행될 수 있도록 그 기반을 구축하는 것을 목적으로 한다.

(2) 용어의 정의(제2조)

① 사회보장급여: 보장기관이 사회보장기본법에 따라 제공하는 현금, 현물, 서비스 · 이용권을 말한다.
② 수급권자: 사회보장기본법에 따른 사회보장급여를 제공받을 권리를 가진 사람을 말한다.
③ 수급자: 사회보장급여를 받고 있는 사람을 말한다.
④ 지원대상자: 사회보장급여를 필요로 하는 사람을 말한다.
⑤ 보장기관: 관계 법령 등에 따라 사회보장급여를 제공하는 국가기관과 지방자치단체를 말한다.

2) 다른 법률과의 관계(제3조)

사회보장급여의 이용 및 제공에 필요한 기준, 방법, 절차와 지원대상자의 발굴 및 지원 등에 관하여는 다른 법률에 특별한 규정이 있는 경우를 제외하고는 이 법에 따른다.

2. 사회보장급여

1) 사회보장급여의 이용 **

(1) 사회보장급여의 신청(제5조)

① 지원대상자와 그 친족, 민법에 따른 후견인, 청소년 기본법에 따른 청소년상담사 · 청소년지도사, 지원대상자를 사실상 보호하고 있는 자 등은 지원대상자의 주소지 관할 보장기관

에 사회보장급여를 신청할 수 있다.

② 보장기관의 업무담당자는 지원대상자가 누락되지 아니하도록 하기 위하여 관할 지역에 거주하는 지원대상자에 대한 사회보장급여의 제공을 직권으로 신청할 수 있다. 이 경우 지원대상자의 동의를 받아야 하며, 동의를 받은 경우에는 지원대상자가 신청한 것으로 본다.

③ 보장기관의 업무담당자는 신청시 신청인 또는 지원대상자에 대하여 조사의 목적, 조사 정보의 범위 및 이용방법, 신고의무, 정보의 보유기간 및 파기사항을 고지하여야 한다.

(2) 사회보장급여 제공의 결정(제9조)

① 보장기관의 장이 조사를 실시한 경우에는 사회보장급여의 제공 여부 및 제공 유형을 결정하되, 제공하고자 하는 사회보장급여는 지원대상자가 현재 제공받고 있는 사회보장급여와 보장내용이 중복되도록 하여서는 아니 된다.

② 보장기관의 장은 사회보장급여의 제공 결정에 필요한 경우 지원대상자와 그 친족, 그 밖에 관계인의 의견을 들을 수 있다.

③ 보장기관의 장은 결정된 사회보장급여의 제공 여부와 그 유형 및 변경사항 신고의무 등을 서면(신청인의 동의에 의한 전자문서를 포함한다)으로 신청인에게 통지하여야 하며, 필요한 경우 구두 등의 방법을 병행할 수 있다.

2) 수급자의 권리보호 ***

(1) 이의신청(제17조)

① 이 법에 따른 처분에 이의가 있는 수급권자등은 그 처분을 받은 날로부터 90일 이내에 처분을 결정한 보장기관의 장에게 이의신청을 할 수 있다. 다만, 정당한 사유로 인하여 그 기간 내에 이의신청을 할 수 없음을 증명한 때에는 그 사유가 소멸한 때부터 60일 이내에 이의신청을 할 수 있다.

② 보장기관의 장은 이의신청을 받은 날부터 10일 이내에 그 이의신청에 대하여 결정하고 그 결과를 신청인에게 지체 없이 통지하여야 한다. 다만, 부득이한 사유로 정하여진 기간 이내에 결정할 수 없을 때에는 그 기간의 만료일 다음 날부터 기산하여 10일 이내의 범위에서 연장할 수 있으며, 연장 사유를 신청인에게 통지하여야 한다.

(2) 사회보장급여 부정수급 실태조사(제19조의2)

보건복지부장관은 속임수 등의 부정한 방법으로 사회보장급여를 받거나 타인으로 하여금 사회보장급여를 받게 한 경우에 대하여 보장기관이 효과적인 대책을 세울 수 있도록 그 발생 현황, 피해사례 등에 관한 실태조사를 3년마다 실시하고, 그 결과를 공개하여야 한다.

(3) 사회복지전담공무원(제43조)

① 사회복지사업에 관한 업무를 담당하게 하기 위하여 시 · 도, 시 · 군 · 구, 읍 · 면 · 동 또는 사회보장사무 전담기구에 사회복지전담공무원을 둘 수 있다.
② 사회복지전담공무원은 사회복지사의 자격을 가진 사람으로 하며, 그 임용 등에 필요한 사항은 대통령령으로 정한다.
③ 사회복지전담공무원은 사회보장급여에 관한 업무 중 취약계층에 대한 상담과 지도, 생활실태의 조사 등 보건복지부령으로 정하는 사회복지에 관한 전문적 업무를 담당한다.
④ 국가는 사회복지전담공무원의 보수 등에 드는 비용의 전부 또는 일부를 보조할 수 있다.

(4) 통합사례관리(제4조의2)

① 보건복지부장관, 시 · 도지사 및 시장 · 군수 · 구청장은 지원대상자의 사회보장 수준을 높이기 위하여 지원대상자의 다양하고 복합적인 특성에 따른 상담과 지도, 사회보장에 대한 욕구조사, 서비스 제공 계획의 수립을 실시하고, 그 계획에 따라 지원대상자에게 보건 · 복지 · 고용 · 교육 등에 대한 사회보장급여 및 민간 법인 · 단체 · 시설 등이 제공하는 서비스를 종합적으로 연계 · 제공하는 통합사례관리를 실시할 수 있다.
② 통합사례관리를 실시하기 위하여 필요한 경우에는 시 · 군 · 구에 통합사례관리사를 둘 수 있다.

3) 기타 **

(1) 비밀유지의무(제49조)

다음의 업무에 종사하거나 종사하였던 사람은 직무상 알게 된 비밀을 다른 사람에게 누설하거나 직무상 목적 외의 용도로 이용하여서는 아니 된다.
① 신청, 조사, 결정, 확인조사, 환수 등 급여의 제공 및 관리 등에 관한 업무
② 사회보장정보의 처리 등에 관한 업무
③ 통합사례관리에 관한 업무

(2) 사회보장급여의 압류 금지(제50조)

사회보장급여로 지급된 금품과 이를 받을 권리는 압류하지 못한다.

〈 기출 등 주요 Key Word 〉

O X 문제

01) 사회보장이란 출산, 양육, 실업, 노령, 장애, 질병, 빈곤 및 사망 등의 사회적 위험으로부터 모든 국민을 보호하고 국민 삶의 질을 향상시키는 데 필요한 소득 · 서비스를 보장하는 사회보험, 공공부조, 사회서비스를 말한다. (O/X)

02) 사회보장급여의 수준은 국가와 지방자치단체는 모든 국민이 건강하고 문화적인 생활을 유지할 수 있도록 사회보장급여의 수준 향상을 위하여 노력하여야 한다. (O/X)

03) 관계 법령에서 따로 정하는 경우에는 국가나 지방자치단체가 사회보장급여의 신청을 대신할 수 있다. (O/X)

04) 사회보장수급권은 정당한 권한이 있는 기관에 서면으로 통지하여 포기할 수 있으며, 사회보장수급권의 포기는 취소할 수 없다. (O/X)

05) 사회보장수급권은 관계 법령에서 정하는 바에 따라 다른 사람에게 양도하거나 담보로 제공할 수 없으며, 이를 압류할 수 없다. (O/X)

06) 국가와 지방자치단체는 최저보장수준과 최저임금 등을 고려하여 사회보장급여의 수준을 결정하여야 한다. (O/X)

07) 국가는 사회보장제도의 안정적인 운영을 위하여 중장기 사회보장 재정추계를 매년 실시하고 이를 공표하여야 한다. (O/X)

08) 사회보험이란 국민에게 발생하는 사회적 위험을 보험의 방식으로 대처함으로써 국민의 건강과 소득을 보장하는 제도를 말한다. (O/X)

09) 공공부조(公共扶助)란 국가와 지방자치단체의 책임 하에 생활 유지 능력이 없거나 생활이 어려운 국민의 최저생활을 보장하고 자립을 지원하는 제도를 말한다. (O/X)

10) 국내에 거주하는 외국인에게 사회보장제도를 적용 할 때에는 상호주의의 원칙에 따르며 관계법령에서 정하는 바에 따른다. (O/X)

Answer **틀린 문제(4, 7) 해설**

04) 사회보장수급권은 정당한 권한이 있는 기관에 서면으로 통지하여 포기할 수 있으며, 사회보장수급권의 포기는 취소할 수 있다.

07) 국가는 사회보장제도의 안정적인 운영을 위하여 중장기 사회보장 재정추계를 격년으로 실시하고 이를 공표하여야 한다.

기출문제

上 · **中** · 下

01) 사회보장기본법에 따른 사회보장급여의 수준에 대한 설명으로 ㉠, ㉡에 들어갈 용어를 바르게 연결한 것은? (2019, 지방직)

> 국가와 지방자치단체는 모든 국민이 건강하고 문화적인 생활을 유지할 수 있도록 사회보장급여의 수준 향상을 위하여 노력하여야 한다. 이를 위해 국가는 관계 법령에서 정하는 바에 따라 (㉠)와(과) (㉡)을(를) 매년 공표하여야 한다. 국가와 지방자치단체는 (㉠)와(과) (㉡)을(를) 등을 고려하여 사회보장급여의 수준을 결정하여야 한다.

① ㉠ 최저생계비, ㉡ 최저임금
② ㉠ 최저보장수준, ㉡ 최저임금
③ ㉠ 기준중위소득, ㉡ 최저생계비
④ ㉠ 기준중위소득, ㉡ 최저보장수준

해설

사회보장기본법 제10조(사회보장급여의 수준) 제2항, 제3항 참조

- 국가는 관계법령에 따라 최저보장수준과 최저임금을 매년 공표하여야 한다.
- 국가와 지방자치단체는 최저보장수준과 최저임금 등을 고려하여 사회보장급여의 수준을 결정하여야 한다.

〈 정답 ② 〉

上 · 中 · **下**

02) 〈보기〉가 정하는 사회보장기본법상의 개념은? (2018, 서울시)

> 생애주기에 걸쳐 보편적으로 충족되어야 하는 기본욕구와 특정한 사회위험에 의하여 발생하는 특수욕구를 동시에 고려하여 소득 · 서비스를 보장하는 맞춤형 사회보장제도를 말한다.

① 사회보험 및 사회서비스
② 국민기초생활보장제도
③ 평생사회안전망
④ 사회보장

해설

사회보장기본법 제3조(용어의 정의) 참조

- 평생사회안전망이란 주기에 걸쳐 보편적으로 충족되어야 하는 기본욕구와 특정한 사회위험에 의하여 발생하는 특수욕구를 동시에 고려하여 소득 · 서비스를 보장하는 맞춤형 사회보장제도를 말한다.

〈 정답 ③ 〉

제3장 사회복지사업법

제1절 사회복지사업법의 개요

1. 목적 기본이념

1) 목적(제1조) ***

사회복지사업에 관한 기본적 사항을 규정하여 사회복지를 필요로 하는 사람에 대하여 인간의 존엄성과 인간다운 생활을 할 권리를 보장하고 사회복지의 전문성을 높이며, 사회복지사업의 공정 · 투명 · 적정을 도모하고, 지역사회복지의 체계를 구축하고, 사회복지서비스의 질을 높여 사회복지의 증진에 이바지함을 목적으로 한다.

2) 용어의 정의(제2조) ***

① 사회복지사업: 사회복지사업법에서 규정하고 있는 사회복지관련 법률(가~퍼)에 의한 보호 · 선도(善導) 또는 복지에 관한 사업과 사회복지상담, 직업지원, 무료 숙박, 지역사회복지, 의료복지, 재가복지(在家福祉), 사회복지관 운영, 정신질환자 및 한센병력자의 사회복귀에 관한 사업 등 각종 복지사업과 이와 관련된 자원봉사활동 및 복지시설의 운영 또는 지원을 목적으로 하는 사업을 말한다.

② 지역사회복지: 주민의 복지증진과 삶의 질 향상을 위하여 지역사회 차원에서 전개하는 사회복지를 말한다.

③ 사회복지법인: 사회복지사업을 할 목적으로 설립된 법인을 말한다.

④ 사회복지시설: 사회복지사업을 할 목적으로 설치된 시설을 말한다.

⑤ 사회복지관: 지역사회를 기반으로 일정한 시설과 전문 인력을 갖추고 지역주민의 참여와 협력을 통하여 지역사회의 복지문제를 예방하고 해결하기 위하여 종합적인 복지서비스를 제공하는 시설을 말한다.

⑥ 사회복지서비스: 국가 · 지방자치단체 및 민간부문의 도움을 필요로 하는 모든 국민에게 사회보장기본법 제3조 제4호(사회서비스)에 따른 사회서비스 중 사회복지사업을 통한 서비스를 제공하여 삶의 질이 향상되도록 제도적으로 지원하는 것을 말한다.

⑦ 보건의료서비스: 국민의 건강을 보호 · 증진하기 위하여 보건의료인이 하는 모든 활동을 말한다.

2. 사회복지사

1) 사회복지사 자격증의 발급 등(제11조) ****

① 보건복지부장관은 사회복지에 관한 전문지식과 기술을 가진 사람에게 사회복지사 자격증을 발급할 수 있다. 다만, 자격증 발급 신청일 기준으로 결격사유에 해당하는 사람에게 자격증을 발급해서는 아니 된다.

② 사회복지사의 등급은 1급 · 2급으로 하되, 정신건강 · 의료 · 학교 영역에 대해서는 영역별로 정신건강사회복지사 · 의료사회복지사 · 학교사회복지사의 자격을 부여할 수 있다.

③ 사회복지사 1급 자격은 국가시험에 합격한 사람에게 부여하고, 정신건강사회복지사 · 의료사회복지사 · 학교사회복지사의 자격은 1급 사회복지사의 자격이 있는 사람 중에서 보건복지부령으로 정하는 수련기관에서 수련을 받은 사람에게 부여한다.

④ 사회복지사의 등급별 · 영역별 자격기준 및 자격증의 발급절차 등은 대통령령으로 정한다.

2) 사회복지사의 채용 및 교육 등(제13조) ***

(1) 사회복지사의 채용

사회복지법인 및 사회복지시설을 설치 · 운영하는 자는 대통령령으로 정하는 바에 따라 사회복지사를 그 종사자로 채용하여야 하고, 채용방법, 보고주기 등 보건복지부령으로 정하는 바에 따라 시 · 도지사 또는 시장 · 군수 · 구청장에게 사회복지사의 임면에 관한 사항을 보고하여야 한다. 다만, 대통령령으로 정하는 사회복지시설은 그러하지 아니하다.

① 사회복지사 의무채용(시행령 제6조 제1항)

- 사회복지프로그램의 개발과 운영업무, 시설거주자의 생활지도업무
- 사회복지를 필요로 하는 사람에 대한 상담업무

② 사회복지사 의무채용시설이 아닌 경우

- 노인복지법에 따른 노인여가복지시설(노인복지관은 제외)
- 장애인복지법에 따른 점자도서관과 점자도서 및 음성도서 출판시설
- 영유아보육법에 따른 어린이집

- 성매매방지 및 피해자보호 등에 관한 법률에 따른 성매매피해자등을 위한 자원시설 및 성매매피해상담소
- 정신건강증진 및 정신질환자 복지서비스 지원에 관한 법률에 따른 정신질환자사회복귀시설 및 정신요양시설
- 성폭력방지 및 피해자보호 등에 관한 법률에 따른 성폭력피해상담소

(2) 사회복지사의 보수교육

① 보건복지부장관은 사회복지사의 자질 향상을 위하여 필요하다고 인정하면 사회복지사에게 교육을 받도록 명할 수 있다. 다만, 사회복지법인 또는 사회복지시설에 종사하는 사회복지사는 정기적으로 인권에 관한 내용이 포함된 보수교육(補修敎育)을 받아야 한다.
② 사회복지법인 또는 사회복지시설을 운영하는 자는 그 법인 또는 시설에 종사하는 사회복지사에 대하여 교육을 이유로 불리한 처분을 하여서는 아니 된다.
③ 보건복지부장관은 교육을 보건복지부령으로 정하는 기관 또는 단체에 위탁할 수 있다.

제2절 사회복지법인

1. 사회복지법인의 개요

1) 설립허가 및 정관 *****

(1) 설립허가(제16조)

사회복지법인을 설립하려는 자는 대통령령으로 정하는 바에 따라 시 · 도지사의 허가를 받아야 하며, 허가를 받은 자는 법인의 주된 사무소의 소재지에서 설립등기를 하여야 한다.

(2) 법인의 정관(제17조)

① 법인의 정관에는 다음의 사항이 포함되어야 한다.
- 목적, 명칭, 주된 사무소의 소재지, 사업의 종류, 자산 및 회계에 관한 사항
- 임원의 임면(任免) 등에 관한 사항, 회의에 관한 사항
- 수익(收益)을 목적으로 하는 사업이 있는 경우 그에 관한 사항
- 정관의 변경에 관한 사항, 공고 및 공고방법에 관한 사항

- 존립시기와 해산 사유를 정한 경우에는 그 시기와 사유 및 남은 재산의 처리방법

② 법인이 정관을 변경하려는 경우에는 시 · 도지사의 인가를 받아야 한다. 다만, 보건복지부령으로 정하는 경미한 사항의 경우에는 그러하지 아니하다.

2) 법인의 임원관련 사항 ****

(1) 법인의 임원(제18조)

① 법인은 대표이사를 포함한 이사 7명 이상과 감사 2명 이상을 두어야 한다.

② 법인은 이사 정수의 3분의 1(소수점 이하는 버린다) 이상을 다음의 어느 하나에 해당하는 기관이 3배수로 추천한 사람 중에서 선임하여야 한다.

- 사회보장위원회(광역자치단체), 지역사회보장협의체(기초자치단체)

③ 이사회의 구성에 있어서 대통령령으로 정하는 특별한 관계에 있는 사람이 이사 현원(現員)의 5분의 1을 초과할 수 없다.

④ 이사의 임기는 3년으로 하고 감사의 임기는 2년으로 하며, 각각 연임할 수 있으며, 외국인 이사는 이사 현원의 2분의 1 미만이어야 한다.

⑤ 법인은 임원을 임면하는 경우에는 보건복지부령으로 정하는 바에 따라 지체 없이 시 · 도지사에게 보고하여야 한다.

⑥ 감사는 이사와 특별한 관계에 있는 사람이 아니어야 하며, 감사 중 1명은 법률 또는 회계에 관한 지식이 있는 사람 중에서 선임하여야 한다. 다만, 대통령령으로 정하는 일정 규모 이상의 법인은 시 · 도지사의 추천을 받아 주식회사의 외부감사에 관한 법률에 따른 감사인에 속한 사람을 감사로 선임하여야 한다.

⑦ 시도사회보장위원회와 지역사회보장협의체는 이사를 추천하기 위하여 매년 이사후보군을 구성하여 공고하여야 한다. 다만, 사회복지법인의 대표자, 사회복지사업을 하는 비영리법인 및 단체의 대표자, 지역사회보장협의체의 대표자는 제외한다.

(2) 임원의 보충(제20조)

이사 또는 감사 중에 결원이 생겼을 때에는 2개월 이내에 보충하여야 한다.

(3) 임원의 겸직금지(제21조)

이사는 법인이 설치한 사회복지시설의 장을 제외한 그 시설의 직원을 겸할 수 없으며, 감사는 법인의 이사, 법인이 설치한 사회복지시설의 장 또는 그 직원을 겸할 수 없다.

2. 사회복지법인의 재산 및 설립허가 취소

1) 사회복지법인의 재산 등 ***

(1) 법인의 재산 등(제23조)

① 법인은 사회복지사업의 운영에 필요한 재산을 소유하여야 한다.

② 법인의 재산은 보건복지부령으로 정하는 바에 따라 기본재산과 보통재산으로 구분하며, 기본재산은 그 목록과 가액(價額)을 정관에 적어야 한다.

③ 법인은 기본재산에 관하여 다음의 어느 하나에 해당하는 경우에는 시 · 도지사의 허가를 받아야 한다. 다만, 보건복지부령으로 정하는 사항에 대하여는 그러하지 아니하다.

- 매도 · 증여 · 교환 · 임대 · 담보제공 또는 용도변경을 하려는 경우
- 보건복지부령으로 정하는 금액 이상을 1년 이상 장기차입(長期借入)하려는 경우

(2) 남은 재산의 처리(제27조)

① 해산한 법인의 남은 재산은 정관으로 정하는 바에 따라 국가 또는 지방자치단체에 귀속된다.

② 국가 또는 지방자치단체에 귀속된 재산은 사회복지사업에 사용하거나 유사한 목적을 가진 법인에 무상으로 대여하거나 무상으로 사용 · 수익하게 할 수 있다. 다만, 해산한 법인의 이사본인 및 그와 대통령령으로 정하는 특별한 관계에 있는 사람이 이사로 있는 법인에 대하여는 그러하지 아니하다.

2) 사회복지법인의 설립허가 취소(제26조) ***

(1) 시 · 도지사는 법인이 다음의 어느 하나에 해당할 때에는 기간을 정하여 시정명령을 하거나 설립허가를 취소할 수 있다.

① 거짓이나 그 밖의 부정한 방법으로 설립허가를 받았을 때(허가취소: 강제규정)

② 법인 설립 후 기본재산을 출연하지 아니한 때(허가취소: 강제규정)

③ 설립허가 조건을 위반하였을 때, 목적달성이 불가능하게 되었을 때

④ 목적사업 외의 사업을 하였을 때, 임원정수를 위반한 때

⑤ 정당한 사유 없이 설립허가를 받은 날부터 6개월 이내에 목적사업을 시작하지 아니하거나 1년 이상 사업실적이 없을 때

⑥ 법인이 운영하는 시설에서 반복적 또는 집단적 성폭력범죄 및 학대관련 범죄가 발생한 때

⑦ 위반하여 이사를 선임한 때, 임원의 해임명령을 이행하지 아니한 때

⑧ 그 밖에 이 법 또는 이 법에 따른 명령이나 정관을 위반하였을 때

(2) 법인의 설립허가를 취소하는 경우는 다른 방법으로 감독 목적을 달성할 수 없거나 시정을 명한 후 6개월 이내에 법인이 이를 이행하지 아니한 경우로 한정한다.

3) 사회복지법인의 수익사업(제28조) **

① 법인은 목적사업의 경비에 충당하기 위하여 필요할 때에는 법인의 설립 목적 수행에 지장이 없는 범위에서 수익사업을 할 수 있다.

② 법인은 수익사업에서 생긴 수익을 법인 또는 법인이 설치한 사회복지시설의 운영 외의 목적에 사용할 수 없으며, 수익사업에 관한 회계는 법인의 다른 회계와 구분하여 처리하여야 한다.

4) 사회복지법인의 합병(제30조)

① 법인은 시 · 도지사의 허가를 받아 이 법에 따른 다른 법인과 합병할 수 있다. 다만, 주된 사무소가 서로 다른 시 · 도에 소재한 법인 간의 합병의 경우에는 보건복지부장관의 허가를 받아야 한다.

② 법인이 합병하는 경우 합병 후 존속하는 법인이나 합병으로 설립된 법인은 합병으로 소멸된 법인의 지위를 승계한다.

제3절 사회복지시설

1. 사회복지시설의 설치

1) 사회복지시설의 설치(제34조) ****

① 국가나 지방자치단체는 사회복지시설을 설치 · 운영할 수 있다.

② 국가 또는 지방자치단체 외의 자가 시설을 설치 · 운영하려는 경우에는 보건복지부령으로 정하는 바에 따라 시장 · 군수 · 구청장에게 신고하여야 한다. 다만, 폐쇄명령을 받고 3년이 지나지 아니한 자, 개인 또는 그 개인이 임원인 법인에 해당하는 자는 시설의 설치 · 운영 신고를 할 수 없다.

③ 국가나 지방자치단체가 설치한 시설은 필요한 경우 사회복지법인이나 비영리법인에 위탁하여 운영하게 할 수 있다.

2) 보험가입 의무(제34조의3)

(1) 시설의 운영자는 다음의 손해배상책임을 이행하기 위하여 손해보험회사의 책임보험에 가입하거나 사회복지사 등의 처우 및 지위 향상을 위한 법률에 따른 한국사회복지공제회의 책임공제에 가입하여야 한다.

① 화재로 인한 손해배상책임

② 화재 외의 안전사고로 인하여 생명 · 신체에 피해를 입은 보호대상자에 대한 손해배상책임

(2) 국가나 지방자치단체는 예산의 범위에서 책임보험 또는 책임공제의 가입에 드는 비용의 전부 또는 일부를 보조할 수 있다.

2. 사회복지관의 설치 · 운영

1) 사회복지관의 설치 등(제34조의5)

(1) 사회복지관은 지역사회의 특성과 지역주민의 복지욕구를 고려하여 서비스 제공 등 지역복지 증진을 위한 사업을 실시할 수 있다.

(2) 사회복지관은 모든 지역주민을 대상으로 사회복지서비스를 실시하되, 다음의 지역주민에게 우선 제공하여야 한다.

① 국민기초생활 보장법에 따른 수급자 및 차상위계층

② 장애인, 노인, 한부모가족 및 다문화가족, 직업 및 취업 알선이 필요한 사람

③ 보호와 교육이 필요한 유아 · 아동 및 청소년

④ 그 밖에 사회복지관의 사회복지서비스를 우선 제공할 필요가 있다고 인정되는 사람

2) 사회복지시설의 운영

(1) 운영위원회(제36조)

① 시설의 장은 시설의 운영에 관한 사항을 심의하기 위하여 시설에 운영위원회를 두어야 한

다. 다만, 보건복지부령으로 정하는 경우에는 복수의 시설에 공동으로 운영위원회를 둘 수 있다.

② 운영위원회의 위원은 관할 시장 · 군수 · 구청장이 임명하거나 위촉한다.

③ 시설의 장은 다음의 사항을 운영위원회에 보고하여야 한다.

- 시설의 회계 및 예산 · 결산에 관한 사항, 후원금 조성 및 집행에 관한 사항
- 그 밖에 시설운영과 관련된 사건 · 사고에 관한 사항

(2) 시설 수용인원의 제한(제41조)

각 시설의 수용인원은 300명을 초과할 수 없다. 다만, 대통령령으로 정하는 경우에는 그러하지 아니하다.

(3) 시설의 평가(제43조의2)

보건복지부장관과 시 · 도지사는 보건복지부령으로 정하는 바에 따라 시설을 정기적으로 평가하고, 그 결과를 공표하거나 시설의 감독 · 지원 등에 반영할 수 있으며 시설 거주자를 다른 시설로 보내는 등의 조치를 할 수 있다.

(4) 사회복지서비스제공의 원칙(제5조의2)

① 사회복지서비스를 필요로 하는 사람에 대한 사회복지서비스 제공은 현물(現物)로 제공하는 것을 원칙으로 한다.

② 시장 · 군수 · 구청장은 국가 또는 지방자치단체 외의 자로 하여금 사회복지서비스 제공을 실시하게 하는 경우에는 보호대상자에게 사회복지서비스 이용권을 지급하여 국가 또는 지방자치단체 외의 자로부터 그 이용권으로 서비스 제공을 받게 할 수 있다.

③ 국가와 지방자치단체는 사회복지서비스의 품질향상과 원활한 제공을 위하여 필요한 시책을 마련하여야 한다.

④ 국가와 지방자치단체는 사회복지서비스의 품질을 관리하기 위하여 사회복지서비스를 제공하는 기관 · 법인 · 시설 · 단체의 서비스 환경, 서비스 제공 인력의 전문성 등을 평가할 수 있다.

3) 수급자의 권리보호 등 ***

(1) 비밀누설의 금지(제47조)

사회복지사업 또는 사회복지업무에 종사하였거나 종사하고 있는 사람은 그 업무 수행 과정에서 알게 된 다른 사람의 비밀을 누설하여서는 아니 된다.

(2) 압류 금지(제48조)

이 법에 따라 지급된 금품과 이를 받을 권리는 압류하지 못한다.

(3) 청문(제49조)

보건복지부장관, 시 · 도지사 또는 시장 · 군수 · 구청장은 사회복지사의 자격취소, 법인의 허가의 취소, 시설의 폐쇄를 하려면 청문을 하여야 한다.

〈 기출 등 주요 Key Word 〉

O X 문제

01) 사회복지법인을 설립하려면 시 · 도지사의 인가를 받아야 한다. (O/X)

02) 법인은 수익사업에서 생긴 수익을 법인 또는 법인이 설치한 사회복지시설의 운영외의 목적에 사용할 수 없다. (O/X)

03) 사회복지서비스를 필요로 하는 사람에 대한 사회복지서비스 제공은 현물로 제공하는 것을 원칙으로 한다. (O/X)

04) 법인의 이사 임기는 3년으로 하고 감사의 임기는 2년으로 하며, 각각 연임할 수 있다. (O/X)

05) 법인의 이사 또는 감사 중에 결원이 생겼을 때에는 2개월 이내에 보충하여야 한다. (O/X)

06) 법인은 대표이사를 제외한 이사 7명 이상과 감사 2명 이상을 두어야 한다. (O/X)

07) 국가 또는 지방자치단체 외의 자가 사회복지시설을 설치 · 운영하려는 경우에는 조례로 정하는 바에 따라 시장 · 군수 · 구청장에게 신고하여야 한다. (O/X)

08) 법인의 외국인 이사는 이사 현원의 2분의 1 미만이어야 한다. (O/X)

09) 사회복지시설의 운영자는 화재에 의한 물적 피해의 책임을 이행하기 위하여 책임보험에 가입하여야 한다. (O/X)

10) 사회복지법인의 이사는 해당 법인이 설치한 사회복지시설의 장을 제외한 그 시설의 직원을 겸할 수 없다. (O/X)

Answer **틀린 문제(1, 6, 7) 해설**

01) 사회복지법인을 설립하려면 시 · 도지사의 허가를 받아야 한다.

06) 법인은 대표이사를 포함한 이사 7명 이상과 감사 2명 이상을 두어야 한다.

07) 국가 또는 지방자치단체 외의 자가 사회복지시설을 설치 · 운영하려는 경우에는 보건복지부령으로 정하는 바에 따라 시장 · 군수 · 구청장에게 신고하여야 한다.

기출문제

上 · **中** · 下

01) 사회복지사업법상 사회복지법인의 임원에 대한 설명으로 옳지 않은 것은?

(2019, 지방직)

① 법인은 대표이사를 제외한 이사 7명 이상과 감사 2명 이상을 두어야 한다.

② 이사의 임기는 3년으로 하고 감사의 임기는 2년으로 하며, 각각 연임할 수 있다.

③ 이사 또는 감사 중에 결원이 생겼을 때에는 2개월 이내에 보충하여야 한다.

④ 외국인 이사는 이사 현원의 2분의 1 미만이어야 한다.

해설

법인은 대표이사를 포함한 이사 7명 이상과 감사 2명 이상을 두어야 한다(제18조 제1항).

〈 정답 ① 〉

上 · **中** · 下

02) 사회복지법인에 대한 다음 설명으로 옳은 것은? (2017, 서울시)

① 사회복지법인은 사회보장기본법에 근거한다.

② 사회복지법인이 아니면 사회복지시설을 운영할 수 없다.

③ 사회복지법인을 설립하려면 시 · 도지사의 인가를 받아야 한다.

④ 사회복지법인은 이사 7명 이상과 감사 2명 이상을 두어야 한다.

해설 오답노트

① 사회복지법인은 사회복지사업법에 근거한다.

② 사회복지법인, 비영리재단법인, 비영리사단법인이나 단체 등은 사회복지시설을 운영할 수 있다.

③ 사회복지법인을 설립하려면 시 · 도지사의 허가를 받아야 한다.

〈 정답 ④ 〉

제4장 공공부조 관련법

제1절 국민기초생활보장법

1. 국민기초생활보장법의 개념

1) 목적(제1조)

국민기초생활보장법은 생활이 어려운 자에게 필요한 급여를 행하여 이들의 최저생활을 보장하고 자활을 조성하는 것을 목적으로 한다.

2) 용어의 정의(제2조) ****

① 보장기관: 급여를 실시하는 국가 또는 지방자치단체를 말한다.

② 부양의무자: 수급권자를 부양할 책임이 있는 사람으로서 수급권자의 1촌의 직계혈족 및 그 배우자를 말한다. 다만, 사망한 1촌의 직계혈족의 배우자는 제외한다.

③ 최저보장수준: 국민의 소득 · 지출 수준과 수급권자의 가구 유형 등 생활실태, 물가상승률 등을 고려하여 제6조에 따라 급여의 종류별로 공표하는 금액이나 보장수준을 말한다.

④ 최저생계비: 국민이 건강하고 문화적인 생활을 유지하기 위하여 필요한 최소한의 비용으로서 보건복지부장관이 계측하는 금액을 말한다.

⑤ 개별가구: 급여를 받거나 자격요건에 부합하는지에 관한 조사를 받는 기본단위로서 수급자 또는 수급권자로 구성된 가구를 말한다.

⑥ 소득인정액: 보장기관이 급여의 결정 및 실시 등에 사용하기 위하여 산출한 개별가구의 소득평가액과 재산의 소득환산액을 합산한 금액을 말한다.

⑦ 차상위계층: 수급권자(특례수급자로 보는 사람은 제외)에 해당하지 아니하는 계층으로서 소득인정액이 기준 중위소득의 100분의 50이하인 계층을 말한다.

⑧ 기준중위소득: 보건복지부장관이 급여의 기준 등에 활용하기 위하여 중앙생활보장위원회의 심의 · 의결을 거쳐 고시하는 국민 가구소득의 중위값을 말한다.

3) 최저보장수준의 결정 등(제6조) ****

① 보건복지부장관 또는 소관 중앙행정기관의 장은 급여의 종류별 수급자 선정기준 및 최저보장수준을 결정하여야 한다.

② 보건복지부장관 또는 소관 중앙행정기관의 장은 매년 8월 1일까지 중앙생활보장위원회의 심의 · 의결을 거쳐 다음 연도의 급여의 종류별 수급자 선정기준 및 최저보장수준을 공표하여야 한다.

4) 기준중위소득의 산정(제6조의2) ****

① 기준 중위소득은 통계청이 공표하는 통계자료의 가구 경상소득(근로소득, 사업소득, 재산소득, 이전소득을 합산한 소득을 말한다)의 중간값에 최근 가구소득 평균 증가율, 가구규모에 따른 소득수준의 차이 등을 반영하여 가구규모별로 산정한다.

② 그 밖에 가구규모별 소득수준 반영 방법 등 기준 중위소득의 산정에 필요한 사항은 중앙생활보장위원회에서 정한다.

5) 소득인정액의 산정(제6조의3) ****

① 개별가구의 소득평가액: 개별가구의 실제소득에도 불구하고 보장기관이 급여의 결정 및 실시 등에 사용하기 위하여 산출한 금액으로 근로소득, 사업소득, 재산소득, 이전소득을 합한 개별가구의 실제소득에서 장애 · 질병 · 양육 등 가구 특성에 따른 지출요인, 근로를 유인하기 위한 요인, 그 밖에 추가적인 지출요인에 해당하는 금액을 감하여 산정한다.

② 재산의 소득환산액: 개별가구의 재산가액에서 기본재산액 및 부채를 공제한 금액에 소득환산율을 곱하여 산정한다. 이 경우 소득으로 환산하는 재산의 범위는 일반재산, 금융재산, 자동차 등이다.

2. 국민기초생활보장급여의 종류

1) 보장급여의 기본원칙(제3조) ***

① 보충성의 원칙: 이 법에 따른 급여는 수급자가 자신의 생활유지 · 향상을 위하여 그의 소득, 재산, 근로능력 등을 활용하여 최대한 노력하는 것을 전제로 이를 보충 · 발전시키는 것을 기본원칙으로 한다.

② 타 법률보호 우선의 원칙: 부양의무자의 부양과 다른 법령에 따른 보호는 이 법에 따른 급

여에 우선하여 행하여지는 것으로 한다. 다만, 다른 법령에 따른 보호의 수준이 이 법에서 정하는 수준에 이르지 아니하는 경우에는 나머지 부분에 관하여 이 법에 따른 급여를 받을 권리를 잃지 아니한다.

2) 보장급여의 기준(제4조) **

① 급여는 건강하고 문화적인 최저생활을 유지할 수 있는 것이어야 한다.

② 급여의 기준은 수급자의 연령, 가구 규모, 거주지역, 그 밖의 생활여건 등을 고려하여 급여의 종류별로 보건복지부장관이 정하거나 급여를 지급하는 중앙행정기관의 장이 보건복지부장관과 협의하여 정한다.

③ 보장기관은 이 법에 따른 급여를 개별가구 단위로 실시하되, 특히 필요하다고 인정하는 경우에는 개인 단위로 실시할 수 있다.

④ 지방자치단체인 보장기관은 해당 지방자치단체의 조례로 정하는 바에 따라 이 법에 따른 급여의 범위 및 수준을 초과하여 급여를 실시할 수 있다. 이 경우 해당 보장기관은 보건복지부장관 및 소관 중앙행정기관의 장에게 알려야 한다.

⑤ 주거급여 및 의료급여와 관련하여 다른 법률에 특별한 규정이 있는 경우를 제외하고는 이 법이 정하는 바에 따른다.

3) 보장급여의 종류 ****

(1) 생계급여(제8조)

① 수급자에게 의복, 음식물 및 연료비와 그 밖에 일상생활에 기본적으로 필요한 금품을 지급하여 그 생계를 유지하게 하는 것으로 한다.

② 수급권자는 부양의무자가 없거나, 부양의무자가 있어도 부양능력이 없거나 부양을 받을 수 없는 사람으로서 그 소득인정액이 중앙생활보장위원회의 심의 · 의결을 거쳐 결정하는 금액(생계급여 선정기준) 이하인 사람으로 한다. 이 경우 생계급여 선정기준은 기준 중위소득의 100분의 30 이상으로 한다.

③ 최저보장수준은 생계급여와 소득인정액을 포함하여 생계급여 선정기준 이상이 되도록 하여야 한다.

④ 보장시설에 위탁하여 생계급여를 실시하는 경우에는 보건복지부장관이 정하는 고시에 따라 그 선정기준 등을 달리 정할 수 있다.

(2) 주거급여(제11조)

① 수급자에게 주거 안정에 필요한 임차료, 수선유지비, 그 밖의 수급품을 지급하는 것으로 한다.

② 주거급여에 관하여 필요한 사항은 따로 법률(주거급여법)에서 정한다.

③ 수급권자는 소득인정액이 주거급여 선정기준 이하인 사람으로 한다. 이 경우 주거급여 선정기준은 기준 중위소득의 100분의 43 이상으로 한다.

(3) 교육급여(제12조)

① 수급자에게 입학금, 수업료, 학용품비, 그 밖의 수급품을 지급하는 것으로 하되, 학교의 종류 · 범위 등에 관하여 필요한 사항은 대통령령으로 정한다.

② 교육부장관의 소관으로 하며, 교육급여 수급권자는 부양의무자가 없거나, 부양의무자가 있어도 부양능력이 없거나 부양을 받을 수 없는 사람으로서 그 소득인정액이 중앙생활보장위원회의 심의 · 의결을 거쳐 결정하는 금액(교육급여 선정기준) 이하인 사람으로 한다. 이 경우 교육급여 선정기준은 기준 중위소득의 100분의 50 이상으로 한다.

(4) 의료급여(제12조의3)

① 수급자에게 건강한 생활을 유지하는 데 필요한 각종 검사 및 치료 등을 지급하는 것으로 한다.

② 수급권자는 부양의무자가 없거나, 부양의무자가 있어도 부양능력이 없거나 부양을 받을 수 없는 사람으로서 그 소득인정액이 중앙생활보장위원회의 심의 · 의결을 거쳐 결정하는 금액(의료급여 선정기준) 이하인 사람으로 한다. 이 경우 의료급여 선정기준은 기준 중위소득의 100분의 40 이상으로 한다.

③ 의료급여에 필요한 사항은 따로 법률(의료급여법)에서 정한다.

(5) 해산급여(제13조)

① 생계급여, 주거급여, 의료급여 중 하나 이상의 급여를 받는 수급자에게 조산(助産)이나 분만 전과 분만 후에 필요한 조치와 보호를 실시하는 것으로 한다.

② 보건복지부령으로 정하는 바에 따라 보장기관이 지정하는 의료기관에 위탁하여 실시할 수 있다.

③ 필요한 수급품은 보건복지부령으로 정하는 바에 따라 수급자나 그 세대주 또는 세대주에

준하는 사람에게 지급한다. 다만, 제2항에 따라 그 급여를 의료기관에 위탁하는 경우에는 수급품을 그 의료기관에 지급할 수 있다.

(6) 장제급여(제14조)

① 생계급여, 주거급여, 의료급여 중 하나 이상의 급여를 받는 수급자가 사망한 경우 사체의 검안(檢案) · 운반 · 화장 또는 매장, 그 밖의 장제조치를 하는 것으로 한다.

② 보건복지부령으로 정하는 바에 따라 실제로 장제를 실시하는 사람에게 장제에 필요한 비용을 지급하는 것으로 한다. 다만, 그 비용을 지급할 수 없거나 비용을 지급하는 것이 적당하지 아니하다고 인정하는 경우에는 물품을 지급할 수 있다.

(7) 자활급여(제15조)

① 수급자의 자활을 돕기 위하여 실시하는 급여를 말한다.

② 관련 공공기관 · 비영리법인 · 시설과 그 밖에 대통령령으로 정하는 기관에 위탁하여 실시할 수 있다. 이 경우 그에 드는 비용은 보장기관이 부담한다.

4) 생계급여의 방법 및 실시장소 ***

(1) 생계급여의 방법(제9조)

① 현금급여의 원칙: 금전을 지급하는 것으로 한다. 다만, 금전으로 지급할 수 없거나 금전으로 지급하는 것이 적당하지 아니하다고 인정하는 경우에는 물품을 지급할 수 있다.

② 정기급여의 원칙: 수급품은 대통령령으로 정하는 바에 따라 매월 정기적으로 지급하여야 한다. 다만, 특별한 사정이 있는 경우에는 그 지급방법을 다르게 정하여 지급할 수 있다.

③ 직접지급의 원칙: 수급품은 수급자에게 직접 지급한다. 다만, 보장시설이나 타인의 가정에 위탁하여 생계급여를 실시하는 경우에는 그 위탁받은 사람에게 이를 지급할 수 있다. 이 경우 보장기관은 보건복지부장관이 정하는 바에 따라 정기적으로 수급자의 수급 여부를 확인하여야 한다.

④ 차등지급의 원칙: 보건복지부장관이 정하는 바에 따라 수급자의 소득인정액 등을 고려하여 차등지급할 수 있다.

⑤ 조건부수급의 원칙: 보장기관은 대통령령으로 정하는 바에 따라 근로능력이 있는 수급자에게 자활에 필요한 사업에 참가할 것을 조건으로 하여 생계급여를 실시할 수 있다. 이 경우 보장기관은 자활지원계획을 고려하여 조건을 제시하여야 한다.

(2) 생계급여를 실시할 장소(제10조)

① 수급자의 주거에서 실시한다. 다만, 수급자가 주거가 없거나 주거가 있어도 그곳에서는 급여의 목적을 달성할 수 없는 경우 또는 수급자가 희망하는 경우에는 수급자를 보장시설이나 타인의 가정에 위탁하여 급여를 실시할 수 있다.

② 수급자에 대한 생계급여를 타인의 가정에 위탁하여 실시하는 경우에는 거실의 임차료와 그 밖에 거실의 유지에 필요한 비용은 수급품에 가산하여 지급한다. 이 경우 주거급여가 실시된 것으로 본다.

5) 보장급여의 실시 ***

(1) 급여의 신청(제21조)

① 수급권자와 그 친족, 그 밖의 관계인은 관할 시장 · 군수 · 구청장에게 수급권자에 대한 급여를 신청할 수 있다. 차상위자가 급여를 신청하려는 경우에도 같다.

② 사회복지 전담공무원은 이 법에 따른 급여를 필요로 하는 사람이 누락되지 아니하도록 하기 위하여 관할지역에 거주하는 수급권자에 대한 급여를 직권으로 신청할 수 있다. 이 경우 수급권자의 동의를 구하여야 하며 수급권자의 동의는 수급권자의 신청으로 볼 수 있다.

③ 수급권자와 그 친족, 그 밖의 관계인이 급여신청을 할 때나 사회복지 전담공무원이 급여신청을 하는 것에 수급권자가 동의하였을 때에는 수급권자와 부양의무자는 금융정보, 신용정보, 보험정보 제공에 대하여 동의한다는 서면을 제출하여야 한다.

(2) 신청에 의한 조사(제22조)

시장 · 군수 · 구청장은 급여신청이 있는 경우에는 사회복지 전담공무원으로 하여금 급여의 결정 및 실시 등에 필요한 사항을 조사하게 하거나 수급권자에게 보장기관이 지정하는 의료기관에서 검진을 받게 할 수 있다.

(3) 확인조사(제23조)

시장 · 군수 · 구청장은 수급자 및 수급자에 대한 급여의 적정성을 확인하기 위하여 매년 연간조사계획을 수립하고 관할구역의 수급자를 대상으로 신청에 의한 조사사항을 매년 1회 이상 정기적으로 조사하여야 하며, 특히 필요하다고 인정하는 경우에는 보장기관이 지정하는 의료기관에서 검진을 받게 할 수 있다. 다만, 보건복지부장관이 정하는 사항은 분기마다 조사하여야 한다.

(4) 급여의 결정 등(제26조)

① 시장 · 군수 · 구청장은 조사를 하였을 때에는 지체 없이 급여 실시 여부와 급여의 내용을 결정하여야 한다.

② 차상위계층을 조사한 시장 · 군수 · 구청장은 규정된 급여개시일이 속하는 달에 급여 실시 여부와 급여 내용을 결정하여야 한다.

③ 시장 · 군수 · 구청장은 급여 실시 여부와 급여 내용을 결정하였을 때에는 그 결정의 요지, 급여의 종류 · 방법 및 급여의 개시 시기 등을 서면으로 수급권자 또는 신청인에게 통지하여야 한다.

④ 신청인에 대한 통지는 급여의 신청일부터 30일 이내에 하여야 한다. 다만, 다음의 어느 하나에 해당하는 경우에는 신청일부터 60일 이내에 통지할 수 있다. 이 경우 통지서에 그 사유를 구체적으로 밝혀야 한다.

(5) 급여의 실시 등(제27조)

① 급여 실시 및 급여 내용이 결정된 수급자에 대한 급여는 신청일부터 시작한다. 다만, 보건복지부장관 또는 소관중앙행정기관의 장이 매년 결정 · 공표하는 급여의 종류별 수급자 선정기준의 변경으로 인하여 매년 1월에 새로 수급자로 결정되는 사람에 대한 급여는 해당 연도의 1월 1일을 그 급여개시일로 한다.

② 시장 · 군수 · 구청장은 급여 실시 여부의 결정을 하기 전이라도 수급권자에게 급여를 실시하여야 할 긴급한 필요가 있다고 인정할 때에는 규정된 급여의 일부를 실시할 수 있다.

3. 자활사업

1) 한국자활복지개발원(제15조의2) **

(1) 개요

① 수급자 및 차상위자의 자활촉진에 필요한 사업을 수행하기 위하여 한국자활복지개발원을 설립한다.

② 자활복지개발원은 법인으로 한다.

③ 자활복지개발원은 그 주된 사무소의 소재지에서 설립등기를 함으로써 성립한다.

④ 보건복지부장관은 자활복지개발원을 지도 · 감독하며 자활복지개발원에 대하여 업무 · 회

계 및 재산에 관하여 필요한 사항을 보고하게 하거나 소속 공무원에게 자활복지개발원에 출입하여 장부, 서류, 그 밖의 물건을 검사하게 할 수 있다.

(2) 자활복지개발원의 업무(제15조의3)

① 자활지원사업의 개발 및 평가
② 자활 지원을 위한 조사 · 연구 및 홍보
③ 광역자활센터, 지역자활센터 및 자활기업의 기술 · 경영지도 및 평가
④ 자활 관련 기관 간의 협력체계 구축 · 운영
⑤ 자활 관련 기관 간의 정보네트워크 구축 · 운영
⑥ 취업 · 창업을 위한 자활촉진 프로그램 개발 및 지원
⑦ 고용지원서비스의 연계 및 사회복지서비스의 지원 대상자 관리 등

2) 광역자활센터(제15조의10) **

(1) 광역자활센터의 개요

보장기관은 수급자 및 차상위자의 자활촉진에 필요한 다음의 사업을 수행하게 하기 위하여 사회복지법인, 사회적 협동조합 등 비영리법인과 단체의 신청을 받아 특별시 · 광역시 · 특별자치시 · 도 · 특별자치도 단위의 광역자활센터로 지정할 수 있다. 이 경우 보장기관은 법인 등의 지역사회복지사업 및 자활지원사업의 수행 능력 · 경험 등을 고려하여야 한다.

① 시 · 도 단위의 수급자 및 차상위자에 대한 취업 · 창업 지원 및 알선
② 지역자활센터 종사자 및 참여자에 대한 교육훈련 및 지원
③ 지역특화형 자활프로그램 개발 · 보급 및 사업개발 지원 등

(2) 광역자활센터의 설치 및 운영

보장기관은 광역자활센터의 설치 및 운영에 필요한 경비의 전부 또는 일부를 보조할 수 있으며, 광역자활센터에 대하여 정기적으로 사업실적 및 운영 실태를 평가하고 수급자의 자활촉진을 달성하지 못하는 광역자활센터에 대하여는 그 지정을 취소할 수 있다.

3) 지역자활센터(제16조) **

(1) 지역자활센터의 개요

보장기관은 수급자 및 차상위자의 자활 촉진에 필요한 다음의 사업을 수행하게 하기 위하여

사회복지법인, 사회적협동조합 등 비영리법인과 단체의 신청을 받아 지역자활센터로 지정할 수 있다. 이 경우 보장기관은 법인 등의 지역사회복지사업 및 자활지원사업 수행능력 · 경험 등을 고려하여야 한다.

(2) 자활촉진에 필요한 사업

① 자활의욕 고취를 위한 교육, 자활을 위한 정보제공, 상담, 직업교육 및 취업알선

② 생업을 위한 자금융자 알선, 자영창업 지원 및 기술 · 경영지도

③ 자활기업의 설립 · 운영 지원, 그밖에 자활을 위한 각종 사업

4) 자활기업(제18조)

① 수급자 및 차상위자는 상호 협력하여 자활기업을 설립 · 운영할 수 있으며, 자활기업은 조합 또는 부가가치세법상의 사업자로 한다.

② 보장기관은 자활을 위한 사업자금의 융자, 국유지 · 공유지 우선 임대 등 자활기업에게 직접 또는 자활복지개발원, 광역자활센터 및 지역자활센터를 통하여 지원을 할 수 있다.

5) 청문(제31조) **

보장기관은 지역자활센터의 지정을 취소하려는 경우와 급여결정을 취소하려는 경우에는 청문을 하여야 한다.

4. 보장기관 및 보장시설

1) 보장기관(제19조) **

① 급여는 수급권자 또는 수급자의 거주지를 관할하는 시 · 도지사와 시장 · 군수 · 구청장이 실시한다. 다만, 주거가 일정하지 아니한 경우에는 수급권자 또는 수급자가 실제 거주하는 지역을 관할하는 시장 · 군수 · 구청장이 실시한다.

② 보건복지부장관, 소관 중앙행정기관의 장과 시 · 도지사는 수급자를 각각 국가나 해당 지방자치단체가 경영하는 보장시설에 입소하게 하거나 다른 보장시설에 위탁하여 급여를 실시할 수 있다.

③ 보장기관은 수급권자 · 수급자 · 차상위계층에 대한 조사와 수급자 결정 및 급여의 실시

등 이 법에 따른 보장업무를 수행하게 하기 위하여 사회보장급여에 따른 사회복지전담공무원을 배치하여야 한다.

2) 보장시설 **

(1) 보장시설(제32조)

보장시설이란 규정된 급여를 실시하는 사회복지사업법에 따른 사회복지시설로서 다음의 시설 중 보건복지부령으로 정하는 시설을 말한다.

① 장애인 거주시설, 노인주거복지시설 및 노인의료복지시설, 성폭력피해자보호시설

② 아동복지시설 및 통합 시설, 정신요양시설 및 정신재활시설, 한부모가족복지시설

③ 노숙인재활시설 및 노숙인요양시설, 가정폭력피해자 보호시설

④ 성매매피해자등을 위한 지원시설, 사회복지시설 중 결핵 및 한센병요양시설

(2) 보장시설장의 의무(제33조)

① 보장시설의 장은 보장기관으로부터 수급자에 대한 급여를 위탁받은 경우에는 정당한 사유 없이 이를 거부하여서는 아니 된다.

② 보장시설의 장은 위탁받은 수급자에게 보건복지부장관 및 소관 중앙행정기관의 장이 정하는 최저기준 이상의 급여를 실시하여야 한다.

3) 보장비용 **

(1) 보장비용(제42조)

① 이 법에 따른 보장업무에 드는 인건비와 사무비

② 생활보장위원회의 운영에 드는 비용, 규정에 따른 급여 실시 비용 등

(2) 보장비용의 부담 구분(제43조)

① 국가 또는 시 · 도가 직접 수행하는 보장업무에 드는 비용은 국가 또는 시 · 도가 부담하며, 급여의 실시 비용은 국가 또는 해당 시 · 도가 부담한다.

② 시 · 군 · 구가 수행하는 보장업무에 드는 비용 중 제42조 제3호 및 제4호의 비용은 시 · 군 · 구의 재정여건, 사회보장비지출 등을 고려하여 국가, 시 · 도 및 시 · 군 · 구가 차등하여 분담한다.

  - 국가는 시 · 군 · 구 보장비용의 총액 중 100분의 40 이상 100분의 90 이하를 부담한다.

- 시 · 도는 시 · 군 · 구 보장비용의 총액에서 국가 부담분을 뺀 금액 중 100분의 30 이상 100분의 70 이하를 부담하고, 시 · 군 · 구는 시 · 군 · 구 보장비용의 총액 중에서 국가와 시 · 도가 부담하는 금액을 뺀 금액을 부담한다.

(3) 비용의 징수(제46조)

① 수급자에게 부양능력을 가진 부양의무자가 있음이 확인된 경우에는 보장비용을 지급한 보장기관은 생활보장위원회의 심의 · 의결을 거쳐 그 비용의 전부 또는 일부를 그 부양의무자로부터 부양의무의 범위에서 징수할 수 있다.

5. 수급자의 권리보호 등

1) 수급자의 권리와 의무 **

(1) 급여변경의 금지(제34조)

수급자에 대한 급여는 정당한 사유 없이 수급자에게 불리하게 변경할 수 없다.

(2) 압류금지(제35조)

① 수급자에게 지급된 수급품(제4조 제4항, 지방자치단체가 실시하는 급여포함)과 이를 받을 권리는 압류할 수 없다.

② 급여수급계좌의 예금에 관한 채권은 압류할 수 없다.

(3) 양도금지(제36조)

수급자는 급여를 받을 권리를 타인에게 양도할 수 없다.

2) 이의신청 ***

(1) 시 · 도지사에 대한 이의신청(제38조): 1차

① 수급자나 급여 또는 급여 변경을 신청한 사람은 시장 · 군수 · 구청장(교육급여인 경우 시 · 도교육감)의 처분에 대하여 이의가 있는 경우에는 그 결정의 통지를 받은 날부터 90일 이내에 해당 보장기관을 거쳐 시 · 도지사에게 서면 또는 구두로 이의를 신청할 수 있다. 이 경우 구두로 이의신청을 접수한 보장기관의 공무원은 이의신청서를 작성할 수 있

도록 협조하여야 한다.

② 이의신청을 받은 시장 · 군수 · 구청장은 10일 이내에 의견서와 관계 서류를 첨부하여 시 · 도지사에게 보내야 한다.

(2) 시 · 도지사의 처분 등(제39조)

① 시 · 도지사가 시장 · 군수 · 구청장으로부터 이의신청서를 받았을 때에는 30일 이내에 필요한 심사를 하고 이의신청을 각하 또는 기각하거나 해당 처분을 변경 또는 취소하거나 그 밖에 필요한 급여를 명하여야 한다.

② 시 · 도지사는 처분 등을 하였을 때에는 지체 없이 신청인과 해당 시장 · 군수 · 구청장에게 각각 서면으로 통지하여야 한다.

(3) 보건복지부장관 등에 대한 이의신청(제40조): 2차

① 시 · 도지사의 처분 등에 대하여 이의가 있는 사람은 그 처분 등의 통지를 받은 날부터 90일 이내에 시 · 도지사를 거쳐 보건복지부장관(주거급여 또는 교육급여인 경우 소관중앙행정기관의 장)에게 서면 또는 구두로 이의를 신청할 수 있다. 이 경우 구두로 이의신청을 접수한 보장기관의 공무원은 이의신청서를 작성할 수 있도록 협조하여야 한다.

② 시 · 도지사는 이의신청을 받으면 10일 이내에 의견서와 관계 서류를 첨부하여 보건복지부장관 또는 소관 중앙행정기관의 장에게 보내야 한다.

(4) 이의신청의 결정 및 통지(제41조)

① 보건복지부장관 또는 소관 중앙행정기관의 장은 이의신청서를 받았을 때에는 30일 이내에 필요한 심사를 하고 이의신청을 각하 또는 기각하거나 해당 처분의 변경 또는 취소의 결정을 하여야 한다.

② 보건복지부장관 또는 소관 중앙행정기관의 장은 결정을 하였을 때에는 지체 없이 시 · 도지사 및 신청인에게 각각 서면으로 결정 내용을 통지하여야 한다. 이 경우 소관 중앙행정기관의 장이 결정 내용을 통지하는 때에는 그 사실을 보건복지부장관에게 알려야 한다.

제2절 의료급여법과 긴급복지지원법

1. 의료급여법

1) 의료급여법의 개념

(1) 시행목적(제1조)

생활이 어려운 사람에게 의료급여를 함으로써 국민보건의 향상과 사회복지의 증진에 이바지함을 목적으로 한다.

(2) 용어의 정의

① 수급권자: 이 법에 따라 의료급여를 받을 수 있는 자격을 가진 사람
② 의료급여기관: 수급권자에 대한 진료 · 조제 · 투약 등을 담당하는 의료기관 및 약국 등
③ 부양의무자: 수급권자를 부양할 책임이 있는 사람으로서 수급권자의 1촌 직계혈족 및 그 배우자

2) 의료급여 수급권자 등 **

(1) 의료급여 수급권자(제3조)

① 국민기초생활 보장법에 따른 의료급여 수급자
② 재해구호법에 따른 이재민으로서 보건복지부장관이 의료급여가 필요하다고 인정한 사람
③ 의 · 사상자 등 예우 및 지원에 관한 법률에 따라 의료급여를 받는 사람
④ 입양특례법에 따라 국내에 입양된 18세 미만의 아동
⑤ 독립유공자예우에 관한 법률, 국가유공자 등 예우 및 지원에 관한 법률 및 보훈보상대상자 지원에 관한 법률의 적용을 받고 있는 사람과 그 가족으로서 국가보훈처장이 의료급여가 필요하다고 추천한 사람 중에서 보건복지부장관이 의료급여가 필요하다고 인정한 사람
⑥ 무형문화재 보전 및 진흥에 관한 법률에 따라 지정된 국가무형문화재의 보유자와 그 가족으로서 문화재청장이 의료급여가 필요하다고 추천한 사람 중에서 보건복지부장관이 의료급여가 필요하다고 인정한 사람
⑦ 북한이탈주민의 보호 및 정착지원에 관한 법률의 적용을 받고 있는 사람과 그 가족으로서 보건복지부장관이 의료급여가 필요하다고 인정한 사람
⑧ 5 · 18민주화운동 관련자 보상 등에 관한 법률에 따라 보상금등을 받은 사람과 그 가족으로서 보건복지부장관이 의료급여가 필요하다고 인정한 사람
⑨ 노숙인 등의 복지 및 자립지원에 관한 법률에 따른 노숙인 등으로서 보건복지부장관이 의

료급여가 필요하다고 인정한 사람

(2) 난민에 대한 특례(제3조의2)

난민법에 따른 난민인정자로서 국민기초생활 보장법에 따른 의료급여 수급권자의 범위에 해당하는 사람은 수급권자로 본다.

3) 의료급여의 주요 내용(제7조) **

① 수급권자의 질병 · 부상 · 출산 등에 대한 의료급여로는 진찰 · 검사, 약제(藥劑) · 치료재료의 지급, 처치 · 수술과 그 밖의 치료, 예방 · 재활, 입원, 간호, 이송과 그 밖의 의료목적 달성을 위한 조치 등이다.

② 의료급여의 방법 · 절차 · 범위 · 한도 등 의료급여의 기준에 관하여는 보건복지부령으로 정하고, 의료수가기준과 그 계산방법 등에 관하여는 보건복지부장관이 정한다.

③ 보건복지부장관은 의료급여의 기준을 정할 때에는 업무 또는 일상생활에 지장이 없는 질환 등 보건복지부령으로 정하는 사항은 의료급여 대상에서 제외할 수 있다.

4) 의료급여기관(제9조) **

① 제1차 의료급여기관: 의료법에 따라 시장 · 군수 · 구청장에게 개설신고를 한 의료기관, 지역보건법에 따라 설치된 보건소 · 보건의료원 및 보건지소, 농어촌 등 보건의료를 위한 특별조치법에 따라 설치된 보건진료소, 약사법에 따라 개설 등록된 약국 및 한국희귀필수의약품센터

② 제2차 의료급여기관: 의료법에 따라 시 · 도지사가 개설 허가를 한 의료기관

③ 제3차 의료급여기관: 제2차 의료급여기관 중에서 보건복지부장관이 지정하는 의료기관

④ 의료급여기관은 정당한 이유 없이 이 법에 따른 의료급여를 거부하지 못한다.

⑤ 특별시장 · 광역시장 · 도지사 또는 시장 · 군수 · 구청장은 의료급여기관이 개설 · 설치되거나, 개설 · 설치된 의료급여기관의 신고 · 허가 및 등록 사항 등이 변경되었을 때에는 보건복지부령으로 정하는 바에 따라 그 내용을 의료급여에 든 비용의 심사 · 조정 업무를 위탁받은 전문기관, 급여비용의 지급업무를 위탁받은 전문기관에 알려야 한다.

5) 의료급여비용 ***

(1) 급여비용의 부담(제10조)

급여비용은 대통령령으로 정하는 바에 따라 그 전부 또는 일부를 의료급여기금에서 부담하되, 의료급여기금에서 일부를 부담하는 경우 그 나머지 비용은 본인이 부담한다.

(2) 급여비용의 청구와 지급(제11조)

① 의료급여기관은 의료급여기금에서 부담하는 급여비용의 지급을 시장 · 군수 · 구청장에게 청구할 수 있다.

② 급여비용을 청구하려는 의료급여기관은 급여비용심사기관에 급여비용의 심사청구를 하여야 하며, 심사청구를 받은 급여비용심사기관은 이를 심사한 후 지체 없이 그 내용을 시장 · 군수 · 구청장 및 의료급여기관에 알려야 한다.

6) 의료보장기관 등 **

(1) 보장기관(제5조)

① 의료급여에 관한 업무는 수급권자의 거주지를 관할하는 특별시장 · 광역시장 · 도지사와 시장 · 군수 · 구청장이 한다.

② 주거가 일정하지 아니한 수급권자에 대한 의료급여 업무는 그가 실제 거주하는 지역을 관할하는 시장 · 군수 · 구청장이 한다.

(2) 의료급여심의위원회(제6조)

① 의료급여사업의 실시에 관한 사항을 심의하기 위하여 보건복지부, 시 · 도 및 시 · 군 · 구에 각각 의료급여심의위원회를 둔다.

② 보건복지부에 두는 중앙의료급여심의위원회는 의료급여사업의 기본방향 및 대책 수립에 관한 사항, 의료급여의 기준 및 수가에 관한 사항을 심의한다.

(3) 의료급여기금의 설치 및 조성(제25조)

① 급여비용의 재원에 충당하기 위하여 시 · 도에 의료급여기금을 설치한다.

② 기금의 재원: 국고보조금, 지방자치단체의 출연금, 부당이득금, 과징금, 기금의 결산상 잉여금 및 그 밖의 수입금 등

7) 수급자의 권리보호 등 **

(1) 수급권의 보호(제18조) 및 구상권(제19조)

① 수급권의 보호: 의료급여를 받을 권리는 양도하거나 압류할 수 없다.
② 구상권: 시장 · 군수 · 구청장은 제3자의 행위로 인하여 수급권자에게 의료급여를 한 경우에는 그 급여비용의 범위에서 제3자에게 손해배상을 청구할 권리를 얻는다.

(2) 이의신청(제30조)

① 수급권자의 자격, 의료급여 및 급여비용에 대한 시장 · 군수 · 구청장의 처분에 이의가 있는 자는 시장 · 군수 · 구청장에게 이의신청을 할 수 있다.
② 급여비용의 심사 · 조정, 의료급여의 적정성 평가 및 급여 대상 여부의 확인에 관한 급여비용심사기관의 처분에 이의가 있는 제5조에 따른 보장기관, 의료급여기관 또는 수급권자는 급여비용심사기관에 이의신청을 할 수 있다.
③ 이의신청은 처분이 있음을 안 날부터 90일 이내에 문서(전자문서를 포함한다)로 하여야 하며, 처분이 있은 날부터 180일이 지나면 제기하지 못한다. 다만, 정당한 사유에 따라 그 기간에 이의신청을 할 수 없었음을 소명한 경우에는 그러하지 아니하다.

(3) 심판청구(제30조의2)

① 급여비용심사기관의 이의신청에 대한 결정에 불복이 있는 자는 국민건강보험법에 따른 건강보험분쟁조정위원회에 심판청구를 할 수 있다.
② 심판청구를 하려는 자는 대통령령으로 정하는 심판청구서를 처분을 행한 급여비용심사기관에 제출하거나 건강보험분쟁조정위원회에 제출하여야 한다.

(4) 소멸시효 등

① 의료급여를 받을 권리, 급여비용을 받을 권리, 대지급금을 상환받을 권리는 3년간 행사하지 아니하면 소멸시효가 완성된다.
② 시효는 급여비용의 청구, 대지급금에 대한 납입의 고지 및 독촉에 해당하는 사유로 중단된다.

2. 긴급복지지원법

1) 긴급복지지원제도의 개념 ***

(1) 시행목적(제1조)

생계곤란 등의 위기상황에 처하여 도움이 필요한 사람을 신속하게 지원함으로써 이들이 위기상황에서 벗어나 건강하고 인간다운 생활을 하게 함을 목적으로 한다.

(2) 용어의 정의(제2조)

위기상황이란 본인 또는 본인과 생계 및 주거를 같이 하고 있는 가구구성원이 다음의 어느 하나에 해당하는 사유로 인하여 생계유지 등이 어렵게 된 것을 말한다.

① 주 소득자가 사망, 가출, 행방불명, 구금시설 수용되는 등의 사유로 소득을 상실한 경우
② 중한 질병 또는 부상을 당한 경우
③ 가구구성원으로부터 방임(放任) 또는 유기(遺棄)되거나 학대 등을 당한 경우
④ 가정폭력을 당하여 가구구성원과 함께 원만한 가정생활을 하기 곤란하거나 가구구성원으로부터 성폭력을 당한 경우
⑤ 화재, 자연재해 등으로 인하여 거주하는 주택 또는 건물에서 생활하기 곤란하게 된 경우
⑥ 주소득자 또는 부소득자의 휴업 · 폐업 또는 사업장이 화재 등으로 인하여 실질적인 영업이 곤란하게 된 경우
⑦ 주소득자 또는 부소득자의 실직으로 소득을 상실한 경우
⑧ 보건복지부령으로 정한 기준에 따라 지방자치단체의 조례로 정한 사유가 발생한 경우

2) 긴급지원 대상자 및 기관 **

(1) 긴급지원대상자(제5조)

지원대상자는 위기상황에 처한 사람으로서 이 법에 따른 지원이 긴급하게 필요한 사람으로 한다.

(2) 외국인에 대한 특례(제5조의2)

국내에 체류하고 있는 외국인 중 대통령령으로 정하는 사람이 긴급지원이 필요한 경우에는 긴급지원대상자가 된다.

(3) 긴급지원기관(제6조)

① 긴급지원대상자의 거주지를 관할하는 시장 · 군수 · 구청장이 한다.
② 거주지가 분명하지 아니한 사람에게 제 지원요청 또는 신고가 특정지역에 집중되는 경우

에는 보건복지부령으로 정하는 바에 따라 긴급지원기관을 달리 정할 수 있다.

3) 긴급지원의 종류와 내용(제9조) **

(1) 금전 또는 현물(現物) 등의 직접지원

① 생계지원: 식료품비 · 의복비 등 생계유지에 필요한 비용 또는 현물 지원
② 의료지원: 각종 검사 및 치료 등 의료서비스 지원
③ 주거지원: 임시거소(臨時居所) 제공 또는 이에 해당하는 비용 지원
④ 사회복지시설 이용 지원: 사회복지사업법에 따른 사회복지시설 입소(入所) 또는 이용 서비스 제공이나 이에 필요한 비용 지원
⑤ 교육지원: 초 · 중 · 고등학생의 수업료, 입학금, 학교운영지원비 및 학용품비 등 비용지원
⑥ 그 밖의 지원: 연료비나 그 밖에 위기상황의 극복에 필요한 비용 또는 현물 지원

(2) 민간기관 · 단체와의 연계 등의 지원

대한적십자사, 사회복지공동모금회, 사회복지기관 등 기관 · 단체와의 연계 지원, 상담 · 정보제공, 그 밖의 지원 등

(3) 사회복지서설의 이용 및 지원

시장 · 군수 · 구청장은 사회복지시설 이용 · 지원을 하는 경우 관할 사회복지시설의 장에게 지원을 요청할 수 있다. 이 경우 지원요청을 받은 사회복지시설의 장은 정당한 사유가 없으면 해당 시설의 입소기준에도 불구하고 긴급지원대상자가 기간에 그 시설을 이용할 수 있도록 조치하여야 한다.

4) 긴급지원의 기간 **

(1) 긴급지원의 기간(제10조)

① 생계지원, 주거지원, 사회복지시설 이용지원, 그 밖의 지원에 따른 긴급지원은 1개월간의 생계유지 등에 필요한 지원으로 한다. 다만, 시장 · 군수 · 구청장이 긴급지원대상자의 위기상황이 계속된다고 판단하는 경우에는 1개월씩 두 번의 범위에서 기간을 연장할 수 있다.
② 의료지원은 위기상황의 원인이 되는 질병 또는 부상을 검사 · 치료하기 위한 범위에서 한 번 실시하며, 교육지원도 한 번 실시한다.

(2) 지원요청 및 신고(제7조)

① 긴급지원대상자와 친족, 그 밖의 관계인은 구술 또는 서면 등으로 관할 시장 · 군수 · 구청장에게 지원을 요청할 수 있다.

② 누구든지 긴급지원대상자를 발견한 경우 관할 시장 · 군수 · 구청장에게 신고하여야 한다.

5) 지원대상자의 사후조사(제13조) **

① 시장 · 군수 · 구청장은 제8조 제3항에 따라 지원을 받았거나 받고 있는 긴급지원대상자에 대하여 소득 또는 재산 등 대통령령으로 정하는 기준에 따라 긴급지원이 적정한지를 조사하여야 한다.

② 시장 · 군수 · 구청장은 조사를 위하여 금융 · 국세 · 지방세 · 건강보험 · 국민연금 및 고용보험 등 관련 전산망을 이용하려는 경우에는 해당 법률에서 정하는 바에 따라 관계 기관의 장에게 협조를 요청할 수 있다. 이 경우 관계 기관의 장은 정당한 사유가 없으면 그 요청에 따라야 한다.

6) 수급자의 권리보호 등 ***

(1) 이의신청(제16조)

① 결정이나 반환명령에 이의가 있는 사람은 그 처분을 고지 받은 날부터 30일 이내에 해당 시장 · 군수 · 구청장을 거쳐 시 · 도지사에게 서면으로 이의신청할 수 있다. 이 경우 시장 · 군수 · 구청장은 이의신청을 받은 날부터 10일 이내에 의견서와 관련 서류를 첨부하여 시 · 도지사에게 송부하여야 한다.

② 시 · 도지사는 송부를 받은 날부터 15일 이내에 이를 검토하고 처분이 위법 · 부당하다고 인정되는 때는 시정, 그 밖에 필요한 조치를 하여야 한다.

(2) 압류 등의 금지(제18조)

① 긴급지원대상자에게 지급되는 금전 또는 현물은 압류할 수 없다.

② 긴급지원수급계좌의 긴급지원금과 이에 관한 채권은 압류할 수 없다.

③ 긴급지원대상자는 지급되는 금전 또는 현물을 생계유지 등의 목적 외의 다른 용도로 사용하기 위하여 양도하거나 담보로 제공할 수 없다.

제3절 기초연금법과 장애인연금법

1. 기초연금법

1) 기초연금제도의 개념 ***

(1) 시행목적(제1조)

노인에게 기초연금을 지급하여 안정적인 소득기반을 제공함으로써 노인의 생활안정을 지원하고 복지를 증진함을 목적으로 한다.

(2) 수급권자의 범위 등(제3조)

① 기초연금은 65세 이상인 사람으로서 소득인정액이 보건복지부장관이 정하여 고시하는 금액 이하인 사람에게 지급한다.

② 보건복지부장관은 선정기준액을 정하는 경우 65세 이상인 사람 중 기초연금 수급자가 100분의 70 수준이 되도록 한다.

③ 특수직연금의 수급권자와 그 배우자나 다음의 어느 하나에 해당하는 연금을 받은 사람 중 대통령령으로 정하는 사람과 그 배우자에게는 기초연금을 지급하지 아니한다.

(3) 기초연금액의 산정(제5조)

① 기초연금 수급권자에 대한 기초연금의 금액(기초연금액)은 기준연금액과 국민연금 급여액 등을 고려하여 산정한다.

② 기준연금액은 보건복지부장관이 그 전년도의 기준연금액에 대통령령으로 정하는 바에 따라 전국소비자물가변동률(통계법 제3조에 따라 통계청장이 매년 고시하는 전국소비자물가변동률)을 반영하여 매년 고시한다. 이 경우 그 고시한 기준연금액의 적용기간은 해당 조정연도 1월부터 12월까지로 한다.

(4) 저소득 기초연금 수급권자에 대한 기초연금액 산정의 특례(제5조의2)

① 65세 이상인 사람 중 소득인정액이 100분의 40 이하인 사람에게 적용하는 기준연금액은 30만원으로 한다.

② 보건복지부장관은 상기 기준연금액을 적용받는 사람을 선정하기 위한 소득인정액(저소득자 선정기준액)을 정하여 고시하여야 한다.

2) 기초연금액의 한도 및 감액 ***

(1) 기초연금액의 한도(제7조)

기초연금액이 기준연금액을 초과하는 경우 기준연금액을 기초연금액으로 본다.

(2) 기초연금액의 감액(제8조)

① 본인과 그 배우자가 모두 기초연금 수급권자인 경우에는 각각의 기초연금액에서 기초연금액의 100분의 20에 해당하는 금액을 감액한다.

② 소득인정액과 기초연금액을 합산한 금액이 선정기준액 이상인 경우에는 선정기준액을 초과하는 금액의 범위에서 기초연금액의 일부를 감액할 수 있다.

3) 기초연금액의 적정성 평가 등(제9조) **

① 보건복지부장관은 제5조 제2항에도 불구하고 5년마다 기초연금 수급권자의 생활수준, 국민연금법에 따른 금액의 변동률, 전국소비자물가변동률 등을 종합적으로 고려하여 기초연금액의 적정성을 평가하고 그 결과를 반영하여 기준연금액을 조정하여야 한다.

② 적정성평가를 할 때에는 노인 빈곤에 대한 실태 조사와 기초연금의 장기적인 재정 소요에 대한 전망을 함께 실시하여야 한다.

4) 기초연금의 신청 및 지급결정 등 **

(1) 기초연금 지급의 신청(제10조)

① 기초연금을 지급받으려는 사람 또는 보건복지부령으로 정하는 대리인은 특별자치도지사 · 시장 · 군수 · 구청장에게 기초연금의 지급을 신청할 수 있다.

② 기초연금 수급희망자와 그 배우자는 신청을 할 때 금융정보, 신용정보, 보험정보를 보건복지부장관 및 특별자치도지사 · 시장 · 군수 · 구청장에게 제공하는 것에 대하여 동의한다는 서면을 제출하여야 한다.

(2) 기초연금의 지급결정(제13조)

① 특별자치도지사 · 시장 · 군수 · 구청장은 조사를 한 후 기초연금 수급권의 발생 · 변경 · 상실 등을 결정한다.

② 특별자치도지사 · 시장 · 군수 · 구청장은 결정을 한 경우에는 그 결정 내용을 서면으로 그 이유를 구체적으로 밝혀 기초연금 수급권자에게 지체 없이 통지하여야 한다.

(3) 기초연금 지급의 정지(제16조)

특별자치도지사 · 시장 · 군수 · 구청장은 기초연금 수급자가 다음의 어느 하나의 경우에 해당하면 그 사유가 발생한 날이 속하는 달의 다음 달부터 그 사유가 소멸한 날이 속하는 달까지는 기초연금의 지급을 정지한다.

① 기초연금 수급자가 금고 이상의 형을 선고받고 교정시설 또는 치료감호시설에 수용되어 있는 경우

② 기초연금 수급자가 행방불명되거나 실종되는 등 대통령령으로 정하는 바에 따라 사망한 것으로 추정되는 경우

③ 기초연금 수급자의 국외 체류기간이 60일 이상 지속되는 경우. 이 경우 국외 체류 60일이 되는 날을 지급 정지의 사유가 발생한 날로 본다.

(4) 기초연금 수급권의 상실(제17조)

기초연금 수급권자가 사망한 때, 국적을 상실하거나 국외로 이주한 때, 기초연금 수급권자에 해당하지 아니하게 된 때에 기초연금 수급권을 상실한다.

5) 시효 및 비용분담 **

(1) 시효(제23조)

환수금을 환수할 권리와 기초연금 수급권자의 권리는 5년간 행사하지 아니하면 시효의 완성으로 소멸한다.

(2) 비용의 분담(제25조)

① 국가는 지방자치단체의 노인인구 비율 및 재정 여건 등을 고려하여 기초연금의 지급에 드는 비용 중 100분의 40 이상 100분의 90 이하의 범위에서 대통령령으로 정하는 비율에 해당하는 비용을 부담한다.

② 국가가 부담하는 비용을 뺀 비용은 특별시 · 광역시 · 특별자치시 · 도 · 특별자치도와 시 · 군 · 구가 상호 분담한다. 이 경우, 그 부담비율은 노인인구 비율 및 재정여건 등을 고려하여 보건복지부장관과 협의하여 시 · 도의 조례 및 시 · 군 · 구의 조례로 정한다.

6) 수급자의 권리보호 등 **

(1) 수급권의 보호(제21조)

① 기초연금 수급권은 양도하거나 담보로 제공할 수 없으며, 압류 대상으로 할 수 없다.

② 기초연금으로 지급받은 금품은 압류할 수 없다.

(2) 이의신청(제22조)

① 제13조에 따른 결정이나 그 밖에 이 법에 따른 처분에 이의가 있는 사람은 특별자치시장 · 특별자치도지사 · 시장 · 군수 · 구청장에게 이의신청을 할 수 있다.

② 이의신청은 그 처분이 있음을 안 날부터 90일 이내에 서면으로 하여야 한다. 다만, 정당한 사유로 인하여 그 기간 이내에 이의신청을 할 수 없었음을 증명한 때에는 그 사유가 소멸한 때부터 60일 이내에 이의신청을 할 수 있다.

2. 장애인연금법

1) 장애인연금법의 개요 **

(1) 시행목적(제1조)

장애로 인하여 생활이 어려운 중증장애인에게 장애인연금을 지급함으로써 중증장애인의 생활 안정 지원과 복지 증진 및 사회통합을 도모하는 데 이바지함을 목적으로 한다.

(2) 용어의 정의(제2조)

① 중증장애인: 장애인복지법에 따라 등록한 장애인 중 근로능력이 상실되거나 현저하게 감소되는 등 장애정도가 중증인 사람으로서 대통령령으로 정하는 사람을 말한다.

② 수급권: 장애인연금을 받을 수 있는 자격을 말한다.

③ 수급권자: 수급권을 가진 사람을 말한다.

④ 수급자: 장애인연금을 받는 사람을 말한다.

⑤ 소득인정액: 수급권자와 그 배우자의 소득평가액과 재산의 소득환산액을 합산한 금액을 말한다.

⑥ 수급권자와 그 배우자의 소득평가액: 수급권자와 그 배우자의 실제 소득에도 불구하고 장애인연금의 지급 결정 및 실시 등에 사용하기 위하여 산출한 금액을 말한다.

⑦ 재산의 소득환산액: 수급권자와 그 배우자의 재산가액에 재산의 소득환산율을 곱하여 산출한 금액을 말한다.

2) 장애인연금의 수급권 ***

(1) 수급권자의 범위(제4조)

① 수급권자는 18세 이상의 중증장애인으로서 소득인정액이 그 중증장애인의 소득 · 재산 · 생활수준과 물가상승률 등을 고려하여 보건복지부장관이 고시하는 금액 이하인 사람으로 한다. 다만, 20세 이하로서 초 · 중등교육법에 따른 학교에 재학 중인 사람은 제외한다.

② 보건복지부장관은 선정기준액을 정하는 경우에 18세 이상의 중증장애인 중 수급자가 100분의 70 수준이 되도록 한다.

③ 특수직역 등에 해당하는 연금을 받을 자격이 있는 사람과 그 배우자나 다음 각 호의 어느 하나에 해당하는 연금을 받은 사람 중 대통령령으로 정하는 사람과 그 배우자에게는 장애인연금을 지급하지 아니한다.

(2) 수급권의 소멸과 지급정지(제15조)

① 수급권의 소멸: 사망한 경우

- 국적을 상실하거나 외국으로 이주하기 위하여 출국하는 경우, 수급권자의 범위에 해당하지 아니하게 된 경우, 장애정도의 변경 등으로 중증장애인에 해당하지 아니하게 된 경우

② 수급권의 정지: 수급자가 금고 이상의 실형을 선고받고 형의 집행 및 수용자의 처우에 관한 법률 또는 치료감호법에 따른 교정시설 또는 치료감호시설에 수용 중인 경우, 수급자가 행방불명 또는 실종 등의 사유로 사망한 것으로 추정되는 경우, 수급자의 국외 체류기간이 60일 이상 지속되는 경우. 이 경우 국외 체류 60일이 되는 날을 지급 정지의 사유가 발생한 날로 본다.

3) 장애인연금의 종류 및 급여액 **

(1) 연금의 종류(제5조)

① 기초급여: 근로능력의 상실 또는 현저한 감소로 인하여 줄어드는 소득을 보전(補塡)하여 주기 위하여 지급하는 급여

② 부가급여: 장애로 인하여 추가로 드는 비용의 전부 또는 일부를 보전하여 주기 위하여 지급하는 급여

(2) 연금의 급여액(제6조)

① 기초급여액

- 기초급여의 금액은 보건복지부장관이 그 전년도 기초급여액에 대통령령으로 정하는 바에 따라 전국소비자물가변동률을 반영하여 매년 고시한다.
- 기초연금법에 따라 기준연금액을 고시한 경우 그 기준연금액을 기초급여액으로 한다.
- 수급권자와 그 배우자가 모두 기초급여를 받는 경우에는 각각의 기초급여액에서 기초급여액의 100분의 20에 해당하는 금액을 감액한다.
- 소득인정액과 기초급여액을 합한 금액이 선정기준액 이상인 경우에는 대통령령으로 정하는 바에 따라 기초급여액의 일부를 감액하여 지급할 수 있다.
- 장애인연금 수급권자 중 기초연금 수급권자에게는 기초급여를 지급하지 아니한다.

② 부가급여액(제7조): 부가급여액은 월정액으로 하며, 수급권자와 그 배우자의 소득 수준 및 장애로 인한 추가비용 등을 고려하여 대통령령으로 정한다.

4) 연금의 신청 및 조사 **

(1) 연금의 신청(제8조)

① 장애인연금을 지급받으려는 사람은 관할 특별자치도지사 · 시장 · 군수 · 구청장에게 장애인연금의 지급을 신청할 수 있다.

② 특별자치도 · 시 · 군 · 구 소속 공무원은 이 법에 따른 장애인연금을 필요로 하는 사람이 누락되지 아니하도록 하기 위하여 관할 지역에 거주하는 수급희망자 또는 수급권자에 대한 장애인연금의 지급을 신청할 수 있다. 이 경우 그 수급희망자 또는 수급권자의 동의를 받아야 하며, 그 동의는 수급희망자 또는 수급권자의 신청으로 본다.

(2) 지급의 결정 등(제10조)

① 특별자치도지사 · 시장 · 군수 · 구청장은 조사를 하였을 때에는 지체 없이 장애인연금 지급의 여부와 내용을 결정하여야 한다.

② 특별자치도지사 · 시장 · 군수 · 구청장은 장애인연금 지급의 여부와 내용을 결정하였을 때에는 그 결정의 요지, 장애인연금의 종류 및 지급 개시시기 등을 서면으로 해당 수급희망자 또는 수급권자에게 통지하여야 한다.

③ 수급희망자 또는 수급권자에 대한 통지는 장애인연금 지급의 신청일부터 30일 이내에 하여야 한다.

5) 연금의 지급기간 및 시기(제13조)

① 특별자치도지사 · 시장 · 군수 · 구청장은 장애인연금의 지급이 결정되면 해당 수급권자에게 장애인연금을 신청한 날이 속하는 달부터 수급권이 소멸한 날이 속하는 달까지 매월 정기적으로 지급한다.

② 장애인연금은 그 지급을 정지하여야 할 사유가 발생한 경우에는 그 사유가 발생한 날이 속하는 달의 다음 달부터 그 사유가 소멸한 날이 속하는 달까지는 지급하지 아니한다.

6) 수급자의 권리보호 등 ***

(1) 이의신청(제18조)

① 장애인연금의 지급 결정이나 그 밖에 이 법에 따른 처분에 이의가 있는 사람은 특별자치시장 · 특별자치도지사 · 시장 · 군수 · 구청장에게 이의신청을 할 수 있다.

② 이의신청은 그 처분이 있음을 안 날부터 90일 이내에 서면으로 할 수 있다. 다만, 정당한 사유로 그 기간 내에 이의신청을 할 수 없음을 증명한 경우에는 그 사유가 소멸한 날부터 60일 이내에 이의신청을 할 수 있다.

(2) 압류금지 등(제19조)

① 수급자에게 장애인연금으로 지급된 금품이나 이를 받을 권리는 압류할 수 없다.

② 장애인연금수급계좌의 예금에 관한 채권은 압류할 수 없다.

③ 수급자는 장애인연금을 받을 권리를 다른 사람에게 양도하거나 담보로 제공할 수 없다.

(3) 시효(제20조)

수급자의 장애인연금을 받을 권리와 장애인연금을 환수할 지방자치단체의 권리는 5년간 행사하지 아니하면 시효의 완성으로 소멸된다.

〈 기출 등 주요 Key Word 〉

O X 문제

01) 국민기초생활보장법상 급여의 종류로는 생계급여, 주거급여, 의료급여, 교육급여, 해산급여, 장재급여, 자활급여가 있다. (O/X)

02) 국민기초생활보장법상 부양의무자란 수급권자를 부양할 책임이 있는 사람으로서 수급권자의 1촌의 직계혈족만을 말한다. (O/X)

03) 국민기초생활보장법상 소득인정액이란 개별가구의 소득평가액과 재산의 소득환산액을 합산한 금액이다. (O/X)

04) 장애인연급법상 수급자는 18세 이상의 중증장애인으로서 소득인정액이 그 중증장애인의 소득, 재산, 생활수준과 물가상승률 등을 고려하여 보건복지부장관이 정하여 고시하는 금액 이하인 사람으로 한다. (O/X)

05) 국민기초생활보장법상 기준 중위소득이란 보건복지부장관이 급여의 기준 등에 활용하기 위하여 사회보장위원회의 심의 · 의결을 거쳐 고시하는 국민 가구소득의 중위값을 말한다. (O/X)

06) 국민기초생활보장법상 차상위계층이란 수급권자에 해당하지 아니하는 계층으로서 소득인정액이 기준 중위소득의 100분의 30 이하인 사람을 말한다. (O/X)

07) 사회복지사업법에 따라 긴급복지지원법에 따른 지원 내용과 동일한 내용의 지원을 받고 있는 경우에는 긴급복지지원법에 따른 지원을 하지 아니한다. (O/X)

08) 기초연금수급권자가 국외로 이주한 경우 기초연금수급권은 상실한다. (O/X)

09) 기초연금으로 지급받은 금품은 압류할 수 없다. (O/X)

10) 기초연금은 기초연금의 지급을 신청한 날이 속하는 달부터 지급한다. (O/X)

Answer **틀린 문제(2, 5, 6) 해설**

02) 부양의무자란 수급권자를 부양할 책임이 있는 사람으로서 수급권자의 1촌의 직계혈족 및 그 배우자를 말한다. 다만, 사망한 1촌의 직계혈족의 배우자는 제외한다.

05) 국민기초생활보장법상 기준 중위소득이란 보건복지부장관이 급여의 기준 등에 활용하기 위하여 중앙생활보장위원회의 심의 · 의결을 거쳐 고시하는 국민 가구소득의 중위값을 말한다.

06) 국민기초생활보장법상 차상위계층 이란 수급권자에 해당하지 아니하는 계층으로서 소득인정액이 기준 중위소득의 100분의 50 이하인 사람을 말한다.

기출문제

上·中·下

01) 국민기초생활보장법에 대한 설명으로 가장 옳지 않은 것은? (2019, 서울시)

① 이 법에 따른 급여는 건강하고 문화적인 최저생활을 유지할 수 있는 것이어야 한다.

② 부양의무자란 수급권자를 부양할 책임이 있는 사람으로서 수급권자의 1촌의 직계혈족만을 말한다.

③ 생계급여의 최저보장 수준은 원칙적으로 생계급여와 소득인정액을 포함하여 생계급여의 선정기준 이상이 되도록 하여야 한다.

④ 부양의무자가 병역법에 따라 소집된 경우 부양을 받을 수 없는 것으로 본다.

해설

부양의무자란 수급권자를 부양할 책임이 있는 사람으로서 수급권자의 1촌의 직계혈족 및 그 배우자를 말한다. 다만, 사망한 1촌의 직계혈족의 배우자는 제외한다. 〈 정답 ② 〉

上·中·下

02) 긴급복지지원법상 긴급복지지원제도에 대한 설명으로 옳은 것만을 모두 고른 것은? (2019, 지방직)

> ㉠ 긴급지원요청이 들어오면 소득이나 재산을 조사한 후 최대한 신속하게 지원한다.
>
> ㉡ 시장 · 군수 · 구청장은 긴급지원에도 불구하고 위기상황이 계속되는 경우 긴급지원심의위원회의 심의를 거쳐 지원을 연장할 수 있다.
>
> ㉢ 다른 법령에 따라 긴급지원의 내용과 동일한 내용의 구호보호 또는 지원을 받고 있는 경우에는 긴급지원을 하지 않는다.
>
> ㉣ 긴급재원대상자와 친족, 그 밖에 관계인은 구술 또는 서면으로 관할 시장 · 군수 · 구청장에게 긴급지원을 요청할 수 있다.

① ㉠, ㉢ ② ㉡, ㉣ ③ ㉠, ㉡, ㉢ ④ ㉡, ㉢, ㉣

해설

㉠ 시장 · 군수 · 구청장은 제1항에 따른 현장 확인 결과 위기상황의 발생이 확인된 사람에 대하여는 지체 없이 제9조에 따른 지원의 종류 및 내용을 결정하여 지원을 하여야 한다. 이 경우 긴급지원대상자에게 신속히 지원할 필요가 있다고 판단되는 경우 긴급지원담당공무원으로 하여금 우선 필요한 지원을 하도록 할 수 있다(제8조 제3항). 〈 정답 ④ 〉

제5장 사회복지서비스 관련법

제1절 영유아, 아동 및 청소년 관련법

1. 영유아보육법

1) 영유아보육법의 개념 **

(1) 목적(제1조)

영유아(嬰幼兒)의 심신을 보호하고 건전하게 교육하여 건강한 사회 구성원으로 육성함과 아울러 보호자의 경제적 · 사회적 활동이 원활하게 이루어지도록 함으로써 영유아 및 가정의 복지 증진에 이바지함을 목적으로 한다.

(2) 용어의 정의(제2조)

① 영유아: 6세 미만의 취학 전 아동을 말한다.

② 보육: 영유아를 건강하고 안전하게 보호 · 양육하고 영유아의 발달 특성에 맞는 교육을 제공하는 어린이집 및 가정양육 지원에 관한 사회복지서비스를 말한다.

③ 어린이집: 보호자의 위탁을 받아 영유아를 보육하는 기관을 말한다.

④ 보호자: 친권자 · 후견인, 그 밖의 자로서 영유아를 사실상 보호하고 있는 자를 말한다.

⑤ 보육교직원: 어린이집 영유아의 보육, 건강관리 및 보호자와의 상담, 그 밖에 어린이집의 관리 · 운영 등의 업무를 담당하는 자로서 어린이집의 원장 및 보육교사와 그 밖의 직원을 말한다.

(3) 보육실태조사(제19조)

보건복지부장관은 이 법의 적절한 시행을 위하여 보육 실태 조사를 3년마다 하여야 한다.

2) 어린이집의 종류 및 이용대상 등 **

(1) 어린이집의 종류(제10조)

① 국공립어린이집: 국가나 지방자치단체가 설치 · 운영하는 어린이집

② 사회복지법인어린이집: 사회복지사업법에 따른 사회복지법인이 설치 · 운영하는 어린이집

③ 법인 · 단체 등 어린이집: 각종 법인이나 단체 등이 설치 · 운영하는 어린이집으로서 대통령령으로 정하는 어린이집
④ 직장어린이집: 사업주가 사업장의 근로자를 위하여 설치 · 운영하는 어린이집
⑤ 가정어린이집: 개인이 가정이나 그에 준하는 곳에 설치 · 운영하는 어린이집
⑥ 협동어린이집: 보호자, 보호자와 보육교직원이 조합을 결성하여 설치 · 운영하는 어린이집
⑦ 민간어린이집: 위 어린이집에 해당하지 아니하는 어린이집

(2) 어린이집의 이용대상(제27조)

어린이집의 이용대상은 보육이 필요한 영유아를 원칙으로 한다. 다만, 필요한 경우 어린이집의 원장은 만 12세까지 연장하여 보육할 수 있다.

3) 어린이집의 설치 **

(1) 국공립어린이집의 설치 등(제12조)

국가나 지방자치단체는 국공립어린이집을 설치 · 운영하여야 한다. 이 경우 국공립어린이집은 보육계획에 따라 도시 저소득주민 밀집 주거지역 및 농어촌지역 등 취약지역, 건축법에 따른 공동주택 중 대통령령으로 정하는 일정 세대 이상의 공동주택을 건설하는 주택단지 지역, 산업단지지역에 우선적으로 설치하여야 한다.

(2) 국공립어린이집 외의 어린이집의 설치(제13조)

① 국공립어린이집 외의 어린이집을 설치 · 운영하려는 자는 시장 · 군수 · 구청장의 인가를 받아야 한다. 인가받은 사항 중 중요 사항을 변경하려는 경우에도 또한 같다.
② 특별자치도지사 · 시장 · 군수 · 구청장은 제1항에 따른 인가를 할 경우 해당 지역의 보육수요를 고려하여야 한다.
③ 어린이집의 설치인가를 받은 자는 어린이집 방문자 등이 볼 수 있는 곳에 어린이집 인가증을 게시하여야 한다.

(3) 직장어린이집의 설치 등(제14조)

대통령령으로 정하는 일정 규모 이상의 사업장의 사업주는 직장어린이집을 설치하여야 한다. 다만, 사업장의 사업주가 직장어린이집을 단독으로 설치할 수 없을 때에는 사업주 공동으로 직장어린이집을 설치 · 운영하거나, 지역의 어린이집과 위탁계약을 맺어 근로자 자녀의

보육을 지원하여야 한다.

4) 보육정책조정위원회(제5조) **

① 보육정책에 관한 관계 부처 간의 의견을 조정하기 위하여 국무총리 소속으로 보육정책조정위원회를 둔다.

② 보육정책조정위원회는 위원장을 포함한 12명 이내의 위원으로 구성하되, 위원장은 국무조정실장이 되고 위원은 기획재정부차관, 교육부차관, 보건복지부차관, 고용노동부차관 및 여성가족부차관, 위원장이 위촉하는 보육계 · 유아교육계 · 여성계 · 사회복지계 · 시민단체 및 보호자를 대표하는 자 각 1명으로 구성된다.

5) 보육정책위원회(제6조) **

① 보육에 관한 각종 정책 · 사업 · 보육지도 및 어린이집 평가인증사항 등을 심의하기 위하여 보건복지부에 중앙보육정책위원회를, 특별시 · 광역시 · 도 · 특별자치도 및 시 · 군 · 구에 지방보육정책위원회를 둔다.

② 중앙보육정책위원회와 지방보육정책위원회의 위원은 보육전문가, 어린이집의 원장 및 보육교사 대표, 보호자 대표 또는 공익을 대표하는 자, 관계 공무원 등으로 구성한다.

6) 보육의 우선 제공(제28조) **

① 국민기초생활 보장법에 따른 수급자, 국민기초생활보장법에 따른 차상위계층의 자녀

② 한부모가족지원법에 따른 보호대상자의 자녀

③ 장애인복지법에 따른 장애인 중 보건복지부령으로 정하는 장애 정도에 해당하는 자의 자녀, 장애인복지법에 따른 장애인 중 보건복지부령으로 정하는 장애 정도에 해당하는 자가 형제자매인 영유아

④ 다문화가족지원법에 따른 다문화가족의 자녀

⑤ 국가유공자 등 예우 및 지원에 관한 법률에 따른 국가유공자 중 전몰군경, 순직자의 자녀 등

2. 입양특례법

1) 목적 및 용어의 정의 ***

(1) 목적(제1조)

요보호아동의 입양(入養)에 관한 요건 및 절차 등에 대한 특례와 지원에 필요한 사항을 정함으로써 양자(養子)가 되는 아동의 권익과 복지를 증진하는 것을 목적으로 한다.

(2) 용어의 정의(제2조)

① 아동: 18세 미만인 사람을 말한다.
② 요보호아동: 아동복지법에 따른 보호대상 아동을 말한다.
③ 입양아동: 입양된 아동을 말한다.
④ 부양의무자: 국민기초생활 보장법에 따른 부양의무자를 말한다.

2) 입양의 원칙 등 **

(1) 입양의 원칙(제4조)

입양은 아동의 이익이 최우선이 되도록 하여야 한다.

(2) 입양의 날(제5조)

건전한 입양문화의 정착과 국내입양의 활성화를 위하여 5월 11일을 입양의 날로 하고, 입양의 날부터 1주일을 입양주간으로 한다.

(3) 국내입양 우선 추진(제7조)

① 국가 및 지방자치단체는 입양의뢰 된 아동의 양친(養親)될 사람을 국내에서 찾기 위한 시책을 최우선적으로 시행하여야 한다.
② 입양기관의 장은 보건복지부령으로 정하는 바에 따라 입양의뢰 된 아동의 양친을 국내에서 찾기 위한 조치를 취하고, 그 결과를 보건복지부장관에게 보고하여야 한다.
③ 입양기관의 장은 국내입양을 위한 조치에도 불구하고 양친을 찾지 못한 경우 정보시스템을 활용한 관련 기관과의 정보공유를 통하여 국내입양을 추진하여야 한다.
④ 입양기관의 장은 국내에서 양친이 되려는 사람을 찾지 못하였을 경우에 한하여 국외입양을 추진할 수 있다.

3) 입양의 요건 ***

(1) 양자가 될 자격(제9조)

양자가 될 사람은 요보호아동으로서 다음의 어느 하나에 해당하는 사람이어야 한다.

① 보호자로부터 이탈된 사람으로서 특별시장 · 광역시장 · 도지사 및 특별자치도지사 또는 시장 · 군수 · 구청장이 부양의무자를 확인할 수 없어 국민기초생활 보장법에 따른 보장시설에 보호를 의뢰한 사람

② 부모 또는 후견인이 입양에 동의하여 보장시설 또는 입양기관에 보호를 의뢰한 사람

③ 법원에 의하여 친권상실의 선고를 받은 사람의 자녀로서 시 · 도지사 또는 시장 · 군수 · 구청장이 보장시설에 보호를 의뢰한 사람

④ 그 밖에 부양의무자를 알 수 없는 경우로서 시 · 도지사 또는 시장 · 군수 · 구청장이 보장시설에 보호를 의뢰한 사람

(2) 양친이 될 자격 등(제10조)

① 양친이 될 사람은 다음의 요건을 모두 갖추어야 한다.

- 양자를 부양하기에 충분한 재산이 있을 것
- 양자에 대하여 종교의 자유를 인정하고 사회의 구성원으로서 그에 상응하는 양육과 교육을 할 수 있을 것
- 양친이 될 사람이 아동학대 · 가정폭력 · 성폭력 · 마약 등의 범죄나 알코올 등 약물중독의 경력이 없을 것
- 양친이 될 사람이 대한민국 국민이 아닌 경우 해당 국가의 법에 따라 양친이 될 수 있는 자격이 있을 것

② 양친이 될 사람은 양자가 될 아동의 복리에 반하는 직업이나 그 밖에 인권침해의 우려가 있는 직업에 종사하지 아니하도록 하여야 한다.

③ 양친이 되려는 사람은 입양의 성립 전에 입양기관 등으로부터 보건복지부령으로 정하는 소정의 교육을 마쳐야 한다.

(3) 가정법원의 허가(제11조)

① 아동을 입양하려는 경우에는 다음의 서류를 갖추어 가정법원의 허가를 받아야 한다.

- 양자가 될 아동의 출생신고 증빙 서류, 제9조 및 제10조의 자격을 구비하였나는 서류, 입양동의 서류, 그 밖에 아동의 복리를 위하여 보건복지부령으로 정하는 서류

② 가정법원은 양자가 될 사람의 복리를 위하여 양친이 될 사람의 입양의 동기와 양육능력, 그 밖의 사정을 고려하여 허가를 하지 아니할 수 있다.

(4) 입양의 동의(제12조)

① 아동을 양자로 하려면 친생부모의 동의를 받아야 한다. 다만, 친생부모가 친권상실의 선고를 받은 경우나 친생부모의 소재불명 등의 사유로 동의를 받을 수 없는 경우는 그러하지 아니한다.

② 친생부모가 사유로 인하여 입양의 동의를 할 수 없는 경우에는 후견인의 동의를 받아야 하며, 아동을 양자로 하고자 할 경우에는 보호의뢰 시의 입양동의로써 입양의 동의를 갈음할 수 있다.

③ 13세 이상인 아동을 입양하고자 할 때에는 동의권자의 동의 외에 입양될 아동의 동의를 받아야 하며, 동의는 허가가 있기 전에는 철회할 수 있다.

④ 입양의 동의 또는 입양동의의 철회는 서면으로 하며, 동의에 필요한 사항은 보건복지부령으로 정한다.

(5) 입양동의 요건 등(제13조)

① 입양의 동의는 아동의 출생일부터 1주일이 지난 후에 이루어져야 하며, 입양동의의 대가로 금전 또는 재산상의 이익, 그 밖의 반대급부를 주고받거나 주고받을 것을 약속하여서는 아니 된다.

② 입양기관은 입양동의 전에 친생부모에게 아동을 직접 양육할 경우 지원받을 수 있는 사항 및 입양의 법률적 효력 등에 관한 충분한 상담을 제공하여야 하며, 상담내용 등에 대하여는 보건복지부령으로 정한다.

③ 입양기관은 입양동의 전에 입양될 아동에게 입양동의의 효과 등에 관한 충분한 상담을 제공하여야 하며, 상담내용 등에 대하여는 보건복지부령으로 정한다.

4) 입양의 효력 ***

(1) 입양의 효과(제14조)

이 법에 따라 입양된 아동은 민법상 친양자와 동일한 지위를 가진다.

(2) 입양의 효력발생(제15조)

이 법에 따른 입양은 가정법원의 인용심판 확정으로 효력이 발생하고, 양친 또는 양자는 가정법원의 허가서를 첨부하여 가족관계의 등록 등에 관한 법률에서 정하는 바에 따라 신고하여야 한다.

5) 입양기관(제20조) ***

(1) 입양기관의 의의

① 입양기관을 운영하려는 자는 사회복지사업법에 따른 사회복지법인으로서 보건복지부장관의 허가를 받아야 한다. 다만, 국내입양만의 알선자는 시 · 도지사의 허가를 받아야 한다.

② 허가받은 사항 중 대통령령으로 정하는 중요한 사항을 변경하려고 하는 경우에는 신고하여야 하며, 외국인은 입양기관의 장이 될 수 없다.

(2) 입양기관의 의무(제21조)

① 입양기관의 장은 입양의뢰 된 사람의 권익을 보호하고, 부모를 알 수 없는 경우에는 부모 등 직계존속을 찾기 위하여 노력을 다하여야 하며, 입양을 알선할 때 그 양친이 될 사람에 대하여 양친이 될 자격 등 사실을 조사하여야 한다.

② 입양기관의 장은 양친이 될 사람에게 입양 전에 아동양육에 관한 교육을 하여야 하며, 입양이 성립된 후에는 보건복지부령으로 정하는 바에 따라 입양아동과 그에 관한 기록 등을 양친 또는 양친이 될 사람에게 건네주고, 그 결과를 특별자치도지사 · 시장 · 군수 · 구청장에게 보고하여야 한다.

③ 입양기관의 장은 입양업무의 효율 및 입양기관 간의 협력체계 구축을 위하여 입양아동과 가족에 관한 정보를 보건복지부령으로 정하는 바에 따라 아동권리보장원에 제공하여야 한다.

④ 입양업무에 관한 기록은 입양아동에 대한 사후관리를 위하여 영구보존하여야 하다.

(3) 사후서비스 제공(제25조)

입양기관의 장은 입양이 성립된 후 1년 동안 양친과 양자의 상호적응을 위하여 사후관리를 하여야 한다. 국외입양 사후관리에 관한 내용, 방법 등 구체적 사항은 대통령령으로 정한다.

3. 아동복지법

1) 아동복지법의 개념 **

(1) 목적(제1조)

아동이 건강하게 출생하여 행복하고 안전하게 자랄 수 있도록 아동의 복지를 보장하는 것을 목적으로 한다.

(2) 용어의 정의(제3조)

① 아동: 18세 미만인 사람을 말한다.

② 아동복지: 아동이 행복한 삶을 누릴 수 있는 기본적인 여건을 조성하고 조화롭게 성장 · 발달할 수 있도록 하기 위한 경제적 · 사회적 · 정서적 지원을 말한다.

③ 보호자: 친권자, 후견인, 아동을 보호 · 양육 · 교육하거나 그러한 의무가 있는 자 또는 업무 · 고용 등의 관계로 사실상 아동을 보호 · 감독하는 자를 말한다.

④ 보호대상아동: 보호자가 없거나 보호자로부터 이탈된 아동, 보호자가 아동을 학대하는 경우 등 그 보호자가 아동을 양육하기에 적당하지 아니하거나 양육할 능력이 없는 경우의 아동을 말한다.

⑤ 지원대상아동: 아동이 조화롭고 건강하게 성장하는 데에 필요한 기초적인 조건이 갖추어지지 아니하여 사회적 · 경제적 · 정서적 지원이 필요한 아동을 말한다.

⑥ 가정위탁: 보호대상아동의 보호를 위하여 성범죄, 가정폭력, 아동학대, 정신질환 등 전력이 없는 보건복지부령으로 정하는 기준에 적합한 가정에 보호대상아동을 일정 기간 위탁하는 것을 말한다.

⑦ 아동학대: 보호자를 포함한 성인이 아동의 건강 또는 복지를 해치거나 정상적 발달을 저해할 수 있는 신체적 · 정신적 · 성적 폭력이나 가혹행위를 하는 것과 아동의 보호자가 아동을 유기하거나 방임하는 것을 말한다.

⑧ 아동학대관련범죄: 아동학대범죄의 처벌 등에 관한 특례법에 따른 아동학대범죄, 아동에 대한 형법상 살인의 죄 중 제250조부터 제255조까지의 죄를 말한다.

⑨ 피해아동: 아동학대로 인하여 피해를 입은 아동을 말한다.

⑩ 아동복지시설: 제50조에 따라 설치된 시설을 말한다.

⑪ 아동복지시설 종사자: 아동복지시설에서 아동의 상담 · 지도 · 치료 · 양육, 그 밖에 아동의 복지에 관한 업무를 담당하는 사람을 말한다.

2) 아동정책관련 기관 **

(1) 아동정책조정위원회(제10조)

① 아동의 권리증진과 건강한 출생 및 성장을 위하여 종합적인 아동정책을 수립하고 관계 부처의 의견을 조정하며 그 정책의 이행을 감독하고 평가하기 위하여 국무총리 소속으로 아

동정책조정위원회를 둔다.

② 위원회는 위원장을 포함한 25명 이내의 위원으로 구성하되, 위원장은 국무총리가 되고 위원은 기획재정부장관 · 교육부장관 · 법무부장관 · 행정안전부장관 · 문화체육관광부장관 · 산업통상자원부장관 · 보건복지부장관 · 고용노동부장관 · 여성가족부장관 및 아동 관련 단체의 장이나 아동에 대한 학식과 경험이 풍부한 사람 중 위원장이 위촉하는 15명 이내의 위원으로 구성된다.

(2) 아동복지심의위원회(제12조)

시 · 도지사 및 시장 · 군수 · 구청장은 그 소속으로 아동복지심의위원회를 각각 둔다.

3) 아동학대 예방 ***

(1) 아동에 대한 금지행위(제17조)

① 아동을 매매하는 행위, 장애를 가진 아동을 공중에 관람시키는 행위

② 아동에게 음란한 행위를 시키거나 이를 매개하는 행위 또는 아동에게 성적 수치심을 주는 성희롱 등의 성적 학대행위

③ 아동의 신체에 손상을 주거나 신체의 건강 및 발달을 해치는 신체적 학대행위

④ 아동의 정신건강 및 발달에 해를 끼치는 정서적 학대행위

⑤ 자신의 보호 · 감독을 받는 아동을 유기하거나 의식주를 포함한 기본적 보호 · 양육 · 치료 및 교육을 소홀히 하는 방임행위

⑥ 아동에게 구걸을 시키거나 아동을 이용하여 구걸하는 행위

⑦ 공중의 오락 또는 흥행을 목적으로 아동의 건강 또는 안전에 유해한 곡예를 시키는 행위 또는 이를 위하여 아동을 제3자에게 인도하는 행위

⑧ 정당한 권한을 가진 알선기관 외의 자가 아동의 양육을 알선하고 금품을 취득하거나 금품을 요구 또는 약속하는 행위

⑨ 아동을 위하여 증여 또는 급여된 금품을 그 목적 외의 용도로 사용하는 행위

(2) 아동학대 신고의무자에 대한 교육(제26조)

① 관계 중앙행정기관의 장은 아동학대범죄의 처벌 등에 관한 특례법에 해당하는 사람(아동학대 신고의무자)의 자격 취득 과정이나 보수교육 과정에 아동학대 예방 및 신고의무와 관련된 교육 내용을 포함하도록 하여야 한다.

② 관계 중앙행정기관의 장 및 시·도지사는 아동학대 신고의무자에게 본인이 아동학대 신고의무자라는 사실을 고지할 수 있고, 아동학대 예방 및 신고의무와 관련한 교육을 실시할 수 있다.

③ 아동학대 신고의무자가 소속된 기관의 장은 소속 아동학대 신고의무자에게 신고의무 교육을 실시하고, 그 결과를 관계 중앙행정기관의 장에게 제출하여야 한다.

(3) 아동학대 예방교육의 실시(제26조의2)

국가기관과 지방자치단체의 장, 공공기관의 운영에 관한 법률에 따른 공공기관과 대통령령으로 정하는 공공단체의 장은 아동학대의 예방과 방지를 위하여 필요한 교육을 연 1회 이상 실시하고, 그 결과를 보건복지부장관에게 제출하여야 한다.

(4) 아동학대 등의 통보(27조의2)

① 사법경찰관리는 아동 사망 및 상해사건, 가정폭력 사건 등에 관한 직무를 행하는 경우 아동학대가 있었다고 의심할 만한 사유가 있는 때에는 아동보호전문기관에 그 사실을 통보하여야 한다.

② 사법경찰관 또는 보호관찰관은 아동학대범죄의 처벌 등에 관한 특례법에 따라 임시조치의 청구를 신청하였을 때에는 아동보호전문기관에 그 사실을 통보하여야 하며, 통보를 받은 아동보호전문기관은 피해아동 보호조치 등 필요한 조치를 하여야 한다.

(5) 아동관련 기관의 취업제한 등(제29조의3)

① 법원은 아동학대관련범죄로 형 또는 치료감호를 선고하는 경우에는 판결(약식명령을 포함)로 그 형 또는 치료감호의 전부 또는 일부의 집행을 종료하거나 집행이 유예·면제된 날부터 일정기간(취업제한기간) 동안 아동관련 기관을 운영하거나 아동관련 기관에 취업 또는 사실상 노무를 제공할 수 없도록 하는 명령(취업제한명령)을 아동학대관련 범죄 사건의 판결과 동시에 선고(약식명령의 경우에는 고지)하여야 한다. 다만, 재범의 위험성이 현저히 낮은 경우나 그 밖에 취업을 제한하여서는 아니 되는 특별한 사정이 있다고 판단하는 경우에는 그러하지 아니하다.

② 제1항에 따른 취업제한기간은 10년을 초과하지 못한다.

4. 아동학대범죄의 처벌 등에 관한 특례법

1) 목적 및 정의

(1) 목적(제1조)

아동학대범죄의 처벌 및 그 절차에 관한 특례와 피해아동에 대한 보호절차 및 아동학대행위자에 대한 보호처분을 규정함으로써 아동을 보호하여 아동이 건강한 사회 구성원으로 성장하도록 함을 목적으로 한다.

(2) 정의(제2조)

① 아동: 아동복지법 제3조 제1호에 따른 아동을 말한다.

② 아동학대: 아동복지법 제3조 제7호에 따른 아동학대를 말한다.

(3) 다른 법률과의 관계(제3조)

아동학대범죄에 대하여는 이 법을 우선 적용한다. 다만, 성폭력범죄의 처벌 등에 관한 특례법, 아동 · 청소년의 성보호에 관한 법률에서 가중 처벌되는 경우에는 그 법에서 정한 바에 따른다.

2) 아동학대범죄 신고의무와 절차(제10조)

① 누구든지 아동학대범죄를 알게 된 경우나 그 의심이 있는 경우에는 아동보호전문기관 또는 수사기관에 신고할 수 있다.

② 다음의 어느 하나에 해당하는 사람이 직무를 수행하면서 아동학대범죄를 알게 된 경우나 그 의심이 있는 경우에는 아동보호전문기관 또는 수사기관에 즉시 신고하여야 한다.

- 아동복지법에 따른 아동권리보장원 및 가정위탁지원센터의 장과 그 종사자
- 아동복지시설의 장과 그 종사자(아동보호전문기관의 장과 그 종사자는 제외한다)
- 아동복지법조에 따른 아동복지전담공무원
- 가정폭력방지 및 피해자보호 등에 관한 법률에 따른 가정폭력 관련 상담소 및 가정폭력피해자 보호시설의 장과 그 종사자
- 건강가정기본법 제35조에 따른 건강가정지원센터의 장과 그 종사자
- 다문화가족지원법에 따른 다문화가족지원센터의 장과 그 종사자
- 사회복지사업법에 따른 사회복지 전담공무원 및 사회복지시설의 장과 그 종사자 등

5. 청소년기본법

1) 목적과 기본이념

(1) 목적(제1조)

이 법은 청소년의 권리 및 책임과 가정 · 사회 · 국가 · 지방자치단체의 청소년에 대한 책임을 정하고 청소년정책에 관한 기본적인 사항을 규정함을 목적으로 한다.

(2) 기본이념(제2조)

이 법은 청소년이 사회구성원으로서 정당한 대우와 권익을 보장받음과 아울러 스스로 생각하고 자유롭게 활동할 수 있도록 하며 보다 나은 삶을 누리고 유해한 환경으로부터 보호될 수 있도록 함으로써 국가와 사회가 필요로 하는 건전한 민주시민으로 자랄 수 있도록 하는 것을 기본이념으로 한다.

2) 용어의 정의(제3조)

① 청소년: 9세 이상 24세 이하인 사람을 말한다. 다만, 다른 법률에서 청소년에 대한 적용을 다르게 할 필요가 있는 경우에는 따로 정할 수 있다.

② 청소년보호: 청소년의 건전한 성장에 유해한 물질 · 물건 · 장소 · 행위 등 각종 청소년 유해 환경을 규제하거나 청소년의 접촉 또는 접근을 제한하는 것을 말한다.

③ 청소년지도자: 청소년지도사, 청소년상담사, 청소년시설, 청소년단체 및 청소년 관련 기관에서 청소년육성에 필요한 업무에 종사하는 사람을 말한다.

3) 다른 법률과의 관계(제4조)

① 이 법은 청소년육성에 관하여 다른 법률보다 우선하여 적용한다.

② 청소년육성에 관한 법률을 제정하거나 개정할 때에는 이 법의 취지에 맞도록 하여야 한다.

6. 청소년복지지원법

1) 목적 및 정의

(1) 목적(제1조)

이 법은 청소년기본법 제49조 제4항에 따라 청소년복지 향상에 관한 사항을 규정함을 목적으로 한다.

(2) 정의(제2조)

① 청소년: 청소년기본법 제3조 제1호 본문에 해당하는 사람을 말한다.

② 청소년복지: 청소년기본법 제3조 제4호에 따른 청소년복지를 말한다.

③ 위기청소년: 가정 문제가 있거나 학업 수행 또는 사회 적응에 어려움을 겪는 등 조화롭고 건강한 성장과 생활에 필요한 여건을 갖추지 못한 청소년을 말한다.

2) 청소년복지시설의 종류(제31조)

① 청소년쉼터: 가출청소년에 대하여 가정 · 학교 · 사회로 복귀하여 생활할 수 있도록 일정 기간 보호하면서 상담 · 주거 · 학업 · 자립 등을 지원하는 시설

② 청소년자립지원관: 일정 기간 청소년쉼터 또는 청소년회복지원시설의 지원을 받았는데도 가정 · 학교 · 사회로 복귀하여 생활할 수 없는 청소년에게 자립하여 생활할 수 있는 능력과 여건을 갖추도록 지원하는 시설

③ 청소년치료재활센터: 학습 · 정서 · 행동상의 장애를 가진 청소년을 대상으로 정상적인 성장과 생활을 할 수 있도록 해당 청소년에게 적합한 치료 · 교육 및 재활을 종합적으로 지원하는 거주형 시설

④ 청소년회복지원시설: 소년법 제32조제1항제1호에 따른 감호 위탁 처분을 받은 청소년에 대하여 보호자를 대신하여 그 청소년을 보호할 수 있는 자가 상담 · 주거 · 학업 · 자립 등 서비스를 제공하는 시설

제2절 노인 및 장애인 관련법

1. 노인복지법

1) 노인복지법의 개념 ***

(1) 목적(제1조)

노인의 질환을 사전예방 또는 조기발견하고 질환상태에 따른 적절한 치료 · 요양으로 심신의

건강을 유지하고, 노후의 생활안정을 위하여 필요한 조치를 강구함으로써 노인의 보건복지 증진에 기여함을 목적으로 한다.

(2) 용어의 정의(제1조의2) **

① 부양의무자: 배우자와 직계비속 및 그 배우자를 말한다.
② 보호자: 부양의무자 또는 업무 · 고용 등의 관계로 사실상 노인을 보호하는 자를 말한다.
③ 치매: 치매관리법에 따른 치매를 말한다.
④ 노인학대: 노인에 대하여 신체적 · 정신적 · 정서적 · 성적 폭력 및 경제적 착취 또는 가혹 행위를 하거나 유기 또는 방임을 하는 것을 말한다.
⑤ 노인학대관련범죄: 보호자에 의한 65세 이상 노인에 대한 노인학대로서 관련 법률에 해당되는 죄를 말한다.

2) 노인복지시설 ****

(1) 노인주거복지시설(제32조)

① 양로시설: 노인을 입소시켜 급식과 그 밖에 일상생활에 필요한 편의를 제공함을 목적으로 하는 시설
② 노인공동생활가정: 노인들에게 가정과 같은 주거여건과 급식, 그 밖에 일상생활에 필요한 편의를 제공함을 목적으로 하는 시설
③ 노인복지주택: 노인에게 주거시설을 임대하여 주거의 편의 · 생활지도 · 상담 및 안전관리 등 일상생활에 필요한 편의를 제공함을 목적으로 하는 시설

(2) 노인의료복지시설(제34조)

① 노인요양시설: 치매 · 중풍 등 노인성질환 등으로 심신에 상당한 장애가 발생하여 도움을 필요로 하는 노인을 입소시켜 급식 · 요양과 그 밖에 일상생활에 필요한 편의를 제공함을 목적으로 하는 시설
② 노인요양공동생활가정: 치매 · 중풍 등 노인성질환 등으로 심신에 상당한 장애가 발생하여 도움을 필요로 하는 노인에게 가정과 같은 주거여건과 급식 · 요양, 그 밖에 일상생활에 필요한 편의를 제공함을 목적으로 하는 시설

(3) 노인여가복지시설(제36조)

① 노인복지관: 노인의 교양 · 취미생활 및 사회참여활동 등에 대한 각종 정보와 서비스를 제공하고, 건강증진 및 질병예방과 소득보장 · 재가복지, 그 밖에 노인의 복지증진에 필요한 서비스를 제공함을 목적으로 하는 시설

② 경로당: 지역노인들이 자율적으로 친목도모 · 취미활동 · 공동작업장 운영 및 각종 정보교환과 기타 여가활동을 할 수 있도록 하는 장소를 제공함을 목적으로 하는 시설

③ 노인교실: 노인들에 대하여 사회활동 참여욕구를 충족시키기 위하여 건전한 취미생활 · 노인건강유지 · 소득보장 기타 일상생활과 관련한 학습프로그램을 제공함을 목적으로 하는 시설

(4) 재가노인복지시설(제38조)

① 방문요양서비스: 가정에서 일상생활을 영위하고 있는 노인으로서 신체적 · 정신적 장애로 어려움을 겪고 있는 노인에게 필요한 각종 편의를 제공하여 지역사회 안에서 건전하고 안정된 노후를 영위하도록 하는 서비스

② 주 · 야간보호서비스: 부득이한 사유로 가족의 보호를 받을 수 없는 심신이 허약한 노인과 장애노인을 주간 또는 야간 동안 보호시설에 입소시켜 필요한 각종 편의를 제공하여 이들의 생활안정과 심신기능의 유지 · 향상을 도모하고, 그 가족의 신체적 · 정신적 부담을 덜어주기 위한 서비스

③ 단기보호서비스: 부득이한 사유로 가족의 보호를 받을 수 없어 일시적으로 보호가 필요한 심신이 허약한 노인과 장애노인을 보호시설에 단기간 입소시켜 보호함으로써 노인 및 노인가정의 복지증진을 도모하기 위한 서비스

④ 방문 목욕서비스: 목욕장비를 갖추고 재가노인을 방문하여 목욕을 제공하는 서비스

⑤ 그 밖의 서비스: 재가노인에게 제공하는 서비스로서 보건복지부령이 정하는 서비스

(5) 노인보호전문기관(제39조의5)

① 중앙노인보호전문기관: 국가는 지역간의 연계체계를 구축하고 노인학대를 예방하기 위하여 설치 · 운영하여야 한다.

② 지역노인보호전문기관: 학대받는 노인의 발견, 보호, 치료 등을 신속히 처리하고 노인학대를 예방하기 위하여 시 · 도에 둔다.

(6) 노인일자리지원기관(제23조의2)

① 노인인력개발기관: 노인일자리개발 · 보급사업, 조사사업, 교육 · 홍보 및 협력사업, 프로그램인증 · 평가사업 등을 지원하는 기관

② 노인일자리지원기관: 지역사회 등에서 노인일자리의 개발 · 지원, 창업 · 육성 및 노인에 의한 재화의 생산 · 판매 등을 직접 담당하는 기관

③ 노인취업알선기관: 노인에게 취업상담 · 정보를 제공하거나 노인일자리를 알선하는 기관

(7) 학대피해노인전용쉼터(제39조의19)

노인학대로 인하여 피해를 입은 노인을 일정기간 보호하고 심신치유프로그램을 제공하는 시설을 말한다.

3) 요양보호사 및 요양보호사교육기관 **

(1) 요양보호사의 직무 · 자격증의 교부 등(제39조의2)

① 노인복지시설의 설치 · 운영자는 보건복지부령으로 정하는 바에 따라 노인 등의 신체활동 또는 가사활동 지원 등의 업무를 전문적으로 수행하는 요양보호사를 두어야 한다.

② 요양보호사가 되려는 사람은 요양보호사를 교육하는 기관에서 교육과정을 마치고 시 · 도지사가 실시하는 요양보호사 자격시험에 합격하여야 한다.

(2) 요양보호사교육기관의 지정 등(제39조의3)

시 · 도지사는 요양보호사의 양성을 위하여 보건복지부령으로 정하는 지정기준에 적합한 시설을 요양보호사교육기관으로 지정 · 운영하여야 한다.

4) 노인학대의 예방 ***

(1) 노인학대 신고의무와 절차 등(제39조의6)

① 누구든지 노인학대를 알게 된 때에는 노인보호전문기관 · 수사기관에 신고할 수 있다.

② 다음의 어느 하나에 해당하는 자는 그 직무상 65세 이상의 사람에 대한 노인학대를 알게 된 때에는 즉시 노인보호전문기관 또는 수사기관에 신고하여야 한다.

- 의료기관에서 의료업을 행하는 의료인 및 의료기관의 장
- 방문요양서비스나 안전 확인 등의 서비스 종사자, 노인복지시설의 장과 그 종사자 및 노인복지상담원
- 장애인복지시설에서 장애노인에 대한 상담 · 치료 · 훈련 또는 요양업무를 수행하는 사람

- 가정폭력 관련 상담소 및 가정폭력피해자 보호시설의 장과 그 종사자
- 사회복지전담공무원,사회복지관, 부랑인 및 노숙인보호를 위한 시설의 장과 그 종사자
- 장기요양기관의 장과 그 종사자
- 구급대의 구급대원, 건강가정지원센터의 장과 그 종사자, 다문화가족지원센터의 장과 그 종사자
- 성폭력피해상담소 및 성폭력피해자보호시설의 장과 그 종사자, 응급구조사, 의료기사

(2) 응급조치의무 등(제39조의7)

노인학대신고를 접수한 노인보호전문기관의 직원이나 사법경찰관리는 지체 없이 노인학대의 현장에 출동하여야 한다. 이 경우 노인보호전문기관의 장이나 수사기관의 장은 서로 동행하여 줄 것을 요청할 수 있고, 그 요청을 받은 때에는 정당한 사유가 없으면 소속 직원이나 사법경찰관리를 현장에 동행하도록 하여야 한다.

(3) 긴급전화의 설치 등(제39조의4)

국가 및 지방자치단체는 노인학대를 예방하고 수시로 신고를 받을 수 있도록 긴급전화(1577-1389)를 설치하여야 한다.

(4) 금지행위(제39조의9)

누구든지 65세 이상의 사람에 대하여 다음에 해당하는 행위를 하여서는 아니 된다.

① 노인의 신체에 폭행을 가하거나 상해를 입히는 행위
② 노인에게 성적 수치심을 주는 성폭행 · 성희롱 등의 행위
③ 자신의 보호 · 감독을 받는 노인을 유기하거나 의식주를 포함한 기본적 보호 및 치료를 소홀히 하는 방임행위
④ 노인에게 구걸을 하게 하거나 노인을 이용하여 구걸하는 행위
⑤ 노인을 위하여 증여 또는 급여된 금품을 그 목적 외의 용도에 사용하는 행위
⑥ 폭언, 협박, 위협 등으로 노인의 정신건강에 해를 끼치는 정서적 학대행위

(5) 노인관련기관의 취업제한 등(제39조의17)

① 법원은 노인학대 관련범죄로 형 또는 치료감호를 선고하는 경우에는 판결(약식명령을 포함)로 그 형 또는 치료감호의 전부 또는 일부의 집행을 종료하거나 집행이 유예 · 면제된

날부터 일정기간(취업제한기간) 동안 다음 시설 또는 노인관련기관을 운영하거나 노인관련기관에 취업 또는 사실상 노무를 제공할 수 없도록 하는 명령(취업제한명령)을 판결과 동시에 선고하여야 한다. 다만, 재범의 위험성이 현저히 낮은 경우, 그 밖에 취업을 제한하여서는 아니 되는 특별한 사정이 있다고 판단하는 경우에는 그러하지 아니하다.

② 노인관련기관의 설치신고 · 인가 · 허가 등을 관할하는 행정기관의 장은 노인관련기관을 운영하려는 자에 대하여 본인의 동의를 받아 관계 기관의 장에게 노인학대 관련범죄 전력 조회를 요청하여야 한다. 단, 취업제한의 기간은 10년을 초과하지 못한다.

2. 장애인복지법

1) 장애인복지법의 개념 **

(1) 목적(제1조)

장애인의 인간다운 삶과 권리보장을 위한 국가와 지방자치단체 등의 책임을 명백히 하고, 장애발생 예방과 장애인의 의료 · 교육 · 직업재활 · 생활환경개선 등에 관한 사업을 정하여 장애인복지대책을 종합적으로 추진하며, 장애인의 자립생활 · 보호 및 수당지급 등에 관하여 필요한 사항을 정하여 장애인의 생활안정에 기여하는 등 장애인의 복지와 사회활동 참여증진을 통하여 사회통합에 이바지함을 목적으로 한다.

(2) 장애인의 정의(제2조)

① 장애인: 신체적 · 정신적 장애로 오랫동안 일상생활이나 사회생활에서 상당한 제약을 받는 자를 말한다.

② 장애인학대: 장애인에 대하여 신체적 · 정신적 · 정서적 · 언어적 · 성적 폭력이나 가혹행위, 경제적 착취, 유기 또는 방임을 하는 것을 말한다.

(3) 장애의 분류

① 신체적 장애

- 외부 신체기능장애(6): 지체, 뇌 병변, 시각, 청각, 언어, 안면장애
- 내부 기관 장애(6): 신장, 심장, 호흡기, 간, 장루 · 요루장애, 뇌전증장애(간질장애)

② 정신적 장애: 지적 장애, 정신 장애, 자폐성 장애

2) 장애인복지 전문인력양성 등(제71조) **

국가와 지방자치단체 그 밖의 공공단체는 의지 · 보조기 기사, 언어재활사, 장애인재활상담사, 한국수어 통역사, 점역(點譯) · 교정사 등 장애인복지 전문인력, 그 밖에 장애인복지에 관한 업무에 종사하는 자를 양성 · 훈련하는 데에 노력해야 한다.

3) 장애인복지시설의 종류(제58조) **

① 장애인거주시설: 거주공간을 활용하여 일반가정에서 생활하기 어려운 장애인에게 일정 기간 동안 거주 · 요양 · 지원 등의 서비스를 제공하는 동시에 지역사회생활을 지원하는 시설

② 장애인지역사회재활시설: 장애인을 전문적으로 상담 · 치료 · 훈련하거나 장애인의 일상생활, 여가활동 및 사회참여활동 등을 지원하는 시설

③ 장애인직업재활시설: 일반 작업환경에서는 일하기 어려운 장애인이 특별히 준비된 작업환경에서 직업훈련을 받거나 직업 생활을 할 수 있도록 하는 시설

④ 장애인의료재활시설: 장애인을 입원 또는 통원하게 하여 상담, 진단 · 판정, 치료 등 의료재활서비스를 제공하는 시설

4) 장애인대상 성범죄 및 학대 등 ***

(1) 장애인학대 및 장애인 대상 성범죄 신고의무와 절차(제59조의4)

① 누구든지 장애인학대 및 장애인 대상 성범죄를 알게 된 때에는 중앙장애인권익옹호기관 또는 지역장애인권익옹호기관이나 수사기관에 신고할 수 있다.

② 다음의 어느 하나에 해당하는 사람은 그 직무상 장애인학대 및 장애인 대상 성범죄를 알게 된 경우에는 지체 없이 장애인권익옹호기관 또는 수사기관에 신고하여야 한다.

- 사회복지 전담공무원 및 사회복지시설의 장과 그 종사자
- 장애인활동지원인력 및 활동지원기관의 장과 그 종사자
- 의료인 및 의료기관의 장, 의료기사, 응급구조사, 구급대의 대원
- 정신건강복지센터의 장과 그 종사자
- 어린이집의 원장 등 보육교직원, 유아교육법에 따른 교직원 및 강사 등
- 초중등학교 교직원, 전문상담교사, 산학겸임교사, 학원의 운영자 · 강사 · 직원, 교습소의 교습자 · 직원 등

(2) 금지행위(제59조의 9)

① 장애인에게 성적 수치심을 주는 성희롱 · 성폭력 등의 행위
② 장애인의 신체에 폭행을 가하거나 상해를 입히는 행위
③ 장애인을 폭행, 협박, 감금, 그 밖에 정신상 또는 신체상의 자유를 부당하게 구속하는 수단으로써 장애인의 자유의사에 어긋나는 노동을 강요하는 행위
④ 자신의 보호 · 감독을 받는 장애인을 유기하거나 의식주를 포함한 기본적 보호 및 치료를 소홀히 하는 방임행위
⑤ 장애인에게 구걸을 하게 하거나 장애인을 이용하여 구걸하는 행위
⑥ 장애인을 체포 또는 감금하는 행위
⑦ 장애인의 정신건강 및 발달에 해를 끼치는 정서적 학대행위
⑧ 장애인을 위하여 증여 또는 급여된 금품을 그 목적 외의 용도에 사용하는 행위
⑨ 공중오락 또는 흥행을 목적으로 장애인의 건강 또는 안전에 유해한 곡예를 시키는 행위

(3) 피해장애인쉼터(제59조의13)

특별시장 · 광역시장 · 특별자치시장 · 도지사 · 특별자치도지사는 피해장애인의 임시 보호 및 사회복귀 지원을 위하여 장애인 쉼터를 설치 · 운영할 수 있다.

3. 장애인차별금지 및 권리구제에 관한법률

1) 장애인차별금지법의 개념 ***

(1) 목적(제1조)

이 법은 모든 생활영역에서 장애를 이유로 한 차별을 금지하고 장애를 이유로 차별받은 사람의 권익을 효과적으로 구제함으로써 장애인의 완전한 사회참여와 평등권 실현을 통하여 인간으로서의 존엄과 가치를 구현함을 목적으로 한다.

(2) 장애와 장애인(제2조)

① 이 법에서 금지하는 차별행위의 사유가 되는 장애라 함은 신체적 · 정신적 손상 또는 기능상실이 장기간에 걸쳐 개인의 일상 또는 사회생활에 상당한 제약을 초래하는 상태를 말한다.
② 장애인이라 함은 제1항에 따른 장애가 있는 사람을 말한다.

(3) 차별행위(제4조)

① 이 법에서 금지하는 차별이라 함은 다음의 어느 하나에 해당하는 경우를 말한다.

- 장애인을 장애를 사유로 정당한 사유 없이 제한 · 배제 · 분리 · 거부 등에 의하여 불리하게 대하는 경우
- 장애인에 대하여 형식상으로는 제한 · 배제 · 분리 · 거부 등에 의하여 불리하게 대하지 아니하지만 정당한 사유 없이 장애를 고려하지 아니하는 기준을 적용함으로써 장애인에게 불리한 결과를 초래하는 경우
- 정당한 사유 없이 장애인에 대하여 정당한 편의 제공을 거부하는 경우
- 정당한 사유 없이 장애인에 대한 제한 · 배제 · 분리 · 거부 등 불리한 대우를 표시 · 조장하는 광고를 직접 행하거나 그러한 광고를 허용 · 조장하는 경우. 이 경우 광고는 통상적으로 불리한 대우를 조장하는 광고효과가 있는 것으로 인정되는 행위를 포함한다.
- 장애인을 돕기 위한 목적에서 장애인을 대리 · 동행하는 자(장애아동의 보호자 또는 후견인) 그 밖에 장애인을 돕기 위한 자임이 통상적으로 인정되는 자를 포함한다.
- 보조견 또는 장애인보조기구 등의 정당한 사용을 방해하거나 보조견 및 장애인보조기구 등을 대상으로 제4호에 따라 금지된 행위를 하는 경우

② 정당한 편의라 함은 장애인이 장애가 없는 사람과 동등하게 같은 활동 에 참여할 수 있도록 장애인의 성별, 장애의 유형 및 정도, 특성 등을 고려한 편의시설 · 설비 · 도구 · 서비스 등 인적 · 물적 제반 수단과 조치를 말한다.

③ 다음의 어느 하나에 해당하는 정당한 사유가 있는 경우에는 이를 차별로 보지 아니한다.

- 금지된 차별행위를 하지 않음에 있어서 과도한 부담이나 현저히 곤란한 사정 등이 있는 경우
- 금지된 차별행위가 특정 직무나 사업 수행의 성질상 불가피한 경우. 이 경우 특정 직무나 사업 수행의 성질은 교육 등의 서비스에도 적용되는 것으로 본다.

2) 차별금지 **

(1) 차별금지(제10조)

① 사용자는 모집 · 채용, 임금 및 복리후생, 교육 · 배치 · 승진 · 전보, 정년 · 퇴직 · 해고에 있어 장애인을 차별하여서는 아니 된다.

② 노동조합 및 노동관계조정법 제2조 제4호에 따른 노동조합은 장애인 근로자의 조합 가입을 거부하거나 조합원의 권리 및 활동에 차별을 두어서는 아니 된다.

(2) 정당한 편의제공 의무(제11조)

① 사용자는 장애인이 해당 직무를 수행함에 있어서 장애인 아닌 사람과 동등한 근로조건에서 일할 수 있도록 정당한 편의를 제공하여야 한다.

② 사용자는 정당한 사유 없이 장애를 이유로 장애인의 의사에 반하여 다른 직무에 배치하여서는 아니 된다.

제3절 여성 및 가족 관련법

1. 한부모가족지원법

1) 한부모가족지원법의 개념 **

(1) 목적(제1조)

한부모가족이 건강하고 문화적인 생활을 영위할 수 있도록 함으로써 한부모가족의 생활 안정과 복지 증진에 이바지함을 목적으로 한다.

(2) 용어의 정의(제4조)

① 모 또는 부: 다음의 어느 하나에 해당하는 자로서 아동인 자녀를 양육하는 자를 말한다.

- 배우자와 사별 또는 이혼하거나 배우자로부터 유기(遺棄)된 자
- 정신이나 신체의 장애로 장기간 노동능력을 상실한 배우자를 가진 자
- 교정시설 · 치료감호시설에 입소한 배우자 또는 병역복무 중인 배우자를 가진 사람
- 미혼자, 규정된 자에 준하는 자로서 여성가족부령으로 정하는 자

② 청소년 한부모: 24세 이하의 모 또는 부를 말한다.

③ 한부모가족: 모자가족 또는 부자가족을 말한다.

④ 모자가족: 모가 세대주인 가족을 말한다.

⑤ 부자가족: 부가 세대주인 가족을 말한다.

⑥ 아동: 18세 미만의 자(취학중인 경우에는 22세 미만)를 말한다.

⑦ 지원기관: 이 법에 따른 지원을 행하는 국가나 지방자치단체를 말한다.

⑧ 한부모가족복지단체: 한부모가족의 복지증진을 목적으로 설립된 기관 · 단체를 말한다.

2) 한부모가족지원 **

(1) 지원대상자의 범위(제5조)

① 지원대상자는 제4조(용어의 정의) 제1호, 제1호의2, 제2호부터 제5호까지의 규정에 해당하는 자로서 여성가족부령으로 정하는 자로 한다.

② 지원대상자 중 아동의 연령을 초과하는 자녀가 있는 한부모가족의 경우 그 자녀를 제외한 나머지 가족구성원을 지원대상자로 한다.

(2) 지원대상자의 범위에 대한 특례(제5조의2)

① 출산 후 해당 아동을 양육하지 아니하는 미혼모도 미혼모자가족복지시설을 이용할 때에는 이 법에 따른 지원대상자가 된다.

② 다음의 어느 하나에 해당하는 아동과 그 아동을 양육하는 조부 또는 조모로서 여성가족부령으로 정하는 자는 이 법에 따른 지원대상자가 된다.

- 부모가 사망하거나 생사가 분명하지 아니한 아동
- 부모가 정신 또는 신체의 장애 · 질병으로 장기간 노동능력을 상실한 아동
- 부모의 장기복역 등으로 부양을 받을 수 없는 아동
- 부모가 이혼하거나 유기하여 부양을 받을 수 없는 아동, 여성가족부령으로 정하는 아동

③ 국내에 체류하고 있는 외국인 중 대한민국 국민과 혼인하여 대한민국 국적의 아동을 양육하고 있는 사람으로서 대통령령으로 정하는 사람은 이 법에 따른 지원대상자가 된다.

3) 복지급여의 내용 **

(1) 복지 급여의 신청(제11조)

① 지원대상자 또는 그 친족이나 그 밖의 이해관계인은 제12조에 따른 복지 급여를 관할 특별자치시장 · 특별자치도지사 · 시장 · 군수 · 구청장에게 신청할 수 있다.

② 복지 급여 신청을 할 때에는 자료 또는 정보의 제공에 대한 지원대상자의 동의 서면을 제출하여야 한다.

(2) 복지 급여의 내용(제12조)

① 국가나 지방자치단체는 복지 급여의 신청이 있으면 생계비, 아동교육지원비, 아동양육비, 그 밖에 대통령령으로 정하는 비용의 복지 급여를 실시하여야 한다. 다만, 이 법에 따른 지원대상자가 국민기초생활 보장법 등 다른 법령에 따라 지원을 받고 있는 경우에는 그

범위에서 이 법에 따른 급여를 하지 아니한다.

② 아동양육비를 지급할 때에 미혼모나 미혼부가 5세 이하의 아동을 양육하거나 청소년 한부모가 아동을 양육하면 예산의 범위에서 추가적인 복지 급여를 실시하여야 한다. 이 경우 모 또는 부의 직계존속이 5세 이하의 아동을 양육하는 경우에도 또한 같다.

(3) 복지 자금의 대여(제13조)

국가나 지방자치단체는 한부모가족의 생활안정과 자립을 촉진하기 위하여 사업에 필요한 자금, 아동교육비, 의료비, 주택자금, 그 밖에 대통령령으로 정하는 한부모가족의 복지를 위하여 필요한 자금 중 어느 하나의 자금을 대여할 수 있다.

4) 고용 등 ***

(1) 고용의 촉진(제14조)

① 국가 또는 지방자치단체는 한부모가족의 모 또는 부와 아동의 직업능력을 개발하기 위하여 능력 및 적성 등을 고려한 직업능력개발훈련을 실시하여야 한다.

② 국가 또는 지방자치단체는 한부모가족의 모 또는 부와 아동의 고용을 촉진하기 위하여 적합한 직업을 알선하고 각종 사업장에 모 또는 부와 아동이 우선 고용되도록 노력하여야 한다.

(2) 고용지원 연계(제14조의2)

① 국가 및 지방자치단체는 한부모가족의 모 또는 부와 아동의 취업기회를 확대하기 위하여 한부모가족관련 시설 및 기관과 직업안정법에 따른 직업안정기관간 효율적인 연계를 도모하여야 한다.

② 고용노동부장관은 한부모가족의 모 또는 부와 아동을 위한 취업지원사업 등이 효율적으로 추진될 수 있도록 여성가족부장관과 긴밀히 협조하여야 한다.

(3) 공공시설에 매점 및 시설 설치(제15조)

국가나 지방자치단체가 운영하는 공공시설의 장은 그 공공시설에 각종 매점 및 시설의 설치를 허가하는 경우 이를 한부모가족, 한부모가족복지단체에 우선적으로 허가할 수 있다.

(4) 시설 우선이용(제16조)

국가나 지방자치단체는 한부모가족의 아동이 공공의 아동 편의시설과 그 밖의 공공시설을 우선적으로 이용할 수 있도록 노력하여야 한다.

5) 가족지원 등 **

(1) 가족지원서비스(제17조)

국가나 지방자치단체는 한부모가족에게 다음의 가족지원서비스를 제공하도록 노력하여야 한다.

① 아동의 양육 및 교육 서비스, 장애인, 노인, 만성질환자 등의 부양 서비스
② 취사, 청소, 세탁 등 가사 서비스, 교육 · 상담 등 가족 관계 증진 서비스
③ 인지청구 및 자녀양육비 청구 등을 위한 법률상담, 소송대리 등 법률구조서비스

(2) 청소년 한부모에 대한 교육 지원(제17조의2)

① 국가나 지방자치단체는 청소년 한부모가 학업을 할 수 있도록 청소년 한부모의 선택에 따라 해당하는 지원을 할 수 있다.
② 교육 지원을 위하여 특별시 · 광역시 · 특별자치시 · 도 · 특별자치도의 교육감은 한부모가족복지시설에 순회교육 실시를 위한 지원을 할 수 있다.
③ 여성가족부장관은 청소년 한부모가 학업을 계속할 수 있도록 교육부장관에게 협조를 요청하여야 한다.

(3) 자녀양육비 이행지원(제17조의3)

여성가족부장관은 자녀양육비 산정을 위한 자녀양육비 가이드라인을 마련하여 법원이 이혼 판결 시 적극 활용할 수 있도록 노력하여야 한다.

(4) 청소년 한부모의 자립지원(제17조의4)

① 국가나 지방자치단체는 청소년 한부모가 주거마련 등 자립에 필요한 자산을 형성할 수 있도록 재정적인 지원을 할 수 있다.
② 지원으로 형성된 자산은 청소년 한부모가 이 법에 따른 지원대상자에 해당하는지 여부를 조사 · 확인할 때 이를 포함하지 아니한다.

(5) 아동 · 청소년의 보육 · 교육(제17조의6)

① 국가와 지방자치단체는 미혼모 또는 미혼부와 그 자녀가 건강하게 생활할 수 있도록 산전(産前) · 분만 · 산후(産後)관리, 질병의 예방 · 상담 · 치료, 영양 · 건강에 관한 교육 등 건강관리를 위한 지원을 할 수 있다.

② 국가와 지방자치단체는 제19조 제1항 제3호 가목의 기본생활지원 미혼모자가족복지시설에 입소한 미혼모 등의 신청이 있는 경우에는 미혼모 등 본인 및 함께 생활하는 자녀에 대한 의료비를 추가적으로 지원할 수 있다.

(6) 국민주택의 분양 및 임대(제18조)

국가나 지방자치단체는 주택법에서 정하는 바에 따라 국민주택을 분양하거나 임대할 때에는 한부모가족에게 일정 비율이 우선 분양될 수 있도록 노력하여야 한다.

2. 다문화가족지원법

1) 다문화가족지원법의 개념 **

(1) 목적(제1조)

다문화가족 구성원이 안정적인 가족생활을 영위하고 사회구성원으로서의 역할과 책임을 다할 수 있도록 함으로써 이들의 삶의 질 향상과 사회통합에 이바지함을 목적으로 한다.

(2) 용어의 정의(제2조)

① 다문화가족: 재한외국인 처우 기본법의 결혼이민자와 국적법의 규정에 따라 대한민국 국적을 취득한 자로 이루어진 가족 또는 국적법에 따라 대한민국 국적을 취득한 자와 국적을 취득한 자로 이루어진 가족을 말한다.

② 결혼이민자 등: 재한외국인 처우 기본법의 결혼이민자 또는 국적법에 따라 귀화허가를 받은 자를 말한다.

③ 아동 · 청소년: 24세 이하인 사람을 말한다.

2) 국가와 지방자치단체의 지원정책 **

(1) 생활정보제공 및 교육지원(제6조)

① 국가와 지방자치단체는 결혼이민자등이 대한민국에서 생활하는데 필요한 기본적 정보를

제공하고, 사회적응교육과 직업교육 · 훈련 및 언어소통 능력 향상을 위한 한국어교육 등을 받을 수 있도록 필요한 지원을 할 수 있다.

② 국가와 지방자치단체는 결혼이민자들의 배우자, 가족구성원이 결혼이민자등의 출신국가 및 문화 등을 이해하는 데 필요한 기본적인 정보를 제공하고 관련교육을 지원할 수 있다.

③ 국가와 지방자치단체는 교육을 실시함에 있어 거주지 및 가정환경 등으로 인하여 서비스에서 소외되는 결혼이민자등이 없도록 방문교육이나 원격교육 등 다양한 방법으로 교육을 지원하고, 교재와 강사 등의 전문성을 강화하기 위한 시책을 수립 · 시행하여야 한다.

(2) 가정폭력 피해자에 대한 보호 · 지원(제8조)

① 국가와 지방자치단체는 가정폭력방지 및 피해자보호 등에 관한 법률에 따라 다문화가족 내 가정폭력을 예방하기 위하여 노력하여야 하며, 가정폭력으로 피해를 입은 결혼이민자등을 보호 · 지원할 수 있다.

② 국가와 지방자치단체는 가정폭력의 피해를 입은 결혼이민자등에 대한 보호 및 지원을 위하여 외국어 통역 서비스를 갖춘 가정폭력 상담소 및 보호시설의 설치를 확대하도록 노력하여야 한다.

③ 국가와 지방자치단체는 결혼이민자등이 가정폭력으로 혼인관계를 종료하는 경우 의사소통의 어려움과 법률체계 등에 관한 정보의 부족 등으로 불리한 입장에 놓이지 아니하도록 의견진술 및 사실 확인 등에 있어서 언어통역, 법률상담 및 행정지원 등 필요한 서비스를 제공할 수 있다.

(3) 아동 · 청소년의 보육 · 교육(제10조)

① 국가와 지방자치단체는 아동 · 청소년의 보육 · 교육을 실시함에 있어서 다문화가족 구성원인 아동 · 청소년을 차별하여서는 아니 된다.

② 국가와 지방자치단체는 다문화가족 구성원인 아동 · 청소년이 학교생활에 신속히 적응할 수 있도록 교육지원 대책을 마련하여야 하고, 특별시 · 광역시 · 특별자치시 · 도 · 특별자치도의 교육감은 다문화가족 구성원인 아동 · 청소년에 대하여 학과 외 또는 방과 후 교육 프로그램 등을 지원할 수 있다.

(4) 다국어에 의한 서비스 제공(제11조)

국가와 지방자치단체는 관련규정에 따른 지원정책을 추진함에 있어서 결혼이민자 등의 의사소통의 어려움을 해소하고 서비스 접근성을 제고하기 위하여 다국어에 의한 서비스 제공이 이루어지도록 노력하여야 한다.

3. 가정폭력방지 및 피해자보호 등에 관한 법률

1) 목적 및 정의 등 **

(1) 목적(제1조)

가정폭력을 예방하고 가정폭력의 피해자를 보호 · 지원함을 목적으로 한다.

(2) 정의(제2조)

① 가정폭력: 가정폭력범죄의 처벌 등에 관한 특례법 제2조제1호의 행위를 말한다.
② 가정폭력행위자: 가정폭력범죄의 처벌 등에 관한 특례법 제2조제4호의 자를 말한다.
③ 피해자: 가정폭력으로 인하여 직접적으로 피해를 입은 자를 말한다.
④ 아동: 18세 미만인 자를 말한다.

(3) 가정폭력 실태조사(제4조의2)

여성가족부장관은 3년마다 가정폭력에 대한 실태조사를 실시하여 그 결과를 발표하고, 이를 가정폭력을 예방하기 위한 정책수립의 기초자료로 활용하여야 한다.

2) 긴급전화센터 및 상담소의 설치 **

(1) 긴급전화센터의 설치 · 운영(제4조의6)

여성가족부장관 또는 특별시장 · 광역시장 · 도지사 · 특별자치도지사는 다음의 업무 등을 수행하기 위하여 긴급전화센터를 설치 · 운영하여야 한다.
이 경우 외국어 서비스를 제공하는 긴급전화센터를 따로 설치 · 운영할 수 있다.
① 피해자의 신고접수 및 상담
② 관련 기관 · 시설과의 연계
③ 피해자에 대한 긴급한 구조의 지원
④ 경찰관서 등으로부터 인도받은 피해자 및 피해자가 동반한 가정구성원의 임시 보호

(2) 상담소의 설치 · 운영(제5조)

① 국가나 지방자치단체는 가정폭력 관련 상담소를 설치 · 운영할 수 있으며, 국가나 지방자치단체 외의 자가 상담소를 설치 · 운영하려면 특별자치도지사 · 시장 · 군수 · 구청장에게 신고하여야 한다.

② 시장 · 군수 · 구청장은 신고를 받은 날부터 10일 이내(변경신고의 경우 5일 이내)에 신고수리 여부 또는 민원 처리 관련 법령에 따른 처리기간의 연장을 신고인에게 통지하여야 한다.

③ 상담소는 외국인, 장애인 등 대상별로 특화하여 운영할 수 있다.

3) 보호시설의 종류 및 설치 등 **

(1) 보호시설의 설치(제7조)

① 국가나 지방자치단체는 가정폭력피해자 보호시설을 설치 · 운영할 수 있다.

② 사회복지사업법에 따른 사회복지법인, 그 밖의 비영리법인은 시장 · 군수 · 구청장의 인가(認可)를 받아 보호시설을 설치 · 운영할 수 있다.

(2) 보호시설의 종류(제7조의2)

① 단기보호시설: 피해자등을 6개월의 범위에서 보호하는 시설

② 장기보호시설: 피해자등에 대하여 2년의 범위에서 자립을 위한 주거편의 등을 제공하는 시설

③ 외국인보호시설: 배우자가 대한민국 국민인 외국인 피해자등을 2년의 범위에서 보호하는 시설

④ 장애인보호시설: 장애인복지법의 적용을 받는 장애인인 피해자등을 2년의 범위에서 보호하는 시설

> ※ 단기보호시설의 장은 그 단기보호시설에 입소한 피해자등에 대한 보호기간을 여성가족부령으로 정하는 바에 따라 3개월의 범위에서 한 차례만 연장할 수 있음

4. 성폭력방지 및 피해자보호 등에 관한 법률

1) 목적 및 용어의 정의 **

(1) 목적(제1조)

성폭력을 예방하고 성폭력피해자를 보호 · 지원함으로써 인권증진에 이바지함을 목적으로 한다.

(2) 용어의 정의(제2조)

① 성폭력: 성폭력범죄의 처벌 등에 관한 특례법에 규정된 죄에 해당하는 행위를 말한다.
② 성폭력행위자: 성폭력범죄의처벌 등에 관한 특례법에 해당하는 죄를 범한사람을 말한다.
③ 성폭력피해자: 성폭력으로 인하여 직접적으로 피해를 입은 사람을 말한다.

(3) 성폭력 실태조사(제4조)

여성가족부장관은 성폭력의 실태를 파악하고 성폭력 방지에 관한 정책을 수립하기 위하여 3년마다 성폭력 실태조사를 하고 그 결과를 발표하여야 한다.

2) 성폭력예방교육 등 ***

(1) 성폭력예방교육(제5조)

국가기관 및 지방자치단체의 장, 유치원의 장, 어린이집의 원장, 각급 학교의 장, 그 밖에 대통령령으로 정하는 공공단체의 장은 대통령령으로 정하는 바에 따라 성교육 및 성폭력 예방교육 실시, 기관 내 피해자 보호와 피해 예방을 위한 자체 예방지침 마련, 사건발생 시 재발방지대책 수립 · 시행 등 필요한 조치를 하고, 그 결과를 여성가족부장관에게 제출하여야 한다.

(2) 신고의무(제9조)

19세 미만의 미성년자는 보호하거나 치료 또는 교육하는 시설의 장 및 관련 종사자는 자기의 보호 및 지원을 받는 자가 성폭력피해자인 사실을 알게 된 때에는 즉시 수사기관에 신고하여야 한다.

3) 피해자 보호 및 지원 시설 등의 설치 · 운영 **

(1) 상담소의 설치 · 운영(제10조)

① 국가 또는 지방자치단체는 성폭력피해상담소를 설치 · 운영할 수 있다.
② 국가 또는 지방자치단체 외의 자가 상담소를 설치 · 운영하려면 특별자치시장 · 특별자치도지사 또는 시장 · 군수 · 구청장에게 신고하여야 한다.

(2) 보호시설의 설치 · 운영 및 종류(제12조)

① 국가 또는 지방자치단체는 성폭력피해자보호시설을 설치 · 운영할 수 있다.

② 사회복지사업법에 따른 사회복지법인이나 그 밖의 비영리법인은 특별자치시장 · 특별자치도지사 또는 시장 · 군수 · 구청장의 인가를 받아 보호시설을 설치 · 운영할 수 있다.

③ 보호시설의 종류

- 일반보호시설: 피해자에게 제13조 제1항 각 호의 사항을 제공하는 시설
- 장애인보호시설: 장애인차별금지 및 권리구제 등에 관한 법률에 따른 장애인인 피해자에게 제공하는 시설
- 특별지원 보호시설: 성폭력범죄의 처벌 등에 관한 특례법에 따른 피해자로서 19세 미만의 피해자에게 제공하는 시설
- 외국인보호시설: 외국인 피해자에게 제공하는 시설. 다만, 가정폭력방지 및 피해자보호 등에 관한 법률에 따른 외국인보호시설과 통합하여 운영할 수 있다.
- 자립지원 공동생활시설: 보호시설을 퇴소한 사람에게 제공하는 시설
- 장애인 자립지원 공동생활시설: 보호시설을 퇴소한 사람에게 제공하는 시설

(3) 보호시설의 업무 등(제13조)

피해자등의 보호 및 숙식 제공, 피해자등의 심리적 안정과 사회 적응을 위한 상담 및 치료, 자립 · 자활 교육의 실시와 취업정보의 제공 등

(4) 보호시설의 입소기간(제16조)

① 일반보호시설: 1년 이내. 다만, 여성가족부령으로 정하는 바에 따라 1년 6개월의 범위에서 한 차례 연장할 수 있다.

② 장애인보호시설: 2년 이내. 다만, 여성가족부령으로 정하는 바에 따라 피해회복에 소요되는 기간까지 연장할 수 있다.

③ 특별지원 보호시설: 19세가 될 때까지. 다만, 여성가족부령으로 정하는 바에 따라 2년의 범위에서 한 차례 연장할 수 있다.

④ 외국인보호시설: 1년 이내. 다만, 여성가족부령으로 정하는 바에 따라 피해회복에 소요되는 기간까지 연장할 수 있다.

⑤ 자립지원 공동생활시설: 2년 이내. 다만, 여성가족부령으로 정하는 바에 따라 2년의 범위에서 한 차례 연장할 수 있다.

⑥ 장애인 자립지원 공동생활시설: 2년 이내. 다만, 여성가족부령으로 정하는 바에 따라 2년의 범위에서 한 차례 연장할 수 있다.

제4절 기타 사회복지 관련법

1. 정신건강증진 및 정신질환자 복지서비스지원에 관한 법률(약칭: 정신건강복지법)

1) 정신건강복지법의 개념 **

(1) 목적(제1조)

정신질환의 예방 · 치료, 정신질환자의 재활 · 복지 · 권리보장과 정신건강 친화적인 환경 조성에 필요한 사항을 규정함으로써 국민의 정신건강증진 및 정신질환자의 인간다운 삶을 영위하는 데 이바지함을 목적으로 한다.

(2) 기본이념(제2조)

① 모든 국민은 정신질환으로부터 보호받을 권리를 가진다.

② 모든 정신질환자는 인간으로서의 존엄과 가치를 보장받고, 최적의 치료를 받을 권리를 가진다.

③ 모든 정신질환자는 정신질환이 있다는 이유로 부당한 차별대우를 받지 아니한다.

④ 미성년자인 정신질환자는 특별히 치료, 보호 및 교육을 받을 권리를 가진다.

⑤ 정신질환자에 대해서는 입원 또는 입소가 최소화되도록 지역 사회 중심의 치료가 우선적으로 고려되어야 하며, 정신건강증진시설에 자신의 의지에 따른 입원 또는 입소가 권장되어야 한다.

⑥ 정신건강증진시설에 입원등을 하고 있는 모든 사람은 가능한 한 자유로운 환경을 누릴 권리와 다른 사람들과 자유로이 의견교환을 할 수 있는 권리를 가진다.

⑦ 정신질환자는 원칙적으로 자신의 신체와 재산에 관한 사항에 대하여 스스로 판단하고 결정할 권리를 가진다. 특히 주거지, 의료행위에 대한 동의나 거부, 타인과의 교류, 복지서비스의 이용 여부와 복지서비스 종류의 선택 등을 스스로 결정할 수 있도록 자기결정권을 존중받는다.

⑧ 정신질환자는 자신에게 법률적 · 사실적 영향을 미치는 사안에 대하여 스스로 이해하여

자신의 자유로운 의사를 표현할 수 있도록 필요한 도움을 받을 권리를 가진다.

⑨ 정신질환자는 자신과 관련된 정책의 결정과정에 참여할 권리를 가진다.

(3) 용어의 정의(제3조)

① 정신질환자: 망상, 환각, 사고(思考)나 기분의 장애 등으로 인하여 독립적으로 일상생활을 영위하는 데 중대한 제약이 있는 사람을 말한다.

② 정신건강증진사업: 정신건강 관련 교육 · 상담, 정신질환의 예방 · 치료, 정신질환자의 재활, 정신건강에 영향을 미치는 사회복지 · 교육 · 주거 · 근로 환경의 개선 등을 통하여 국민의 정신건강을 증진시키는 사업을 말한다.

③ 정신건강복지센터: 정신건강증진시설, 사회복지사업법에 따른 사회복지시설, 학교 및 사업장과 연계체계를 구축하여 지역사회에서의 정신건강증진사업 및 제33조부터 제38조까지의 규정에 따른 정신질환자 복지서비스 지원사업을 하는 기관 또는 단체를 말한다.

④ 정신건강증진시설: 정신의료기관, 정신요양시설 및 정신재활시설을 말한다.

⑤ 정신의료기관: 주로 정신질환자를 치료할 목적으로 설치된 기관을 말한다.

- 의료법에 따른 의료기관 중 기준에 적합하게 설치된 병원 또는 의원
- 의료법에 따른 병원급 의료기관에 설치된 정신건강의학과로서 제19조제1항 후단에 따른 기준에 적합한 기관

⑥ 정신요양시설: 정신질환자를 입소시켜 요양 서비스를 제공하는 시설을 말한다.

⑦ 정신재활시설: 정신질환자 또는 정신건강상 문제가 있는 사람 중 대통령령으로 정하는 사람의 사회적응을 위한 각종 훈련과 생활지도를 하는 시설을 말한다.

2) 정신건강전문요원의 자격 등(제17조) ***

① 보건복지부장관은 정신건강 분야에 관한 전문지식과 기술을 갖추고 보건복지부령으로 정하는 수련기관에서 수련을 받은 사람에게 정신건강전문요원의 자격을 줄 수 있다.

② 정신건강전문요원은 그 전문분야에 따라 정신건강임상심리사, 정신건강간호사 및 정신건강사회복지사로 구분한다.

3) 정신의료기관의 설치 · 운영 등

(1) 정신의료기관의 개설 · 운영 등(제19조)

정신의료기관의 개설은 의료법에 따른다. 이 경우 정신의료기관의 시설 · 장비의 기준과 의료인 등 종사자의 수 · 자격에 관하여 필요한 사항은 정신의료기관의 규모 등을 고려하여 보건복지부령으로 따로 정한다.

(2) 국립 · 공립 정신병원의 설치 등(제21조)

① 국가와 지방자치단체는 국립 또는 공립의 정신의료기관으로서 정신병원을 설치 · 운영하여야 한다.

② 국가와 지방자치단체가 정신병원을 설치하는 경우 그 병원이 지역적으로 균형 있게 분포되도록 하여야 하며, 정신질환자가 지역사회 중심으로 관리되도록 하여야 한다.

(3) 정신요양시설의 설치 · 운영 등(제22조)

① 국가와 지방자치단체는 정신요양시설을 설치 · 운영할 수 있다.

② 사회복지사업법에 따른 사회복지법인과 그 밖의 비영리법인이 정신요양시설을 설치 · 운영하려는 경우에는 해당 정신요양시설 소재지 관할 특별자치시장 · 특별자치도지사 · 시장 · 군수 · 구청장의 허가를 받아야 한다.

4) 정신재활시설의 설치 · 운영 등 **

(1) 정신재활시설의 설치 · 운영(제26조)

① 국가 또는 지방자치단체는 정신재활시설을 설치 · 운영할 수 있다.

② 국가나 지방자치단체 외의 자가 정신재활시설을 설치 · 운영하려면 해당 정신재활시설 소재지 관할 특별자치시장 · 특별자치도지사 · 시장 · 군수 · 구청장에게 신고하여야 한다.

(2) 정신재활시설의 종류(제27조)

① 생활시설: 정신질환자등이 생활할 수 있도록 주로 의식주 서비스를 제공하는 시설

② 재활훈련시설: 정신질환자등이 지역사회에서 직업활동과 사회생활을 할 수 있도록 주로 상담 · 교육 · 취업 · 여가 · 문화 · 사회참여 등 각종 재활활동을 지원하는 시설

③ 그 밖에 대통령령으로 정하는 시설

2. 사회복지공동모금회법

1) 목적 및 용어의 정의 **

(1) 목적(제1조)

사회복지공동모금회의 공동모금을 통하여 국민이 사회복지를 이해하고 참여하도록 함과 아울러 국민의 자발적인 성금으로 조성된 재원(財源)을 효율적이고 공정하게 관리 · 운용함으로써 사회복지증진에 이바지함을 목적으로 한다.

(2) 용어의 정의(제2조)

① 사회복지사업: 사회복지사업법 제2조제1호의 사회복지사업을 말한다.

② 사회복지공동모금: 사회복지사업이나 그 밖의 사회복지활동 지원에 필요한 재원을 조성하기 위하여 이 법에 따라 기부금품을 모집하는 것을 말한다.

(3) 기본 원칙(제3조)

① 기부하는 자의 의사에 반하여 기부금품을 모집하여서는 아니 된다.

② 공동모금재원은 지역 · 단체 · 대상자 및 사업별로 복지수요가 공정하게 충족되도록 배분하여야 하고, 목적 및 용도에 맞도록 공정하게 관리 · 운용하여야 한다.

③ 공동모금재원의 배분은 객관적인 기준에 따라 효율적으로 이루어지도록 하고, 그 결과를 공개하여야 한다.

2) 사회복지공동모금회의 설립 및 사업 등 **

(1) 설립(제4조)

① 사회복지공동모금사업을 관장하도록 하기 위하여 사회복지공동모금회를 둔다.

② 모금회는 사회복지사업법의 사회복지법인으로 한다.

③ 모금회는 정관을 작성하여 보건복지부장관의 인가를 받아 등기함으로써 설립된다.

(2) 사업(제5조)

① 사회복지공동모금사업, 공동모금재원의 배분, 공동모금재원의 운용 및 관리

② 사회복지공동모금에 관한 조사 · 연구 · 홍보 및 교육 · 훈련, 사회복지공동모금지회의 운영

③ 사회복지공동모금과 관련된 국제교류 및 협력증진사업, 다른 기부금품 모집자와의 협력

사업, 그 밖에 모금회의 목적 달성에 필요한 사업

(3) 재원(제17조)

① 사회복지공동모금에 의한 기부금품, 법인 · 단체가 출연하는 현금 · 물품 또는 그 밖의 재산
② 복권 및 복권기금법에 따라 배분받은 복권수익금, 그 밖의 수입금 등

(4) 재원의 사용 등(제25조)

공동모금재원은 사회복지사업이나 그 밖의 사회복지활동에 사용하며, 매 회계연도에 조성된 공동모금재원은 해당 회계연도에 지출하는 것을 원칙으로 한다. 다만, 재난구호 및 긴급구호 등 긴급히 지원할 필요가 있을 때를 대비하여 매 회계연도의 공동모금재원 일부를 적립하는 경우에는 그러하지 아니하다.

3) 기부금품의 모집 및 복권발행

(1) 기부금품의 모집(제18조)

① 모금회는 사회복지사업이나 그 밖의 사회복지활동을 지원하기 위하여 연중 기부금품을 모집 · 접수할 수 있다.
② 모금회는 기부금품을 모집 · 접수한 경우 기부금품 접수 사실을 장부에 기록하고, 그 기부자에게 영수증을 내주어야 한다. 다만, 기부자가 성명을 밝히지 아니한 경우 등 기부자를 알 수 없는 경우에는 모금회에 영수증을 보관하여야 한다.
③ 모금회는 영수증에 기부금품의 금액과 금액에 대하여 세금혜택이 있다는 문구를 적고 일련번호를 표시하여야 하며, 효율적인 모금을 위하여 기간을 정하여 집중모금을 할 수 있다.
④ 모금회는 집중모금을 하려면 그 모집일 부터 15일 전에 그 내용을 보건복지부장관에게 보고하여야 하며, 그 모집을 종료하였을 때에는 모집종료일부터 1개월 이내에 그 결과를 보건복지부장관에게 보고하여야 한다.

(2) 복권의 발행(제18조의2)

① 모금회는 사회복지사업이나 그 밖의 사회복지활동 등을 지원하기 위한 재원을 조성하기 위하여 복권을 발행할 수 있다.
② 복권의 당첨금을 받을 권리는 그 지급일부터 3개월간 행사하지 아니하면 소멸시효가 완성되며, 소멸시효가 완성된 당첨금은 공동모금재원에 귀속된다.

④ 복권의 발행에 관하여는 사행행위 등 규제 및 처벌 특례법을 적용하지 아니한다.

(3) 모금창구의 지정(제19조)

모금회는 기부금품의 접수를 효율적이고 공정하게 하기 위하여 언론기관을 모금창구로 지정하고, 지정된 언론기관의 명의로 모금계좌를 개설할 수 있다.

(4) 국제보건의료지원사업에 대한 배분(제20조의2)

모금회는 지정되지 아니한 기부금품의 100분의 10의 범위에서 이사회 의결로 정하는 비율에 따라 다음의 사업에 배분할 수 있다.

① 한국국제보건의료재단법에 따라 시행하는 개발도상국가를 비롯한 외국 및 군사분계선 이북지역의 보건의료수준의 향상을 위한 사업

② 주요 감염병 퇴치 등에 대한 사업

(5) 기부금품의 지정사용(제27조)

① 기부금품의 기부자는 배분지역, 배분대상자 또는 사용 용도를 지정할 수 있다.

② 모금회는 지정 취지가 이 법의 목적 · 취지나 공직선거법을 위반하는 경우 그 사실을 기부자에게 설명하고 이 법의 목적 · 취지와 공직선거법을 위반하지 아니하도록 지정할 것을 요구하거나 그 지정을 철회할 것을 요구하여야 한다. 기부자가 이에 따르지 아니하는 경우에는 기부금품을 접수하지 아니하여야 한다.

③ 모금회는 지정이 있는 경우 그 지정 취지에 따라 기부금품을 사용하여야 하며, 이사회의 의결을 거쳐 지정 및 그 사용방법에 필요한 사항을 정할 수 있다.

3. 자원봉사활동기본법

1) 목적 및 정의 등 **

(1) 목적(제1조)

자원봉사활동에 관한 기본적인 사항을 규정함으로써 자원봉사활동을 진흥하고 행복한 공동체 건설에 이바지함을 목적으로 한다.

(2) 정의(제3조)

① 자원봉사활동: 개인 또는 단체가 지역사회 · 국가 및 인류사회를 위하여 대가 없이 자발적으로 시간과 노력을 제공하는 행위를 말한다.

② 자원봉사센터: 자원봉사활동의 개발 · 장려 · 연계 · 협력 등의 사업을 수행하기 위하여 법령과 조례 등에 따라 설치된 기관 · 법인 · 단체 등을 말한다.

(3) 기본방향(제2조)

① 자원봉사활동은 국민의 협동적인 참여 능력을 높일 수 있는 방향으로 추진하여야 한다.

② 자원봉사활동은 무보수성, 자발성, 공익성, 비영리성, 비정파성(非政派性), 비종파성(非宗派性)의 원칙 아래 수행될 수 있도록 하여야 한다.

(4) 정치활동 등의 금지 의무(제5조)

지원을 받는 자원봉사단체 및 자원봉사센터는 그 명의 또는 그 대표의 명의로 특정 정당이나 특정인의 선거운동을 하여서는 아니 된다.

2) 국가기본계획의 수립 등 **

(1) 자원봉사활동의 진흥에 관한 국가기본계획의 수립(제9조)

행정안전부장관은 관계 중앙행정기관의 장과 협의하여 자원봉사활동의 진흥을 위한 국가기본계획을 5년마다 수립하여야 한다.

(2) 연도별 시행계획의 수립(제10조)

관계 중앙행정기관의 장과 지방자치단체의 장은 기본계획에 따라 연도별 시행계획을 수립 · 시행하여야 한다.

O X 문제

01) 영유아보육법 제2조(정의) 제1호: 영유아란 6세 미만의 취학 전 아동을 말한다. (O/X)

02) 국공립어린이집 외의 어린이집을 설치 · 운영하려는 자는 특별자치도지사 · 시장 · 군수 · 구청장의 허가를 받아야 한다. (O/X)

03) 국가 또는 지방자치단체 외의 자는 관할 시장 · 군수 · 구청장에게 신고하고 아동복지시설을 설치할 수 있다 (O/X)

04) 입양 특례법에 따르면 입양기관의 장은 입양이 성립된 후 3년 동안 사후서비스를 제공하여야 한다. (O/X)

05) 노인학대라 함은 노인에 대하여 신체적 · 정신적 · 정서적 · 성적 폭력 및 경제적 착취 또는 가혹행위를 하거나 유기 또는 방임하는 것을 말한다. (O/X)

06) 보건복지부장관은 장애인의 권익과 복지증진을 위하여 관계 중앙행정기관의 장과 협의하여 5년마다 장애인정책종합계획을 수립 · 시행하여야 한다. (O/X)

07) 정신건강전문요원은 그 전문분야에 따라 정신건강임상심리사, 정신건강간호사 및 정신건강사회복지사로 구분한다. (O/X)

08) 사회적 협동조합을 설립하고자 하는 때에는 5인 이상의 조합원 자격을 가진 자가 발기인이 되어 정관을 작성하고 창립총회의 의결 후 기획재정부장관에게 인가를 받아야 한다. (O/X)

09) 장애인복지전문인력의 범위는 의지 · 보조기 기사, 언어재활사, 한국수어 통역사, 점역(點譯) · 교정사(矯正士) 등이 있다. (O/X)

10) 사회복지공동모금회는 모금창구로 지정된 언론기관명의로 모금계좌를 개설할 수 없다. (O/X)

Answer **틀린 문제(2, 4, 10) 해설**

02) 국공립어린이집 외의 어린이집을 설치 · 운영하려는 자는 특별자치도지사 · 시장 · 군수 · 구청장의 인가를 받아야 한다.

04) 입양 특례법에 따르면 입양기관의 장은 입양이 성립된 후 1년 동안 사후서비스를 제공하여야 한다.

10) 사회복지공동모금회는 모금창구로 지정된 언론기관명의로 모금계좌를 개설할 수 있다.

기출문제

上·**中**·下

01) 우리나라 장애인복지법에 규정된 내용으로 가장 옳지 않은 것은? (2019, 서울시)

① 매년 장애인의 날부터 1주간을 장애인주간으로 한다.

② 기본이념은 장애인의 완전한 사회 참여와 평등을 통하여 사회통합을 이루는데 있다.

③ 장애인의 정책수립에 필요한 기초자료로 활용하기 위하여 장애실태조사는 3년마다 실시하여야 한다.

④ 장애인의 권익과 복지증진을 위하여 3년마다 장애인 정책종합계획을 수립 · 시행하여야 한다.

해설

장애인정책종합계획(제10조의2): 보건복지부장관은 장애인의 권익과 복지증진을 위하여 관계 중앙행정기관의 장과 협의하여 5년마다 장애인정책종합계획을 수립 · 시행하여야 한다. 〈 정답 ④ 〉

上·中·**下**

02) 노인복지법상 같은 종류의 노인복지시설에 해당하지 않는 것은? (2018, 지방직)

① 노인전문병원, 주 · 야간보호서비스

② 양로시설, 노인공동생활가정

③ 노인요양시설, 노인요양공동생활가정

④ 노인복지관, 경로당

해설

노인복지시설의 종류

- 노인주거복지시설: 양로시설, 노인공동생활가정, 노인복지주택
- 노인의료복지시설: 노인요양시설, 노인요양공동생활가정
- 노인여가복지시설: 노인복지관, 경로당, 노인교실
- 재가노인복지시설: 방문요양서비스, 주 · 야간보호서비스, 단기보호서비스, 방문목욕 서비스 등 어느 하나 이상의 서비스를 제공함을 목적으로 하는 시설
- 노인보호전문기관: 중앙노인보호전문기관, 지역노인보호전문기관 등 노인 학대에 관한 업무를 담당하는 기관
- 노인일자리지원기관: 지역사회 등에서 노인일자리의 개발지원, 창업 · 육성 및 노인에 의한 재화의 생산 · 판매 등을 직접 담당하는 기관

〈 정답 ① 〉

제6장 사회복지행정의 이해

제1절 사회복지행정의 개요

1. 사회복지행정의 개념

1) 사회복지행정의 의의

① 국가의 사회복지정책을 골고루 펼치기 위한 정부 · 지방자치단체의 공행정(公行政)과 사회복지법인 및 시설 등을 효율적으로 운영하기 위한 사행정(私行政)도 포함

② 사회복지행정의 대상은 협의의 사회복지대상인 빈곤층이나 사회적 약자와 광의의 사회복지대상인 일반국민 전체도 포함

2) 사회복지행정의 주요 이념 **

(1) 합법성(legitimacy)

① 사회복지행정은 규정된 법령의 절차에 따라 적법하게 이루어져야 함

② 사회복지행정의 합목적성과 행정가의 재량권 혹은 자율성이 중요하게 다루어짐

(2) 효과성(effectiveness)

① 조직체의 목표 달성도, 서비스가 욕구의 충족 또는 해결에 어느 정도 유효한가의 의미

② 선택된 서비스가 그 목적달성을 위해 어느 정도 적합한가의 관점에서 판단

(3) 효율성/ 능률성(efficiency)

① 최소의 자원으로 최대의 효과를 거둘 것인가의 문제

② 투입(비용, 노력)에 대한 산출(목표달성)의 비율

③ 자원의 유한성을 전제로 하는 경우 항상 문제가 됨

(4) 형평성/공평성(equity)

① 동일한 욕구를 가진 대상자는 동일한 혜택을 받아야 함

② 사회복지서비스의 특성상 공평성이 특별히 배려되어야함
③ 서비스를 받는 기회와 내용, 그 비용 등을 모두 포함하여 판단함

(5) 접근성/ 편의성(convenience)

① 대상자가 서비스를 쉽게 이용할 수 있도록 제반 여건을 갖추어야 함
② 물리적인 접근편의성의 요소 외에도 심리적인 요소도 포함
③ 현실적인 비용과 홍보, 행정적인 절차를 포함하는 넓은 개념

(6) 책임성(accountability)

① 사회복지조직이 목표를 달성하고자 하는 노력을 의미함
② 사회복지서비스에 대한 사회적 책임과 전체적인 과정상의 정당성을 포괄하는 개념
③ 책임성 이행을 위해 조직운영의 정당성과 투명성을 입증해야 함
④ 조직인력의 전문성과 대표성, 그리고 외부 환경과의 원활한 소통능력 등도 중요함

(7) 대응성(Response)

조직이 외부집단의 욕구, 선호, 가치 등에 대해 얼마나 민감하게 반응하는가와 관련됨

제2절 사회복지행정의 특성 및 과정

1. 사회복지행정의 특성

1) 사회복지행정의 조직적 특성 ***

① 사회복지조직의 목표는 구체화하기도, 측정하기도, 표준화하기도 어려움
② 사회복지조직의 기술은 사회적 이념에 따르면서 다양하고 동시에 불확실함
③ 사회복지조직에는 다양한 전문가들이 조직구성원으로 활동, 서비스를 산출함
④ 사회복지조직은 효과적인 서비스를 제공하기 위해 직원의 전문성에 크게 의존함
⑤ 사회복지조직은 지역사회의 인적 · 물적 자원을 활용하여 욕구를 충족시키는 활동

2) 사회복지행정의 관리적 특성 **

① 사회복지행정은 제도화된 사회적 가치와 이념을 조직의 운영과 관리에 반영함
② 사회복지행정은 인간의 문제에 대해 전체적으로 접근하고 통합성을 추구함
③ 클라이언트의 가치에 대해 도덕적 판단을 하며, 사회의 가치변화에 민감하게 반영함
④ 클라이언트는 서비스생산의 전 과정에 개입하므로 클라이언트의 순응과 협력을 최대한 이끌어내야 함
⑤ 서비스기술도 완전하지 못하여 제공기법의 효과성 · 효율성 평가에 어려움이 발생함

2. 사회복지행정의 과정

귤릭(L. Gulick)과 어위크(Ll. Urwick)은 사회복지행정의 기본적인 과정을 일반적으로 기획, 조직, 인사, 지시, 조정, 보고, 재정으로 보았으며, 최근에 평가가 중요시 되어 영어 알파벳 첫 글자를 따서 POSDCoRBE로 표현함

1) **기획**(Planning)

① 목표의 설정 및 달성을 위한 과업과 활동, 과업수행방법을 결정하는 과정
② 변화하는 목표에 맞춰 과업을 계획하고 방법과 기술 등을 결정함

2) **조직화**(Organizing)

① 조직목표와 과업변화에 부응하여 조직구조를 확립하는 과정
② 조직의 공식구조를 통해 업무를 규정함

3) **인사**(Staffing)

① 직원의 채용과 해고, 적절한 근무환경의 유지 등이 포함된 전 과정
② 직원의 훈련과 교육, 전직, 동기부여, 능력발전, 근무평정 등 포함

4) **지위감독**(Directing)

① 기관의 효과적인 목표달성을 위한 행정책임자의 관리 · 감독의 과정
② 책임과 권한을 효과적으로 위임하며 개인과 집단의 창의성을 고려함

5) **조정**(Coordinating)

① 업무의 다양한 부분들을 상호 관련시키는 중요한 과정

② 부서 간, 직원 간 효과적인 의사소통의 망을 만들어 유지 조정함

6) 보고(Reporting)

① 최고관리층이 하위 직원들에게 작업의 진행상황을 알리는 과정

② 기록 · 조사 · 감독 등을 통해 직원, 이사회, 지역사회, 후원자 등에게 알림

7) 재정(Budgeting)

① 예산의 편성과 집행 및 결산, 평가 등과 관련된 일을 수행하는 과정

② 재정을 투명하게 관리, 중장기계획 수립, 회계규정에 따라 관리를 함

8) 평가(Evaluating)

① 클라이언트의 욕구나 문제의 해결에 얼마나 적절한 서비스를 했는지 확인하는 과정

② 서비스의 효과성평가와 자원의 투입과 산출에 관련된 효율성 평가 등

사회복지행정과 일반 행정의 비교

구분	사회복지행정(시설)	일반 행정(국가, 자치단체)
대상	지역사회 내 인지된 욕구충족 (문제해결)	전체 국민, 지역사회의 일반적 욕구충족 (공공복리)
서비스의 종류	· 손상된 사회적 기능회복 · 사회적, 개인적 자원의 제공 · 사회적 통합기능	· 국가 혹은 지자체 유지업무 · 공공정책 입안 및 집행 · 대민업무 활동
구성 및 활동	· 시설장책임 하에 집행	· 기관장 책임하에 집행
조직 및 범위, 프로그램의 운영	· 법령에 위반하지 않는 한 원칙적으로 자유로운 활동	· 법령에 따라 조직되고, 법적인 제약이 큼
행정가의 책임	· 조직의 내부운영을 지역사회와 연계 책임(정당성, 자원확보 등)	· 전체 혹은 지역주민에 대한 책임 (선거를 통한 신임)
자원활용 선택	· 수시로 끊임없이 선택할 필요성	· 법령의 한도 내에서 활용
재정문제	· 정부보조금, 후원금, 이용료 등	· 정부예산으로 운영
서비스의 성격	· 전문 사회복지사업 적 성격 (노인, 장애인, 청소년 복지 등)	· 전문 관리적 성격(주택, 환경, 건설 등)
행정 참여도	· 사회복지사 등 모든 직원 참여	· 직위, 직급에 따른 참여

제7장 사회복지조직의 이해

제1절 조직이론

1. 고전적 이론

1) **과학적 관리론**(F. W. Taylor) ***

(1) 과학적 관리론의 개념

① 테일러(Taylor)가 창안, 능률의 극대화에 초점을 두었으므로 조직의 최고 목표는 합리성과 효율성에 있음

② 작업의 효과성과 효율성을 향상시키기 위하여 노동의 분업, 작업형태 및 시간의 효율적인 사용을 강조함

③ 개인이 할 수 있는 명확하고 적정한 1일 과업을 부여함

④ 개인이 1일 작업량을 감당할 수 있도록 필요한 모든 조건(작업형태 및 소요시간)을 표준화하여 분업을 확립하며 과업의 성과와 임금을 관련시킴

(2) 과학적 관리론의 특징

① 행정의 전문성을 강조하며, 과학화, 객관화, 분업화를 통한 행정의 능률성을 중시함

② 권한, 책임의 범위, 분담을 위한 계층제 등 공식적인 구조 및 조직 강조, 상의하달형 의사전달에 따른 경직성을 초래함

③ 외부적 환경변수 무시, 비공식적 요인을 고려하지 않는 폐쇄적 조직이론

> ※ 과학적 관리론의 관리원칙: 과학적 과업관리, 차별 성과급제, 직원의 과학적 선발, 분업 및 협동 등이 있음

2) **관료제이론**(Max Weber) ***

(1) 관료제이론의 개념

① 기술적 지식을 바탕으로 하고, 최대한의 효율성을 목적으로 한 조직체계
② 전반적인 조직의 구조와 과정을 조정하기 위해 설정된 합리적 규칙에 기초한 통제체제
③ 지배의 유형을 전통적 지배, 카리스마적 지배, 합법적 · 합리적 지배로 구분함
④ 근대관료제는 합법적 · 합리적 지배라는 이념형에 입각한 전형적인 형태라고 봄

(2) 근대관료제의 특징

① 수직적 권위구조: 상급직위에 있는 사람은 하급직위에 있는 사람을 통제함
② 규칙과 규정: 일관성 있는 규칙, 규정에 따라 직무의 배분 및 인력을 배치함
③ 분업과 전문화: 특정 과업을 명확히 분업화하여 고도의 전문화를 추구함
④ 능률 강조: 순수한 관료제는 합리적 의사결정과 행정능률의 극대화 기능을 함
⑤ 사적 감정의 배제: 개인적 감정보다 공식적 원칙과 합리성에 기초한 의사결정을 함
⑥ 경력 지향성: 일정한 규칙 하에 연공서열과 실적에 따라 승진, 신분보장을 함

(3) 관료제의 병리현상

① 동조과잉과 수단의 목표화: 관료제는 목표가 아닌 수단에 지나치게 동조함으로써 창의력이 결여될 수 있음
② 형식주의: 문서에 의한 업무처리는 형식주의를 초래할 수 있음
③ 인간성의 상실: 조직 내 대인관계의 지나친 몰인정성은 무관심과 냉담 등으로 나타나 인간성의 상실을 초래할 수 있음
④ 전문화로 인한 무능: 전문가는 타 분야에 대한 이해가 부족하여 조정과 협조가 어려움
⑤ 무사안일주의: 문제해결에 적극적인 태도를 갖지 못하고 상급자의 권위나 선례에만 의존하려는 성향을 보임

3) 인간관계이론(E, Mayor) ***

(1) 인간관계이론의 개념

① 메이요 교수 등이 서부전기회사의 호손공장의 실험적 연구를 계기로 정립한 조직이론
② 조직의 목표달성에는 사회적 요인인 직원 사이의 인간관계가 중요한 요인임을 인식함

(2) 호손실험의 인간관계 특징

① 근로자의 작업능률은 물리적인 환경조건에 좌우되는 것이 아니라 집단내의 동료나 상사

와의 인간관계에 의해 크게 좌우됨

② 집단 내 인간관계는 비합리적 · 정서적 요소에 따라 이루어지므로 근로자 개인으로서가 아니라 집단의 일원으로서 행동함

③ 조직에는 친밀감을 느끼는 사람들이 만나는 비공식적인 집단이 별도로 있으며, 이 비공식적 집단이 개인의 태도와 생산성에 강한 영향을 미침

④ 근로자는 경제적인 욕구나 동기에 의한 합리적 행동보다는 비경제적인 요인인 사회 · 심리적인 욕구나 동기에 입각한 행동을 중시함

베버의 관료제와 후기관료제 조직

고전적 관료제	후기 관료제
– 계층제 – 고정적 권위와 공식적 판단 – 비개인성(공사의 분리) – 전문화, 영속성, 비밀주의 – 조직내부만 중시	– flat 조직(구조화된 비계층제) – 상황에 적응하는 변증법적 조직 – 팀 중심의 문제해결, 집단적 의사결정 – 일시적 편재, 직업의 이동성 – 권위의 유동성, 개방적 의사전달 – 고객과의 협동적 관계중시

과학적 관리론과 인간관계이론

차이점		공통점
과학적 관리론	인간관계론	
직무중심	인간중심	· 외부환경의 무시 · 생산, 능률성이 궁극목적 · 관리층을 위한 연구 · 욕구의 단일성 강조 · 조직목표와 개인목표의 양립 및 조화가능성 인정
공식적 구조관	비공식적 구조관	
합리적 · 경제적 인간관	사회적 인간관	
기계적 능률 중시	사회적 능률 중시	
1930년대 이전부터 강조	1930년대 이후 강조	

2. 개방체계이론

1) 구조주의이론 **

(1) 구조주의이론의 개념

고전이론과 인간관계이론의 통합을 지향한 이론으로서 에치오니(A. Etzioni)가 주장하였으며, 조직과 환경간의 상호작용을 강조하며, 조직의 영향을 무시한 인간관계이론에 대한 비판

에서 발생한 것임

(2) 주요 내용

① 조직은 그 속에서 사회집단들이 상호작용하는 크고 복잡한 사회적 단위이며, 개인과 조직의 목표가 일치하지 않을 수 있고, 조직에서의 갈등은 불가피하다고 보며, 갈등을 순기능적인 것으로 봄

② 인간사회에서 갈등은 불가피하고 예견될 수 있는 현상으로, 문제를 노출시키고 그에 따라 해결책을 찾게 함으로써 사회적 순기능을 달성할 수 있다고 주장함

③ 조직에 대한 환경의 영향을 강조하며, 급변하는 시대에서 환경적 특성은 조직이 살아남기 위해서는 반드시 다루어야 할 부분이라고 주장함

2) **체계이론**(System theory) **

(1) 체계이론의 개념

① 고전이론, 인간관계이론, 구조주의이론 등 세 이론이 하나로 통합될 수 있다는 가정에 기초를 두고 있음

② 체계란 상호작용하는 부분들로 구성된 전체, 즉 '부분들 간에 관계를 맺고 있는 일련의 단위들' 로 정의함

③ 기존의 고전 모형들은 조직을 폐쇄적으로 보았으나 구조기능주의와 일반체계이론이 조직에 적용된 뒤에는 조직을 개방된 체계로 인식하기 시작함

④ 조직을 다양한 역동성과 메커니즘에 기초를 둔 구체적 기능을 수행하는 많은 하위체계로 구성된 복합체로 봄

⑤ 사회복지행정에서 체계이론이란 사회복지조직도 하나의 유기체로서 안정을 유지하기 위해 '투입–전환–산출' 의 체계를 가지고 안정을 유지함

(2) 폐쇄체계와 개방체계

① 폐쇄체계: 다른 외부체계들과 상호교류가 없거나 교류할 수 없는 체계를 말함
  – 체계 내의 에너지, 정보, 자원 등이 외부로 나갈 수 없으며 이는 엔트로피개념임

② 개방체계: 다른 외부체계와 에너지, 정보, 자원 등이 상호 교류하는 체계를 말함
  – 체계 내 에너지, 정보, 자원 등이 다른 체계들과 빈번한 상호작용을 하는 경우를 말함

(3) 하위체계의 유형

○ **생산하위체계**

① 조직의 생산과 관련된 과업을 수행하며, 클라이언트에게 서비스를 제공하는 기능을 수행

② 전문화는 목적(purpose), 과정(process), 사람(person), 장소(place) 등 4가지 영역에서 조직화됨

○ **유지하위체계**

① 주요 목적은 조직의 현재 상태대로 조직의 계속성을 확보한다는 것이며, 그 중요한 역동성은 조직 내 안정상태의 유지에 있음

② 기능은 개별직원들의 목표가 조직의 목표에 통합되도록 촉진하는 것임. 즉 절차와 활동의 공식화 및 표준화, 보상체계의 확립, 새로운 구성원의 사회화, 직원의 선발과 훈련 등

○ **경계하위체계**

① 환경과 환경에 영향을 미치기 위한 장치를 확립할 필요성이 있다고 강조하며, 2가지 구성요소(생산지지 체계, 제도적 체계)를 통해서 외부환경에 반응함

② 사회복지조직에서 경계하위체계의 목적은 조직이 생존하고 발전하기 위해 부단히 외부환경에서 일어나는 변화를 알고자 노력하고 그 변화에 적절히 반응할 수 있어야 함

○ **적응하위체계**

① 변화하는 환경의 요구에 반응하여 조직을 변화시킬 필요성을 인식하고, 관리층에 적절한 건의를 함

② 이를 위해 체계적인 연구와 평가가 수행되며, 평가를 위한 자료수집과 저장을 위해 전산화된 관리정보체계를 활용해야 함

○ **관리하위체계**

① 고전이론(통제강조), 인간관계이론(타협강조), 구조주의이론(환경강조)에 기반을 두며, 관리자는 각기 다른 하위체계가 어떻게 조정, 통합될 수 있는지를 이해하기 위해 체계적 관점을 가질 필요가 있음

② 사회복지조직에서의 목적은 4개의 하위체계를 조정하고, 통합하기 위해 리더십을 제공하는 것이며, 갈등을 해결하고 교섭하기 위한 지식과 기술이 필요함

3) 조직환경이론 ***

(1) 상황이론(Contingency theory)

○ 상황이론의 개념

① 조직의 환경적 요인을 강조하면서도 고도의 불확실성하에서 최선의 관리방법이란 있을 수 없다고 봄

② 조직화에는 유일한 최선의 방법은 없으며, 상황에 따라 결정되어야 하는 효과적인 방법만이 있을 뿐이라는 점을 강조함

③ 조직이 환경에 적합해야 효과적이기 때문에 '상황적합이론'이라고 부르기도 하며, 상황이란 조직을 둘러싼 내·외적인 환경을 의미함

④ 상황이론은 조직과 환경·기술·조직규모와의 관계를 중요시하며, 이러한 환경·기술·조직규모 등의 상황요인과 조직특성의 적합이 조직의 성과를 결정한다고 봄

○ 상황이론의 특징

① 중범위이론을 지향하며 원인보다는 결과를 중시하고, 조직 내 개인이나 집단이 아닌 조직 그 자체를 분석단위로 함

② 모든 조직에 적용될 수 있는 최선의 방법, 일반원칙이란 존재할 수 없다고 보며, 내부조직이 환경적 조건에 크게 영향을 받는다는 점을 강조함

- 동질적이고 안정된 환경에서는 형식적·계층적 조직이 적합함
- 다양하고 변동하는 환경에서는 덜 형식화되고 보다 유기적인 조직이 적합함

(2) 조직군생태이론(Population ecology theory)

① 조직을 개방체계로 보아 환경과의 상호작용을 전제로 하고 있지만, 조직의 생존을 결정하는 것은 결국 환경이라는 결정론적 입장임

② 환경에 적응적인 조직은 다른 조직에 비해 강점을 보유하여 살아남을 수 있다고 봄

③ 분석단위가 개별조직이 아닌 조직군(組織群)이라는 개념을 도입함으로써 조직의 거시적 분석에 기여함

④ 주요 학자: 해넌과 프리만(T. Hannan & Freeman)

(3) 정치경제이론(Political economy theory)

① 조직과 환경과의 상호작용을 중시하며, 그러한 상호작용이 조직의 내부 역학관계에 미치

는 영향을 강조한 이론

② 조직의 생존과 발전에는 2가지 기본적인 자원 즉, 정치적 자원(합법성, 권력 등)과 경제적 자원(물적 자원, 클라이언트, 인력 등)이 필수적이라고 봄

- 자원을 소유하고 있는 이해관계집단이 조직에 영향력을 발휘함
- 조직 환경에서 재원을 둘러싼 권력관계를 부각시킴

※ 자원의존이론(Resource dependence theory)

- 조직은 과업수행에 필요한 자원을 조직 내부적으로 마련할 수 없으므로 결국 환경에 의존할 수밖에 없음
- 조직은 환경에 의존하면서도 환경에 적응하고 조직에 유리하도록 능동적으로 관리하려 하기 때문에 이러한 특징으로 인해 정치경제이론에서 파생된 이론으로 보기도 함

(4) 제도이론(Institution theory)

○ 제도이론의 개념

① 개방체계적 관점에서 조직에 대한 환경의 영향력을 강조하는 이론임

② 조직의 규범과 조직을 둘러싼 사회적 · 제도적 환경이 조직의 특성과 형태를 좌우한다는 점을 강조함

③ 사회복지조직 등 휴먼서비스 조직들은 기술적 특성보다는 제도적 · 도덕적 규범이나 이념에 의해 그 존립의 정당성을 확보함

○ 제도적 규칙이 받아들여지는 과정

① 정부나 법률의 규정에 의해서 '강제' 로 받아지는 경우

예) 특정 클라이언트를 의무적으로 서비스대상자로 선정해야 하는 경우

② 성공적인 조직의 관행과 절차를 '모방' 하여 규칙을 정하는 방법

예) 우수복지기관의 조직체계와 프로그램을 도입하여 시행하는 경우

③ 전문직의 '규범' 으로 자연스럽게 조직이나 프로그램들에 반영되는 경우

예) 효과성이 입증된 실천모델을 적용하는 경우

※ 폐쇄체계이론

조직과 환경과의 관계는 고려하지 않고 조직내부만 연구대상이며, 개인의 목표와 조직

의 목표가 일치할 수 있다고 전제함

- 고전모형: 과학적관리론, 관료제모형, 공공행정이론
- 인간관계모형: 인간관계론, X · Y이론, Z이론

※ 개방체계이론

조직의 외부환경이나 조직들간 상호작용에 보다 많은 관심을 둠

- 구조주의이론, 상황이론, 체계(체제)이론
- 조직환경이론: 조직군생태이론, 정치경제이론, 제도이론
- 최근의 조직이론: 목표관리(MBO), 총체적품질관리(TQM), 학습조직이론 등

단, 목표관리(MBO)는 폐쇄체계에 해당한다고 볼 수 있음

3. 현대 조직이론

1) **목표관리이론**(MBO: Management by Objectives) ***

(1) MBO의 개념

① 드러커(Drucker)에 의해 소개(1954)된 이론으로 총체적 관리체계

② 참여과정을 통해 조직단위와 구성원들이 실천해야 할 생산활동의 단기적 목표를 명확하게 체계적으로 설정

③ 단기목표에 따라 생산활동을 수행하도록 하며, 활동의 결과를 평가하고 피드백(환류)시키는 관리체계

④ 명확한 목표의 설정과 책임한계의 규정, 참여와 상하협조, 피드백의 개선을 통한 관리계획의 개선, 조직구성원의 동기유발, 업적평가 등을 통한 조직의 효율성을 증진시키려는 관리체계

2) **총체적 품질관리**(TQM: Total Quality Management) ****

(1) TQM의 개념

① 일본기업의 품질보증 절차에 착안하여 1980년대 초반 미국기업에서 적용하기 시작한 조직관리 기법

② 조직이 산출하는 서비스의 질을 향상시켜 궁극적으로 소비자의 만족을 추구하기 위한 효

과적인 방법을 통합적으로 운영하는 조직관리 기법

③ 소비자가 만족할 수 있는 고품질과 경쟁력을 확보하기 위한 전 종업원의 체계적 노력을 말함

④ 서비스 품질은 모든 단계에 걸쳐 품질 향상의 노력이 총체적으로 이루어짐

(2) TQM의 특징

① 조직을 지속적으로 개선하는 시스템을 구축하는 원리

② 고객만족을 우선적 가치로 하는 경영 철학

③ 자원의 효율적 이용과 서비스의 질을 강조함

④ 모든 업무를 개선하기 위하여 통계자료를 활용함

⑤ 조직의 문제점을 발견하고 시정함에 있어 지속적인 학습과정을 중요시함

⑥ 서비스의 생산과정과 절차의 지속적인 개선을 강조함

⑦ 기존의 경영방법 및 기술적인 방법들을 개선하고 통합 운영함

⑧ 구성원의 참여와 활성화 전략을 중요시함

3) 학습조직(LO: Learning Organization) **

① 조직구성원들이 지속적으로 역량을 확대시키고 학습방법을 공유하며 배우는 조직형태

② 조직학습행위의 일상화 · 습관화로 환경변화에 신속히 적응할 수 있는 조직형태

③ 학습조직의 도입방안: 고객으로부터 지속적으로 학습함, 우수경쟁사의 업무기술이나 과정을 벤치마킹하여 학습함

4) 애드호크러시(Adhocracy) **

① 앨빈 토플러의 저서인 '미래의 충격'에서 등장하는 말로서 유기적 · 기능적 · 임시적 · 조직이라는 뜻을 가지고 있음

② 조직은 문제해결을 위한 다양한 전문적 지식이나 기술을 가진 이질적인 집단으로 조직의 변화가 심하고 적응력이 강한 임시적인 조직체계

③ 각 분야의 전문가들로 구성되어 있어 사회 환경의 변화에도 적응력이 강함

④ 조직구성원의 지위가 수평적으로 구성되어 있어 자율성과 창의력을 발휘하기 쉬움

5) 기타 조직이론 **

(1) 벤치마킹(Benchmarking)

① 1970년대 후반 복사기 제조회사인 제록스가 경쟁사들을 분석하면서 도입된 개념

② 지속적인 경쟁우위를 확보하기 위하여 최고의 기업과 비교하여 창조적 모방을 통해 혁신을 찾는 관리 기법

③ 사회복지조직도 다른 기관의 우수한 프로그램들을 창조적 모방을 통해 지역실정에 맞는 특화된 전문프로그램으로 재창조해야 될 것

(2) 다운사이징(Downsizing)

① 해고와 합병 등을 통해 조직을 축소시키는 것을 의미함

② 단기적인 비용절감 차원이 아닌 장기적인 차원에서 이루어지는 경영전략

(3) 리엔지니어링(Re-engineering)

① 마이클 헤머(M.Hammer)가 제창한 기업 체질 및 구조의 근본적인 변혁을 지칭함

② 기업전략에 맞춰 조직구조와 업무방법을 혁신시키는 재설계 방법

③ 기업의 생산성 향상을 위한 조직관리기법의 하나로 인원축소, 권한이양, 직원의 재교육, 조직의 재편 등이 포함됨

(4) 리스트럭처링(Restructuring)

① 기존의 사업구조나 조직구조의 효율성을 기하기 위해 구조조정을 함

② 주력 사업외 수익성이 낮은 사업은 철수하고 중복사업은 통합을 통해 개혁을 함

③ 지역특화프로그램의 개발 및 집중화도 일종의 리스트럭처링 사례라 할 수 있음

※ 위험관리(Risk Management)

① 위험상황을 확인, 분석, 평가하여 사고가 발생하지 않도록 최적의 위험예방 대책을 수립하는 것

② 사고가 발생했을 때 피해가 최소화 되도록 안전 매뉴얼에 따른 확실한 대처와 사고 이후 수습대책을 수립하는 것 등

③ 위험관리의 의의: 작업환경의 안전과 사고 예방, 서비스의 질 향상, 이용자의 선택과 결정의 중시, 이용자 만족의 추구, 이용자의 권리옹호, 조직의 유지발전, 전문성의 확보 등

제2절 조직구조의 이해

1. 조직의 개념

1) 조직화의 원리 **

조직을 가장 잘 구조화시키고 능률적으로 관리하기 위한 조직화 방법으로서 기능적 접근을 강조하는 과학적 관리론자들에 의해 구체화된 이론

(1) 계층제의 원리

① 조직구성원간 권한과 책임을 배분하고 명령 · 지휘 · 복종의 관계를 명시하고 있음
② 순기능: 의사소통의 경로(권한위임, 승진 등)를 통한 업무수행의 능률성 확보 등
③ 역기능: 계층제의 심화 · 확대는 조직의 경직성 초래, 신중한 문제의 해결 곤란 등

(2) 명령통일의 원리

① 한 조직원은 한 사람의 직속상관으로부터만 명령을 받아야 함
② 순기능: 의사전달의 혼란을 방지하고 책임소재를 분명히 할 수 있음
③ 역기능: 한 사람의 상관을 통해서 명령 · 감독을 하는 경우 업무의 효율이 저하되고 전문성의 발휘를 저해할 우려가 있음

(3) 통솔범위의 원리

① 상관이나 감독자가 통솔할 수 있는 대상자나 조직단위가 한정되어야 함
② 한 사람의 상급자가 통솔하는 하급자의 수가 적으면 신속 · 정확하게 통솔할 수 있음
③ 한 사람의 상급자가 통솔하는 하급자의 수가 많으면 통솔의 효과성은 떨어질 수 있음

(4) 분업 · 전문성의 원리

① 조직의 작은 단위는 분업과 전문성에 따라 나누어져야 함
② 순기능: 보다 능률적으로 행동할 수 있으므로 신속하게 업무를 처리할 수 있음
③ 역기능: 개인의 업무수행에 대한 흥미상실 초래, 조직내 단위 간의 조정을 어렵게 하고 더 많은 비용을 들게 할 수도 있음

(5) 통합조정의 원리

① 전문화되거나 분업화된 조직단위의 업무가 조직의 목표달성이라는 관점에서 일관성이 유지되어야 함

② 전문화 · 영역별 분파주의 발생은 조직의 목표달성에 심각한 장애요인이 될 수 있음

(6) 책임의 원리

① 권한의 행사에는 반드시 그에 상응하는 책임이 수반되어야 함

② 조직 내 상급자에게 권한이 부여되지만 그와 동시에 권한에 따르는 책임도 수반됨

(7) 부문화 · 부서화의 원리

업무분화에 의해 부서와 직무의 증가로 업무의 효율성이 저해되고 갈등도 증가되므로 조직의 효율성을 위해 목적이나 기능에 따라 조직을 개편하는 방법

① 수(數)기준: 같은 역할을 하는 사람들을 한 슈퍼바이저 밑에 두는 방법

② 시간기준: 하루 24시간 서비스의 경우 2교대 또는 3교대 형태로 부문화하는 방법

③ 기능기준: 모금, 홍보, 기획, 프로그램개발업무 등과 같은 중요한 기능에 따라 동질적 업무를 묶어서 조직화하는 방법

④ 지리적 기준: 잠정적 고객 또는 클라이언트의 거주 지역에 따라 부문화하는 방법

⑤ 서비스기준: 개별사회사업, 집단사회사업, 지역사회조직사업 등 서비스의 방법에 따라 부문화하는 방법

⑥ 고객기준: 아동, 노인 등과 같이 클라이언트의 종류와 문제에 따라 부문화하는 방법

⑦ 서비스접근통로 기준: 클라이언트가 어떤 서비스에 접근할 수 있는 통로별로 업무를 부문화하는 방법

2) 사회복지조직의 특성 ***

(1) 사회복지의 대상(클라이언트)

① 인간을 대상으로 하며 인간의 가치와 도덕성을 중시하고 전체적 접근 방식에 의한 개별화된 클라이언트의 욕구를 구현함

② 클라이언트는 투입과 동시에 산출이며, 사회복지서비스 기술이 사회적 가치에 제약을 받게 되므로 도덕적으로 정당화될 수 있어야 함

(2) 목표의 모호성

사회복지조직은 정부, 민간후원자, 서비스이용자와 가족, 전문가 등 이해관계자 사이의 타협으로 형성될 수 있으므로 목표가 모호하게 될 수 있음

(3) 기술의 불확실성

① 사회복지조직이 사용하는 기술은 결정적이지 않으며 대상은 인간이며 복잡한 체계로서 상호 연관되어 있음

② 다양한 속성을 지니고 있어 가변적이고 불안정성이 존재임

(4) 직원과 클라이언트의 관계

① 사회복지조직의 핵심활동은 기관의 직원과 사용자(클라이언트)간 상호작용임

② 사회복지서비스의 전달과정은 직원과 클라이언트의 관계에서 이루어지므로 직원과 클라이언트의 관계는 조직의 성패를 좌우함

(5) 효과성 · 효율성 척도의 부족

사회복지조직은 대상이 인간이기 때문에 도덕적 모호성과 목표의 애매성으로 인해 효과성 · 효율성을 측정하는 것이 어렵고 부정확함

(6) 전문가의 중요성

사회복지조직은 주로 전문가에 의존하며 업무처리 과정에서 조직 관리자의 지시뿐만 아니라 전문적 교육의 내용, 전문적 활동에의 참여, 전문 지지집단의 이용가능성 등에 의해 실천방법이 결정됨

(7) 환경의 의존성

① 사회복지조직은 조직구성원이 거의 통제할 수 없는 외적 요인에 크게 의존하게 되고, 조직의 환경을 매우 불확실하게 하는 사회적 · 경제적 변화과정에 의해서 영향을 받음

② 사회복지조직 입장에서 보면 일반 환경은 이미 주어진 환경이므로 변화시킬 수 없으나 업무환경은 변화시킬 수 있으므로 환경요소들의 욕구변화에 지속적인 관심을 두고 이를 충족시키기 위해 노력해야 함

2. 조직구조의 유형

1) 전통적 조직형태 ***

(1) 공식조직과 비공식 조직

구분	공식조직	비공식조직
자발적 성격	주요 목적을 위하여 인위적 계획적으로 형성됨	구성원 상호간 욕구충족을 위한 것이며, 자연발생적인 성격이 강함
조직목표	공식적으로 설정되는 목표를 향해 조직전체가 통합	구성원의 욕구 또는 소망의 다양성에 따라서 목표가 달라짐
구성논리	목표달성을 위해 능률의 논리에 따라서 구성됨	감정의 논리에 따라 구성됨

(2) 수직조직과 수평조직

수직조직	수평조직
· 계층적 성격(명령통일의 원리) · 조직목표달성에 직접적으로 기여 · 명령권과 집행권 행사 · 수직적 복종관계 · 일반사회복지행정가	· 비계층적 성격(행정기관장의 인격확장) · 조직목표달성에 간접적으로 기여 · 명령과 집행권이 없음 · 수평적 대등관계 · 전문사회복지행정가

2) 동태적 조직형태 ***

(1) 프로젝트 조직(TF: Task Force)

① 특정한 과제를 수행하기 위해 관련 부서에서 인력을 파견하여 팀을 구성

② 구성원의 관계는 수평적 관계이며 전문성을 가진 직원으로 운영

③ 프로젝트를 해결한 후 원래 자신의 부서로 복귀하는 임시적 조직

(2) 행렬조직(Matrix Organization)

① 전통적인 기능조직과 프로젝트조직이 결합된 행렬조직 형태

② 직무별 분업을 강조하면서 동시에 사업별 협력을 강조하는 조직 형태

③ 수직적 구조와 수평적 구조를 합한 형태의 공식조직으로 전환됨

④ 전문성을 기초로 조직이 구성되며 민주적인 의사결정에 의해 운영됨

(3) 팀(Team)조직

과거의 전통적인 조직체계인 부 · 과 · 계의 조직을 업무재편을 통해 통합하고 분할하여 팀으

로 전환함으로써 팀장을 중심으로 업무가 이루어지도록 만든 조직형태

(4) 네트워크(Network)조직

① 환경변화에 보다 신속하고 적절하게 대응할 수 있도록 외부자원의 효과적 활용을 꾀하는 조직으로 지역복지에서 조직간 네트워크 조직화가 필요함

② 지역복지공동체를 지향하고 사회자본을 증대시키는 효과를 거둘 수 있고, 네트워크상의 참여자들 간의 호혜성과 상호의존성을 증진시킬 수 있으며 지역사회의 통합적 사회복지 수행체계 구축에도 유효함

(5) 사업부제 조직

① 대규모조직에서 사업부단위로 조직을 편성하고 독자적인 생산과 마케팅, 관리권한을 부여하는 조직구조

② 제품별 · 지역별 · 시장별로 이익 중심점을 설정하여 독립채산제를 실시하고 개별조직처럼 운영함

제3절 조직의 유형

1. 일반적 유형

1) 권력형태에 따른 조직유형(A. Etzioni) ***

(1) 권력의 형태

① 강제적 조직: 조직구성원이 강제적으로 명령에 순응하도록 규정되어 있는 조직

예) 강제수용소, 교도소, 정신병원, 군대와 경찰 등

② 보상적 조직: 산업현장의 조직처럼 보수가 조직구성원으로 하여금 조직의 명령에 순응하도록 하는 조직

예) 기업 등 산업조직

③ 규범적 조직: 이념이나 규범이 조직구성원으로 하여금 조직에 순응하도록 하는 조직

예) 종교조직, 정치조직, 사회복지조직, 학교조직, 병원조직 등

(2) 관여의 형태

① 소외적 관여: 권력행사에 대해 강하게 부정하므로 강제적 권력이 필요함

② 타산적 관여: 획득된 보상에 강한 긍정을 나타내므로 공리적 권력이 필요함

③ 도덕적 관여: 권력 행사자에 대한 강한 긍정을 나타내므로 규범적 권력이 필요함

구분	소외적 관여	타산적 관여	도덕적 관여
강제적 권력	* 유형1 (수용소, 정신병원, 형무소)	유형2	유형3
보상적 권력	유형4	* 유형5 (산업조직)	유형6
규범적 권력	유형7	유형8	* 유형9 (종교, 정치, 학교, 병원, 사회복지조직 등)

2) 수혜자의 유형에 따른 조직분류(P. Blau & W. Scott) **

1차적인 클라이언트(수혜자)가 누구인가에 따라 조직을 4가지로 분류함

① 상호수혜조직: 조직의 주된 수혜자가 조직의 일반구성원이 되는 조직

예) 정당, 종교단체, 노동조합 등

② 사업조직: 조직의 주된 수혜자가 조직의 관리자나 소유자가 되는 조직

예) 주식회사, 은행, 보험회사 등

③ 서비스조직: 조직의 주된 수혜자가 조직과 직접 접촉하고 있는 일반 대중이 되는 조직

예) 사회복지기관, 병원, 학교, 법률상담소, 정신병원 등

④ 공익조직: 조직의 주된 수혜자가 대중 전체가 되는 조직

예) 행정기관, 경찰, 군대, 소방서 등

구분	1차적 수혜자	2차적 수혜자
상호수혜조직	조직의 회원	정당, 종교단체, 노동조합
사업조직	사업체의 소유자 또는 관리자	주식회사, 은행, 보험회사
서비스조직	클라이언트	사회복지기관, 병원, 정신병원
공익조직	일반 대중	행정기관, 군대조직

3) 조직의 규모와 관리의 복잡성에 따른 분류(Mintzberg) **

조직의 규모와 관리의 복잡성에 따라 5가지로 분류함

① 단순조직: 상대적으로 소규모 조직, 조직 환경이 매우 동태적이며 조직기술은 정교하지

않은 조직

② 기계적 관료제조직: 조직규모가 크고 조직 환경이 안정, 표준화된 절차에 의하여 업무가 수행되는 조직

예) 은행, 우체국, 공무원조직, 군대조직 등

③ 전문관료조직: 전문적 기술적 훈련을 받은 조직구성원에 의하여 표준화된 업무 수행과 전문가 중심의 분권화된 조직

예) 대학, 종합병원, 사회복지기관, 컨설팅회사 등

④ 분립구조 사업부제조직: 독자적 구조를 가진 분립적 조직, 중간 관리층이 핵심적 역할을 하는 조직

예) 대기업, 대학본교, 대형 종합병원조직 등

⑤ 애드호크러시(Adhocracy)조직: 고정된 계층구조를 갖지 않고 공식화된 규칙이나 표준화된 운영절차가 없는 조직

예) 첨단기술연구소, 우주센터 등

4) **사회기여의 종류에 따른 분류**(T. Parsons) **

조직을 사회기여의 종류에 따라 4가지로 분류함

① 생산조직: 사회의 적응기능을 수행하는 경제적 생산과 분배에 종사하는 조직

예) 회사, 공기업 등

② 정치조직: 사회자원을 동원하여 사회적 목적과 가치를 창조하는 조직

예) 공공행정기관이나 정당 등

③ 통합조직: 사회의 안정을 유지하고, 사회적 갈등의 조정과 일탈방지에 종사하는 조직

예) 사법기관, 경찰, 정신병원, 사회복지조직 등

④ 유형유지조직: 사회체제의 독특한 문화와 가치를 보존하고, 문화형태의 전승이나 교육적 기능을 수행하는 조직

예) 학교, 교회, 문화단체 등

※ 운영주체에 따른 분류(M. Gibelman)

- 운영주체에 따라 공공조직, 준공공조직, 민간조직, 준민간조직으로 분류함
- 공공조직과 민간조직은 운영주체, 설립근거, 운영체계 등에서 차이점이 있지만 오늘날 점점 그 경계가 모호해 지고 있음

- 공공조직과 민간조직의 특성이 상호 융합된 중간형태의 조직인 하이브리드(hybrid) 조직이 출현하고 있음(예, 준공공기관, 준민간조직 등)

2. 사회복지조직의 유형

1) 클라이언트의 상태와 조직기술에 따른 분류(Y. Hansenfeld) **

사회복지조직이 클라이언트를 변화시키기 위해 사용하는 기술과 클라이언트가 정상기능인지 비정상기능인지에 따라 6가지로 분류함

(1) 클라이언트를 변화시키기 위해 사용하는 기술

① 인간식별기술: 인간의 문제 혹은 욕구 등의 지위를 판단하는 기술로서 분류하고 배치하는 활동으로 구성

② 인간유지기술: 인간의 안정화를 가져오기 위한 기술로서 문제의 상태를 악화시키지 않고 그들의 존엄성과 가능성을 유지하고 보호하는 활동으로 구성

③ 인간변화기술: 인간의 문제 상태에 대한 개입을 통해 지위의 완전한 변화를 가져오기 위한 기술로서 계획된 바람직한 변화를 만드는 활동으로 구성

(2) 클라이언트의 상태

① 정상기능: 정상기능을 가진 클라이언트

② 비정상기능: 통제해야 할 클라이언트, 문제가 완화되어야 할 클라이언트, 치유되어야 할 클라이언트 등

(3) 조합에 의한 조직유형

구 분		사용기술 유형		
		인간식별기술	인간유지기술	인간변화기술
클라이언트 상태	정상기능	유형1	유형3	유형5
		대학신입생선발, 신용카드회사	사회보장청, 휴양시설	국공립학교, YMCA
	비정상기능	유형2	유형4	유형6
		소년법원, 진료소	공공부조사무소, 요양시설	공공병원, 수용치료센터

2) **업무의 통제성에 따른 조직분류**(G. Smith) **

사회복지조직을 업무통제에 따라 4가지로 분류함

① 관료조직: 공식적인 조정과 규정, 위계적 구조, 전문적 분업, 문서에 의한 업무처리, 기술적 자격에 기초한 신분보장 등을 특성으로 하는 합리적인 통제체제의 조직

② 일선조직: 조직의 주도권이 일선업무 단위에 있으면서, 고객과 가까이에서 복지서비스를 전달하며, 각 업무단위가 상호 독립적으로 수행하며 직접적인 통제가 어려운 조직

③ 전면적 통제조직: 클라이언트를 강제로 혹은 자의적으로 시설에 수용했을 때, 관리자가 수용자에 대한 강한 통제권을 가지는 조직

예) 정신병원, 기숙사, 교도소, 요양시설 등

④ 투과성 조직: 조직의 구성원 또는 참여자가 자발적으로 참여하며, 개인의 가정과 사생활에 침해받지 않고 조직의 문화나 규정에 의한 통제성이 약하고 조직의 활동이 거의 노출되는 조직

예) 자원봉사활동조직 등

참고하기

- 레드테이프(red tape, 번문욕례): 불필요한 형식이나 절차를 강조하는 현상을 말하며, 행정절차에서 목적이나 목표보다 규정이나 절차를 중시하는 현상
- 서비스과 활용(over-utilization): 욕구에 부합되지 않는 사람이 서비스를 이용하는 경우를 말함
- 매몰비용(sunk cost): 이미 사업에 투입된 비용을 말하며, 이로 인해 효과가 낮은 사업이라도 중단하기 어려운 경우에 직면하게 됨
- 크리밍(creaming)현상: 서비스조직들이 보다 유순하고 성공가능성이 높은 클라이언트를 선발하기 위해 비협조적이거나 어려울 것으로 예상되는 클라이언트를 배척(떠넘기기)하는 현상
- 다운사이징(downsizing): 해고에 의한 감원, 원가절감을 위한 기구 통폐합 등 조직을 축소하는 것
- 기회비용(opportunity): 어떤 기회를 포기하거나 상실함으로써 발생하는 비용
- 사례관리(care management): 복합적 욕구를 가진 개인이 기능을 회복하고 증진할 수 있도록 개인과 주변환경을 변화시키기 위해 지속적이고 통합적으로 개입하는 서비스 모델

- 의뢰: 비협조적이거나 어려울 것으로 예상되는 클라이언트를 타 기관에 보내는 것을 말함
- 스태핑(staffing): 고용관리를 말하며 현재 또는 미래의 결원에 대비하여 잠재력 있는 지원자들을 판단하고 시기 적적하게 합리적인 구성원의 선발과 배치를 결정하기 위한 기업의 한 직능이다. 대상자의 취업 성공률을 높이기 위해 전담직원을 채용해서 맞춤형 프로그램 기획하고 담당하도록 하는 것도 한 사례에 해당됨
- 아웃소싱(outsourcing): 아웃소싱이란 기업의 내부 프로젝트나 제품의 생산, 유통, 용역 등을 외부의 제3자에게 위탁, 처리하는 것을 말하는데, 원래 미국 기업이 제조업 분야에서 활용하기 시작했으며, 핵심 사업에만 집중하고 나머지 부수적인 부문은 외주에 의존함으로써 생산성 향상을 극대화하려는 경영기법

〈 기출 등 주요 Key Word 〉

사회복지행정의 개념, 이론/ 조직구조 및 유형

O X 문제

01) 크리밍(creaming)현상이란 서비스조직들이 보다 유순하고 성공가능성이 높은 클라이언트를 선발하기 위해 비협조적이거나 어려울 것으로 예상되는 클라이언트를 배척(떠넘기기)하는 것을 말한다. (O/X)

02) 계층제적 권한구조, 정책과 행정 결정의 분리 등의 특징을 지닌 대규모 조직을 설명하는 이론은 관료제이론이다. (O/X)

03) 조직화(Organizing)는 조직목표와 과업변화에 부응하여 조직구조를 확립하는 과정이며, 조직의 공식구조를 통해 업무를 규정하는 것이다. (O/X)

04) 부적 엔트로피(negative entropy)는 체계가 해체 · 고갈되고 본질적으로 소멸해가는 상태를 말한다. (O/X)

05) 인간관계 모형은 갈등이 문제를 노출시켜 그에 따른 해결책을 찾게 함으로써 사회적 기능을 달성할 수 있다고 본다. (O/X)

06) 레드테이프(red tape, 번문욕례)는 불필요한 형식이나 절차는 만드는 현상을 말하며, 행정절차에서 많이 나타난다. (O/X)

07) 매몰비용(sunk cost)은 이미 사업에 투입된 비용을 말하며, 이로 인해 효과가 낮은 사업이라도 중단하기 어려운 경우에 직면하게 된다. (O/X)

08) 제도이론은 개방체계적 관점에서 조직에 대한 환경의 영향력을 강조하는 이론으로서, 거시적인 제도적 환경으로부터 나오는 규칙 등이 조직의 특성과 행태를 좌우한다고 본다. (O/X)

09) 행렬조직(Matrix Organization)은 전통적인 기능조직과 프로젝트조직이 결합된 행렬조직 형태이다. (O/X)

10) 조직외부의 정치적 상황에 주목하는 것은 개방체계이론들이다. 관료제는 폐쇄체계이론으로 조직외부의 정치적 상황에 주목하지 않는다. (O/X)

Answer **틀린 문제(4, 5) 해설**

04) 체계가 해체 · 고갈되고 본질적으로 소멸해가는 상태를 엔트로피(negative entropy)라고 한다.

05) 갈등이 문제를 노출시켜 그에 따른 해결책을 찾게 함으로써 사회적 기능을 달성할 수 있다고 보는 것은 구조주의모형이다.

기출문제

上·中·下

01) 사회복지서비스 기관들이 관료제 환경에서 나타나기 쉬운 병폐 중 다음에서 설명하는 것은? (2019, 보호직)

> 서비스기관들이 성과관리 평가제 등의 영향을 과도하게 받게 되면서 나타내기 쉬운 현상들 중 하나이다. 기관들은 서비스 접근성 메커니즘을 조정해서 가급적이면 유순하고 저비용 – 고성과 클라이언트를 선호하는 반면, 비협조적이고 고비용 – 저성과 클라이언트들을 배척하려는 경향을 보인다. 문제는 배척하려는 클라이언트들이 보다 절실하게 사회적 도움을 필요로 하는 사람들이기 쉽다는 점이다.

① 크리밍(creaming) ② 아웃리치(outreach)
③ 후광효과(holo effect) ④ 점증주의(incrementalism)

해설

크리밍(creaming)현상: 서비스조직들이 보다 유순하고 성공가능성이 높은 클라이언트를 선발하기 위해 비협조적이거나 어려울 것으로 예상되는 클라이언트를 배척(떠넘기기)하는 현상이다. 〈정답 ①〉

上·中·下

02) 사회복지행정 조직이론에 대한 설명으로 가장 옳은 것은? (2019, 서울시)

① 과학적 관리론은 계층제적 권한구조, 정책과 행정 결정의 분리 등의 특징을 지닌 대규모 조직을 설명하는 이론이다.
② 인간관계이론은 호손공장의 실험을 계기로 전개되었다.
③ X–Y 이론은 목표에 의한 관리를 강조하는 이론을 의미한다.
④ 목표관리이론은 목표보다는 인간관계를 강조하는 이론이다.

해설 오답노트

① 계층제적 권한구조, 정책과 행정 결정의 분리 등의 특징을 지닌 대규모 조직을 설명하는 이론은 관료제이론이다.
③ 목표에 의한 관리를 강조하는 이론은 MBO(목표관리이론)이다.
④ 인간관계를 강조하는 이론은 호손실험에의 체계화된 인간관계이론이다. 〈정답 ②〉

제8장 사회복지서비스 전달체계

제1절 전달체계의 개념

1. 전달체계의 의의 **

지역사회체계 속에서 사회복지서비스의 공급자와 소비자(클라이언트, 고객 또는 수혜자)간을 연결시키기 위한 조직적 장치라고 할 수 있음(Gilbert &Terrell, 1988)

1) 협의의 전달체계(집행체계)

서비스 전달자인 사회복지사와 서비스를 받는 고객인 클라이언트사이의 대면적 상호관계를 통하여 일정한 장(setting)에서 서비스를 전달하는 집행체계를 말함

2) 광의의 전달체계(행정체계+집행체계)

상부의 행정체계로부터 규제, 지원 및 감독을 받으며 서비스를 전달하는 서비스 전달체계로 행정체계와 집행체계를 포함하는 개념

2. 서비스전달체계의 주요원칙 ***

1) 전문성의 원칙

① 사회복지서비스의 핵심적 주요 업무는 반드시 전문가가 담당해야 함

② 전문가란 자격이 객관적으로 인정된 사람으로 자신의 전문적 업무에 대한 권위와 자율적 결정권 및 책임성을 지닌 사람

예) 사회복지사, 간호사, 물리치료사 등, 그 중에서 가장 보편적인 전문가는 사회복지사임

2) 적절성(충분성)의 원칙

① 사회복지서비스는 그 양 및 질과 제공하는 기간이 서비스의 목표달성에 충분해야 함

② 공공부조제도가 최저생계비 수준에 미치지 못하거나 실질적인 자활을 이끌어내지 못한다면 그것은 적절하지 못한 제도라고 할 수 있음

3) 포괄성의 원칙

인간의 욕구는 다양하고 복잡하기 때문에 이러한 다양한 욕구나 문제를 동시에 또는 순차적으로 해결하기 위해서는 다양한 서비스가 필요함

① 일반화 접근방법: 한 사람의 전문가가 여러 문제를 다루는 방법

② 전문화 접근방법: 각각 다른 전문가가 한 사람의 여러 문제를 다루는 방법

③ 집단 접근방법: 여러 전문가들이 한 팀이 되어 문제를 해결하는 방법

④ 사례관리방법: 한 전문가가 책임을 지고 계속적으로 필요한 서비스와 전문가를 찾아 연결시켜 주고 적절한 서비스를 받을 수 있도록 하는 방법

4) 지속성(연속성)의 원칙

개인의 문제나 욕구를 해결하는 과정에서 한 개인이 필요로 하는 다른 서비스는 조직 또는 지역사회 내에서 연속적이고 지속적으로 제공받을 수 있도록 상호연계 되어야 함

5) 통합성의 원칙

① 클라이언트의 문제는 대부분의 경우 복합적이고 상호 연관되어 있기 때문에 이러한 문제의 해결을 위한 서비스들도 서로 연관시켜 제공함

② 서비스가 통합적으로 제공되기 위해서는 한 책임자 아래 서비스들이 제공되고, 제공 장소들이 지리적으로 상호 근접되고 서비스프로그램 간 또는 서비스를 전달하는 조직간 유기적 연계와 협조체제를 갖추어야 함

6) 평등성의 원칙

특별한 경우 소득수준이나 연령으로 제한을 하는 경우를 제외하고는 기본적으로 성별, 연령, 소득, 지역, 종교, 지위와 관계없이 모든 국민에게 사회복지서비스를 제공함

7) 책임성의 원칙

① 서비스 제공자로서의 책임을 말하는 것으로서 사회에 대한 책임, 복지대상자에 대한 책임, 전문가에 대한 책임 등

② 책임성에 대한 문제는 서비스의 효과성과 밀접한 관련을 가지고 있음

③ 책임을 져야 할 주요 내용: 서비스가 클라이언트의 욕구에 적절히 대응하는 것인가, 전달절차가 적합한가, 서비스가 효과적이고 효율적인가, 서비스 전달과정에서의 불평과 불만

의 수렴장치는 적합 한가 등

8) 접근성의 원칙

① 사회복지서비스는 그것을 필요로 하는 사람들이면 누구나 쉽게 받을 수 있어야 하기 때문에 클라이언트가 접근하기에 용이하여야 함

② 클라이언트가 서비스를 제공받는 데 장애가 되는 다양한 요인들을 제거하는 것

③ 사회복지서비스의 접근성을 방해하는 요인

- 정보의 장애: 서비스에 대한 정보의 결여 또는 부족
- 지리적 시간적 장애: 원거리, 교통 불편, 서비스제공 시간 등
- 심리적 장애: 수치심, 부정적 사실을 표출하는 것에 대한 두려움 등
- 선정절차상의 장애: 대상자선정 기준의 복잡성, 긴 처리기간 등
- 자원의 부족: 서비스제공인력 또는 물적 자원의 부족 등

3. 전달체계의 통합방법 ***

1) 종합서비스센터

한 분야의 서비스를 두고서 그와 관련된 복수의 서비스들을 모두 한 곳에 모아 제공될 수 있게 함

예) 종합사회복지관, One Stop Service 등

2) 단일화된 인테이크(in-take)

전달체계 내의 조직들이 인테이크를 전담하는 공동창구를 두고 그 결과에 따라 적절한 서비스기획을 개발하는 것으로 종합서비스센터 다음으로 집중화의 강도가 높은 통합전략임

3) 종합적인 정보와 의뢰시스템

조직들은 각자의 독립성을 유지한 상태에서 단지 클라이언트의 교환이나 서비스간의 연결을 목적으로 정보와 의뢰시스템을 강화하는 방법

4) 사례관리

① 다양하고 복합적인 문제를 가진 개인이나 가족이 기능을 회복하고 증진할 수 있도록 개인과 주변 환경을 변화시키기 위해 지속적이고 통합적으로 개입하는 서비스모델

② 사례관리자가 중심이 되어 개별조직들에 분산되어 있는 서비스들을 클라이언트의 욕구에 맞추어 연결하고 관리하는 서비스체계

5) 트레킹(tracking)

클라이언트가 받은 서비스의 경로와 행적을 추적해서 정보를 서로 공유할 수 있도록 하는 시스템을 의미함

제2절 전달체계의 구분 및 유형

1. 전달체계의 구분

1) 구조 · 기능적 구분

(1) 행정체계

서비스전달을 기획 · 지원 · 관리하는 체계로 서비스를 간접적으로 전달함

예) 기초생활보장제도: 보건복지부, 시 · 도, 시 · 군 · 구

(2) 집행체계

수혜자들과 직접적인 대면관계를 통해 서비스를 전달하는 과정으로 행정체계의 지휘를 받으며, 규정이나 법규로 해결될 수 없는 복합적인 인간문제를 다루며, 가치 지향적이고 자율적이며 신축적인 운영이 필요함

예) 기초생활보장제도: 읍 · 면 · 동

2) 운영주체별 구분

(1) 공공 전달체계

정부(중앙 및 지방자치단체)나 공공기관(각 공단 등)이 직접 관리 · 운영을 담당함

예) 보건복지부를 중심으로 중앙정부, 지방자치단체 등

(2) 민간 전달체계

일반적으로 민간 사회복지기관이나 단체 및 개인이 직접 관리 · 운영을 담당함

예) 사회복지법인, 비영리 사단법인 및 재단법인, 종교단체, 기타 비영리 민간단체 등

2. 전달체계의 유형

1) 중앙정부 전달체계 ***

(1) 중앙정부의 필요성

① 사회복지재화나 서비스 가운데 의료나 교육서비스와 같은 것은 그 속성상 공공재적인 성격이 강하여 모든 국민들을 대상으로 하는 것이 전체사회 이득의 관점에서 유리한데, 현실적으로 이것은 중앙정부만이 할 수 있음

예) 사회보험

② 사회복지정책이 추구하는 가장 중요한 목표인 평등(소득 재분배)과 사회적 적절성(형평성)의 두 가치를 구현하는데 중앙정부가 유리함

- 중앙정부의 정책에 의해서만 조세의 징수와 급여제공의 양면에서 모든 국민들의 소득분배형태에 영향을 줄 수 있음
- 중앙정부의 소득재분배정책에 대해서는 정치적 저항이 적을 수도 있음

③ 중앙정부에 의한 사회복지정책은 다양한 사회복지에 대한 욕구를 체계화하고 다양한 프로그램을 통합 · 조정하거나 지속적이고 안정적으로 유지하는데 유리함

(2) 중앙정부의 문제점

① 중앙정부에서 제공하는 서비스나 재화들은 그것들의 공급량이나 형태에 관한 수급자의 선택이 반영되기 어렵기 때문에 효용을 극대화하는데 한계가 있음

② 중앙정부의 서비스나 재화는 공급자가 독점적이기 때문에 경쟁적인 체계에 비하여 가격과 질에 있어 불리할 수 있음

③ 중앙정부를 통하여 제공되는 재화나 서비스는 정부조직의 관료성으로 인하여 수급자의 욕구에 대한 대응이 빠르지 못하고, 지역의 특수한 욕구에 대응하는데 융통성이 적음

2) 지방정부 전달체계 ***

(1) 지방정부의 필요성

① 지역주민의 욕구를 중앙정부보다 더 효율적으로 해결할 수 있으며, 지방자치단체간 경쟁

논리에 의해 질 높은 서비스개발이 용이함

② 실험적인 서비스 개발이 용이하여 수급자들의 변화되는 욕구에 적극적인 대처가 가능하고, 수급자들이 정책결정에 참여할 기회가 많아져 수급자의 입장이 반영될 가능성이 높음

(2) 지방정부의 문제점

① 지역 간의 불평등을 야기하거나 사회통합을 저해(재정자립도의 차이)할 수 있음

② 프로그램의 안정성과 지속성이 취약함

3) 민간부문 전달체계 ***

민간전달체계는 대부분 사회복지서비스 부문에 집중되어 있으며 이 부문도 사회복지공급주체에 따라 다소 상이하긴 하나 대개 정부의 부분적인 재정지원과 행정적인 지도 · 감독아래 민간은 다양한 형태와 방법으로 전달체계가 수립 · 운영됨

(1) 민간부문의 필요성

① 정부가 제공하는 서비스에서 배제되는 클라이언트에 대한 서비스 제공이 가능할 뿐만 아니라 정부가 제공할 수 없는 서비스의 제공도 가능함

② 클라이언트에게 다양한 제공주체에 의한 동일한 종류의 서비스를 선택할 수 있는 기회를 제공함으로써 제공 주체간의 경쟁을 유발하여 서비스의 질을 높일 수 있음

③ 민간에서 발생하는 사회복지적 참여욕구를 수렴할 수 있으며 정부의 사회복지활동에 대한 압력단체로서 역할을 수행할 수 있음

④ 국가의 사회복지비용을 절감시킬 뿐만 아니라 사회복지 서비스의 선도적 개발 및 보급을 하는 역할을 담당할 수 있음

(2) 민간부문의 문제점

① 정부에 대한 의존도가 높고, 정부의 지나친 개입으로 자율적인 운영의 어려움

② 기관간 서비스간 연계가 부족하여 통합적인 서비스 제공의 어려움

③ 사회복지전문인력의 수준이 높지 않고 슈퍼바이저의 능력 및 노력이 부족함

4) 민 · 관 혼합전달체계 ***

(1) 의의

① 사회복지 재화나 서비스들 가운데 어떤 것들은 정부와 민간부문의 혼합체계를 통하여 제공되기도 하지만 이러한 전달체계는 특히 오늘날의 '복지국가의 위기' 의 시대에서 민영화(民營化)의 이름하에 강조되고 있는 경향이 있음
② 정부와 민간부문 혼합체계의 세부적 형태들은 다양한데, 사회복지프로그램의 운영은 민간부문이 맡도록 하되 정부가 민간부문에 재정적 지원을 하면서 일정한 조건을 붙여 여러 가지 규제를 한다는 점에서는 유사함

(2) 정부와 민간부문과의 계약(위탁운영): 국 · 공립시설

① 정부와 민간부문의 혼합체계 가운데 대표적인 형태는 정부가 제공할 재화나 서비스를 민간부문이 제공하도록 하는 대신 그것에 소요되는 비용을 정부가 부담하는 형태
② 정부는 일정한 재원 내에서 특정의 서비스를 지정만 할 뿐 그 서비스를 받기 위한 자격, 서비스의 형태, 세부적인 전달방법 등에 관한 규제 없이 민간부문이 독자적으로 운영하도록 하는 유형

(3) 정부의 민간부문 재정보조: 민간법인 · 시설 등

① 정부와 민간부문의 혼합체계는 정부가 민간부문 사회복지기관에 단순히 재정보조만 해주고 어떠한 규제도 하지 않는 형태로써 상기의 계약은 최소한 특정서비스를 지정함
② 민간부문의 독립성을 크게 높여 민간부문의 장점들을 부각시킬 수 있으므로 재화의 속성상 국가에 의하여 제공될 필요가 약하다면, 이 형태가 정부와 민간부문의 혼합체계 가운데 바람직한 형태라 할 수 있음

5) 통합사례관리 ***

① 탈시설화의 영향으로 그 필요성이 대두된 사례관리는 복지선진국에서는 1970년대 이후부터 지역사회를 기반으로 대상자에게 필요한 서비스를 지속적으로 사정하고, 이에 맞추어 사회자원을 조정하고 개발 · 활용하는 것에 초점을 두고 있음
② 지역사회의 중심성과 통합성에 초점을 둔 지역사회실천방법의 일종임
③ 시 · 군 · 구에 "희망복지지원단"이 설치 · 운영(2012년 7월)되었으며, 통합사례관리를 적극지원하고 있음

6) 민영화(privatization) ***

정부나 지방자치단체 등이 제공하던 사회복지서비스를 민간기관에 이양하는 것과 운영을 위탁하는 것을 포함하는 개념

(1) 민영화의 장점

① 서비스경쟁체계를 유도함으로써 효율성을 높일 수 있음

② 소비자의 입장에서 서비스선택의 폭을 넓일 수 있음

③ 관료제의 비효율성을 줄일 수 있음

④ 서비스제공의 융통성 · 창의성 · 신속성을 기할 수 있음

(2) 민영화의 단점

① 지역간 서비스의 차별 · 불평등의 문제 발생

② 운영비 증가로 인한 이용료 인상

③ 클라이언트에 대한 차별의 문제 발생

④ 영리기관의 참여로 서비스에 대한 산업화의 경향 등이 나타날 우려가 있음

※ 정리하기

〈사회복지급여 및 서비스의 전달체계 형태〉

• 사회보험

① 중앙정부(보건복지부, 고용노동부) → 공단(국민연금공단, 건강보험공단, 근로복지공단) → 각 공단지사 → 고객(클라이언트)

• 공공부조

① 중앙정부(보건복지부 등) → 광역자치단체(시 · 도) → 기초자치단체(시 · 군 · 구) → 읍 · 면 · 동 → 고객(클라이언트)

• 사회복지서비스

① 중앙정부(보건복지부 등) → 광역자치단체(시 · 도) → 기초자치단체(시 · 군 · 구) → 읍 · 면 · 동 → 고객(클라이언트)

② 사회복지기관(시설) 등 → 고객(클라이언트)

〈 기출 등 주요 Key Word 〉

사회복지서비스의 전달체계

O X 문제

01) 민간 전달체계는 이용자에게 폭넓은 서비스 선택권을 제공한다는 장점이 있다. (O/X)

02) 사회복지법인은 비영리공익법인으로서 민법상 재단법인이나 사단법인에 비해 공공성이 강조되는 사회복지서비스 전달기관이다. (O/X)

03) 중앙정부가 전달주체가 되면, 서비스의 접근성과 융통성이 더욱 커진다. (O/X)

04) 공공기관이 제공하던 서비스를 민간기관에 이양 또는 위탁하는 민영화추세가 강화되고 있다. (O/X)

05) 사회복지서비스 전달체계의 원칙 중 포괄성의 원칙은 인간의 욕구는 다양하고 복잡하기 때문에 이러한 다양한 욕구나 문제를 동시에 또는 순차적으로 해결하기 위해서는 다양한 서비스가 필요하다. (O/X)

06) 지역 내 서비스의 연계 및 조정의 기반을 마련하고 지원하는 민간협의조직은 지역사회복지협의회이다. (O/X)

07) 사회복지서비스 전달체계에서 구조 · 기능적 차원에서는 행정체계와 집행체계로 구분된다. (O/X)

08) 사회복지서비스 전달체계에서 행정체계에는 서비스를 기획 · 지시 · 지원 · 관리하는 것을 말한다. (O/X)

09) 사회복지서비스 전달체계에서 집행체계에는 서비스 전달기능을 주로 수행하면서 행정기능도 수행한다. (O/X)

10) 희망복지지원단은 기초자치단체인 시 · 군 · 구에 설치되어 있다. (O/X)

Answer **틀린 문제(3, 6) 해설**

03) 지역별 다양한 사회복지서비스 욕구에 탄력적으로 대응하기 쉬운 것은 중앙정부보다 지방정부가 더 용이하다.

06) 지역 내 서비스의 연계 및 조정의 기반을 마련하고 지원하는 민간협의조직은 지역사회보장협의체이다.

기출문제

上·中·下

01) 사회복지서비스 전달체계에 대한 설명으로 옳은 것만을 고른 것은? (2019, 지방직)

> ㉠ 민간 전달체계는 이용자에게 폭넓은 서비스 선택권을 제공한다는 장점이 있다.
> ㉡ 사회복지법인은 비영리공익법인으로서 민법상 재단법인이나 사단법인에 비해 공공성이 강조되는 사회복지서비스 전달기관이다.
> ㉢ 중앙정부가 전달주체가 되면, 서비스의 접근성과 융통성이 커진다.
> ㉣ 공공기관이 제공하던 서비스를 민간기관에 이양 또는 위탁하는 민영화추세가 강화되고 있다.

① ㉠, ㉡ ② ㉠, ㉡, ㉣ ③ ㉠, ㉢, ㉣ ④ ㉡, ㉢, ㉣

해설

㉢ 중앙정부가 전달주체가 되면, 서비스의 접근성과 융통성이 적어진다. 〈 정답 ② 〉

上·中·下

02) 희망복지지원단에 대한 설명으로 않은 것은? (2019, 지방직)

① 지방자치단체의 읍 · 면 · 동 행정복지센터에 설치되어 있다.
② 복합적 욕구를 가진 대상자에게 통합사례관리를 제공한다.
③ 자원의 총괄 관리업무를 수행한다.
④ 지역사회보장협의체 및 지역 내 관련 기관과의 연계와 협력을 추진한다.

해설

시 · 군 · 구에 "희망복지지원단"이 설치 · 운영(2012년 7월)되었으며, 통합사례관리에 대한 적극적인 지원을 전개하고 있다.

보충노트

통합사례관리의 필요성

- 탈시설화의 영향으로 그 필요성이 대두된 사례관리는 복지선진국에서는 1970년대 이후부터 지역사회를 기반으로 대상자에게 필요한 서비스를 지속적으로 사정하고, 이에 맞추어 사회자원을 조정하고 개발 · 활용하는 것에 초점을 두고 있다.
- 지역사회의 중심성과 통합성에 초점을 둔 지역사회실천방법의 일종이다. 〈 정답 ① 〉

제9장 사회복지조직 및 환경 관리

제1절 기획과 의사결정

1. 기획

1) 기획의 특성 **

① 미래지향적인 과정이며, 미래 활동에 대한 계속적인 준비과정으로 다양한 아이디어의 창출과 수용과정에서 유연성을 가지며 개방성을 띠고 있음

② 목표달성을 위한 수단적 과정이고, 조직과 프로그램의 의사결정과 연관이 있으며, 의도했던 방향으로 추진되도록 통제하는 과정으로 국민의 동의나 지지획득의 수단이 됨

> **※ 기획의 그레샴법칙(Gresham's law of planning)**
> 기획담당자가 무형적 · 창조적 · 쇄신적 · 비정형적인 문제는 무시하고 구조화되고 정형화된 일상적인 기획에 더 치중하는 현상이 발생하는 것을 말함

2) 기획의 과정(Skidmore) **

(1) 목표의 설정

① 목표는 어떤 활동의 주체가 달성하고자 하는 바람직한 미래의 상태를 말함

② 세부목표는 명료하고, 구체적이고, 측정가능하고, 현실적이며, 헌신성을 나타내며 세부목표가 달성되었을 때 변화될 것으로 기대하는 집단이나 요소를 구체화 하여야 함

(2) 기관자원의 고려

기관의 인적 · 물적 자원을 고려하는 것으로 지역사회의 사원 등을 확보하는 것이 필수적이며 직원의 수, 자질, 능력, 태도와 감정 등도 함께 고려되어야 함

(3) 대안의 모색

목표에 도달할 수 있는 여러 가지 대안들을 고려하는데 창의력이 특히 중요하며, 자유로운 집단토의 및 개인들 간 대화, 수집 정보 등을 통해 목표달성을 위한 대안을 찾을 수 있음

(4) 대안의 검토와 평가(결과예측)

기획은 기대의 과정으로 무슨 일이 일어날 것인가를 미리 평가해 보며, 열거한 대안의 비용이나 인적자원 등을 검토하고 기대효과와 장 · 단점을 평가함

(5) 최선의 계획결정

우선순위에 따라 최종적인 대안을 선택하는 과정, 우선순위는 대안의 중요성과 실현가능성에 따라 결정하는 것이 바람직함

(6) 구체적인 실행계획의 수립

합의된 목표에 도달하기 위하여 구체적인 프로그램을 기획하는 단계, 청사진 또는 도표를 작성하는 일을 포함하며 단계적 개요(일시, 장소, 대상, 일정, 예산, 기대효과)등 기록

(7) 변화를 위한 개방성 유지

개방성 혹은 융통성은 전체 기획과정에서 매우 중요하며, 수행과정에서 변화요인이 발생했을 때 그 변화가 보다 나은 발전을 가져오거나 유용한 자원을 수반하는 경우에는 계획의 변경을 지지해야 함

3) 기획의 필요성 ***

(1) 효율성 증진

사회복지환경에서 인력과 자원은 한정되어있기 때문에 최소의 비용과 노력으로 효율적인 서비스를 제공하여야함

(2) 효과성 향상

사회복지행정이 클라이언트에게 제공한 서비스는 그의 문제나 욕구를 해결하는데 효과가 있어야 하는데 계획된 활동이 아니라면 그 결과는 바라는 대로 달성되기 어려움

(3) 책임성 강화

사회복지행정은 사회의 인가를 받아 국고와 개인의 기부금을 사용하고 있기 때문에 조직 외부의 정치 · 경제적 영향을 고려해 서비스는 효과적이고 효율적으로 제공할 책임을 져야함

(4) 조직의 사기진작에 기여

기획과정에는 많은 조직원이 참여할 수 있고, 참여를 통한 기여와 조직원들의 의견수용이 수반되며, 조직원들은 자신들의 참여로 계획이 이루어진데 대한 인정과 성취감을 얻을 수 있기 때문에 사기를 높일 수 있음

(5) 조직목표의 모호성 감소

급격히 변화하고 있는 환경으로 인한 미래의 불확실성을 감소시키고 조직의 목표를 재확인할 수 있음

(6) 문제해결을 위한 합리성의 증진

기획은 문제해결과 의사결정을 위해 타당하게 적용될 수 있으므로 합리성을 향상시켜 줌

4) 기획관련 기법 ****

(1) 간트차트(Gantt Chart, 시간별 활동계획도표)

① 1910년 간트(Gantt)에 의해 고안된 기법, 프로그램의 목표를 성취하기 위하여 일정기간 동안 수행하야여 할 과업과 활동을 나열한 도표

② 가로축에는 월별 또는 일별 시간을 기입하고, 세로축에는 프로그램의 세부목표와 관련활동을 기입하며, 시간적 순서에 따라 막대 도표를 사용하여 나타내는 방법

③ 장점 및 단점

- 장점: 상대적으로 복잡하지 않은 사업을 계획할 때 주로 사용되며 단순 명료함
- 단점: 세부적인 활동내역이 포함되지 않아 과업들 간 연관성 파악의 어려움

(2) 프로그램평가 검토기법(PERT)

① 1950년대 미국의 핵잠수함의 건조과정에서 고안된 방법, 시간계획을 논리적 흐름에 따라 연결시켜 도표화함으로써 주어진 일정 내에서 완수해야할 과업을 규정하고 통제하는데 유용함

② 목표달성을 위하여 설정된 주요목표와 프로그램의 상호관계 및 시간계획을 연결시켜 도

표화하였으며, 기본적인 원칙은 특정 프로그램의 목표에 따라 이와 관련된 과업활동, 세부활동 간의 관계를 논리적으로 시간순서에 따라 도식화함

③ 장점

- 개별 활동들을 앞당기거나 늦추는 것이 전체 프로젝트에 미칠 영향력을 파악할 수 있음
- 전체 프로젝트를 완수하는데 걸리는 시간을 추정할 수 있음
- 프로젝트 완수를 위해 필요한 과업들을 전체 그림을 통해 보여줄 수 있음

※ 임계경로(임계통로, critical path)

최초의 과업에서 최종과업에 이르는 경로가운데, 가장 오랜 시간이 소요되는 경로를 말하며, 과업을 달성하기 위해 최소한 확보해야 할 소요시간을 의미하기도 함

(3) 월별 활동계획카드(Shed-U graph)

① 미국의 Remingtom-Rand회사에서 고안해 낸 것으로 간트차트와 비슷한 성격을 가짐

② 카드의 위쪽 가로에는 월별이 기록되고, 해당 월 아래에 과업을 적은 작은 카드를 꽂음

③ 시간에 따라 변경하고 이동하는 것은 편리, 업무간 상관관계를 파악하는 데는 어려움

(4) 조직의 환경분석(SWOT)

① 어떤 프로젝트를 수행하기 위해 조직의 내부와 외부의 환경을 분석함

② 내부 환경의 분석은 그 프로젝트를 추진하는데 조직의 강점과 약점을 파악함

③ 외부환경의 분석은 기회와 위기를 분석하여 활용하는 기법

(5) 마일스톤(milestone, 프로젝트관리)

① 프로젝트 진행 과정에서 특기할 만한 사건이나 이정표를 말함

② 프로젝트 성공을 위해 필수적인 사항들을 각 단계별로 체크함으로써 전체적인 일정이 늦춰지지 않고 제 시간 안에 과업이 종료될 수 있도록 관리하는데 도움을 줌

③ 프로젝트 계약, 착수, 인력투입, 선금 수령, 중간보고, 감리, 종료, 잔금 수령 등 프로젝트 성공을 위해 반드시 거쳐야 하는 중요한 지점을 말함

④ 중요한 핵심적인 사항들만 체크하기 때문에, 그다지 중요하지는 않더라도 프로젝트 진행에 꼭 필요한 다양한 요소들을 상세하게 파악하기 힘들다는 단점이 있음

(6) 책임행렬표

① 프로젝트 내 활동별로 각 구성원에게 부여된 역할, 책임, 권한을 나타낸 것

② 표에는 프로젝트의 목표, 활동, 책임유형을 구성원별로 제시하고 있음

③ 책임유형에는 업무수행자, 업무책임자, 조언제공자, 보고대상자 등이 있음

2. 의사결정

1) 의사결정의 의의 및 방법 ***

(1) 의사결정의 의의

① 조직의 목표를 달성하기 위한 여러 대안 중에서 최선의 대안을 선택하는 행동

② 협의의 의사결정은 여러 대안 가운데 하나를 선택하는 과정이고, 광의의 의사결정은 최종 대안이 있기까지 취해지는 모든 과정을 포함함

(2) 정형적 의사결정과 비정형적 의사결정

① 정형적(programmed)의사결정: 절차, 규정, 방침 등에 따라 규칙적인 의사결정행위가 전개되는 결정형태

② 비정형적(non-programmed) 의사결정: 사전에 결정된 기준 없이 이루어지며 보통 단발적이고 예상하지 못한 상황에 대한 결정형태

(3) 판단적 결정과 문제해결 결정

① 판단적 결정: 개인이 가지고 있는 지식과 경험에 의존하는 방법이며, 사회복지기관에서 사회복지행정가는 판단적 결정을 통해 대다수의 의사결정을 함

② 문제해결 결정: 합리적인 절차를 통해서 이루어지는 결정이며, 정보의 수집 · 연구 · 분석의 과학적이고 객관적인 과정을 포함

2) 개인적 의사결정기법 **

(1) 의사결정나무분석(decision tree analysis)

개인이 가능한 여러 대안을 발견하여 나열하고 각각의 대안을 선택했을 경우와 그렇지 않은 경우의 결과를 연속적으로 그려가면서 최종의 결과를 생각하는 방법

(2) 대안선택흐름도표(alternative choice flow chart)

① 목표가 분명하고 예상 가능한 사항의 선택에 적용될 수 있음

② Yes와 No로 답할 수 있는 질문을 연속적으로 작성해 예상결과를 결정하도록 하는 도표

3) 집단의사결정 기법 ****

(1) 브레인스토밍(brainstorming)

① 오스본(Osborm)에 의해 제시된 방법, 다수의 사람들이 모여 각자 의견을 발표한 후 최선의 방법을 찾아내는 방법

② 의사결정에 대한 아이디어를 구성원들이 자유롭게 개진하여 창의적인 대안을 선택하기 위한 방법

③ 다른 사람의 아이디어에 대해 비판을 해서는 안 되며, 아이디어의 질보다 양을 중요시 하는 의사결정 기법으로 능동적인 참여가 중요하다고 할 수 있음

(2) 명목집단기법(NGT: Nominal Group Technique): 소집단투표제

① 전문가들을 한 장소에 모아놓고 각자의 의견을 적어내게 한 후 그 것을 정리하여 집단이 각각의 의견을 검토하는 절차를 합의가 이루어질 때가지 계속하는 방법

② 보통 6~9명 정도의 소집단을 이용하여 의사결정을 하는 기법이며, 참여의식을 높이고 동기부여에 기여할 수 있으나 시간이 많이 걸리는 단점이 있음

(3) 델파이기법(Delphi)기법

① 1950년대 미국의 Rand Corporation의 Dalkey와 동료들에 의해 개발된 기법

② 전문가 또는 관련자들로부터 우편(메일)으로 의견이나 정보를 수집하여 분석한 결과를 다시 응답자들에게 보내 의견을 묻는 방식

③ 특정한 관심사에 대한 올바른 판단을 체계적으로 집계하는 방법으로서 몇 단계의 설문을 사용

④ 집단의 판단을 체계적으로 유도해 나가기 위해서 설문에 대한 응답은 무기명, 반복 또는 통제된 환류를 통한 정보수집과정, 집단의 반응을 통계 · 분석해서 집약하는 방법을 사용

⑤ 장점: 익명성으로 특정인의 영향력 감소, 집단의 의견에 개인을 순종시키려는 집단의 압력 감소, 응답자의 시간을 효율적으로 이용할 수 있는 점 등

⑥ 단점: 반복적인 과정을 거치므로 시간이 많이 걸리고, 소수의 의견은 판단의 합의를 얻기 위해 제거되는 점 등

제2절 리더십과 조직문화

1. 리더십(Leadship)의 개념

1) 리더십의 특징 **

① 조직 목적달성을 위해 사람에 의해 만들어지는 활동이며 과정(역동적인 행위)

② 사람에게 영향력을 주기 위한 활동, 특정한 목적의 달성을 위한 의도적인 노력

2) 리더십의 필요성

① 지역사회의 환경과 압력에 적절히 대응하기 위해 필요하며, 새로운 기술이나 구조의 도입과 같은 내부적 변화가 조직에 통합될 수 있게 하기 위함

② 전문가의 자율적 욕구와 조직의 통제적 욕구를 매개하여 구성원들이 조직의 규칙과 규정을 준수하고, 구성원의 목표와 조직목표 사이에 가능한 많은 일치를 가져오기 위함

리더십과 헤드십

리더십(Leadership)	헤드십(Headship)
상호작용적, 자발적, 비일상적 발동	일방적, 계속적, 규칙적 발동
법적 구속력 없음	법적 구속력 있음
인간적 차원의 유인	계층적 지위에 의존한 공식적 권한 행사
전문능력, 인간적 자질과 특성에 유래	공식적 법적 지위에 유래
쌍방적 의사소통	일방적 의사소통
심리적 유대감에 의한 추종	강제력을 전제로 강압적 분위기
신뢰와 인정	물질적 보상과 처벌에 의존

2. 리더십 이론

1) 특성(자질)이론(Trait Theories): 리더의 특성과 사질 중시 ***

① 1940~1950년대 주장된 이론, 스톡딜(Stogdill)은 리더는 고유한 개인적인 특성만 가지고 있으면 그가 처해 있는 상황이나 환경에 관계없이 리더가 될 수 있다고 함

② 성공적인 리더의 특성을 신체적 특성, 사회적 배경, 지능 · 성격 · 과업과 관련된 특성, 사

회적 특성 등 6가지 범주로 구분하여 제시함

③ 리더의 특성: 비전 · 전문성 · 동기부여 · 정서적 안정 · 신뢰도와 자신감 · 생동감, 카리스마 · 외모 등

2) 행위(행동)이론(Behavior Theory): 리더의 행동 중시 ****

(1) 행위이론의 개념

① 1950~1960년대 주장된 이론, 특성이론에 대한 비판으로 등장, 리더십을 특성이 아니라 행위로 보기 시작함

② 특성은 타고나는 측면이 강한 반면, 행위(형태)는 후천적으로 교육과 개발이 가능하다는 이유 때문에 리더의 중요한 측면은 리더의 특성이 아니라 다양한 생활에서 리더가 어떻게 행동하는가에 있음

③ 구성원의 업적과 만족에 긍정적인 영향을 미치는 효과적인 관리자행동에 초점을 두며, 효과적인 행동을 밝혀냄으로써 리더십을 전수할 수 있고, 훈련을 통해 누구나 리더십을 개발할 수 있음

(2) 오하이오(Ohio)연구: 구조적 · 배려적 리더십

① 구조적 리더십(구조화 행동요인)

- 리더가 과업을 조직화하고 정의하며, 업무를 할당하고 의사소통망을 확립하여 업무를 완수하도록 이끌어 주는 행위

② 배려적 리더십(배려 행동요인)

- 구성원의 복지를 위한 관심을 나타내며 구성원들의 어려움과 특별한 상황들을 고려해서 지지해 주고 반응하는 행위

③ 연구결과: 높은 배려수준과 낮은 불평등수준 사이에는 높은 상관관계가 있음을 발견함

- 구조주도와 배려의 수준이 높을 때 부하들의 불평등 수준과 이직률은 가장 낮고, 생산성은 높음
- 구조주도와 배려의 수준이 낮을 때에는 불평수준과 이직률이 높음

(3) 미시간(Michigan) 연구: 직무중심적/ 직원중심적 리더십

① 직무중심 리더십(과업중심적 행동)

- 오하이오 연구의 '구조화 행동'과 유사하며, 세밀한 감독과 합법적인 강제력을 활용하

여 업무계획표에 따라 이를 실천하고 업무성과를 평가
- 기획 · 통제 · 조정 · 인정 · 관심 등의 내용을 중심으로 구성

② 직원중심 리더십(구성원 중심적 행동)
- 오하이오 연구의 '배려 행동'과 유사하며, 책임의 위임과 인간지향적인 구성원의 복지 · 욕구 · 승진 · 개인적인 성장에 관심
- 친근감 · 감사의 표시 · 인정 · 관심 등의 내용을 중심으로 구성

③ 연구결과: 구성원중심의 리더십이 직무중심 리더십보다 높은 생산성과 직무만족도가 나타남

(4) 관리격자 모형(R. Blake & J. Mouton)

① 어떤 방향에서 리더의 행동유형을 개발하는 것이 가장 효과적인가를 제시한 이론

② 리더의 인간에 대한 관심과 생산에 대한 관심을 두 개의 축으로 하여 상호작용에 초점을 두는 분류방식
- 관리망은 횡축과 종축을 따라 각각 9개의 위치로 설정, 81개의 합성적 리더십유형 도출
- 네 모퉁이와 중앙 등 기본적인 5개의 리더십유형이 중요: 방임형(1.1), 인간중심형(1.9), 생산지향형(9.1), 중도형(5.5), 통합형(9.9)

③ 연구결과: 통합형인 팀형(9.9) 리더밑에 있는 집단들에서 가장 높은 성과가 나타남

> **※ 리더십의 4P**
> 다른 사람(People)이나 조직에 영향을 끼쳐(Power) 그들이 자신의 능력을 최대한 발휘함으로써 어떤 임무 · 목적을 달성(Performance)하는 지속적인 상호작용(Process)을 말함

3) 상황이론(Situational Theory): 리더가 처한 상황의 중시 ****

(1) 상황이론의 개념

1970년대에 주장된 이론, 행동이론의 한계를 인식하고 리더를 둘러싸고 있는 상황분석에 초점을 둔 이론

① 특정한 상황(리더의 권한, 리더가 수행하는 과제의 성격, 부하의 능력과 동기, 외부환경 속성 등)에 따라 리더십의 효과성은 다르게 나타남

② 성공적 리더십도 조직이나 집단의 상황에 따라 상이할 수 있음을 전제로 한 이론

③ 주어진 상황에 따라 리더의 능력이나 가치가 다르게 평가되는 동시에 요구되는 리더의 형태와 자질이 달라진다고 주장함

④ 대표적 이론: 상황적합이론, 권력영향력 이론, 리더십 대체물 이론, 경로-목표이론, 허시와 블랜차드의 상황이론 등

○ **상황이론에 대한 비판**

① 상황변수가 복잡하고 측정이 어려우며, 리더나 부하직원의 기술적 능력 · 변화를 간과함

② 상황요소와 리더유형의 명확한 상관관계 규명 실패, 연구에 사용한 측정도구의 불명확

(2) 피들러(F. E. Fiedler)의 상황적합이론

○ **상황적합이론의 개념**

① 상황적 요소와 리더유형의 상관성에 초점, 모든 상황에 한 가지 형태의 행동이 지속적으로 효과를 가질 수는 없다고 봄

② 리더의 유형: 관계지향적 리더(조직원과의 관계에 중심을 둠)와 과업지향형 리더(업무성과 측면에 역점을 둠)

○ **연구 결과**

① 과업지향적 리더: 매우 호의적이거나 매우 비호의적인 상황에서 더 높은 성과가 나타남

② 관계지향적 리더: 호의성이 중간 정도일 때 가장 높은 성과가 나타남

○ **조직에 대한 리더의 영향력: 3가지 상황적 변수에 의해 결정됨**

① 리더와 부하의 관계: 리더가 구성원들로부터 받는 존경과 신뢰정도

② 과업이 구조화되어 있는 정도: 과업의 할당과 평가방식의 구조화

③ 관리자의 지위권력 정도: 리더에게 부여된 공식적 구성원 평가와 인사권의 영향정도

(3) 하우스(R. J. House)의 경로-목표이론

○ **경로-목표 이론의 개념**

① 브룸의 기대이론에 뿌리, 1970년대 에반스와 하우스에 의해 개발된 이론, 조직의 목표성취를 위해 가장 중요한 요인은 부하직원의 동기라 보고, 리더의 핵심역할은 부하직원의 동기를 높이는 것이라고 주장함

② 리더는 부하로 하여금 조직목표를 달성할 수 있다고 기대하는 행동경로를 명확하게 밝혀 주고, 원하는 보상은 더 쉽게 많이 받을 수 있다고 믿게 해야만 동기부여가 이루어져 성과를 높일 수 있다고 봄

○ 연구결과

지시적 리더십은 비 구조화된 과업에 종사하는 직원들에게 더 효과적이며, 지원적 리더십은 구조화된 일상적 과업을 수행하는 직원들에게 더 효과적이라는 결론을 얻음

○ 2가지 상황적 요인과 4가지 리더십 유형으로 구분

① 2가지 상황적 요인
- 부하의 상황: 부하의 능력 · 성격 · 동기와 작업집단의 특성, 작업의 구조화 정도
- 업무의 상황: 조직의 규칙 · 절차 등

② 4가지 리더십
- 지시적 리더십: 종업원들이 해야 할 사항들을 정확하게 언급하면서 이끄는 것
- 지지적 리더십: 종업원들의 욕구와 복지를 위해 노력하면서 이끄는 것
- 성취지향적 리더십: 종업원들에 대한 믿음, 도전적인 목표들을 제시함을 통해 이끄는 것
- 참여적 리더십: 종업원들의 견해를 존중하며 참여유도와 격려를 통해 이끄는 것

(4) 허시와 블랜차드(P. Hersey& K. H. Blanchard)의 상황이론

○ 상황이론의 개념

다양한 상황 중에서 부하직원의 상황에 주목하여 부하가 없으면 리더도 존재하지 않는다는 가정에 기반, 부하의 성숙도를 준비능력의 차원과 의지의 차원으로 나누어 2차원에 따라 4가지 형태의 성숙도 상황을 제시함

① 준비능력 차원: 부하의 지식, 경험, 기술보유 등

② 의지의 차원: 부하의 믿음, 헌신, 동기 등

○ 4가지 형태의 성숙도 상황

① 지시형 리더십: 부하가 능력과 의지가 모두 없는 경우

② 제시형 리더십: 부하가 능력은 없지만 의지는 있은 경우

③ 참여형 리더십: 부하가 능력은 있는데 의지가 없는 경우

④ 위임형 리더십: 부하가 능력과 의지가 모두 있는 경우

4) 번즈(Burns)의 거래적-변혁적 리더십이론 ***

조직의 안정에 초점을 두는지(거래적 리더십), 변화에 초점을 두는지(변혁적 리더십)에 따라 리더의 스타일을 2가지로 구분함

(1) 거래적 리더십

업무를 할당하고 업무결과에 대한 평가와 의사결정 등 일상적 역할에 주력하고, 교환관계에서는 부하의 이해관계에 초점을 두고 이해관계를 자극함으로써 동기를 부여함

(2) 변혁적 리더십

① 조직의 합병을 주도, 신규부서를 만들고 새로운 조직문화를 창달하며 변화를 주도하고 관리해야 함

② 조직 구성원들이 조직변화의 필요성을 감지하고 그러한 변화를 이끌어 낼 수 있는 새로운 비전을 제시하는 능력이 있어야 함

③ 변혁적 리더십의 형태: 환경의 변화에 민감하게 대처, 신념과 이상에 대한 확신, 관습과 관행을 거부하고 스스로 모험과 도전 수행, 조직성원에 대한 신뢰감 제시

(3) 변혁적 리더십과 거래적 리더십의 차이

① 변혁적 리더십은 조직구성원을 추종자가 아닌 리더로서 개발시키고, 조직구성원이 개인의 이해관계를 초월하여 조직이 공공의 선을 지향할 수 있게 함

② 변혁적 리더십은 조직구성원들의 비전을 이루기 위해 어려움을 극복하면서 높은 수준의 헌신을 실천할 수 있게 함

구분	거래적 리더십	변혁적 리더십
목적	조직의 안정과 현상 유지	조직의 변화와 혁신
활동	규정 또는 규칙에 기반	규정 또는 규칙의 변화
보상	개인적	비개인적
리더와 추종자와의 관계	상호 의존적	상호 독립적
과업	일상적	비일상적

5) 퀸(R. Quinn)의 경쟁적 가치리더십이론 ***

(1) 경쟁적 가치리더십 이론의 개념

단순화 또는 이분화된 리더십이론이 아니라 통합적 관점을 유지하는 이론으로 리더십의 초점을 외부지향적-내부지향적으로 구분한 축과 통제위주-유연성위주로 구분한 또 하나의 축을 바탕으로 이를 조합한 4가지 영역으로 제시함

① 환경적응(비전제시가)

② 목표달성(목표달성가)

③ 형태유지(분석가)

④ 통합(동기부여가)

(2) 경쟁적 가치리더십의 유형

① 비전제시형 리더십: 외부 지향적이고 개방적이며 조직 활동의 유연성 추구

② 분석형 리더십: 내부지향적이며 구조화된 통제위주의 상반된 가치 요구

③ 동기부여형 리더십: 조직구성원간의 인간관계 향상에 가치, 유연성과 비집권적인 특성

④ 목표달성형 리더십: 조직의 생산성을 최대화, 통제와 규율위주의 공식적 리더십 지향

6) 하우스(House)의 카리스마 리더십 ***

카리스마 리더십은 Max Weber의 카리스마적 권위에서 출발, 카리스마는 부하들이 리더를 지원하고 수용하도록 만드는 대인적 매력, 이는 부하들의 행동에 대한 지지한 영향력을 준다고 강조함

(1) 카리스마 리더의 특성

① 높은 수준의 자기 확신, 분명한 비전과 비전에 대한 강한 신뢰, 개혁적이고 변화 지향적이며, 조직 환경에 대한 민감성, 원활한 의사소통, 높은 수준의 에너지 및 행동 지향적인 태도 등을 보임

② 구성원의 높은 기대와 신뢰를 바탕으로 조직을 이끌며, 높은 성과를 이룩할 수 있음

(2) 리디의 가리스마를 제고하는 부하의 특성

① 부하들은 리더의 신념과 유사한 신념을 갖고 리더의 신념이 옳았다고 믿음

② 부하들은 근무성과의 목표를 높게 설정하고, 임무에 몰입하며, 성공적인 임무수행에 자신들이 공헌할 수 있다고 믿음

3. 리더십의 유형: 칼리슬(Carlisle)

(1) 지시형 리더십: 전제적 리더십

① 명령과 복종을 강조하는 독선적 리더십으로 지도자는 상급자 중심으로 의사결정을 하며 하급자들에게 지시적임

② 통제와 조정이 쉽고 정책해석과 집행에 일관성이 있고, 조직원을 보상과 처벌의 연속선에서 통제와 관리를 함

③ 신속한 결정이 가능하므로 위기시에 기여할 수 있으나 조직원의 사기를 저하시키고 창의성을 살리는 것은 어려움

장점	단점
· 통제와 조정의 용이 · 정책의 해석과 수행의 일관성 · 신속한 의사결정 · 변화와 위기 시에 기여	· 과도한 통제로 사기 저하 · 잠재력 개발의 기회 감소 · 일방적 의사소통 · 적대감, 소외감, 비 융통성 초래

(2) 참여형 리더십: 민주적 리더십

① 조직구성원들을 조직의 의사결정과정에 보다 적극적으로 참여시키고, 새로운 정보의 교환이 활발하게 이루어지며 업무수행능력도 높아짐

② 의사결정에 많은 시간이 소요, 긴급한 의사결정을 할 때에는 어려움이 발생할 수도 있음

장점	단점
· 조직목표에 대한 참여동기의 증대 · 집단의 지식과 기술활용의 용이 · 개인의 가치, 신념 등의 고취 · 참여를 통해 경영의 사고와 기술습득 · 자유로운 의사소통의 장려	· 참여에 따른 의사결정시간의 많은 소요 · 긴급한 의사결정시 부적합 · 타협에 의한 중간적 결정경향 · 책임분산으로 활동성이 떨어질 우려

(3) 자율형 리더십: 위임적 리더십, 방임적 리더십

① 대부분의 의사결정권은 조직원들에게 위임하는 형태로서 조직원 스스로 목표를 세우고 실행하는 계획을 수립함

② 특정 과업해결을 위한 전문가 중심조직에 적합한 리더십이며, 조직원들은 조직의 규칙이나 정책을 위반하지 않는 범위 내에서 자유재량권을 행사함

③ 자문기관의 역할을 할 뿐 부하들에게 지시나 감독 등 리더의 명확한 역할에 대한 설명이

어렵고, 조직원들이 요구하지 않는 한 조언을 하지 못하며 내부적 갈등이 생겨도 이를 해결하지 못하는 경우가 발생할 수 있음

4. 조직문화

1) 조직문화의 기능

① 조직의 통합: 조직원들의 통합 또는 단결을 촉진하는 기능을 함
② 조직의 정체성 제고: 조직체의 기본가치와 전통을 인식시킴으로써 조직원들로 하여금 정체성을 느끼고 주장할 수 있게 함
③ 안정성과 유지: 조직에게 안정성과 계속성을 주는 요인으로 작용을 함
④ 일탈행위에 대한 통제: 조직원들이 공유된 이상이나 규범을 일탈할 때 통제기능을 함

2) 조직문화의 형성

(1) 조직문화의 형성

조직문화의 형성과 관련 가장 많이 주목하는 것은 바로 조직설립자나 최고경영자의 경영이념과 철학이 대표적임

(2) 조직문화의 유지 · 전파

① 조직문화에 적합한 사람의 선발, 오리엔테이션 및 훈련, 교육을 통한 사회화, 최고경영자의 언행과 조직 내에서의 각종 행사 등을 통해 유지 전파됨
② 의사소통을 통해 조직 구성원들을 사회화시켜 특정한 형태의 가치와 규범을 형성함

(3) 조직문화의 강도

① 조직의 믿음과 가치들이 더 넓게 더 깊게 공유되었을 때, 조직의 믿음과 가치들이 분명하게 위계되었을 때 강도는 더 커짐
② 조직구성원들이 오랫동안 조직에서 헌신할 때, 조직문화와 같이하는 리더십이 강할 때 강도는 더 커짐

〈 기출 등 주요 Key Word 〉

기획과 의사결정/ 리더십과 조직문화

O X 문제

01) 리더가 가진 특성이나 자질을 강조하는 것은 특성이론이며, 그러한 특성과 자질을 학습하면 누구나 리더가 될 수 있다고 주장하는 것은 행위(행태)이론이다. (O/X)

02) 허시와 블랜차드(P. Hersey& K. H. Blanchard)의 상황이론에서는 리더십 유형의 유효성을 높일 수 있는 상황조절변수로 부하의 성숙도를 들고 있다. (O/X)

03) 블레이크와 머튼(R. Blake & J. Mouton)이 제시하는 관리격자이론에서는 중도형 리더십이 가장 이상적인 리더십으로 간주한다. (O/X)

04) 의사결정나무분석(decision tree analysis)은 개인이 가능한 여러 대안을 발견하여 나열하고 각각의 대안을 선택했을 경우와 그렇지 않은 경우의 결과를 연속적으로 그려가면서 최종의 결과를 생각하는 방법이다. (O/X)

05) 브레인스토밍(brainstorming)은 다수의 사람들이 모여 각자 의견을 발표한 후 최선의 방법을 찾아내는 방법으로 의사결정에 대한 아이디어를 구성원들이 자유롭게 개진하여 창의적인 대안을 선택하기 위한 방법이다. (O/X)

06) 명목집단기법(NGT은 소집단투표제라고도 하며, 전문가들을 한 장소에 모아놓고 각자의 의견을 적어내게 한 후 그 것을 정리하여 집단이 각각의 의견을 검토하는 절차를 합의가 이루어질 때가지 계속하는 방법이다. (O/X)

07) PERT는 하나의 과업을 달성하는데 필요한 다수의 세부사업을 단계적 결과와 활동으로 세분화하여 관련된 계획공정을 관계도식으로 형성하고 이를 최종 목표로 연결시키는 종합계획 관리기법이다. (O/X)

08) 아웃소싱(outsourcing)이란 기업의 내부 프로젝트나 제품의 생산, 유통, 용역 등을 외부의 제3자에게 위탁, 처리하는 것을 말한다. (O/X)

09) 임계경로(critical path)는 최초의 과업에서 최종과업에 이르는 경로가운데 가장 오랜 시간이 소요되는 경로를 말한다. (O/X)

10) 비정형적(non-programmed) 의사결정은 사전에 결정된 기준 없이 이루어지며 보통 단발적이고 예상하지 못한 상황에 대한 결정이다. (O/X)

Answer **틀린 문제(3) 해설**

03) 블레이크와 머튼(R. Blake & J. Mouton)이 제시하는 관리격자이론에서는 통합형리더십이 가장 이상적인 리더십으로 간주한다.

제3절 인적자원관리

1. 인적자원관리의 개념

1) 의의 및 목적

(1) 인적자원관리의 의의

① 기관의 운영목적을 달성하기 위하여 인적 자원을 최대로 활용하기 위한 관리 활동

② 조직의 목적을 달성시키고, 조직 내 이해관계를 조정하는 관리활동

③ 인력계획, 경력관리, 보수 및 퇴직금, 안전 및 복무후생, 사기와 인간관계관리, 복무와 근무규율, 노사협조, 인사관리 정보체계 등

(2) 인적자원관리의 변화방향

① 전통적 인사관리: 승진 중심의 수직적 이동, 낮은 조직간 이동성, 지시통제위주의 관리, 직급중심의 인사체계 등

② 현대적 인사관리: 전문성 위주의 수평 및 수직적 이동, 높은 조직간 이동성, 임파워먼트형 관리방식, 직무와 역량 중심의 인사체계 등

2) 공직의 임용방법 **

(1) 엽관주의와 실적주의

① 엽관주의: 임용기준을 임용권자의 혈연 · 지연 · 학연 · 정당관계 등 귀속성에 중점을 두는 임용방법

② 실적주의: 개인의 객관적인 능력 · 자격 · 실적 등에 중점을 두는 임용방법

(2) 계급제와 직위분류제

① 계급제: 인적 요소를 기준으로 직위를 분류하는 제도이며, 일반행정가를 양성하기에는 용이하지만 전문행정가의 양성에는 어려움이 있음

② 직위분류제: 직무의 종류와 전문성, 난이도와 책임도 등에 따라 직위를 분류하는 제도로 전문성이 강조되는 분류형태이며 객관적인 실적평가가 가능한 제도

3) 인적자원관리의 과정 ***

(1) 충원계획

① 조직에 필요한 유능한 인재를 채용하기 위해 장기적인 관점에서 계획을 수립하여야 함
② 충원할 직위에 대한 직무분석, 직무기술서와 직무명세서의 작성을 통해 인원수 및 자격 등을 확정함
③ 직무기술서와 직무명세서는 직무분석이 이루어진 이후에 작성되어야 함

- 직무분석: 한 사람이 수행하는 단위업무를 직무라 하며, 인적자원관리의 기초를 세우기 위하여 직무내용을 분석하는 것
- 직무기술서: 직무자체에 대한 기술서이며, 직무명칭 · 직무개요 · 작업환경 등이 포함되며, 직무의 성격 · 내용 · 수행방법 · 직무에서 기대되는 결과 등을 간략히 정리해 놓은 문서
- 직무명세서: 특정한 직무를 수행하는 데 필요한 수행의 지식 · 기능 · 능력 등 자격요건을 명시해 놓은 문서
  예) 사회복지사 1급 자격증 소지자, 운전면허증 1종 소지자 등

(2) 모집

① 유능하고 우수한 사람들이 관심을 가지고 지원하도록 하는 적극적인 모집활동이 필용함
② 모집방법은 광고, 안내, 대학이나 교육훈련기관의 추천의뢰 등

(3) 선발

지원자 중에서 조직이 원하는 최적의 인력을 선택하는 과정을 의미하며, 선발방법에는 서류심사, 필기 및 실기시험, 면접 등

(4) 임용

선발된 인원 중에서 필요한 사람을 고용하겠다는 공식적 계약과정을 의미하며, 직원을 채용할 때에는 보통 시보임용이나 수습임용을 하는 경우가 대부분이고, 또한 채용과정에서 계약에 의하여 직급과 연봉을 결정하는 경우가 대부분임

(5) 교육 · 훈련

인사관리과정에서 최초의 교육훈련은 오리엔테이션으로 대표되며, 오리엔테이션은 조직문화를 이해하고 조직구성원의 관계를 설정하는데 의미 있는 과정이 될 수 있음

(6) 배치 및 평가

① 배치: 조직이 필요로 하는 직위에 가장 적합한 사람을 근무토록 하는 것이며, 조직목표 달성뿐만 아니라 인력의 자기계발을 위해서도 중요한 의미를 갖기 때문에 인력의 전문성을 가장 잘 활용할 수 있는 관점에서 시행되어야 함

② 평가: 업무수행 평가를 통해 장애나 문제점 등을 파악할 수 있고 연봉, 훈련, 승진 등에 활용을 함

(7) 승진

① 조직구성원의 입장에서는 자아발전의 욕구를 충족시키며, 조직의 입장에서는 효율적인 인력개발의 토대가 됨

② 방법에는 능력에 따른 합리적 기준에 의해 승진을 결정하는 능력주의 승진과 선임권을 위주로 하는 연공서열주의 승진이 있음

③ 직무에 대한 직원의 수행결과에 기초하여 지위와 보수를 발전시키는 것을 의미하며, 승진에서 중요한 요소는 근무경력, 업무수행능력 등이며, 기타 학력, 시험성적, 교육훈련성적, 상벌사항 등도 기준으로 활용될 수 있음

(8) 이직 및 퇴직

정년 등 여러 가지 사유로 인력이 근무하는 기관을 떠나는 것을 의미함

2. 슈퍼비전과 슈퍼바이저

1) 슈퍼비전(Supervision) ****

(1) 슈퍼비전의 의의

① 사회복지조직에서 활동하고 있는 직원들이 전문성과 능력을 발휘할 수 있도록 교육 및 지도하고 원조하는 과정

② 사회복지기관의 서비스제공자인 사회복지사의 기술력을 향상시키고 이를 통해 서비스의

질을 높이기 위한 교육적 · 관리적 활동을 의미함

③ 궁극적 목적은 클라이언트에 대해 효과적이고 질 높은 서비스를 제공함으로써 기관의 책임성을 높이는 것

(2) 슈퍼비전의 기능

① 교육적 기능

- 교육적 슈퍼비전의 핵심은 사회복지사의 지식과 기술의 향상이며, 슈퍼바이저는 교육을 통해 사회복지사의 문제해결능력과 실천기술의 향상을 도모함
- 슈퍼비전의 기능은 결국 하나의 전문인으로서 사회복지사의 능력을 향상시키는데 초점을 둠

② 행정적 기능

- 사회복지사에게 업무를 질적 · 양적으로 잘 분배하여 기관의 행정규정에 대한 정확한 이해를 돕도록 함
- 기관관리자들과 사회복지사의 의사소통을 촉진하는 역할과 함께 기관 활동에 대한 조정과 통제의 임무를 수행함

③ 지지적 기능

- 사회복지사가 자신의 업무에 대해 편안하고 좋은 감정을 가지도록 돕고 스스로 업무처리를 할 수 있도록 용기를 주고 지지해 줌
- 감정적으로 고갈 상태에 빠진 사회복지사들에게 정서적 사회적 지지를 제공하는 표현적이며 지지적인 리더십

(3) 슈퍼비전의 모형

① 개별 및 집단 슈퍼비전

- 개별슈퍼비전: 전통적 모형으로 1:1의 관계로 이루어지며, 개별화된 상황에서 슈퍼바이저가 사회복지사를 지도함
- 집단슈퍼비전: 사례발표나 회의, 프로그램 계획과 수행평가에 관한 토론 등을 활용하여 동료 간 또는 슈퍼바이저 간에 경험을 상호 공유하면서 원활한 의사소통을 꾀함

② 직접 및 간접 슈퍼비전

- 직접슈퍼비전: 슈퍼바이저가 사회복지사가 수행하는 것을 직접 관찰하면서 필요한 때에 즉각적으로 슈퍼비전을 제공함

- 간접슈퍼비전: 직접적인 관찰이 불가능한 경우 사회복지사의 설명을 듣거나 기록을 통해서 슈퍼비전을 제공하는 방법

③ 공식적 및 비공식적 슈퍼비전
- 공식슈퍼비전: 공식적인 상황에서 슈퍼비전을 제공하는 것을 말하며, 바람직한 형태의 슈퍼비전
- 비공식슈퍼비전: 사전에 준비 없이 이루어지는 것으로 가장 바람직하지 못한 형태의 슈퍼비전

2) 슈퍼바이저(Supervisior) ***

(1) 슈퍼바이저의 지위

① 일선 사회복지사와 행정가 양쪽에 대해 책임을 지며 중간관리자에 해당됨

② 사회복지사를 통하여 클라이언트와 간접적으로 접촉하며, 일선사회복지사가 클라이언트를 보다 잘 도울 수 있도록 원조함

③ 기관 내 업무환경과 기관에서 다루어져야 하는 업무 등과 관련되어 있으며, 초기 · 중기 · 종결의 단계적이고 계획적인 활동에 참여하며 각 단계마다 활동내용이 달라짐

(2) 슈퍼바이저의 조건

① 지식구비: 슈퍼바이저는 전문직에 대한 지식과 기관에 대한 종합적인 지식을 갖추어야함

② 실천기술과 경험구비: 슈퍼바이저는 자신이 클라이언트에 대한 문제를 해결해 본 실천경험과 기술을 갖추고 있어야 함

③ 개방적 접근의 허용: 응급 시 및 필요시에 하급자가 쉽게 접근하여 질문하고 어떠한 지도라도 받을 수 있도록 기회를 마련해야 함

④ 헌신적인 사명감: 기관, 하급자 및 자신간의 역동적 관계에 대하여 진실하고 지속적인 관심을 가지면 하급자에게 크게 도움을 줄 수 있어야함

⑤ 솔직한 태도: 하급자가 제기한 질문이나 문제해결에 대한 해답을 제시할 수 없을 때에는 자신의 입장을 솔직히 인정할 수 있어야 함

⑥ 감사와 칭찬의 태도: 감사와 칭찬의 태도를 가지고 하급자의 동기를 유발하고 전문직의 발전을 도모하여야 함

3. 동기부여이론

1) 매슬로우(A. H. Maslow)의 욕구단계이론 ***

(1) 욕구단계 이론의 개념

① 인간의 욕구는 가장 낮은 것으로부터 가장 높은 것으로 올라가는 계층이 있음

② 어떤 욕구가 충족되면 그 욕구는 더 이상 동기요인이 되지는 않음

③ 하위욕구가 충족되어야 상위욕구가 나타나게 됨

(2) 인간의 기본적 욕구(피라미드형)

① 생리적 욕구, ② 안전의 욕구, ③ 소속(애정)의 욕구, ④ 존경의 욕구, ⑤ 자아실현 욕구

2) 알더퍼(C. Alderfer)의 ERG 이론 **

(1) ERG 이론의 개념

① 상위욕구를 충족시키기 전에 하위 욕구가 먼저 충족되어야 한다는 매슬로우(Maslow)의 가정을 배제함

② ERG 이론은 매슬로우의 5가지 욕구를 존재의 욕구, 관계의 욕구, 성장의 욕구 등 3가지 범주로 나누어 설명함

(2) ERG 이론의 범주

① 존재의 욕구(Existence needs): 매슬로우의 생리적 욕구와 안전욕구를 포함

② 관계의 욕구(Relatedness needs): 매슬로우의 소속욕구와 존중욕구 일부가 해당

③ 성장의 욕구(Growth needs): 매슬로우의 존중욕구와 자기실현의 욕구에 해당

3) 허즈버그(F. Herzberg)의 동기- 위생이론(2요인이론) ***

허즈버그는 불만을 일으키는 요인(위생요인, 불만요인)과 만족을 주는 요인(동기요인, 만족요인)은 서로 다르다는 욕구충족 2원론을 제시함

(1) 동기요인(만족요인)

① 맥그리그의 Y이론과 관련되며, 직무 그 자체 · 직무상의 성취 · 직무성취에 대한 인정 · 승진 · 보람 있는 일 · 책임 · 성장 · 발전 등

② 일 그 자체와 관련되며 충족이 되면 적극적 만족감을 느끼고 근무의욕이 향상됨
③ 인간의 정신적 측면, 즉 자기실현 욕구 · 존경욕구 등 상위욕구와 관련되며 장기적인 효과와 관렴됨

(2) 위생요인(불만요인)

① 맥그리그의 X이론과 관련되며 조직의 정책 · 관리 · 급여 · 대인관계 · 노동조건 등
② 일하고 있는 환경과 관련되며 개선이 되면 불만을 감소시키는 역할을 하며 충족되어도 근무의욕을 향상시키지는 않음

4) 맥클랜드(D. McCelland)의 성취동기이론 **

① 권력욕구: 구성원들에게 통제력을 행사하거나 행동에 영향을 미치려는 욕구 등
② 친화욕구: 다른 사람과 친근하고 밀접한 관계를 맺으려는 욕구 등
③ 성취욕구: 어려운 일을 달성하려는 욕구, 다른 사람들과 경쟁하여 이기고 싶은 욕구, 자신의 능력을 최대한 발휘하고 싶은 욕구 등

5) 브룸(V. H. Vroom)의 기대이론: VIE이론 **

(1) 개념

① 어떤 일을 하게 되는 동기는 자신이 가장 중요시 하는 결과를 가져올 수 있다고 믿고 기대하는 대안을 선택하는 과정임
② 자신의 노력이 목표를 성취하는데 실질적으로 도움을 줄 것이란 확신을 갖게 될 때 더욱 크게 동기가 부여됨

(2) 주요 개념

① 유인성(V: Valence): 성과나 보상에 대한 매력, 즉 특정한 보상에 대해 개인이 느끼는 선호도, 예) 경제적 유인, 승진, 성취감, 신분보장에 대해 부여하는 가치 등
② 수단성(I: Instrumentality): 가능성에 대한 개인적 신념, 예) 성과상여금 등
③ 기대감(E: Expectancy): 특정 행위 또는 노력이 특정한 성과를 가져올 수 있다는 가능성 또는 주관적 확률과 관련된 믿음, 예) 팀제, 업무의 자기완결성 등

6) 아담스(J. S. Adams)의 형평성(공평성)이론 **

(1) 형평성이론의 의의

① 개인의 행위는 타인과의 관계에서 공평성을 유지하는 방향으로 동기가 부여되며, 업무에서 공평하게 취급받으려고 하는 욕망은 개인으로 하여금 동기를 갖게 함

② 자신이 직무를 수행하는데 투입한 노력 등과 조직으로부터 받는 산출을 계량화함

(2) 주요 개념

① 투입: 보상을 기대하고 조직에 투여한 능력 · 기술 · 교육 · 경험 · 사회적 지위 등

② 산출: 개인이 받는 수익으로 보수 · 승진 · 직무만족 · 학습기회 등

③ 준거인물: 자신의 투입에 대한 산출의 비율을 비교하는 대상 인물

7) 맥그리거(D. McGregor)의 X이론과 Y이론 ***

(1) 인간에 대한 가정

① X이론: 인간에 대한 부정적 가정, 지시와 통제 등 과학적 관리론적 관점에 바탕을 둠

② Y이론: 인간에 대한 긍정적 가정, 민주적 참여의 작업상황 등을 강조하는 인간관계론적 관점에 바탕을 둠

(2) X이론의 특징

① 1920년대 과학적 관리론과 고전적 조직이론에서 강조함

② 인간은 본래 일하는 것을 싫어하며, 가능하면 일을 하지 않으려고 함

③ 조직의 목표를 성취하기위해서는 통제와 지시는 필수적임

(3) Y이론의 특징

① 1930년대 인간관계론, 신고전적 조직이론에서 중시함

② 사람은 본래 일하기를 좋아하며 오락이나 휴식과 마찬가지로 자연스러운 것

③ 조직의 목표가 주어지면 스스로 자기통제와 자기지시를 할 수 있음

④ 자기만족, 자아실현 등 고급욕구의 충족에 의하여 일할 동기를 얻음

동기부여의 내용이론과 과정이론

※ 내용이론: 어떠한 요인이 조직구성원의 동기를 유발시키는가에 관심을 갖고 있음

- 매슬로우의 요구단계이론, 허즈버거의 동기-위생이론, 알더퍼의 ERG이론, 맥클랜드의 성취동기이론, 맥그리거의 X · Y이론 등

※ 과정이론: 어떠한 방법으로 조직구성원의 욕구를 충족시키는가에 관심을 갖고 있음

- 아담스의 형평성이론, 브룸의 기대이론, 로크이 목표설정이론 등

제4절 재정관리와 정보관리

1. 재정관리

1) 예산의 의의 **

① 일반적으로 예산(Budget)은 1년간의 조직운영 내역을 숫자로 표시하는 것

② 사회복지법인 및 사회복지시설의 회계연도는 정부 회계연도(1.1~12.31)에 따름

③ 사회복지조직은 "사회복지법인 및 사회복지시설 재무 · 회계규칙"의 적용을 받음

④ 1회계연도의 모든 수입은 세입으로, 모든 지출은 세출로 표시함

※ 예산의 적용법령

- 중앙정부: 예산회계법
- 지방자치단체: 지방재정법
- 사회복지법인 및 사회복지시설: 사회복지법인 및 사회복지시설 재무 · 회계규칙

2) 예산편성의 과정: 스키드모어(Skidmore)의 예산편성 6단계 ***

① 조직의 목표설정: 단기적이고 관찰과 측정이 가능하며 구체적인 세부목표를 장기적인 목표와 부합하는지를 검토하여 수립함

② 기관운영에 관한 사실의 확인: 과거와 현재 기관운영에 관하여 이용할 수 있는 기본적인 정보를 입수하고 연구함

③ 운영대안의 검토: 회계연도 내에 가능한 재원을 활용하는 여러 가지 대안을 검토함

④ 우선순위의 결정: 조직의 목표와 효과성, 효율성, 시급성, 재정의 가용성 등 기준의 운영방법과 새로 설정된 운영방법을 비교하여 우선순위를 결정함

⑤ 예산에 관한 최종적인 결정: 전체 기관과 기관 내에서 활동하는 개인들의 잠재력과 요구

를 고려하여 부서들의 요구를 조정하여 최종적으로 결정함

⑥ 적절한 해석과 홍보: 예산안이 최종적으로 확정되면 민간기관의 경우 이사회, 정부기관의 경우 예산담당부서에 예산청구의 필요성을 합리적으로 설명함

3) 예산의 성격상 분류 ***

(1) 예산의 구분

① 본예산: 일반적인 예산편성과 심의과정을 거쳐 최초로 확정된 예산

- 예산편성권(행정부), 심의 · 의결권(국회)
- 예산절차: 익년도 예산안 정기국회 제출(정부) → 예비심사(해당 상임위원회) → 본심사(예산결산특별위원회) → 본회의 의결(확정) → 정부로 이송

② 수정예산: 정부가 익년도 예산안을 국회에 제출한 이후 본회에서 의결하기 전에 불가피한 사유로 다시 수정하여 제출한 예산

③ 추가경정예산: 예산이 국회의 의결을 거쳐 확정된 이후에 발생한 사회경제적인 변화에 따른 불가피한 사유로 정부가 본예산을 변경하여 제출한 예산

(2) 임시예산 제도

① 잠정예산: 법정기한 내 본예산이 확정되지 않을 때 일정 예산의 지출을 사전에 허가하는 제도

② 가예산: 잠정예산과 유사한 제도이지만 차이점은 1개월 이내라는 제한이 있음

③ 준예산: 정부가 본예산이 확정될 때까지 인건비 등 필수경비, 법령상 지급의무가 있는 경비 등은 전년도 예산에 준하여 집행하는 제도(우리나라에서 사용하는 제도)

> **※ 재정관리의 과정**
> 예산편성(정부) → 심의 · 의결(국회) → 집행(정부) → 회계감사(감사원) → 결산승인(국회)

4) 예산모형의 유형 *****

(1) 품목별 예산(항목별 예산, LIB: Line-Item Budget)

○ 품목별 예산의 의의

① 지출대상 품목 및 서비스 별로 세분화하여 그 한계를 명확히 규정하는 예산체계

② 지출대상별로 편성하는 투입중심 예산이며 가장 오래되고 일반화된 예산편성방법

③ 전년도 예산을 근거로 일정한 금액만큼 증가시키는 점증주의적 예산방식을 취하게 됨

○ 품목별 예산의 장점

① 예산의 편성이 간편하고 비용을 조절하기기 쉬움

② 예산의 지출근거 명확하여 목별로 통제하기가 용이함

③ 예산의 지출이 항목별로 정리되므로 회계처리가 쉬움

○ 품목별 예산의 단점

① 점진적 특성으로 인해 예산증감을 신축성 있게 할 수가 없으며, 예산편성에 대한 충분한 근거자료의 제시에 어려움 있음

② 예산기능의 중복이 발생되며 특정 세부목표를 성취하기 위해 어떻게 공급될 것인지를 명백히 보여주지 못함

③ 예산증대의 근거가 프로그램의 특성과 평가에서 나오지 못하고 전반적인 물가인상률 등을 적용하는 것이 되어 효과성이나 효율성 등을 평가하는 타당한 근거보가 되지 못함

(2) 성과주의 예산(PB: Performance Budget)

○ 성과주의 예산의 의의

① 성과주의 예산은 품목별 예산의 단점을 보완하기 위한 방법으로 제시된 예산체계

② 조직의 활동을 기능별 또는 사업별로 나누고, 다시 세부사업별로 나누어 세부사업 단위의 원가를 계산하고, 여기에 업무량을 곱하여 예산액을 산출함

예) 예산액 = 단위원가×업무량

③ 성과평가를 예산에 반영하는 방식, 성과가 좋은 사업에 대하여 인센티브를 주는 방식

④ 우리나라도 1990년대에 정부예산에서 부터 성과주의예산을 도입하였음

○ 성과주의 예산의 장점

① 일반인들도 기관의 목표와 사업을 분명히 이해할 수 있음

② 단위 원가를 계산해 자금을 배분함으로써 합리성을 도모함

③ 사업별로 통제하기 쉽고 사업의 효율성을 기할 수 있음

④ 예산집행에 있어서 신축성을 부여함

⑤ 장기계획의 수립 및 실시에 도움을 줌

⑥ 예산편성에 있어 자금배정을 합리화할 수 있음
⑦ 정부의 정책이나 계획수립을 용이하게 하며, 입법부의 예산심사를 간편하게 함

○ **성과주의예산의 단점**
① 업무 측정단위와 단위원가의 산출이 어려움
② 회계의 책임이 명백하지 못함
③ 기능통합을 지나치게 확대시킬 우려가 있음
④ 엄격한 예산집행의 통제가 곤란함

(3) 기획 예산(PPBS: Planning-Programming Budget)
○ **기획예산의 의의**
장기적인 사업계획(Planning)을 세우고, 그것을 실천하기 위한 당해 연도의 프로그램계획(Programming)과 이를 뒷받침하는 예산을 통합하여 수립하는 예산체계

○ **기획예산제도의 기본원리**
① 절약과 능률: PPBS는 한정자원의 최적 활용을 위하여 능률과 절약을 기하는 데 있음
② 효과성: PPBS는 가능한 한 목표의 달성정도를 높이고자 하는 것
③ 과학적 합리성: PPBS는 체제분석 및 비용효과분석 등을 사용하여 의사결정에 있어서 가능한 주관적 편견을 배제하고 객관적 판단을 내리도록 함
④ 조정: PPBS는 행정조직 및 운영에서 조화 · 균형 · 통합을 확보하고자 하는 것

○ **기획예산의 특징**
① 조직의 장기적이고 일반적인 목표의 확인 · 개발이 가능함
② 목표를 달성하기 위하여 구체적이고 시간제한 적이며 계량적인 목표를 수립할 수 있음
③ 구체적 목표달성에 관련된 사실에 대한 정보를 수집할 수 있음
④ 수집된 자료를 근거로 구체적인 목표를 설정하고 우선순위를 정할 수 있음
⑤ 목표달성을 위한 수단으로 기존 프로그램을 포함한 제반 대안들을 개발 · 분석하여 최적의 대안을 검토할 수 있음
⑥ 프로그램별 예산을 통해 예상 수입원천과 실행 가능성을 검토할 수 있음
⑦ 현실성 있게 예산안을 수정하고 최종적인 예산안을 선택할 수 있음

○ **기획예산의 장점**

① 조직목표를 보다 정확하게 파악할 수 있음

② 합리적인 의사결정이 가능함

③ 여러 목표 가운데 가장 시급한 것을 선택할 수 있음

④ 목표달성을 위한 효율적인 수단의 분석이 가능함

⑤ 장기적인 사업계획에 대한 객관적 신뢰도가 높음

⑥ 조직의 통합적 운영이 편리함

○ **기획예산의 단점**

① 중앙집권화의 초래: 최고책임자에게 권한을 집중시키는 경향이 있음

② 계량화의 어려움: 달성되는 효과의 계량화가 어려움

③ 간접비 배분의 어려움: 공통비용이나 간접비의 배분에 어려움

④ 결과의 중시: 결과에만 치중하여 과정을 무시하는 경향이 있음

(4) 영기준 예산(ZBB: Zero-Based Budget)

○ **영기준예산의 의의**

① 과거의 우선순위나 관행에 구애받지 않고 영(zero)에서 출발, 채택된 프로그램에 관해서만 예산을 편성하는 예산체계

② 전년도 예산을 전혀 고려하지 않고, 영기준을 적용하여 체계적으로 비용-편익분석 혹은 비용-효과분석에 의거 사업우선순위를 결정하고 예산을 편성하는 제도

○ **영기준예산의 수립절차**

① 의사결정 단위의 확인: 독자적으로 의사결정을 할 수 있는 의미 있는 단위의 확인

② 의사결정 단위의 분석: 각 결정단위에서는 프로그램을 어느 수준에서 어떻게 수행할 것인가에 대한 의사결정대안의 개발

③ 각 대안의 비교 및 우선순위 부여: 각 대안들을 비교하여 우선순위를 결정함

④ 대안에 대한 예산배정 수준의 결정: 우선순위에 따라 적합한 대안을 선택함

○ **영기준예산의 특징**

① 예산의 효율성 제고, 정책결정이 상향적이며, 기존의 프로그램이라고 해서 높게 평가하지

는 않음

② 목표의 효율적인 성취에 중점, 어떠한 목적을 세울 것인가에 최대한 관심을 기울임

○ **영기준예산의 장점**

① 예산절약과 사업의 쇄신에 기여함

② 재정운영, 자금배정의 탄력성을 유지할 수 있음

③ 하의상달의 촉진으로 사업의 효과성을 향상시킴

④ 자원배분에 합리성을 기할 수 있음

⑤ 담당자나 하급관리자의 참여를 확대시킴

○ **영기준예산의 단점**

① 사업의 축소나 폐지가 쉽지 않음

② 목표설정이나 계획 기능이 위축됨

③ 심리적, 정치적 요인이 무시됨

④ 업무부담의 과중 및 분석기법의 적용한계 등

5) 예산의 집행 **

(1) 예산집행의 의의

① 수입과 지출에 관한 관리나 통제뿐만 아니라 회계통제, 산출통제, 관리행위에 대한 통제의 의미가 있음

② 조직목표의 효율적 · 효과적 달성과 조직의 존속까지 영향을 미침

③ 예산의 기능은 자원을 확보하기 위한 수단에서 조직의 목표를 달성하기 위한 수단으로 변화되었음

(2) 예산집행을 통제하는 기제

① 분기별 할당: 예산의 수입과 지출이 일정하지 않은 경우 예산의 수입과 지출을 분기별로 조정하여 균형을 유지할 필요가 있는 경우

② 지출사전 승인: 일정액 이상을 지출할 경우 최고관리자의 사전승인을 받도록 하거나 또는 지출액수에 따라 중간관리자의 사전승인을 받도록 하는 경우

③ 예산현황의 정기보고: 관리자는 월별 · 분기별로 재정현황을 보고받아 검토하는 경우

④ 예산의 대체: 회계연도 말에 재정현황이 사업별 또는 계정별로 과다지출 또는 과소지출된 경우에는 과소지출 분에서 과다지출 분을 메우기 위해 대체할 필요가 있는 경우

⑤ 지출의 연기: 조직 내 · 외로 부터의 지불요청에 대하여 의도적으로 적당한 방법을 통해 연기를 함으로써 수입예산의 입금기간의 여유를 갖게 하는 경우

⑥ 지출의 취소: 예상된 재정원천으로부터 수입이 인가되지 않거나 예상된 수입액이 입금되지 않을 경우에는 자금지출을 일시적 또는 최종적으로 취소하는 경우

⑦ 예산의 차용: 사회복지조직에서 차용은 은행 또는 특별단체(협회, 연합회, 정부단체 등)로부터 자금을 빌리는 경우

6) 사회복지법인 및 사회복지시설 재무 · 회계 규칙(보건복지부령) ***

(1) 총칙

① 회계연도: 법인 및 시설의 회계연도는 정부의 회계연도에 따른다.

② 출납기한: 1회계연도에 속하는 법인 및 시설의 세입 · 세출의 출납은 회계 연도가 끝나는 날까지 완결하여야 한다.

③ 세입세출의 정의: 1회계연도의 모든 수입을 세입으로 하고, 모든 지출을 세출로 한다.

④ 예산총계주의: 세입과 세출은 모두 예산에 계상하여야 한다.

(2) 예산의 편성 및 결정

○ 예산편성지침

① 법인의 대표이사는 매 회계연도 개시 1월전까지 그 법인과 해당 법인이 설치 · 운영하는 시설의 예산편성 지침을 정하여야 한다.

② 시장 · 군수 · 구청장은 특히 필요하다고 인정되는 사항에 관하여는 예산편성지침을 정하여 매 회계연도 개시 2월전까지 법인 및 시설에 통 보할 수 있다.

○ 예산의 편성 및 결정

① 법인의 대표이사 및 시설의 장은 예산을 편성하여 각각 법인 이사회의 의결 및 운영위원회에의 보고를 거쳐 확정한다.

② 법인의 대표이사 및 시설의 장은 확정한 예산을 매 회계연도 개시 5일전까지 관할 시장 · 군수 · 구청장에게 제출(정보시스템 제출포함)하여야 한다.

③ 시장 · 군수 · 구청장은 예산을 제출받은 때에는 20일 이내에 법인과 시설의 회계별 세

입 · 세출명세서를 시 · 군 · 구의 게시판과 인터넷 홈페이지에 20일 이상 공고하고 법인의 대표이사 및 시설의 장으로 하여금 해당 법인 및 시설의 게시판과 인터넷 홈페이지에 20일 이상 공고하도록 하여야 한다.

(3) 기타 예산제도

○ 준예산

회계연도 개시 전까지 법인 및 시설의 예산이 성립되지 아니한 때에는 법인의 대표이사 및 시설의 장은 시장 · 군수 · 구청장에게 그 사유를 보고하고 예산이 성립될 때까지 다음의 경비를 전년도 예산에 준하여 집행할 수 있다.

① 임 · 직원의 보수

② 법인 및 시설운영에 직접 사용되는 필수적인 경비

③ 법령상 지급의무가 있는 경비

○ 추가경정예산

① 법인의 대표이사 및 시설의 장은 예산 성립후에 생긴 사유로 인하여 이미 성립된 예산에 변경을 가할 필요가 있을 때에는 규정에 의한 절차에 준하여 추가경정예산을 편성 · 확정할 수 있다.

② 법인의 대표이사 및 시설의 장은 추가경정예산이 확정된 날로부터 7일 이내에 이를 시장 · 군수 · 구청장에게 제출하여야 한다.

○ 예비비

법인의 대표이사 및 시설의 장은 예측할 수 없는 예산외의 지출 또는 예산의 초과지출에 충당하기 위하여 예비비를 세출예산에 계상할 수 있다.

○ 예산의 전용 및 이월

① 예산의 전용: 법인의 대표이사 및 시설의 장은 관 · 항 · 목간의 예산을 전용할 수 있다. 다만, 법인 및 시설(소규모 시설 제외)의 관간 전용 또는 동일 관내의 항간 전용을 하려면 이사회의 의결 또는 시설운영위원회에의 보고를 거쳐야 하되, 법인이 설치 · 운영하는 시설인 경우에는 시설운영위원회에 보고한 후 법인 이사회의 의결을 거쳐야 한다.

② 예산의 이월: 법인의 대표이사 및 시설의 장은 법인회계와 시설회계의 세출예산중 경비의

성질상 당해 회계연도안에 지출을 마치지 못할 것으로 예측되는 경비와 연도내에 지출원인행위를 하고 불가피한 사유로 인하여 연도내에 지출하지 못한 경비를 각각 이사회의 의결 및 시설운영위원회에의 보고를 거쳐 다음 연도에 이월하여 사용할 수 있다.

(4) 결산 및 감사

○ 결산서의 작성제출

① 법인의 대표이사 및 시설의 장은 법인회계와 시설회계의 세입 · 세출 결산보고서를 작성하여 각각 이사회의 의결 및 시설운영위원회에의 보고를 거친 후 다음 연도 3월 31일까지 시장 · 군수 · 구청장에게 제출(정보시스템을 활용한 제출을 포함)하여야 한다. 다만, 법인이 설치 · 운영하는 시설인 경우에는 시설운영위원회에 보고한 후 법인 이사회의 의결을 거쳐 제출하여야 한다.

② 시장 · 군수 · 구청장은 결산보고서를 제출받은 때에는 20일 이내에 법인 및 시설의 세입 · 세출결산서를 시 · 군 · 구의 게시판과 인터넷 홈페이지에 20일 이상 공고하고, 법인의 대표이사 및 시설의 장으로 하여금 해당 법인 및 시설의 게시판과 인터넷 홈페이지에 20일 이상 공고하도록 하여야 한다.

○ 결산보고서 첨부서류(사회복지법인 및 사회복지시설 재무회계 규칙 제20조)

① 세입 · 세출결산서, 과목전용조서, 예비비 사용조서, 대차대조표, 수지계산서

② 현금 및 예금명세서, 유가증권명세서, 미수금명세서, 재고자산명세서 외 14

○ 감사

① 법인의 감사는 당해법인과 시설에 대하여 매년 1회 이상 감사를 실시하여야 한다.

② 법인의 대표이사는 시설의 장과 수입원 및 지출원이 사망하거나 경질된 때에는 그 관장에 속하는 수입, 지출, 재산, 물품 및 현금 등의 관리상황을 감사로 하여금 감사하게 하여야 한다.

③ 감사보고서에는 감사가 서명 또는 날인하여야 한다.

○ 회계감사

시 · 도지사 또는 시장 · 군수 · 구청장은 법인 및 시설이 다음의 어느 하나에 해당하는 경우 회계감사를 실시할 수 있다.

① 사회복지사업법에 따른 회계부정이나 불법행위 또는 그 밖의 부당행위 등이 발견된 경우
② 사회복지사업법에 따른 거짓이나 그 밖의 부정한 방법으로 보조금을 받은 경우
③ 사회복지사업법에 따른 사업 목적 외의 용도에 보조금을 사용한 경우
④ 사회복지사업법 또는 사회복지사업법에 따른 명령을 위반한 경우
⑤ 감사가 시장 · 군수 · 구청장에게 보고한 경우

(5) 후원금의 관리

① 후원금의 범위 등: 법인의 대표이사와 시설의 장은 후원금의 수입 · 지출 내용과 관리에 명확성이 확보되도록 하여야 한다.
② 후원금의 영수증 발급 등: 법인의 대표이사와 시설의 장은 후원금을 받은 때에는 기부금 영수증 서식에 따라 후원금 영수증을 발급하여야 하며, 영수증 발급목록을 별도의 장부로 작성 · 비치하여야 한다.
③ 법인의 대표이사와 시설의 장은 금융기관 또는 체신관서의 계좌입금을 통하여 후원금을 받은 때에는 법인명의의 후원금전용계좌나 시설의 명칭이 부기된 시설장 명의의 계좌를 사용하여야 한다.
④ 모든 후원금의 수입 및 지출은 후원금전용계좌 등을 통하여 처리하여야 한다. 다만, 물품 형태의 후원금은 그러하지 아니하다
⑤ 법인의 대표이사와 시설의 장은 후원금을 후원자가 지정한 사용용도외의 용도로 사용하지 못한다.

2. 정보관리

1) 정보관리의 의의 **

① 각종의 정보를 가장 능률적이며 합리적으로 정확하게 수집 · 분류 · 정리 · 분석 · 전달하고 이용해서 처분하는 일련의 과정이며, 정보를 그 목표달성의 수단으로 이용하는 관리방식
② 모든 조직들은 막대한 정보를 수용하는 정보망을 형성하고 있으며 이러한 제반 정보의 효율적인 관리를 위해 정보관리가 필요함
③ 인간이 가지는 인지능력과 시간적 한계성을 극복하도록 도와주며, 대량의 복잡한 정보를 신속하고 효율적으로 활용하도록 도와줌으로써 효과적인 관리를 가능하게 하는 시스템

2) 정보관리의 필요성 **

① 정보자체의 요인: 사회복지서비스를 제공함에 있어 엄청난 양의 정보를 적시적소에 이용하기 위해서는 정보관리가 필요함

② 합리적인 정책결정: 합리적인 정책결정에 도움이 될 수 있는 정보를 수집 · 분석 · 가공하여 필요한 경우 즉시 정책결정자에게 제공하여 도움을 줄 수 있음

③ 복지서비스 요구의 증가: 다양한 복지서비스(원격진료 · 상담 · 교육 · 재택근무 등)를 효과적으로 전달하기 위해서는 정보관리가 중요함

④ 복지서비스 전달체계의 효율성 향상: 다양한 사회복지조직과 자원을 상호 연계시켜 줌으로써 서비스 전달체계의 효율성을 향상시키는 데 필요함

⑤ 복지서비스의 참여기회 확대: 정보사회에서 서비스의 제공자와 소비자 간의 의사소통장애를 제거함으로써 복지서비스의 참여기회를 확대함

⑥ 국민의 삶의 질 향상: 정보사회에서 사회적 약자를 포함한 국민의 삶의 질을 향상시킬 수 있는 기회를 제공함

3) 정보관리의 부작용 **

① 비밀보장의 어려움: 조직 · 클라이언트의 사적 부분까지 과다하게 노출될 가능성이 있음

② 정보의 소외현상: 컴퓨터에 미숙한 사람은 정보로부터 소외되고 이것이 삶의 격차로 작용할 수도 있음

③ 잘못된 정보의 획득: 잘못된 정보를 그대로 받아들임으로써 클라이언트 등에게 혼선을 자아낼 수 있음

④ 기준행동의 유발: 전산화로 자료를 정리할 때 발생할 수 있는 문제, 즉 일정형식에 따라 나름의 기준을 결정하게 됨

4) 사회복지시설 정보시스템의 목적(보건복지부) **

(1) 사회복지시설 업무의 표준화

① 아동, 노인, 장애인, 부랑인, 정신요양 및 한 부모가족복지시설 등의 내부 관리업무를 분석하고 단일표준화를 위한 것

② 모든 생활시설 및 이용시설에서 공통으로 사용이 가능함

(2) 사무처리의 간소화와 효율화

① 복지시설 내에 수기문서를 효율적으로 관리하고, 복잡한 업무처리를 간소화하기 위한 것

② 시스템 내 모든 업무가 연결성을 갖고 처리되어 업무의 중복성을 방지할 있음

③ 과거 자료의 간편한 제공 및 필요한 통계자료 산출 등을 자동적으로 수행할 수 있음

(3) 외부제출 자료작성의 편의성

① 외부에 제출하는 자료 작성에 편의를 증진하고, 기본적이고 다양한 감사자료를 제공함

② 사용자의 목적에 맞게 세입 · 세출 명세서, 현금 및 예금명세서 등 다양한 별지서식을 활용하여 제출할 수 있음

(4) 웹기반시스템의 구축

① 인터넷에 접속하여 시설 코드, 아이디 와 비밀번호를 입력하여 사용할 수 있음

② 출장지나 퇴근 후에도 시스템에 접근하여 사용이 가능함

③ 데이터 유실에 대비하기 위해 매일 1회 자체 백업을 진행하여 시설에서 자체 백업자료를 보유하길 원할 경우 시설 PC에 백업한 자료를 보관할 수 있음

5) 사회복지시설정보시스템의 주요 기능 **

① 회계관리, 세무관리, 인사 · 급여관리, 후원금관리, 이력관리, 시 · 군 · 구 보고, 시스템관리 등이 신속 정확하게 이루어질 수 있음

② 사회복지시설이 사용하는 국가복지정보시스템과 시 · 군 · 구에서 사용하고 있는 새올행정시스템간 연계시스템이 구축됨에 따라 사회복지법인 및 시설은 기존 종이문서로 처리하던 보조금 교부 · 정산 등 업무 관련 문서를 국가복지정보시스템을 활용하여 시 · 군 · 구로 온라인 보고할 수 있음

6) 사회보장정보시스템(행복e음): 2010. 1월 개통 ***

① 지방자치단체에서 수행하는 복지사업을 수행하기 위한 통합정보시스템을 말함

② 신속하고 정확한 소득 및 재산조사와 업무처리 간소화를 통해 행정효율화를 도모함

③ 급여의 부정 및 중복수급의 차단으로 복지재정의 효율화를 도모함

④ 복지서비스의 통합신청과 찾아가는 복지서비스의 확대에 기여함

⑤ 보편적 사회복지서비스 확대로 인해 정부와 지방자치단체, 민간부문 정보도 통합운영됨

〈 기출 등 주요 Key Word 〉

인적자원관리 / 재정관리 / 정보관리

O X 문제

01) 슈퍼바이저는 사회복지조직에서 활동하고 있는 직원들이 전문성과 능력을 발휘할 수 있도록 교육 및 지도하고 원조하는 과정이다. (O/X)

02) 기획예산은 사업계획을 세부사업으로 분류하고 각 세부사업을 "단위원가X업무량=예산액"으로 표시하여 편성한다. (O/X)

03) 영기준예산은 전년도 예산을 고려하지 않고 비용-편익분석에 따라 우선순위를 결정한다. (O/X)

04) 직무분석은 직무에 대한 업무내용과 책임을 종합적으로 분류하는 것으로 인적자원관리의 기초가 되며 이를 토대로 직무기술서와 직무명세서를 작성한다. (O/X)

05) 직무평가는 조직내 다른 직무들과 비교하여 특정 직무의 상대적 가치를 판단하는 과정을 의미한다. (O/X)

06) 맥클랜드(D. McCelland)의 성취동기이론은 기본적으로 동기를 부여시키는 욕구를 권력욕구, 친화욕구, 성취욕구로 파악하였다. (O/X)

07) 개인별 성과평가에 기초한 연봉제 임금 방식을 도입하면 치열한 경쟁에 의한 스트레스 등으로 소진현상을 더욱 심화시킬 수 있다. (O/X)

08) 알더퍼(C. Alderfer)의 ERG 이론은 존재의 욕구, 관계의 욕구, 성장의 욕구 등 3가지 범주로 나누어 설명하였다. (O/X)

09) 허즈버그(F. Herzberg)의 동기-위생이론에 의하면 감독, 안전은 동기요인에 해당한다. (O/X)

10) 사회보장정보시스템(행복e음)은 지방자치단체에서 수행하는 복지사업을 지원하기 위한 통합정보시스템이다. (O/X)

Answer **틀린 문제(1, 2, 9) 해설**

01) 슈퍼비전(Supervision)은 사회복지조직에서 활동하고 있는 직원들이 전문성과 능력을 발휘할 수 있도록 교육 및 지도하고 원조하는 과정이다.

02) 성과예산은 사업계획을 세부사업으로 분류하고 각 세부사업을 '단위원가×업무량=예산액' 으로 표시하여 편성한다.

09) 허즈버그(F. Herzberg)의 동기-위생이론에 의하면 감독, 안전은 위생요인에 해당한다.

제5절 프로그램 개발과 평가

1. 프로그램의 개발과 평가

1) 프로그램의 개발 **

(1) 프로그램개발의 의의

프로그램개발은 프로그램의 기획과 설계는 물론 실행 · 평가 · 환류과정을 망라하는 매우 복잡한 절차와 방법을 포괄하는 과정이라 할 수 있음

(2) 프로그램을 개발할 때 반드시 고려해야 할 5가지 요소

① 목적(Purpose): 합목적성 및 목표의 일관성, 프로그램은 목적이 제시하는 내용에 적합해야 함

② 사람(Person): 능력수준과 흥미에의 적합성, 프로그램의 내용은 대상자의 필요와 흥미 또는 능력 수준을 고려하여 주제의 내용과 방법이 적합하고 친밀감이 있는 것으로 선정해야 함

③ 문제(Problem): 프로그램의 통합성, 프로그램에 참여하는 대상자의 문제해결이나 목표달성을 위하여 단편적인 프로그램을 제공하는 것이 아니라 인간의 경제적 · 사회적 · 심리적 · 문화적 제반 문제들을 통합적으로 고려하는 프로그램이어야 함

④ 과정(Process): 프로그램의 내용을 구성할 때 다양한 성격의 서비스 기관들이 참여할 수 있도록 해야 함

⑤ 장소(Place): 프로그램을 실시하는 기관의 지역적 · 문화적 상황이 다르기 때문에 프로그램의 내용 선정에서도 지역적 특성을 반영하고 각 지역의 독특한 특성을 발굴해 내야 함

2) 프로그램 평가의 분류 ***

(1) 평가목적에 따른 분류

① 형성평가(과정 중심적): 프로그램의 진행 중 문제점을 찾아내고 수정 · 보완할 목적으로 실시하는 평가이며, 바람직한 운영전략을 수립함

② 총괄평가(목표 지향적): 프로그램 종결 후 결과를 평가대상으로 효과를 파악하는 것이며, 프로그램이 달성하고자 했던 목표를 얼마나 잘 성취했는가의 여부를 평가함

(2) 평가규범에 따른 분류

① 효과성평가: 프로그램의 목표달성 정도의 평가

② 효율성평가: 투입과 산출의 비교평가, 즉 비용최소화와 산출극대화의 평가

③ 공평성평가: 프로그램의 효과와 비용이 사회집단 간 공평하게 배분되었는지 여부 평가

(3) 계량화에 따른 분류

① 양적평가: 설문조사와 구조화된 질문지를 이용하여 숫자 · 비율 등 자료를 수집하며, 객관적인 자료가 연역적 방법으로 분석되는 것을 강조함

② 질적평가: 수량화되지 않은 자료를 수집하여 귀납적으로 자료를 분석하는데 의미를 두며, 인터뷰 · 관찰 · 문헌연구 등을 통하여 수집되는 수량화할 수 없는 연성자료(soft data)에 기초하여 분석함

(4) 평가범위에 따른 분류

① 단일평가: 표적문제의 개념화 및 개입의 설계와 관련된 평가이며, 프로그램 효용성에 대한 평가를 각각 분리하여 어느 하나에 대해 행하는 평가

② 포괄평가: 표적문제의 개념화 및 개입의 설계와 관련된 평가이며, 프로그램 효용성에 대해 모두를 행하는 평가

(5) 평가시점에 따른 분류

① 사전평가: 적극적 평가, 프로그램을 실행하기 전에 수행하는 평가

② 과정평가: 프로그램이 실행되는 과정에서 이루어지는 평가

③ 사후평가: 소극적 평가, 프로그램이 종료된 후에 수행하는 평가

(6) 평가주체에 따른 분류

① 자체평가: 프로그램 담당자가 행하는 평가로서 많은 정보를 얻을 수 있고, 비용을 절약할 수 있으나 공정성확보에 문제가 있음

② 내부평가: 프로그램의 직접 담당자외 조직 내 다른 직원에 의해 이루어지는 평가

③ 외부평가: 프로그램을 수행하는 조직외부의 전문가나 기관에 의해 이루어지는 평가

(7) 프로그램단계에 따른 분류

① 표적문제 평가: 문제의 내용 · 해결 정도, 문제해결에 대한 사람들의 태도 등 평가

③ 의제 평가: 아젠다 형성과정의 영향력을 발휘하는 세력과 고통 받는 사람의 욕구반영 정도에 대한 평가
④ 프로그램결정 평가: 문제의 반영여부와 형평성 · 능률성 · 공정성 · 기술성 등에 대한 평가
⑤ 프로그램설계 평가: 문제에 의해 영향을 받는자 · 해결대책 · 필요한 비용 · 비용조달 방법 등에 대한 평가
⑥ 프로그램집행 평가: 프로그램의 수행능력, 서비스 전달체계 등에 대한 평가
⑦ 프로그램영향 평가: 프로그램 이후의 효과 · 목표성취 정도 등에 대한 평가
⑧ 평가가능성 평가: 프로그램이 이루어 질수 있는지에 대한 종합적인 평가, 평가의 필요성 · 평가비용 · 평가이익간의 비교, 평가실현가능성 등에 대한 평가

(8) 기타 평가

① 적합성 평가: 개별 프로그램의 평가가 이루어지기 전에 그 프로그램의 가치를 따져보는데 의미를 두는 평가
② 메타 평가: 프로그램평가를 차후에 종합적으로 검토해 보는 평가로서, 평가활동의 영향 또는 평가결과의 활용도를 파악하는 평가이며, 평가계획서나 평가결과를 다른 평가자에 의해 점검받는 평가

> **※ 기준행동(Oritenion Behavior)**
> 업무담당자들이 평가기준으로 제시된 측정 가능한 양적 지표들에 대해서만 관심을 가짐으로서, 중요한 서비스의 효과성에는 무관심하게 되는 현상을 말함

2. 논리모델(Logic Model) ****

1) 논리모델의 의의

① 체제이론을 기반, 프로그램의 목표와 결과사이의 인과관계를 설명하기 위한 모델
② 프로그램의 이론적 구조에서 핵심은 프로그램 활동이 성과에 미치는 영향에 있음
③ 어떤 활동요소들이 제시되면 어떤 성과가 나타나는지를 구체화하여 논리적으로 연결

> ※ 프로그램의 활동요소: 목적(목표), 투입, 전환(활동), 산출, 성과 등

2) 논리모델의 단계

(1) 목적(goal) 및 목표(objective)

① 특정상황을 변화시키려는 의도, 즉 프로그램의 목적부분을 말함

② 욕구사정 등을 통한 의사결정 과정을 거쳐 도출됨

(2) 투입(inputs)

프로그램 활동에 소요되는 인적 물적 자원을 말함

예) 사회복지사, 외부강사, 자원봉사자, 재원, 시설 및 장비, 소요비용 등

① 클라이언트 변수: 서비스 수급자격, 인구사회학적 특성, 클라이언트의 환경 정보 등

② 인적 · 물적 자원변수: 서비스에 투입되는 인구학적 변수, 자격관련변수, 물적 자원 등

(3) 전환/활동(Process/Activities)

프로그램이 진행되는 동안 제공되는 구체적인 서비스 활동을 말함

예) 직업훈련, 상담서비스, 교육, 식사 및 쉼터 제공 등

(4) 산출(outputs)

프로그램 활동 후 얻은 양적인 최종 실적(서비스, 생산물 등)을 의미함

예) 프로그램참여 인원수, 서비스 제공시간, 서비스 이용자 수, 참여율, 제공자와 이용자 간 접촉건수, 이용자가 서비스를 활용한 총 시간 등

(5) 성과(outcomes)

프로그램 활동과정과 종료 후 참여자에게 주어진 혜택을 말함

예) 참여자의 행동 변화, 태도와 가치변화, 의사소통의 기능향상, 새로운 지식습득, 재취업 및 기술습득, 생활만족도 등

(6) 영향(impact)

프로그램이 의도했던 문제해결에 미친 전체적인 영향력을 말함

(7) 환류(feed-back)

프로그램투입에 대한 재검토 및 사회복지 프로그램수행 전반에 관련된 정보를 말함

제6절 사회복지조직의 환경관리

1. 사회복지마케팅

1) 마케팅의 개념

① 마케팅(Marketing)이란 시장(Market)과 진행(ing)이 결합된 용어로 계속적으로 시장을 창조(creating)하고, 시장이 경직되지 않고 유연성을 갖도록 순환(circulating)시키는 노력과 활동을 의미함

② 생산자가 상품 또는 서비스를 소비자에게 유통시키는 데 관련된 모든 체계적 경영활동이라고 할 수 있음

2) 마케팅의 과정 **

(1) 시장기회의 분석

○ 기관환경분석

① 마케팅환경이란 사회복지조직이 서비스를 계획하고 제공하는 등의 관리활동에 영향을 미칠 수 있는 모든 환경으로 직접적으로 영향을 미치는 정부, 관련 사회복지시설, 고객 등 정치적 · 경제적 환경, 기술변화 등도 분석 대상이 됨

② 환경 분석과 더불어 고객의 행동 분석, 고객의 욕구 변화 파악, 사회복지조직이 제공하게 될 서비스가 시장성을 갖는지를 판단하게 됨

○ 마케팅조사(시장욕구분석)

① 복지조직이 관심을 갖고 있는 특정한 사회문제를 분석하는 것과 이 문제에 대하여 지역사회의 인식과 태도가 어떠한 것인지를 파악해야 함

② 사회복지조직의 마케팅조사는 잠재적 후원자와 그들이 원하는 바를 찾아내는 작업

○ 마케팅 목표설정

① 조직의 목적을 살펴본 후 마케팅 기획의 초기단계에 목표가 명확히 규명되어야 하며, 세부목표는 SMART원칙에 따라 구성되어야 함

② 목표달성을 위한 SMART원칙

- 구체적(Specific)이고

– 측정가능(Measurable)해야 하며
– 달성가능(Attainable, Achievable)하고
– 결과 지향적(Result-oriented)이며
– 시간제한적(Time-boundary)으로 제시하여야 함

※ SWOT기법

경쟁이 심한 산업에서 활용하면 성공확률이 높은 기법 중 하나로 Strength(강점), Weakness(약점), Opportunity(기회), Threat(위기) 등의 분석을 통하여 생존, 유지, 성장, 발전의 전략을 수립하는 방향을 제시할 때 사용한다.

구분	Strength(강점)	Weakness(약점)
Opportunity(기회)	OS 기회가 왔을 때 살리자! 공격적으로 활용한다.	OW 기회는 왔는데 준비가 안 됨, 보완해서 기회를 활용한다.
Threat(위기)	TS 위협을 감소시킬 강점을 활용하여 이용한다.	TW 위협은 왔는데, 방어할 힘도 없다

(2) 시장분석(기부시장분석)

○ 시장세분화

잠재고객들로 이루어진 전체 시장을 비슷한 특성을 가진 동질적인 여러 개의 하위집단으로 나누는 과정으로 특정제품들에 대한 태도, 의견, 구매행동 등에서 비슷한 성향을 가진 사람들을 다른 성향을 가진 사람들의 집단과 분리하여 하나의 집단으로 묶는 과정

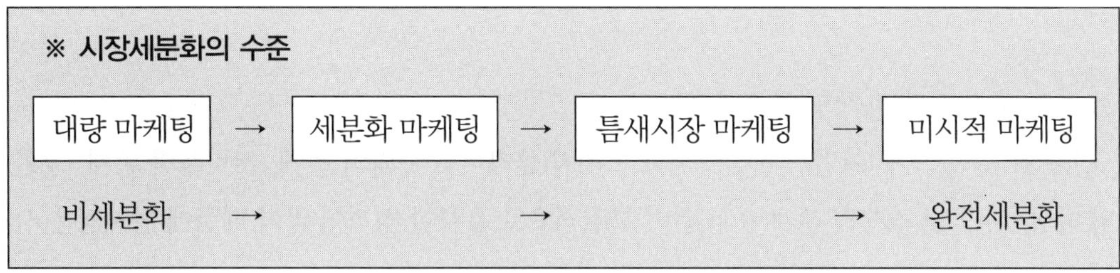

① 대량 마케팅(Mass Marketing): 제품시장 내 고객들을 구분하지 않고 전체소비자들에 대해 하나의 마케팅프로그램을 제공하는 방법

② 세분화(표적시장) 마케팅(Segment Marketing): 고객들의 욕구가 다양해짐에 따라 기업들은 일부 세분화된 시장에 마케팅 노력과 자원을 집중하여 경쟁우위를 확보하려는 접근

방법을 도입하고 있음

예) 연령대에 따라 화장품 시장의 세분화

③ 틈새시장 마케팅(Niche Marketing): 세분화 된 시장을 더욱 세분화한 보다 작은 규모의 소비자집단을 의미함

예) 30대를 겨냥한 화장품 중 주름살 제거 화장품 · 기미 제거 화장품 등으로 구분

④ 미시적 마케팅(Micro Marketing): 개별적인 고객수준에서 각 고객의 욕구에 맞춰 제품과 마케팅프로그램을 개발하여 제공하는 방법으로 소수의 거래고객들을 대상으로 하는 산업재나 소규모의 기업에서 제한적으로 적용되어 왔음

○ **표적시장 선정**(Target Marketing)

① 시장세분화를 통한 표적시장의 선정으로 고객을 세분화하고 표적고객을 선택한다는 것은 마케팅활동의 필수과정에 해당됨

② 사회복지조직이 마련한 특정 서비스를 가장 필요로 하면서, 이를 적극적으로 이용하거나 활용할 수 있는 고객들을 중심으로 시장을 세분화를 하고 평가를 한 후 표적시장을 선정함

③ 사회복지조직의 서비스를 필요로 하거나 관심을 가지는 고객들이 누구인가를 찾아내는 것을 의미함

○ **시장포지셔닝**

시장 내 고객들의 마음에 위치하기란 의미를 가지고 있으며, 표적시장의 고객들에게 자사제품이 경쟁제품에 비해 어떤 차별성을 갖고 있고, 고객의 욕구를 제대로 만족시켜 주고 있음을 확신시켜 주는 전략

3) 사회복지조직 마케팅의 필요성 **

사회복지조직도 영리기업과 마찬가지로 소비자(클라이언트)와의 관계, 서비스의 존재, 교환의 발생, 시장 및 경쟁의 존재 등과 같이 본질적으로 유사한 성격이 많기 때문에 마케팅은 사회복지조직에서도 필요하며 중요한 의의를 갖고 있음

(1) 책임성의 측면

사회복지조직은 정부의 보조금이나 기타 단체의 기부금으로 운영이 되기 때문에 서비스 제공에 있어서 효율성과 효과성을 달성할 책임을 가지고 있음

(2) 대상자관리의 측면

클라이언트, 기관의 이용자, 기부자, 지역사회를 고객으로 인식하여 욕구를 세분화하고 궁극적으로 고객만족을 이끌어내는 마케팅접근이 필요함

(3) 서비스개발의 측면

사회복지조직은 특성상 외부환경의 강한 영향을 받게 되는데 급변하는 정치적 · 경제적 · 사회적 · 법적 · 문화적 환경(시장)을 세분화하고 분석하여 프로그램의 개발에 있어 서비스의 가치를 높여야 함

(4) 재정확보의 측면

사회복지조직의 목표를 달성하기 위해 필요한 재정자원의 계획과 동원, 배분, 효율적인 사용과 책임성 있는 관리는 필수적이다. 모금 시장 분석, 다양한 모금상품 개발, 전략적인 모금상품의 홍보는 물론이고 잠재적 후원자의 개발, 이미 개발된 후원자의 1:1 고객관리를 통해 모금의 극대화를 가져와야 함

4) 사회복지마케팅의 기법 ***

(1) 다이렉트마케팅(DM: Direct Marketing, Direct Mail)

우편을 이용하여 고객에게 상품과 조직의 정보를 전달하는 방법으로서, 잠재적 후원자 등에게 현재의 기관운영 현황이나 이용할 수 있는 서비스와 프로그램에 대한 다양한 정보를 전달하는 마케팅기법

(2) 고객관계관리마케팅(CRM: Customer Relationship Management Marketing)

① 신규 후원자의 개발, 기존 후원자의 관리, 잠재적 후원자의 개발을 위해 그들의 욕구를 파악하여 이른바 '맞춤서비스'를 지속적으로 제공함으로써 모금효과를 극대화하는 방법
② 개인은 기부를 함으로써 사회에 공헌하며, 사회적으로는 기부문화의 확산이라는 측면에서 바람직하고, 사회복지조직은 자금을 조달할 수 있다는 점에서 윈-윈 전략(win-win strategy)을 달성할 수 있음

(3) 공익(기업)연계마케팅(CRM: Cause-Related Marketing)

① 기업이 사회복지조직에 기부함으로써 이윤을 사회에 환원한다는 철학을 달성, 사회복지

조직에 기부함으로써 기업의 이미지를 제고하여 상품의 판매를 촉진시킬 수 있는 하나의 홍보 전략이라고 할 수 있음

② 비영리조직에서 기업연계마케팅을 효과적으로 달성하기 위해서는 먼저 기업의 욕구를 정확히 파악하고 기업의 생산성을 향상시킬 수 있는 측면을 강조하여 모금프로그램을 개발하고 접근한다면 소위 사회복지조직이나 기업 모두 혜택(윈-윈 전략)이 될 수 있음

(4) 데이터베이스마케팅(DM: Database Marketing)

고객의 지리적 · 인구통계적 · 심리적 특성, 생활양식 및 행동양식이나 구매기록 같은 개인적인 정보를 데이터베이스화하여 구축함으로써 수익 공헌도가 높은 고객에게 마일리지와 같은 차별적인 서비스를 제공하는 등 개별고객의 정보를 바탕으로 동등하지 않는 전략을 펼치는 방법

(5) 인터넷마케팅(IM: Internet Marketing)

인터넷을 통해 고객에게 정보를 전달하고 전자우편이나 홈페이지 등을 통해 이익을 극대화하는 마케팅기법으로 조직의 사업과 프로그램을 알릴 수 있는 홍보, 기부금 모집 등이 가능하며 메일링 서비스를 통해 개별적인 고객관리를 할 수 있음

(6) 사회마케팅(SM: Social Marketing)

공중의 행동변화를 위한 마케팅기법으로 공익을 실현하기 위한 집단적이고 조직적인 노력을 의미함

2. 사회복지조직의 책임성

1) 책임성의 개념

(1) 책임성의 의의

① 수행의 결과에 대한 책임감과 함께 조직의 효과성 · 효율성을 위한 과정에서의 정당성을 갖추어야 한다는 것을 의미함

② 주요 업무수행에 대한 책임을 진다는 뜻으로 쓰일 수도 있고, 어떤 집단이나 개인에 대해 책임을 진다는 의미로도 쓰일 수 있음

③ 최소의 비용으로 최대한의 효과를 이루었다는 객관적인 증거를 제시하는 것이며, 이를 통해 사회복지조직의 존립정당성을 확보하는 과정

(2) 사회복지조직의 책임성

① 사회복지조직이 국가나 사회로부터 사회복지서비스 전달에 대해 위임받은 바를 충실하게 수행했는지를 판단할 수 있는 하나의 원칙

② 사회복지조직은 책임성을 확보하기 위해 기관 · 클라이언트 · 사회복지사와의 관계와 같은 조직내부에서의 상호작용뿐만 아니라 조직과 외부 지역사회와의 관계에서도 정당성을 획득해야 함

③ 사회복지조직이 책임성을 증진하기 위한 노력: 이해관계자들의 조직운영에 대한 참여 증대, 전문적이고 체계적인 평가제도의 운용, 재정집행의 투명성 증대, 환경변화에 능동적으로 대처하기 위한 조직혁신 강화 등

2) 사회복지조직의 책임성에 영향을 미치는 요인 ***

(1) 내부적 요인

① 서비스의 다양성: 단일한 서비스만 제공하는 사회복지조직은 드물며 현실적으로 다양한 서비스를 제공하게 되는데, 이 때 사회복지조직의 책임성추구는 쉽지 않게 됨

② 기술의 복잡성: 제공하는 기술도 복잡해지고 다양해지고 있으므로 투입과 성과에 대한 효과성과 효율성을 측정하여 책임을 다했는지를 확인할 방법이 더욱 어려워지게 됨

③ 목표의 불확실성: 사회복지조직에서 투입과 산출 간의 인과관계는 불확실하게 진행되는데, 이는 사회복지조직의 특성상 인간이 조직의 원료이며 산출물이기 때문

(2) 외부적 요인

① 공급주체의 다원화: 사회복지 공급기관의 책임성의 문제로 비민주적 운영사례, 후원금 관리의 투명성 의혹, 모금에 대한 행정비용의 과잉지출 등을 지적받고 있음

② 민영화 경향: 시장과 시민사회의 역할이 증대되면서 사회복지조직도 민간의 위탁운영이 많아졌으며, 이때 위탁운영체가 지역주민의 욕구를 반영하기 보다는 정부의 결정에 너무 많은 영향을 받는 경향이 있어 비체계적이고 비효율적이라는 지적을 받고 있음

③ 법률의 정비: 민간사회복지기관과 시설은 3년에 1회 평가를 통해 책임성을 입증하도록 제도화되었음

3) 사회복지시설의 평가 ***

(1) 시설평가의 의의

① 사회복지시설에 대한 전반적인 평가를 통하여 시설운영의 효과성 · 효율성 · 책무성 등을 체계적으로 분석하고 확인하는 과정을 의미함

② 사회복지시설의 운영상태정보를 지역사회에 제공하여 주민의 선택권확대를 도모함

③ 사회복지시설의 기능강화를 통해 주민에 대한 질 높은 복지서비스제공에 기여함

(2) 시설평가제도 도입배경

① 사회복지사업법 개정(1997)으로 사회복지기관의 평가가 의무화됨

② 사회복지서비스 공급확대에 따른 책임성 검증도 요구받게 되었음

③ 사회복지기관들의 개방성 · 투명성 · 효율성 등의 확보방안으로 도입되었음

(3) 시설평가의 내용

① 시설 및 환경: 안전관리, 공간배치 및 청결상태, 편의시설 설치상태 등

② 재정 · 조직운영: 회계관련 사항, 운영위원회 구성 및 활동 등

③ 인적자원관리: 자격증 소지률, 직원의 근속률, 직원교육활동, 직원채용의 공정성 등

④ 이용자의 권리: 이용자의 비밀보장, 이용자의 고충처리 등

⑤ 지역사회와의 관계: 자원봉사자의 활용 · 관리, 외부자원 개발, 후원금사용 · 관리 등

⑥ 프로그램 및 서비스: 프로그램의 계획 및 실행 · 참신성 · 차별성 · 전문성 · 사례관리 등

(4) 시설평가의 원칙

① 서비스의 질 향상원칙: 시설운영의 개선 및 서비스의 질 향상 수단으로 작용하도록 함

② 평가절차의 투명성원칙: 평가 절차의 투명성을 확보하도록 함

③ 평가참여의 원칙: 기존의 감사와는 달리 직원도 참여하며 평가를 통하여 긍정적인 발전의 기회를 갖도록 하여 평가의 목적을 수행하도록 함

④ 기본선확보의 원칙: 최고의 시설을 선정하는 것이 아니라 사회복지시설이 전체적으로 기본적인 수준 이상을 견지할 수 있도록 유도하도록 함

⑤ 이용자중심의 원칙: 사회복지시설은 기존의 서비스 제공자 중심의 시설에서, 이용자 중심의 서비스 제공이 이루어지도록 함

⑥ 지역사회관계의 원칙: 사회복지시설이 지역사회와의 원활한 상호관계를 유지하는 방향으

로 이루어지도록 함

3. 사회복지조직의 환경

1) 일반 환경 ***

(1) 일반 환경의 개념

① 모든 조직에 영향을 미치며 정치 · 경제 · 사회 · 문화 · 인구 및 법적 조건 등으로 사회복지기관이 자체적으로 변화시킬 수 없는 제반 환경을 말함

② 주어진 조건으로 여겨야 하며 조직이 가질 수 있는 기회, 제약 및 선택의 범위를 규정함

(2) 일반 환경의 유형 **

○ **경제적 조건: 자원공급의 절대량과 서비스 수요에 영향**

① 사회 · 경제적 조건, 경제성장률, 실업률 등과 같은 국가나 지역사회의 일반적인 경제 상태는 조직에 직접적으로 영향을 미치게 됨

② 사회복지조직은 외부로부터 인적 및 물적 자원을 제공 받으며 환경에 의존하는 성격이 강한 조직

③ 사회의 일반적인 경제 상태는 사회복지조직의 자원공급 및 클라이언트의 수요를 결정하는 주요 요인이 됨

○ **사회 · 인구학적 조건: 장기적 서비스 수요변동과 예측에 영향**

① 연령과 성별분포, 가족구성, 인종분포, 거주지역, 계층간 분포 등은 여러 가지 인간문제 및 욕구의 발생빈도와 매우 밀접한 관계를 맺고 있음

② 여성세대주 가족, 노인층, 농어촌 거주자들은 소득 수준이 낮아 빈곤의 문제가 발생할 가능성이 높고, 아동의 수가 많은 경우에는 보육서비스에 대한 욕구가 높아지게 됨

③ 거주지역이나 사회적 계층에 따라서도 발생하는 문제와 욕구의 유형과 빈도가 달라짐

○ **문화적 조건: 사회의 가치와 규범으로 사회복지조직들의 목표와 방법들에 영향**

① 사회복지조직에서 제공하는 서비스 형태, 클라이언트의 서비스 접근 등은 사회의 우세한 문화적 가치에 의해 민감하게 영향을 받음

② 노동윤리를 존중하는 문화에서는 노동능력이 있는 자에 대한 공공부조는 근로조건부 형식으로 제공함

③ 노동능력에 상관없이 절대빈곤에 대한 구제를 국민의 권리로 인정하는 문화에서는 노동에 대한 조건 없이 공공부조를 제공함

○ **정치적 조건: 자원의 흐름에 대한 통제**

① 사회복지조직이 가용 재정자원을 정부에 대부분 의존하고 있는 경우 자원분배를 통제하는 과정으로서 정치적 환경은 매우 중요하며 조직에 많은 영향을 미침

② 성장위주의 정치적 이념이 우세한 경우에는 사회복지조직의 자원동원에 있어 어려움이 있고 최저수준의 급여가 제공됨

○ **법적 조건: 자원의 흐름에 대한 통제**

① 수많은 법적 규제는 사회복지조직이 클라이언트에게 서비스를 제공하는 데 있어서 준수해야 할 많은 조직들을 규정하고 통제함

② 법률, 명령, 규칙 등은 사회복지의 고객선정, 장소, 계획, 서비스 기술, 재원, 인력에 중대한 영향을 미침

○ **기술적 조건: 사회의 기술적 진보 혹은 변화가 초래하는 영향**

① 사회복지조직이 제공할 수 있는 서비스의 범위는 서비스와 관련된 조직의 기술적 수준에 의해 크게 영향을 받음

② 사회복지조직에서 인간문제의 해결을 위해 사용하는 기술은 인간문제와 욕구에 대응하기 위하여 개발된 전반적인 기술수준을 반영함

2) 과업환경 ***

(1) 과업환경의 개념

① 조직의 목적달성에 직접적으로 영향을 미치는 조직 경계 밖의 요인들로 지역사회 내의 다른 조직과 클라이언트 집단을 포함

② 조직이 자원과 서비스를 교환하고 조직과 특별한 상호작용의 형태를 취하는 집단들을 의미함

③ 조직 활동에 대한 인가 및 허가기관 · 감독기관 · 재원자원 제공기관 · 클라이언트 의뢰기

관 · 보조서비스 제공기관 등이 여기에 포함됨

④ 사회복지조직은 과업환경의 영향을 받는 것이 일반적이며 사회복지조직이 과업환경에 영향을 미치기도 함

(2) 과업환경의 유형

○ 재정자원의 제공자

① 정부, 공적 및 사적 사회단체, 개인 등 사회복지조직의 재정자원 제공자는 사회복지조직의 유지와 발전에 가장 큰 영향을 미치는 요인

② 우리나라 민간 사회복지조직은 정부의 재정보조에 의존하는 비율이 높아 재정적 독립성이 취약한 상황

③ 재정자원 제공자: 중앙정부 및 지방정부, 개인 · 기업 · 사회복지재단 및 민간단체의 후원, 사회복지공동모금회의 지원, 서비스 이용자(부담) 등

○ 정당성과 권위의 제공자

① 사회복지조직의 합법성과 권위는 법령 등에 의해 부여, 사회적 정당성은 조직이 봉사하고 있는 지역사회, 클라이언트 집단, 전문가 집단 등으로부터 나옴

② 감독기관인 보건복지부 등 관련 부처, 광역 및 기초자치단체 등

○ 클라이언트 및 클라이언트 제공자

① 클라이언트 및 클라이언트 제공자는 사회복지조직으로부터 직접 서비스를 받고자 하는 개인과 가족 및 클라이언트를 의뢰하는 타 조직이나 집단 및 개인을 포함

② 클라이언트 제공자는 사회복지조직의 성격과 유형에 따라 다양함

예) 학교, 경찰, 청소년 단체, 교회, 노인복지관 등

○ 보충적 서비스 제공자

① 인간의 문제는 다양하며 복잡하게 얽혀있는 양상을 띠는 것이 일반적이며, 인간의 다양한 문제에 대하여 사회복지조직에서 모든 서비스를 제공할 수는 없음

② 보충적 서비스제공자로부터 적절한 서비스를 제공받아 통합적인 서비스가 이루어지도록 하는 것이 서비스의 효과성 · 효율성을 높일 수 있음

③ 사회복지조직은 보충적 서비스 제공자와 공식 · 비공식적 협조체제를 유지하여야 함

예) 알코올 치료센터는 병원의 활동과 연계 등

○ **조직산출물의 소비 · 인수자**

① 사회복지조직은 사회로부터 문제나 욕구가 있는 인간을 투입하여 이들을 새로운 사회적 지위와 신분, 변화된 인간으로서 사회로 산출하는 역할을 수행함

② 조직산출물의 소비 · 인수자는 이러한 변화된 상태의 클라이언트를 받아들이는 자임

예) 가족, 교정기관, 복지시설, 학교 등

○ **경쟁하는 조직들**

① 경쟁하는 조직들은 클라이언트와 자원들을 두고 경쟁하며, 자원에 대한 조직의 접근에 영향을 미치는 조직들을 포함

② 사회복지조직과 개인적인 치료자들과 경쟁할 수 있으며, 사회복지공동모금회나 사회복지재단의 지원을 받기 위해서는 다른 사회복지기관과 경쟁을 해야 함

(3) 과업환경의 관리전략

사회복지조직은 외부환경으로부터 취약하여 환경에 종속적 관계가 될 수 있으므로 그것을 극복하고 사회복지조직의 효과성을 발휘하기 위해서는 환경관리전략을 수립할 필요가 있음

① 권위주의적 전략: 조직이 자금과 권위를 충분히 획득할 경우 다른 조직간 교환관계와 조건들에서 유리한 위치에 설 수 있는 경우이며, 주장이나 권력을 사용하여 다른 조직의 행동을 이끌고 명령을 내리는 전략

② 경쟁적 전략: 다른 조직들과 경쟁하여 세력을 증가시켜 서비스의 질과 절차, 행정절차 등을 매력적으로 만드는 것이며 질 높은 서비스와 클라이언트 관리, 친절한 서비스 등으로 경쟁우위 확보가 가능함

③ 협동적 전략: 다른 조직들에게 필요한 서비스를 제공하여 상호 불안감을 해소시키고, 이에 대한 보답으로 권력을 증가시키는 전략

④ 방해전략: 경쟁적 위치에 있는 다른 조직의 활동을 방해하거나 세력을 약화시키는 전략

〈 기출 등 주요 Key Word 〉

프로그램개발과 평가/ 조직 환경

O X 문제

01) 과정평가는 프로그램의 진행 중 문제점을 찾아내고 수정 · 보완할 목적으로 실시하는 평가이며, 바람직한 운영전략을 수립한다. (O/X)

02) 형성평가는 프로그램 종결 후 결과를 평가대상으로 효과를 파악하는 것이며, 프로그램이 달성하고자 했던 목표를 얼마나 잘 성취했는가의 여부를 평가한다. (O/X)

03) 메타 평가는 프로그램평가를 차후에 종합적으로 검토해 보는 평가로서, 평가활동의 영향 또는 평가결과의 활용도를 파악하는 평가이며, 평가계획서나 평가결과를 다른 평가자에 의해 점검받는 평가이다. (O/X)

04) 인구집단은 위기집단 내에서 프로그램 혜택을 받을 자격을 갖춘 집단이다. (O/X)

05) 클라이언트집단은 표적 집단 중에서 프로그램을 제공받는 수혜자집단이다. (O/X)

06) 논리모델은 문제해결에 필요한 자원 투입, 프로그램 활동, 산출과 성과를 논리적으로 연계한 준거틀이다. (O/X)

07) 영향성(Impact)은 프로그램이 의도했던 사회문제해결에 어느 정도 기여했는지를 점검 받는 평가이다. (O/X)

08) 효과성평가는 프로그램의 목표달성 정도를 평가하는 것이고, 효율성평가는 투입자원 대비 산출성과의 비율을 평가하는 것이다. (O/X)

09) 성과(Outcome)란 프로그램의 활동 또는 활동 이후의 참여자들이 얻은 이익을 말하며, 산출(Output)은 프로그램 활동을 통한 직접적인 실적을 말한다. (O/X)

10) 일반 환경이란 모든 조직에 영향을 미치며 정치 · 경제 · 사회 · 문화 · 인구 및 법적 조건 등으로 사회복지기관이 자체적으로 변화시킬 수 없는 제반 환경을 말한다. (O/X)

Answer **틀린 문제(2, 4) 해설**

02) 총괄평가는 프로그램 종결 후 결과를 평가대상으로 효과를 파악하는 것이며, 프로그램이 달성하고자 했던 목표를 얼마나 잘 성취했는가의 여부를 평가한다.

04) 표적 집단은 위기집단 내에서 프로그램 혜택을 받을 자격을 갖춘 집단이다.

기출문제

上·中·下

01) 리더십이론에 대한 설명으로 옳은 것은? (2018, 보호직)

① 리더십특성이론은 리더가 가진 특성이나 자질을 강조하면서 그러한 특성과 자질을 학습하면 누구나 리더가 될 수 있다고 주장한다.

② 허시와 블랜차드(P. Hersey& K. H. Blanchard)의 상황이론에서는 리더십 유형의 유효성을 높일 수 있는 상황조절변수로 리더의 성숙도를 들고 있다.

③ 피들러(F. E. Fiedler)의 상황이론에서는 상황의 주요 구성요소로 리더와 부하의 관계, 과업이 구조화되어 있는 정도, 관리자의 지위권력 정도를 제시한다.

④ 블레이크와 머튼(R. Blake & J. Mouton)이 제시하는 관리격자이론에서는 중도형 리더십이 가장 이상적인 리더십으로 간주한다.

해설 오답노트

① 리더가 가진 특성이나 자질을 강조하는 것은 특성이론이며, 그러한 특성과 자질을 학습하면 누구나 리더가 될 수 있다고 주장하는 것은 행위(행태)이론이다.

② 허시와 블랜차드(P. Hersey& K. H. Blanchard)의 상황이론에서는 리더십 유형의 유효성을 높일 수 있는 상황조절변수로 부하의 성숙도를 들고 있다.

④ 블레이크와 머튼(R. Blake & J. Mouton)이 제시하는 관리격자이론에서는 통합형리더십이 가장 이상적인 리더십으로 간주한다.

〈 정답 ③ 〉

上·中·下

02) 품목별 예산의 특징으로 옳은 것을 표에서 모두 고른 것은? (2018, 서울시)

㉠ 통제보다는 기획에 초점을 둔다.
㉡ 서비스의 효용성에 대한 정보를 알기 어렵다.
㉢ 전년도 예산을 기준으로 증감방식을 활용한다.
㉣ 구체적인 품목은 프로그램의 목적에 의해 구분된다.

① ㉠, ㉡ ② ㉠, ㉣ ③ ㉡, ㉢ ④ ㉢, ㉣

해설 오답노트

㉠ 통제보다는 기획에 초점을 둔 것은 기획예산이다. ㉣ 구체적인 품목은 지출용도에 의해 구분된다.

〈 정답 ③ 〉

上 · 中 · **下**

03) 다음 괄호 안에 들어갈 사회복지프로그램 평가유형을 순서대로 나열한 것은?

(2019, 보호직)

(㉠): 프로그램 진행 중에 원활하고 성공적으로 프로그램이 수행되도록 문제점을 찾아내고 수정 · 보완할 목적으로 실시한다.

(㉡): 프로그램 종결 후 연역적 객관적 방법으로 프로그램이 달성하고자 했던 목표를 얼마나 잘 성취했는가의 여부를 평가한다.

(㉢): 프로그램평가를 차후에 종합적으로 검토해 보는 평가를 말하며, 평가에 대한 평가로 표현되기도 한다.

	㉠	㉡	㉢
①	형성평가	메타평가	총괄평가
②	메타평가	형성평가	총괄평가
③	총괄평가	메타평가	형성평가
④	형성평가	총괄평가	메타평가

해설

사회복지프로그램의 평가유형

- 형성평가(과정 중심적): 프로그램의 진행 중 문제점을 찾아내고 수정 · 보완할 목적으로 실시하는 평가이며, 바람직한 운영전략을 수립한다.
- 총괄평가(목표 지향적): 프로그램 종결 후 결과를 평가대상으로 효과를 파악하는 것이며, 프로그램이 달성하고자 했던 목표를 얼마나 잘 성취했는가의 여부를 평가한다.
- 메타평가: 프로그램평가를 차후에 종합적으로 검토해 보는 평가로서, 평가활동의 영향 또는 평가결과의 활용도를 파악하는 평가이며, 평가계획서나 평가결과를 다른 평가자에 의해 점검받는 평가이다.

〈 정답 ④ 〉

上·中·下

04) 사회복지프로그램의 성과목표 설정에 대한 설명으로 옳지 않은 것은? (2017, 보호직)

① 목표는 측정 가능하여야 한다.

② 목표는 획득 가능하여야 한다.

③ 목표는 시간이 설정되어야 한다.

④ 목표는 과정 지향적이어야 한다.

해설

SMART 원칙

- S(Specific): 구체적으로 명료하게 세워야 한다.
- M(Measurable): 목표달성 여부의 측정이 가능하게 세워야 한다.
- A(Attainable): 실현 가능한 목표를 세워야 한다.
- R(Result-Oriented): 목표는 결과 지향적으로 세워야 한다.
- T(time Bounded): 목표는 시간구조를 갖도록 세워야 한다.

〈 정답 ④ 〉

제3편
사회복지실천

제1장 사회복지실천의 이해

제1절 사회복지실천의 개념

1. 사회복지실천의 정의와 목적

1) 사회복지실천의 정의

(1) 미국사회복지사협회(NASW)

사회복지실천은 개인, 집단, 지역사회의 사회적 기능을 향상시키거나 자신들의 능력을 회복하고, 자신들의 목표달성을 위해 사회적 조건들을 창출하도록 원조하는 전문적 활동

(2) 핀커스와 미나한(Pincus and Minahan)

사회복지실천은 사람과 자원체계를 연결하여 상호작용하고 개인체계가 그 기능을 효율적으로 발휘하도록 당면하는 문제에 초점을 두는 개입활동

2) 사회복지실천의 목적

(1) 미국사회복지사협회(NASW)

사회복지실천의 목적은 모든 개인의 삶의 질 향상을 위해 개인과 환경 간에 상호 호혜적 상호작용을 촉진하고 유지시키는 것

(2) 핀커스와 미나한(Pincus and Minahan)

① 개인의 문제해결 및 대처능력을 향상시킴
② 개인의 자원, 서비스, 기회를 제공해 주는 체계와 연결함
③ 그 체계들이 효과적이며 인도적인 운영을 향상하도록 촉진함
④ 사회정책의 개발과 발전에 기여하도록 함

2. 사회복지실천의 기능 및 이념

1) 사회복지실천의 기능

(1) 미국사회복지사협회(NASW)

① 사람들의 역량을 확대하고 문제해결능력과 대처능력을 향상시키도록 도움

② 사람들이 자원을 획득하도록 도움

③ 조직이 사람들에게 반응하도록 함

④ 개인과 환경 내의 다른 사람들과 상호작용을 촉진함

⑤ 조직과 제도간의 상호관계에 영향을 미침

⑥ 사회정책 및 환경정책에 영향을 미침

(2) 핀커스와 미나한(Pincus and Minahan)

① 개인의 문제해결과 대처능력을 향상시키며 더 효과적으로 이용할 수 있음

② 개인과 자원체계 간 기본 연결을 성립시키고 사회통제의 개입 역할을 함

③ 사람들과 사회자원체계 간 상호작용을 촉진시키고 새로운 관계 형성함

④ 자원체계 내 개인들 사이의 상호작용을 촉진시키며 관계를 수정하거나 형성함

⑤ 사회정책의 개발과 수정에 기여하고 물질자원을 분배함

2) 사회복지실천의 이념

(1) 인도주의(박애사상)

① 기독교사상을 실천하려는 중산층 이상의 사람들이 빈곤한 사람을 대상으로 인도주의적 구호를 제공하는 사상으로 사회복지실천의 기본사상이 됨

② 타인을 위하여 봉사하는 정신으로 이타주의의 사회복지실천 기본정신으로 자리매김함

③ 모든 인간은 동등하며 인류공존을 꾀하고 복지를 실현시키려는 사상

(2) 사회진화론

① 다윈의 자연법칙의 진화론을 사회법칙의 진화론에 적용함

② 사회적합계층은 살아남고, 사회부적합계층은 자연스럽게 소멸된다는 논리

③ 자선조지협회의 우애방문원의 봉사활동은 사회통제 측면에서 한 실천에 해당됨

④ 열등 계층인 극빈자, 장애인 등을 방문하여 중산층의 기독교 도덕을 강요함

⑤ 개인의 가치관이나 도덕성을 무시하고 새로운 도덕이나 윤리를 따르도록 강요함

(3) 민주주의

① 민주주의는 평등(equality)을 표방하는 이념으로 주는 자와 받는 자의 평등한 권리를 인정하게 됨

② 평등을 위한 대표적인 사회복지실천은 인보관운동의 활동들이 해당됨

③ 빈곤계층에도 나름대로 가치관이 있으며 이를 동등하게 인정해 주는 것에서부터 시작한 인보관운동의 이념은 전체 사회가 이를 인정해주도록 사회개혁으로 이어짐

④ 민주주의는 현대에 오면서 클라이언트의 자기결정권이라는 실천윤리에 영향을 주었으며, 사회복지관 활동에도 영향을 줌

(4) 개인주의

① 개인주의 사상은 개인권리를 존중하지만 수혜자격의 축소로 빈곤의 문제도 다시 빈곤한 자의 문제로 돌아가게 됨

② 빈곤한 사회복지 수혜자는 빈곤하게 살 수 밖에 없어야 한다는 '최소한의 수혜자격 원칙'을 낳았으며 저임금, 노동자보다 더 낮은 보조를 받도록 정책을 펼쳐 나감

③ 클라이언트의 개인적 특성, 즉 개별화를 중시하는 것에 초점을 둠

(5) 다양화

① 열등계층인 소외계층에게 스스로 발전할 수 있는 여건을 만들어 줌으로써 자기 변화를 위한 권한을 부여함

② 클라이언트에 대한 선택적 봉사의 실천을 하고 개별화와 평등화의 복합적 실천모델

(6) 사회주의

① 사회주의는 생산수단의 사회적 소유와 사회적 관리의 수단에 의하여 사회복지실천에 정부의 개입을 강조하는 사상

② 이는 후에 사회복지실천에 정부의 책임을 강조하는 사상으로 발전함

③ 특히, 정부책임의 증가는 빈곤계층에 대한 관심과 서비스의 증가로 나타남

(7) 실증주의

① 관찰이나 실험 등으로 검증 가능한 지식만을 인정하는 인식론적 방법론

② 사회복지실천에서 실증주의는 자선조직의 전성기인 19세기 후반에 등장함

③ 우애방문자들은 과학적 방법이 개별사례를 체계적으로 연구하는 데 사용된다고 봄
④ 사회문제에 대한 과학적 방법의 영향으로 사회조사운동이 일어남

(8) 여성주의

① 여성문제를 개인 내적인 측면에서 찾는 것이 아니라 사회구조적인 측면에서 파악함
② 여성주의 사회복지실천에서는 클라이언트가 자기 내부에서 변화의 가능성을 찾도록 권한을 부여하는 것에 초점을 둠
③ 여성주의(페미니즘)는 사회가 여성의 대처에 무언가 잘못된 점이 있다고 지각하는 데서 시작하여 여성의 억압과 원인 및 규모를 분석하여 여성해방을 실현하고자 함

제2절 사회복지실천의 가치와 윤리

1. 사회복지실천의 가치

1) 가치와 윤리의 개념

① 가치: 사회구성원이 좋거나 바람직한 것에 대한 신념이나 선호
② 윤리: 옳고 그름을 판단하는 기준, 가치에서 파생됨

2) 사회복지의 일반적 가치와 전문적 가치

(1) 일반적 가치

○ **평등**(equality)

① 사회복지의 가치에서 가장 중요한 것 중의 하나
② 사회적 자원의 재분배를 통해 사회구성원의 삶의 질을 향상시키고자 하는 가치

○ **자유**(freedom)

① 사회복지가치에서 논란이 많은 개념 중의 하나로 소극적 자유와 적극적 자유가 있음
② 소극적 의미의 자유: 다른 사람에 의한 강제가 없는 상태를 의미함
③ 적극적 의미의 자유: 자기가 원하는 것을 할 수 있는 상태를 의미함

○ **정의**(justice)

사회복지에서는 특히 분배적 정의를 강조하며 사회적으로 취약한 계층이나 불우한 위치에 있는 사람에게 보다 나은 처우와 권한 및 자원의 배분이 이루어지도록 노력하는 것

○ **사회통합**(social integration)

① 일정한 사회단위 내의 구성원 상호 간 또는 구성원이 사회에 갖는 연대감 또는 애착의 감정을 의미함

② 현대사회에서 사회복지제도는 공동체 구성원의 상호의존성을 제도적 장치로 복원함으로써 사회통합을 달성하게 하고 있음

(2) 사회복지의 전문직 가치(레비) ***

① 사람 우선가치: 사회복지전문직이 대상인 인간자체에 대해 갖추어야 할 가치
예) 인간의 존엄성, 개별화 등

② 결과 우선가치: 인간에게 바람직한 결과가 무엇인지 알려주는 가치
예) 평등한 기회, 차별금지 등

③ 수단 우선가치: 서비스를 제공하는 수단과 도구에 대한 가치
예) 자기결정권, 비심판적 태도 등

2. 사회복지실천의 윤리

1) 사회복지실천윤리의 개념

① 사회복지의 기본적사명과 그에 근거한 제반 실천 활동의 도덕적 측면에 대한 개념, 원칙, 이론 등을 정립하고 이를 정당화하는 체계적 노력

② 윤리는 가치로부터 나오기 때문에 일반가치와 사회복지의 가치는 사회복지사와 같은 실천가에게는 윤리적 결정을 내리는데 현명한 선택을 할 수 있는 근거가 됨

2) 사회복지실천의 윤리적 갈등 ****

(1) 윤리적 갈등이 발생하는 상황

① 상충된 가치: 사회복지사가 두 개 또는 그 이상의 경쟁적인 가치와 직면했을 때 윤리적 딜

레마에 빠지게 됨

② 상충된 의무: 기관에 대한 의무와 클라이언트에 대한 의무가 상충된 상황에서 사회복지사는 갈등을 경험함

③ 다수의 클라이언트 체계: 하나 이상의 복잡성을 가진 클라이언트 체계와 일할 때 발생하는 윤리적인 딜레마를 의미함

④ 결과의 모호성: 윤리적 결정의 장기적인 효과성이 모호할 때 사회복지사는 선택의 딜레마에 직면하게 됨

⑤ 힘의 불균형: 사회복지사와 클라이언트 관계에서 힘의 불균형이 일어나는 것은 사실이며 이러한 상황이 윤리적 딜레마를 가져옴

(2) 윤리적 갈등의 조정: 로웬버그와 돌고프의 윤리적 원칙 준거틀 ****

① 생명보호의 원칙: 인간의 생명보호는 클라이언트를 비롯한 모든 사람에게 적용이 됨

② 평등 및 불평등의 원칙: 평등과 불평등의 원칙에 따르면 동등한 사람들은 평등하게 처우받아야 하며, 동등하지 않은 상황의 사람들은 상황 그 자체가 사안이 되고 있다면 그에 따라 다르게 처우되어야 할 권리를 가짐

③ 자율과 자유의 원칙: 사회복지사는 개인이 자율성과 독립성, 자유를 신장시키는 실천적 결정을 해야 함

④ 최소한 손실의 원칙: 사회복지사는 불가피하게 손실만 초래될 가능성이 높은 선택을 해야만 할 때도 손실이 최소화되도록 선택해야 함

⑤ 삶의 질의 원칙: 사회복지사는 지역사회뿐만 아니라 개인과 모든 사람의 삶의 질을 좀 더 향상시키는 기회를 선택해야 함

⑥ 사생활 보호 및 비밀보장의 원칙: 사회복지사는 모든 사람의 사생활보호의 권리를 신장시키는 실천적 결정을 해야 함

⑦ 진실성 및 정보공개의 원칙(성실성의 원칙): 사회복지사는 클라이언트와 다른 사람에게 진실을 말하고 모든 관련 정보를 충분히 개방하는 것을 허용하는 실천적 결정을 해야 함

3. 한국 사회복지사 윤리강령

1) 제정의 추진경위

① 1970년대부터 사회복지사윤리강령 제정의 필요성이 논의되어 오다가 한국사회복지사협회에서 시안을 마련해서 1988년 채택, 공포되었고 1992년에 개정되었으며, 2001년 다시 개정되었음

② 2001년에 개정된 윤리강령에는 전문과 사회복지사의 기본적 윤리기준, 클라이언트에 대한 윤리기준, 동료에 대한 윤리기준, 사회에 대한 윤리기준, 기관에 대한 윤리기준, 사회복지윤리위원회 구성과 운영에 관한 부분으로 구성되어 있음

2) 사회복지사 윤리강령 전문 **

> 사회복지사는 인본주의 · 평등주의 사상에 기초하여, 모든 인간의 존엄성과 가치를 존중하고 천부의 자유권과 생존권의 보장활동에 헌신한다. 특히, 사회적 · 경제적 약자들의 편에 서서 사회정의와 평등 · 자유와 민주주의 가치를 실현하는 데 앞장선다. 또한 도움을 필요로 하는 사람들의 사회적 지위와 기능을 향상시키기 위해 함께 일하며, 사회제도 개선과 관련된 제반활동에 주도적으로 참여한다. 사회복지사는 개인의 주체성과 자기결정권을 보장하는데 최선을 다하고, 어떠한 여건에서도 개인이 부당하게 희생되는 일이 없도록 한다.
>
> 이러한 사명을 실천하기 위하여 전문적 지식과 기술을 개발하고, 사회적 가치를 실현하는 전문가로서의 능력과 품위를 유지하기 위해 노력한다. 이에 우리는 클라이언트 · 동료 · 기관 그리고, 지역사회 및 전체사회와 관련된 사회복지사의 행위와 행동을 판단 · 평가하며 인도하는 윤리기준을 다음과 같이 선언하고 이를 준수할 것을 다짐한다.

3) 사회복지사의 기본적 윤리기준 ****

(1) 전문가로서의 자세

① 사회복지사는 전문가로서의 품위와 자질을 유지하고 자신이 맡고 있는 업무에 대해 책임을 진다.

② 사회복지사는 클라이언트의 종교, 인종, 성, 연령, 국적, 결혼상태, 성 취향, 경제적 지위, 정치적 신념, 정신 · 신체적 장애, 기타 개인적 선호, 특징, 조건지위로 차별대우를 하지 않는다.

③ 사회복지사는 전문가로서 성실하고 공정하게 업무를 수행하며, 이 과정에서 어떠한 부당한 압력에도 타협하지 않는다.

④ 사회복지사는 사회정의 실현과 클라이언트의 복지증진에 헌신하며, 이를 위한 환경조성을 국가와 사회에 요구해야 한다.

⑤ 사회복지사는 전문적 가치와 판단에 따라 업무를 수행함에 있어 기관 내외로부터 부당한 간섭이나 압력을 받지 않는다.

⑥ 사회복지사는 자신의 이익을 위해 사회복지전문직의 가치와 권위를 훼손해서는 안 된다.

⑦ 사회복지사는 한국사회복지사협회 등 전문가단체 활동에 적극 참여하여 사회정의 실현과 사회복지사의 권익옹호를 위해 노력해야 한다.

(2) 전문성 개발을 위한 노력

① 사회복지사는 클라이언트에게 최상의 서비스를 제공하기 위해 지식과 기술을 개발하는 데 최선을 다하며 이를 활용하고 전파할 책임이 있다.

② 클라이언트를 대상으로 연구하는 사회복지사는 저들의 권리를 보장하기 위해 자발적이고 고지된 동의를 얻어야 한다.

③ 연구과정에서 얻은 정보는 비밀보장의 원칙에서 다루어져야 하고, 이 과정에서 클라이언트는 신체적 · 정신적 불편이나 위험 · 위해 등으로부터 보호되어야 한다.

④ 사회복지사는 전문성을 개발하기 위해 노력하되, 이를 이유로 서비스제공을 소홀히 해서는 안 된다.

(3) 경제적 이득에 대한 태도

① 사회복지사는 클라이언트의 지불능력에 상관없이 서비스를 제공해야 하고, 이를 이유로 차별대우를 해서는 안 된다.

② 사회복지사는 필요한 경우에 제공된 서비스에 대해 공정하고 합리적으로 이용료를 책정해야 한다.

③ 사회복지사는 업무와 관련하여 정당하지 않은 방법으로 경제적 이득을 취하여서는 안 된다.

4) 클라이언트에 대한 윤리기준 ****

(1) 클라이언트와의 관계

① 사회복지사는 클라이언트의 권익옹호를 최우선의 가치를 삼고 행동해야 한다.

② 사회복지사는 클라이언트에 대한 인간으로서의 존엄성을 존중해야 하며, 전문적 기술과 능력을 최대한 발휘해야 한다.

③ 사회복지사는 클라이언트가 자기결정권을 최대한 행사할 수 있도록 도와야 하며, 그들의 이익을 최대한 대변해야 한다.

④ 사회복지사는 클라이언트의 사생활을 존중하고 보호하며, 직무수행과정에서 얻은 정보에 대해 철저하게 비밀을 유지해야 한다.

⑤ 사회복지사는 클라이언트가 받는 서비스의 범위와 내용에 대해 정확하고 충분한 정보를 제공함으로써 알 권리를 인정하고 존중해야 한다.

⑥ 사회복지사는 문서와 사진 및 컴퓨터 파일 등의 형태로 된 클라이언트의 정보에 대해 비밀보장의 한계, 정보를 얻어야 하는 목적 및 활용에 대해 구체적으로 알려야 하며, 정보공개 시에는 동의를 얻어야 한다.

⑦ 사회복지사는 개인적 이익을 위해 클라이언트와의 전문적 관계를 이용해서는 안 된다.

⑧ 사회복지사는 어떠한 상황에서도 클라이언트와 부적절한 성적 관계를 가져서는 안 된다.

⑨ 사회복지사는 사회복지 증진을 위한 환경조성에 클라이언트를 동반자로 인정하고 함께 일해야 한다.

(2) 동료의 클라이언트와의 관계

① 사회복지사는 적법하고도 적절한 논의 없이 동료 혹은 다른 기관의 클라이언트와 전문적 관계를 맺어서는 안 된다.

② 사회복지사는 긴급한 사정으로 인해 동료의 클라이언트를 맡게 된 경우, 자신의 의뢰인처럼 관심을 갖고 서비스를 제공한다.

5) 동료에 대한 윤리기준 ***

(1) 동료

① 사회복지사는 존중과 신뢰로서 동료를 대하여 전문가로서의 지위와 인격을 훼손하는 언행을 하지 않는다.

② 사회복지사는 사회복지 전문직의 이익과 권익을 증진시키기 위해 동료와 협력해야 한다.

③ 사회복지사는 동료의 윤리적이고 전문적인 행위를 촉진시켜야 하며, 이에 반하는 경우에는 제반 법률규정이나 윤리기준에 따라 대처해야 한다.

④ 사회복지사가 전문적인 판단과 실천이 미흡하여 문제를 야기시켰을 때에는 적절한 조치를 취하여 클라이언트의 이익을 보호해야 한다.

⑤ 사회복지사는 전문직 내 다른 구성원이 행한 비윤리적 행위에 대해 제반 법률규정이나 윤

리기준에 따라 조취를 취해야 한다.

⑥ 사회복지사는 동료 및 타전문직 동료의 직무가치와 내용을 인정 · 이해하며 상호 간에 민주적인 직무관계를 이루도록 노력해야 한다.

(2) 슈퍼바이저

① 슈퍼바이저는 개인적인 이익의 추구를 위해 자신의 지위를 이용해서는 안 된다.

② 슈퍼바이저는 전문적 기준에 의해 공정하게 책임을 수행하며, 사회복지사와 수련생 및 실습생에 대한 평가는 그들과 공유해야 한다.

③ 사회복지사는 슈퍼바이저의 전문적 지도와 조언을 존중해야 하며, 슈퍼바이저는 사회복지사의 전문적 업무수행을 도와야 한다.

④ 슈퍼바이저는 사회복지사와 수련생 및 실습생에 대해 인격적 · 성적으로 수치심을 주는 행위를 해서는 안 된다.

6) 사회에 대한 윤리기준 ***

① 사회복지사는 인권존중과 인간평등을 위해 헌신해야 하며, 사회적 약자를 옹호하고 대변하는 일을 주도해야 한다.

② 사회복지사는 필요한 사회서비스를 개발하기 위한 사회정책의 수립 발전 입법 집행에 적극적으로 참여하고 지원해야 한다.

③ 사회복지사는 사회 환경을 개선하고 사회정의를 증진시키기 위한 사회정책을 수립 발전 입법 집행을 요구하고 옹호해야 한다.

④ 사회복지사는 자신이 일하는 지역사회의 문제를 이해하고, 그것을 해결하는 일에 적극적으로 참여해야 한다.

7) 기관에 대한 윤리기준 ****

① 사회복지사는 기관의 정책과 사업목표의 달성, 서비스의 효율성과 효과성의 증진을 위해 노력함으로써 클라이언트에게 이익이 되도록 해야 한다.

② 사회복지사는 기관의 부당한 정책이나 요구에 대하여 전문직의 가치와 지식을 근거로 이에 대응하고, 즉시 사회복지윤리위원회에 보고해야 한다.

③ 사회복지사는 소속기관의 활동에 적극 참여함으로써 기관의 성장 발전을 위해 노력해야 한다.

8) 사회복지윤리위원회의 구성과 운영

① 한국사회복지사협회는 사회복지윤리위원회를 구성하여 사회복지 윤리실천의 질적인 향상을 도모하여야 한다.

② 사회복지윤리위원회는 윤리강령을 위배하거나 침해하는 행위를 접수받아 공식적인 절차를 통해 대처하여야 한다.

③ 사회복지사는 한국사회복지사협회의 윤리적 권고와 결정을 존중하여야 한다.

제3절 사회복지실천의 역사적 발달

1. 사회사업실천의 이론 발달

1) 정신분석의 영향

① 1920년대 이후 프로이트(Freud) 정신분석이 사회복지실천에 상당한 영향력을 미침

② 프로이트의 이론은 초기 사회복지실천가들을 매료시켰으며, 사회복지실천의 초점도 환경에서 개인의 내부문제로 옮겨가기 시작함

2) 진단주의와 기능주의의 갈등

1930년에는 사회복지전문직의 이론 및 실천적 측면에서 분화가 일어나기 시작했으며, 프로이트이론을 중심으로 한 진단주의 학파와 랭크(Rank)를 중심으로 한 기능주의 학파 사이의 논쟁이 1950년대까지 지속됨

(1) 진단주의 학파

① 조사, 진단, 치료단계를 개념화하고, 사회복지사와 클라이언트 간 치료적 관계를 중시하였음

② 치료단계에서는 상담 및 치료를 위주로 하고 사회적 자원, 프로그램 개발, 자원 조정 등의 방법으로 부족한 면을 보충함

③ 치료에 있어 과거를 중시하며, 워커(social worker)를 중심으로 함

(2) 기능주의 학파

① 클라이언트의 현재의 상황, 즉 '여기-지금(here and now)' 의 상황에 초점을 둠

② 인간은 과거에 얽매이는 존재가 아니라 스스로 선택할 수 있는 의지와 성장에 대한 잠재적인 힘이 있다고 믿음

③ 진단을 부정하며, '치료' 보다는 '원조' 라는 용어를 강조함

3) 개별사회사업 ***

(1) 개별사회사업의 개념

① 스스로 해결하지 못하는 개인적 사회적 문제를 가진 사람을 돕기 위하여 주로 워커(social worker)와 클라이언트가 1 : 1의 관계를 통해서 문제를 해결해 나갈 수 있도록 원조하는 기술을 말함

② 이론적 체계는 20세기 초 리치몬드(M. Richmond)에 의해 시작되었고, 1920년에는 정신분석이론을 도입한 진단주의 학파, 1930년에는 랭크(Rank)의 이론을 도입한 기능주의 학파, 1950년대에는 양 계파를 통합하려는 펄만(Perlman) 등의 절충파들에 의해서 전개되었음

- 리치몬드(M. Richmond): 개별사회사업은 개인과 그 사회 환경 간에 개별적 의식적 조정을 통해서 그 사람의 인격발달을 도모하는 제반과정이라고 봄
- 펄만(Perlman): 케이스워크(case work)란 사람(Person)들이 사회적 기능을 함에 있어서 자신의 문제(Problem)를 보다 효과적으로 대처해 나가도록 개인을 도와주는 사회복지기관(Place) 또는 전문기관에서 활용하는 과정(process)이라고 봄

(2) 개별사회사업의 구성: 펄만(Perlman)의 4P

① 사람(Person): 개별사회사업의 주체가 되는 사회적 정서적 측면에서 도움을 필요로 하는 사람들, 즉 클라이언트라고 할 수 있음

② 문제(Problem): 어떤 물질적인 결핍, 사회 환경에 대한 부적응, 욕구불만 등 개인의 사회기능을 저해하거나 위협을 주는 모든 것들을 말함

③ 장소(Place): 문제를 가진 개인을 돕기 위해 사회자원과 인력을 동원하여 조직된 사회복지기관 또는 전문기관

④ 과정(process): 전문적인 개별사회사업가가 클라이언트와 전문직업적 인간관계를 매개로 하여 클라이언트의 당면문제의 해결을 도와주는 과정을 말함

2. 통합적 방법론의 등장

1) 등장배경

① 1920~1930년대는 개별사회사업과 집단지도, 1930년대는 지역사회조직사업, 1950년대는 사회복지행정과 사회복지조사가 발달하였는데, 이러한 방법론을 흔히 전통적 방법론이라 함

② 사회복지실천의 발달과정에서 개별사회사업의 이론과 실천의 발달은 사회복지전문직을 정립하는 계기가 되었으나 개인의 심리문제에 지나치게 집착함으로써 사회복지 내에 과도하게 분화된 전문화를 야기함

2) 전통적 방법론의 한계

① 주로 제한된 특정문제 중심의 개입을 하고 있어 최근의 복잡한 문제 상황에 대해 적절히 개입하기 어려운 상황이 발생함

② 지나친 분화, 전문화로 서비스의 파편화 현상을 초래함으로써 다양한 문제와 욕구를 가진 클라이언트가 여러 기관이나 사회복지사를 찾아다녀야 하는 부담감을 야기함

③ 전문화중심의 교육훈련은 사회복지사의 분야별 직장 이동에 도움을 주지 못함

④ 공통기반을 전제하지 않는 분화 및 전문화는 각각 별개의 사고와 언어 및 과정을 보여줌으로써 사회복지전문직의 정체성 확립에 장애가 됨

3) 사회복지 실천방법의 통합시도(1960~1980년대)

(1) 통합적 방법의 개념

사회복지실천에서 통합적 방법이란 사회복지사가 개인, 집단, 지역사회에서 제기되는 사회문제에 활용할 수 있는 공통된 하나의 원리나 개념을 제공하는 '방법의 통합화' 를 의미함

(2) 통합적 방법의 특징

① 사회복지실천에 본질적인 개념, 활동, 기술, 과업 등에 공통적 기반이 있음을 전제함

② 통합적 방법의 가치는 클라이언트의 잠재성을 인정하며, 이들 잠재성이 개발될 수 있다고 보고, 미래지향적인 접근을 강조

③ 사회복지의 지식은 과거의 심리내적인 정신역동적 측면에서 상황속의 인간(person in environment perspective)을 이해하고자 한 일반체계론까지 확대된 개념을 사용함

④ 인간과 환경의 고유영역, 즉 사회적 기능수행 영역에 사회복지사가 개입해야 함을 강조

⑤ 클라이언트의 존엄성을 인정하고, 클라이언트의 참여와 자기결정권 및 개별화를 극대화할 것을 강조하며 사회복지실천과정의 계속적인 평가를 주장함

(3) 진단주의와 기능주의의 절충: 펄만(Perlman)의 문제해결모델(1957)

3. 통합적 방법의 개념 및 이론적 기반

1) 통합적 방법의 개념 **

(1) 통합적 방법의 의의

사회복지실천에서 통합적 방법이란 사회복지사가 개인, 집단, 지역사회에서 제기되는 사회문제에 활용할 수 있는 공통된 하나의 원리나 개념을 제공하는 '방법의 통합화' 를 의미함

(2) 통합적 방법의 특징

① 사회복지실천에 본질적인 개념, 활동, 기술, 과업 등에 공통적 기반이 있음을 전제함

② 통합적 방법의 가치는 클라이언트의 잠재성을 인정하며, 이들 잠재성이 개발될 수 있다고 보고, 미래지향적인 접근을 강조함

③ 사회복지지식은 과거의 심리내적인 정신역동적 측면에서 '상황속의 인간' 을 이해하고자 한 일반체계론까지 확대된 개념을 사용함

④ 인간과 환경의 고유영역, 즉 사회적 기능수행 영역에 사회복지사가 개입해야 함을 강조함

⑤ 클라이언트의 존엄성을 인정하고, 클라이언트의 참여와 자기결정권 및 개별화를 극대화할 것을 강조하며 사회복지실천과정의 계속적인 평가를 주장함

2) 이론적 기반 ***

(1) 통합적 방법의 대표적인 이론적 기반: 체계이론과 생태학이론

① 두 이론의 공통점은 인간행동에 대한 환경의 영향, '환경속의 인간' 을 강조함

② 인간과 환경을 하나의 체계로 보고 인간과 환경이라는 각 체계뿐만 아니라 이들의 상호작용에 관심을 가짐

③ 생태체계적 관점은 사회체계적 관점과 생태체계적 관점을 통합한 것

(2) 생태학이론

① 인간과 환경을 하나의 단일체계로 보고, 개인과 환경체계에 대한 개입뿐만 아니라 인간과 환경과의 상호교류에 대해 각 체계와 유사한 수준에서 개입해야 함을 강조함

② 체계이론의 PIE(Person-in-Environment)관점을 공고히 하며, 인간과 환경의 상호교류에 대한 이론적 틀 및 실천적 함의를 제시하는 특성이 있음

(3) 사회체계이론

① 체계의 개념을 개인, 집단 등의 사회체계에 적용하는 사회체계이론이 인간을 둘러싸고 있는 다양한 사회체계를 규명하고 개인과의 상호관련성에 관심을 갖고 있음

② 통합적 방법으로 환경의 중요성을 이해하고, 이를 사회복지실천의 사정 및 개입의 중요한 영역으로 포함

4. 사회복지실천의 통합적 방법론

1) 핀커스와 미나한(Pincus and Minahan): 4체계 모델과 자원체계 ***

(1) 핀커스와 미나한의 4체계 모델(1973)

① 클라이언트체계: 도움을 구하는 개인, 집단, 가족, 지역사회로서 변화매개체계와 함께 일하는 사람들

② 변화매개체계: 사회복지사와 그가 소속된 기관 혹은 조직을 의미하며, 변화매개인이란 계획적 변화를 목적으로 특수하게 고용된 '돕는 사람', 즉 사회복지사를 의미함

③ 표적체계: 변화매개인이 목표를 달성하기 위하여 직접적으로 영향을 주거나 변화가 필요한 사람들로서 클라이언트체계와 중복되기도 함

④ 행동체계: 변화매개자들이 변화노력을 달성하기 위해 상호작용하는 사람들을 말하는데, 이웃, 가족, 전문가들이 해당됨

(2) 핀커스와 미나한의 3가지 초점체계: 공동체에서 발견할 수 있는 자원체계

① 자연적(비공식적) 자원체계

② 공식적 자원체계

③ 사회적 자원체계

2) 콤튼과 갤러웨이(Compton and Gallaway): 6체계 모델 ***

① 펄만에 의해 제시된 문제해결모델을 체계이론과 접목한 통합적 모델

② 체계의 유형은 핀커스(Pincus)와 미나한(Minahan)의 4체계(변화매개체계, 클라이언트체계, 행동체계, 표적체계) 외에 전문가체계(professional system), 문제인식체계(의뢰–응답체계, problem-identification system)의 두 가지 유형을 더 첨가한 것

- 전문가체계: 사회복지사협회, 교육협회 등 가치실현을 목적으로 결성된 체계를 말함
- 문제인식체계(의뢰체계–응답체계): 잠재적 클라이언트체계를 클라이언트체계로 끌어들이기 위해 행동하는 체계를 말하며, 서비스를 요청한 사람은 의뢰체계, 이끌려온 사람은 응답체계라고 함

3) 저메인과 기터맨(Germain and Gitterman): 생활모델(1980) ***

① 생태체계적 관점을 토대로 개발한 통합적방법론 모델로 인간과 환경과의 상호작용 문제에 좀 더 실용적으로 접근할 수 있게 함

② 개인과 환경의 상호작용, 즉 인간과 환경의 동시적 초점을 제공하고, 문제나 개인적 장애뿐만 아니라 생활과의 맥락 속에서 파악하는 통합적 관점을 취함

③ 생활과정상에서 인간의 강점, 지속적인 성장, 잠재력의 방출, 환경적 요인의 개선 등을 촉진시키며 개인, 가족, 집단, 지역사회에서 인간과 환경의 상호조화의 증진을 도모함

2궤도 접근

기능주의 궤도(사례론적 궤도)	원인론적 궤도
· 자선조직협회 · 문제의 근원: 개인의 특성 · 대표: 리치몬드(사회진단의 저자) · 방법론: 개별사회사업 · 개개인의 복지 중시	· 인보관 운동 · 문제의 근원: 사회환경 · 아담스(헐하우스 설립자) · 방법론: 집단사회사업, 지역사회조직 · 일반대중의 복지 중시

진단주의와 기능주의

진단주의	기능주의
· 워커 중심 · 과거 중심적 분석 · 무의식 강조 · 치료강조: 질병의 심리학 · 치료의 본질로서 전이 강조 · 심리사회모델로 발전	· 1930년대 세계대공황 이후 등장 · 클라이언트 중심 · 현재 상황에 초점 · 인간의 의지 강조 · 원조 강조: 성장의 심리학 · 치료자로부터 분리 강조 · 기관의 기능 활용 강조

〈 기출 등 주요 Key Word 〉

O X 문제

01) 사회복지실천의 개입에서 간접적 개입은 사회적 지지체계 개발, 서비스 조정 및 프로그램 개발, 클라이언트를 위한 옹호활동 등이 해당된다. (O/X)

02) 생명보호의 원칙은 인간의 생명보호는 클라이언트를 비롯한 모든 사람에게 적용된다. (O/X)

03) 평등 및 불평등의 원칙은 동등한 사람들은 평등하게 처우 받아야 하며, 동등하지 않은 상황의 사람들은 상황 그 자체가 사안이 되고 있다면 그에 따라 다르게 처우되어야 할 권리를 가진다. (O/X)

04) 자율과 자유의 원칙은 사회복지사는 개인이 자율성과 독립성, 자유를 신장시키는 실천적 결정을 해야 한다. (O/X)

05) 집단역동성(group dynamics)은 집단과 개별적인 집단성원들에게 영향을 미쳐 치료적 효과를 가져 오게 한다. (O/X)

06) 집단구성원의 동질성은 집단 초기부터 집단구성원에 대한 매력을 높여 구성원 간의 관계를 증진시키고 방어와 저항을 줄인다. (O/X)

07) 매개체계는 변화매개자들이 변화노력을 달성하기 위해 상호작용하는 사람들을 말하는데, 이웃, 가족, 전문가들이 이 체계에 해당된다. (O/X)

08) 펄만(Perlman)은 사회복지실천에서 중요한 3가지 초점체제로 자연적(비공식적) 자원체계, 공식적 자원체계, 사회적 자원체계로 구분하였다. (O/X)

09) 생태체계 관점은 과거의 실천모델보다 넓은 관점과 관심 영역을 포괄하며 문제에 대한 총체적 이해를 가능하게 한다. (O/X)

10) 사회복지실천의 이념에서 개인주의는 권리와 책임을 강조했기 때문에 빈곤이나 장애의 책임이 개인에게 있다고 보았다. (O/X)

Answer **틀린 문제(7, 8) 해설**

07) 행동체계는 변화매개자들이 변화노력을 달성하기 위해 상호작용하는 사람들을 말하는데, 이웃, 가족, 전문가들이 이 체계에 해당된다.

08) 핀커스와 미나한은 사회복지실천에서 중요한 3가지 초점체제로 자연적(비공식적) 자원체계, 공식적 자원체계, 사회적 자원체계로 구분하였다.

기출문제

上·中·下

01) 다음의 설명에 해당하는 「사회복지사윤리강령」 기준은? (2019, 서울시)

- 사회복지사는 클라이언트의 지불능력에 상관없이 서비스를 제공하여야 하며, 이를 이유로 차별대우를 해서는 안 된다.
- 사회복지사는 전문가로서의 품위와 자질을 유지하고 자신이 맡고 있는 업무에 대해 책임을 진다.

① 기본적 윤리기준 ② 사회에 대한 윤리기준
③ 클라이언트에 대한 윤리기준 ④ 기관에 대한 윤리기준

해설

사회복지사의 기본적 윤리기준

- 전문가로서의 자세: 사회복지사는 전문가로서의 품위와 자질을 유지하고 자신이 맡고 있는 업무에 대해 책임을 진다.
- 경제적 이득에 대한 태도: 사회복지사는 클라이언트의 지불능력에 상관없이 서비스를 제공하여야 하며, 이를 이유로 차별대우를 해서는 안 된다.

〈 정답 ① 〉

上·中·下

02) 로웬버그와 돌고프의 윤리원칙심사(EPS) 기준이 아닌 것은? (2018, 서울시)

① 자율과 자유의 원칙 ② 생명보호의 원칙
③ 자기결정의 원칙 ④ 성실의 원칙

해설

원리원칙 심사기준의 순서

① 생명보호의 원칙, ② 평등 및 불평등의 원칙, ③ 자율과 자유의 원칙, ④ 최소한 손실의 원칙, ⑤ 삶의 질 원칙, ⑥ 사생활보호 및 비밀보장의 원칙, ⑦ 진실성 및 정보개방의 원칙(성실성의원칙)

〈 정답 ③ 〉

제2장 사회복지실천의 상호작용

제1절 사회복지실천 관계론

1. 관계형성의 개념

1) 관계형성의 의의

(1) 펄만(Perlman, 1957)

관계는 촉매제로서 원조에 활력을 주며, 문제해결과 원조의 활용에 대하여 사람들이 에너지와 동기를 갖도록 하고 좋은 관계는 타인의 자아를 존중하고 육성하며, 안정감과 일치감을 제공한다고 함

(2) 핀커스와 미나한(Pincus and Minahan)

관계란 사회복지사와 그가 관여하는 다른 체계들 간의 정서적인 유대로 볼 수 있고, 이러한 관계에는 협력, 협상 또는 갈등적 분위기가 포함될 수 있다고 함

2) 관계형성의 기본원칙: 비에스텍(Biestek, 1957)의 7대 원칙 ****

(1) 개별화의 원칙

모든 인간은 개별적인 특징을 가지고 있는 독특한 개인으로 존중받아야 한다는 인간의 권리에 기초함

(2) 의도적 감정표현의 원칙

클라이언트가 자신의 감정을 자유롭게 표현하고자 하는 욕구와 관련되며, 사회복지사는 클라이언트에게 편안한 분위기를 조성해 줌으로써 감정을 표현할 수 있도록 격려해 주어야 함

(3) 통제된 정서적 관여의 원칙

사회복지사가 클라이언트의 감정에 대해 민감하게 이해하고 그 감정에 대해 의도적이고 적절한 반응을 보임으로써 정서적으로 관여를 하게 됨

(4) 수용의 원칙

클라이언트를 있는 그대로 받아들이고 대우한다는 원칙, 사회복지사의 수용은 클라이언트로 하여금 현재 존재하는 그대로의 자신을 표현하고 안정감을 느끼도록 해주며, 자신의 문제와 자기 자신을 잘 대처해 나갈 수 있도록 도와줌

(5) 비심판적 태도의 원칙

클라이언트의 특성, 가치관, 행위 등에 대해 비판하지 않는다는 원칙, 사회복지사는 클라이언트를 이해하고 더 나은 사회기능을 할 수 있도록 도울 필요 있음

(6) 자기결정권의 원칙

클라이언트가 자신의 삶에 대해 스스로 결정할 수 있는 권리와 욕구가 있다는 원리에 바탕을 둔 것이며, 사회복지사는 클라이언트가 최선의 선택과 결정을 할 수 있도록 협조해야 함

(7) 비밀보장의 원칙

전문적 관계에서 노출된 클라이언트의 정보를 부득이한 경우를 제외하고 사회복지사가 타인에게 공개해서는 안 된다는 원칙

2. 원조관계의 형성

1) 원조관계 형성의 개념 ***

사회복지사와 클라이언트의 관계의 가장 큰 특징은 클라이언트는 도움을 요청하고 사회복지사는 전문적 도움을 제공하는 전문적 관계에 있음

(1) 전문적 관계의 특징

① 의도적인 목적성: 클라이언트의 좀 더 나은 적응 및 문제해결을 위한 원조에 있음

② 시간 제한성: 클라이언트와 구체적으로 한정된 기간을 갖고 관계를 맺게 되는데, 목적이 달성되거나 달성 될 수 없다고 생각될 때 관계는 종결됨

③ 클라이언트에 대한 헌신: 사회복지사는 자신의 이익보다 클라이언트의 이익을 위해 자신을 헌신함

④ 권위성: 사회복지사는 특화된 지식 및 기술 그리고 전문직 윤리강령에서 비롯되는 권위를 지님

⑤ 통제적 관계: 객관성을 유지하고 자기 자신의 감정, 반응, 충동을 자각하고 그 책임을 진다는 의미를 지님

(2) 전문적 관계의 구성요소

① 타인에 대한 관심과 원조의지: 좋은 관계형성을 위한 태도

- 타인에 대한 관심: 책임감, 타인에 대한 이해 등을 포함하고 클라이언트의 욕구에 대한 조건 없는 긍정적 인정을 의미함
- 원조의지: 클라이언트가 자신의 삶을 스스로 선택하고 통제할 수 있는 능력을 향상시킬 수 있도록 원조하는 태도

② 헌신과 의무

- 헌신: 원조과정에서 책임감을 의미하는 것으로 일관성을 포함하는 개념
- 의무: 자신의 문제에 대해서 정직하고 개방적으로 제시하고 전문적 관계에서 요구되는 시간 약속 등을 지키는 것

③ 권위와 권한

- 권위(authority): 사회복지사는 전문적 지식과 경험을 보유하고 일정한 지위에서 영향력을 미칠 수 있음을 의미함
- 권한: 독립적으로 무언가를 할 수 있게 하거나 다른 사람들에게 영향력을 미칠 수 있도록 하는 개인의 전문적 자원들을 의미함

④ 진실성과 일치성

- 진실성: 클라이언트와의 관계 속에서 실제적이고 순수해질 수 있는 능력을 의미함
- 일치성: 사회복지사가 클라이언트와 관계형성시 일관성 있고 정직한 개방성을 유지함을 의미함

⑤ 구체성: 클라이언트가 자신의 행동, 사고, 감정을 자신의 독자적인 방법으로 표현할 수 있도록 도와주는 능력

⑥ 직접성: 사회복지사와 클라이언트가 현재 일어나고 있는 현실을 정확히 묘사하고 명확히 하며, 진지하게 토의하면서 그러한 현실을 직접 수정할 수 있는 능력

⑦ 자기노출: 사회복지사가 원조과정에서 적절하다고 생각되는 자신의 경험을 클라이언트와 함께 나누는 것

⑧ 감정이입(empathy): 다른 사람의 감정을 깊이 느낄 수 있는 능력이며 동시에 그 감정에서 분리되어 문제 자체와 그 해결 가능성을 객관적으로 분석하고 이성적으로 행동해야 함

⑨ 전문가로서의 사회복지사의 자질: 성숙함 · 창조성 · 자기를 관찰하는 능력 · 용기 · 민감성 등

2) 원조관계형성의 장애요인 ***

(1) 전이와 역전이

① 전이: 클라이언트가 과거의 중요한 사람들에게 느꼈던 감정을 현재의 사회복지사에게 비슷하게 느끼는 경향을 말함

② 역전이: 사회복지사가 클라이언트를 마치 자신의 과거 어떤 시점의 인물이나 관계에서 파생된 감정을 느끼는 경향을 말함

(2) 클라이언트의 저항

① 클라이언트가 개입목표와 반대되는 행동을 보이는 것을 의미함

② 클라이언트가 저항하게 되는 이유: 사회복지조직, 서비스에 대해 잘못 이해하고 있거나 사회복지사에 대해 부정적 감정을 갖고 있을 경우와 클라이언트의 두려움 등

(3) 비자발성

비자발적 클라이언트는 변화의 동기 없이 타인에 의해 전문적 도움을 받도록 강요받은 사람으로 개입과정에 대한 불만과 적대적 감정을 표현하기 쉬움

제2절 사회복지실천 면접론

1. 면접의 개념

1) 면접의 의의

① 사회복지사와 클라이언트 사이의 일련의 의사소통으로 사회복지개입의 주요한 도구임

② 전문적 관계에 바탕을 두고 정보수집, 과업수행, 클라이언트의 문제나 욕구해결 등과 목적을 수행하는 시간적 대화

2) 면접의 일반적인 목적(Brown, 1992)

① 자료수집

② 클라이언트에게 정보제공

③ 치료관계의 확립과 유지

④ 원조과정에서 장애를 파악하고 제거하는 것

⑤ 목표달성을 향한 활동을 파악하고 이행하는 것

⑥ 원조과정을 촉진하는 것

3) 사회복지실천 면접의 특성(Compton and Gallaway, 1984)

① 사회복지실천 면접을 위한 장(Setting)이 있음

② 구체적인 목표를 달성하기 위하여 의도적으로 이루어지고 방향을 이끌어감

③ 불필요한 것을 제거하기 위해 제한되며 제약성을 내포하고 있음

④ 사회복지사와 클라이언트는 역할을 가지며 이 역할에 입각하여 상호작용함

2. 면접의 구조

(1) 시작단계

① 만남의 목적, 계약의 이유, 해야 할 일 등에 대하여 이야기 함

② 일반적으로 면접의 시작에서 제시되는 자료는 클라이언트에게 감정적으로 덜 중요하나 더욱 익숙한 자료이며 더욱 최근의 것임

(2) 중간단계

① 사회복지사와 클라이언트가 문제해결 과정에 적극적으로 참여함

② 장애가 파악되고 이 장애를 처리하는 방법이 논의되기도 함

(3) 종결단계

① 면접의 목적이 이미 성취되었을 때 그 면접은 종결되어야 함

② 종결에서는 내용뿐만 아니라 감정 면에서도 종결에 대한 준비가 있어야 함

③ 종결을 돕는 방법: 종결 계획, 종결에 대한 감정 조정, 성취한 바 정리, 변화를 안정화시킴

3. 면접의 형태

1) 구조화 정도에 따른 분류

(1) 구조화된 면접

조사대상의 수가 많은 경우 사전에 구조화된 조사표, 질문지를 가지고 면접조사를 실시하게 됨

(2) 반 구조화된 면접(반 표준화 면접, 준 구조화 면접)

표준화와 비표준화의 중간 형태로서 개략적인 조사표를 가지나 융통성 있게 면접내용을 조정하는 경우를 말함

(3) 비 구조화된 면접

① 조사하고자 하는 대상이나 사례가 특수하여 미리 구조화된 조사표를 사용하기가 어려운 경우에 실시함

② 면접자는 최소한의 방향만 제시하는 지침을 가지고 피면접자의 상황에 따라 자유로운 상태에서 진행됨

2) 목적에 따른 분류

(1) 정보 수집을 위한 면접

일반적 사항, 현재의 문제, 가족력, 개인력, 사회적 직업적 기능 등

(2) 사정을 위한 면접

① 자료를 해석하고 의미를 부여하여 서비스에 대한 의사결정을 하기 위한 면접

② 필요한 결정을 내리는데 도움이 될 만한 정보를 얻는 데 목적이 있음

(3) 치료를 위한 면접

① 가장 보편적인 것으로 클라이언트를 도와서 자신감과 자기효율성을 강화하고, 필요한 기술을 훈련하며 문제를 해결할 수 있는 능력을 키움

② 어떠한 방법으로든지 클라이언트 자신의 행동, 태도, 혹은 의견을 교정하려는데 목적이 있음

4. 면접의 특성: 콤튼(Compton)과 갤러웨이(Gallaway)

목적과 방향이 있다.	우연히 만나 정보를 교환하는 것이 아니라 구체적인 목표를 달성하기 위한 과정이다.
계약에 의한다.	목적달성을 위해 사회복지사와 클라이언트가 일련의 과정을 상호 합의한 상태에서 진행한다.
관련자 간에 특정한 역할 관계가 규정된다.	면접자(사회복지사)와 피면접자(내담자, 클라이언트) 상호 간에 각각 정해진 역할이 있고 그 역할에 따라 상호작용을 한다.
맥락(context) 또는 장(setting)이 있다.	클라이언트에게 서비스를 제공하는 특정한 기관이 있고 면접의 내용은 특정상황에 한정되어 있다.

5. 면접의 기술

1) 경청과 관찰

(1) 경청

① 말을 하지 않으면서 면담에 적극적으로 참여하는 것

② 사회복지사는 클라이언트가 중요한 사실에 관하여 말하는 것을 주의 깊게 듣고 탐구하는 기법

(2) 관찰

① 훌륭한 사회복지사는 잘 관찰하는 사람이라 할 수 있음

② 면접에서 가장 기본적인 것, 선입견을 버리고 실제상황을 있는 그대로 살펴보는 기법

2) 질문

① 클라이언트의 의사소통을 격려하기 위하여 가장 많이 적용하는 기법

② 정보를 습득하고 클라이언트로 하여금 충분히 의사소통을 하도록 하는 기법

③ 질문의 유형: 개방적 질문 및 폐쇄적 질문, 직접 질문 및 간접 질문 등

3) 요약과 해석

(1) 요약(summarization)

① 클라이언트가 말하는 내용의 초점을 압축해서 명확하게 하도록 하는 기법

② 클라이언트의 생각, 행동, 감정들을 사회복지사가 언어로 정리하는 기법

(2) 해석
클라이언트가 자신의 문제를 잘 알고 이해할 수 있도록 사회복지사의 직관력에 근거하여 설명하는 기법

4) 명료화 및 직면하기
(1) 명료화(clarification)
① 어떤 중요한 문제의 밑바닥에 깔려 있는 혼란스럽고 갈등이 되는 느낌을 가려내어 분명히 해주는 기법
② 클라이언트가 모르는 사실, 알면서도 회피하려는 내용, 알지만 애매하게 느끼는 내용을 상담자가 분명하게 언급해 주는 기법

(2) 직면(confrontation)
문제를 지속시키는 클라이언트의 감정, 행동, 사고의 모순이나 불일치 등을 직접 지적하여 깨닫게 하는 기법

5) 반영(reflect)
① 클라이언트가 표현한 기본적인 태도나 주요 감정을 새로운 용어로 정리해 주는 기법
② 유형: 내용 반영하기, 감정 반영하기, 감정과 의미 반영하기 등

6) 환기(ventilation)
클라이언트의 문제 또는 상황과 관련된 감정(분노, 증오, 슬픔, 죄의식, 불안 등)을 표출하도록 하여 감정의 강도를 약화시키거나 해소시키는 기법

7) 재보증(안심, reassurance)
클라이언트가 가진 죄의식, 불안, 분노의 감정에 대해 이해를 표현하여 클라이언트를 안심시키는 기법

8) 재명명
어떤 문제에 대해 클라이언트가 부여하는 의미를 수정해 줌으로써 클라이언트의 시각을 긍정적인 방향으로 변화시키는 기법

9) **일반화**(universalization)

클라이언트의 생각, 느낌, 행동 등이 그와 비슷한 상황에 있는 다른 사람과 같다고 말해줌으로써 이질감이나 소외감, 일탈감을 해소하고 자신에 대한 신뢰감과 자신감을 회복시키는 기법

10) **자기노출**(self-disclosure)

사회복지사가 자신의 생각과 감정, 삶의 경험 등을 밝힘으로써 클라이언트의 신뢰를 증진시키고 상호 이해를 도모하는 기법

11) **격려**(encouragement)

사회복지사가 클라이언트의 행동, 태도, 감정 등에 대해 칭찬하거나 인정해 주는 기법

12) **침묵**(silence)

질문을 한 후에 사회복지사는 클라이언트가 응답을 할 때까지 기다리는 기법

제3절 사회복지실천 과정론

접수 → 자료수집 → 사정 → 개입계획 → 개입 → 종결/평가 → 사후관리

1. 초기단계

1) **접수**(intake)

(1) 접수의 개념

원조과정의 최초 단계이며, 문제나 욕구를 가진 사람이 전문가의 도움을 받고자 사회복지기관이나 시설을 방문했을 때 사회복지사가 그의 문제와 욕구를 확인하여 그것이 기관의 정책과 서비스를 받을 자격요건을 갖추었는지 여부를 판단하는 과정을 말함

(2) 주요 과업

① 참여유도: 기관에 찾아온 사람에게 그가 원하는 욕구가 무엇인가를 파악하기 위해 클라이언트와의 친화관계를 성립하는 것을 말함
   - 참여를 적극적으로 유도하기 위해서는 클라이언트와의 관계형성, 동기화, 저항감 해소, 양가감정의 수용과 같은 과업이 필요함

② 문제확인: 클라이언트의 문제가 무엇인지 확인하며 기관에서 서비스를 제공할 수 있는지를 평가함

③ 기관서비스에 대한 정보제공: 사회복지사는 클라이언트에게 제공할 수 있는 서비스에 대한 정보를 아주 명확하게 제공할 필요가 있음

④ 서비스 수혜여부의 결정: 사회복지사가 전문성, 실천적 경험에 기반을 두어 일방적으로 서비스 여부와 종류를 결정하는 경우가 많은데 클라이언트의 자발적인 결정을 존중할 것

⑤ 서비스 수혜과정에 대한 안내 및 관련 서식의 작성: 서비스 수혜과정과 절차에 대한 안내가 있어야 할 것이고, 서비스 수혜에 대한 관련서식을 작성하는 것으로 접수과정이 마무리 됨

⑥ 타 기관의뢰: 클라이언트의 욕구가 기관의 서비스 방향이나 내용과 맞지 않을 때, 다른 적합한 기관으로 클라이언트를 보내는 것

2) 자료의 수집

(1) 자료수집의 영역

클라이언트의 일반적 사항, 개인력, 가족 및 가족관계, 클라이언트의 기능 및 능력, 클라이언트의 사회적 자원

(2) 자료수집의 방법

면접, 관찰, 검사 등

(3) 자료수집의 정보출처 및 특성

① 클라이언트가 작성한 양식, 클라이언트와의 면담, 비언어적 행동에 대한 직접적 관찰

② 상호작용의 직접적 관찰, 부가적 정보, 심리검사 및 사정도구

③ 직접적 상호작용에 근거한 사회복지사의 경험, 클라이언트의 자기모니터링

3) 사정(assessment) ***

(1) 사정의 개념

① 문제가 무엇인지, 어떤 원인 때문인지, 그리고 그 문제를 해결하거나 줄이기 위해 무엇이 변화되어야 하는지에 대해 답하는 사회복지실천과정의 핵심단계
② 과거 전통적인 사회사업에서는 진단(diagnoise)이라고도 했으나 최근에는 진단과 차별화된 특성이 강조되고 있음

(2) 사정의 특성

① 계속적인 과정
② 이중초점을 가짐
③ 클라이언트와 사회복지사의 상호과정
④ 사고의 전개과정이 있음
⑤ 수평적, 수직적 탐색 모두 중요
⑥ 클라이언트를 이해하는 데는 지식적 근거가 필요
⑦ 생활상황 속에서 욕구를 발견하고 문제를 정의하며 의미와 유형을 설명
⑧ 개별적이며, 판단이 중요
⑨ 클라이언트를 완전히 이해하는 데는 항상 한계가 있음

(3) 사정의 내용

① 문제의 발견
문제를 발견하는 것은 사정의 가장 기초적인 단계로 사회복지사는 문제에 대한 클라이언트의 이해를 존중하고, 문제를 잘 정의할 수 있도록 도와야 함
② 문제의 형성
- 문제의 형성은 그동안 얻어낸 정보들을 분석하여 사회복지사가 전문적 소견으로 판단하는 것
- 클라이언트가 호소하는 문제와 욕구, 그리고 욕구충족을 방해하는 요인들을 고려하여 문제를 형성하고 그것을 통해 목표설정과 개입계획을 세우는 것

(4) 사정(assessment) 도구 ****

○ **가계도**(genogram)
① 2~3세대 이상에 걸친 가족성원에 관한 정보와 그들 간의 관계를 기록한 도표
② 가족이 지니고 있는 문제점을 추적하고 강점과 해결을 찾아나가는 정보로 활용됨

③ 사회복지실천에서 가장 널리 활용되는 사정도구로서 여러 세대를 살펴봄으로써 개인 및 가족을 사정하는데 유용한 도구

○ **생태도**(eco-map)

① 1970년대에 앤 하트만에 의해 개발된 것으로서 개인 및 가족의 사회적 맥락과 개인 및 가족을 둘러싼 사회체계들과의 상호작용 상태를 하나의 그림으로 나타낸 사정도구

② 클라이언트 개인이나 가족이 외부 환경체계들과 어떻게 관련되어 있는지를 그림으로 나타내는 것

③ 생태도 구성요소: 가족 구성원의 가계도, 개인 또는 가족의 외부 자원체계, 가족과 외부 자원체계 간의 에너지 흐름 등

○ **소시오그램**(sociogram, **사회도**)

① 1934년 모레노(Moreno)에 의해 만들어진 것으로 집단 내 인간관계를 파악하는 도구로 집단 내의 소외자, 하위집단, 연합 등을 파악할 수 있는 도구

② 집단성원의 성별, 성원 간 친화력과 반감의 유형과 방향, 하위집단의 형성여부와 소외된 형성여부, 삼각관계 형성여부 등, 친밀한 성원끼리는 가깝게, 소원한 성원은 멀게 그림을 그려 결속의 강도를 나타냄

○ **사회적 관계망 그리드**(social support network grid)

클라이언트의 사회적 망을 사정하는 도구로써 사회적 관계의 지지정도와 질, 지지의 방향, 지지기간 등을 보여줌

4) 개입계획의 수립: 목표의 설정 및 계약 ***

(1) 목표설정

① 사정과정에서 문제와 욕구를 정의하고 문제에 영향을 미치는 요인을 분석한 것을 근거로 설정함

② 문제가 해결된 상태 또는 개입을 통해 일어나기 바라는 변화(관계유지, 구체적 행동의 변화, 관계의 변화, 환경의 변화 등)를 설정함

(2) 계약

○ 계약의 개념

① 계약(contract)은 목표달성과 그것을 달성하기 위한 전략, 역할, 개입, 평가방법 등을 구체적인 활동용어로 기술한 계획에 대해 사회복지사와 클라이언트가 서로 동의하는 것

② 계약은 대개 목표의 선택, 변화되어야 할 대상의 확인, 행동계획, 평가를 위한 피드백 등의 4단계로 진행됨

○ 계약의 형태

① 서면계약: 다소 공식적인 형태로 사회복지사, 클라이언트 그 외 관련자들이 합의한 바를 분명하게 문서화하는 것

② 구두계약: 목표와 실천 활동, 역할, 시간을 분명하게 한다는 점에서는 서면계약과 다를 바 없지만 서면으로 하는 대신 구두로 계약하는 것

○ 계약에서의 구체적 내용(Compton & Gallaway, 1984)

① 성취될 목표, 참여자의 역할, 적용될 기술이나 개입의 형식, 진행사항을 점검하는 수단

② 시간 구성, 면접의 빈도 및 지속시간, 계약을 재협상하는 약정 등

2. 개입 단계

1) 개인대상 개입 **

(1) 개입단계의 의의

구체적인 행동을 통해 의도적인 변화가 일어날 수 있도록 지원하는 과정으로 사회복지실천에서 가장 중요한 단계

(2) 개입과정

① 직접적 개입

- 정서 및 인지에 개입하는 기술: 격려, 정보제공, 일반화, 직면, 인지재구조화 등
- 행동을 변화시키는 기술: 모델링, 타임아웃, 토큰강화, 행동조정, 행동계약 등
- 문제해결 기술, 사회화기술 훈련, 스트레스관리 기술 등

② 간접적 개입

- 클라이언트의 욕구가 반응하도록 환경을 변화시키는 것
- 사회적 지지체계 개발, 서비스 조정 및 프로그램 개발, 클라이언트를 위한 옹호활동 등

(3) 사회복지사의 역할

① 중개자(broker)

- 도움을 필요로 하는 클라이언트와 자원 및 서비스를 연결하는 역할
- 클라이언트에게 식량이나 주거, 법률적 도움이나 다른 필요한 자원을 얻도록 지원
- 사람들을 자원과 연결시키기 위해 사회복지사는 지역사회에 있는 자원에 대해 철저하게 파악하고 있어서 적절하게 의뢰할 수 있어야 함

② 중재자(mediator)

- 양자 간의 논쟁에 개입하여 타협, 차이점 조정 혹은 상호 만족스러운 합의점을 도출해내는 역할
- 미시, 중범위, 거시체계 사이의 논쟁이나 갈등을 해결
- 견해가 다른 개인이나 집단 사이의 의사소통을 향상하고 타협하도록 돕는 중재자는 중립을 유지하며 논쟁에서 어느 한쪽 편도 들지 않음
- 자신의 위치를 분명히 하고, 의사를 잘못 전달하는지 인식하며, 관련 당사자가 입장을 명확히 밝히도록 도움을 제공함

③ 옹호자(advocate)

- 사회정의를 지키고 유지하려는 목적으로 개인, 집단, 지역사회의 입장에서 직접적으로 대변, 보호, 개입, 지지하는 행동을 포함
- 불이익을 받는 클라이언트(집단)를 위해 새로운 사회정책과 법령 등을 수정하거나 필요한 자원이나 서비스를 제공받을 수 있도록 새로운 법률이나 정책 형성을 위해 활동하는 역할
- 클라이언트를 위하여 일을 진행하고 대변하는 것으로, 특히 클라이언트가 필요한 것을 얻을 힘이 거의 없을 때 적절함

④ 조력자(enabler)

- 클라이언트가 자기 스스로 문제를 해결할 수 있는 능력을 기르고 필요한 자원을 찾아낼 수 있도록 능력을 개발시킴
- 필요한 기술은 희망을 전하고, 저항이나 양가감정을 줄여주며, 감정을 인식하고 관리하며, 개인의 강점이나 사회적 자원을 발굴하고 지지해주는 것, 전문적 관계형성에 필

요한 능력과 기술 등

예) 개인, 가족, 집단을 상담할 때의 사회복지사 역할

⑤ 교사/ 교육자(teacher/educator)

- 클라이언트의 사회적 기능이나 문제해결 능력이 향상될 수 있도록 교육적인 프로그램이나 정보를 제공하거나 기술을 가르치는 것
- 전문적 지식과 정확한 정보를 알아야 하며 클라이언트에게 정보를 명확히 전달하고 이해시키기 위해 의사소통 기술을 갖추어야 함

2) 집단대상 개입 ***

(1) 집단역동

① 집단역동은 집단 내 함께 활동하는 개인들 간 상호작용에 의해 발생되는 힘으로 집단과 성원들에게 강력한 영향을 미침

② 집단구성원의 동질성은 집단 초기부터 집단구성원에 대한 매력을 높여 구성원 간의 관계를 증진시키고 방어와 저항을 줄임

③ 집단역동성(group dynamics)은 집단과 개별적인 집단성원들에게 영향을 미쳐 치료적 효과를 가져 오게 함

④ 집단역동에 영향을 미치는 요인: 의사소통, 정서적 유대, 하위집단, 규범과 역할, 지위, 집단응집력 등

(2) 집단발달

① 집단발달은 집단과정에서 나타나는 집단 및 성원들의 변화하는 역동에 의해 일련의 단계로 구분할 수 있음

② 발달단계 모델: 회원가입단계, 권력 및 통제단계, 친밀단계, 변별화단계, 이별단계 등

③ 집단개입 방법: 사회목표모델, 상호작용모델, 치료모델

④ 집단의 종류: 치료집단(지지집단, 교육집단, 성장집단, 치료집단, 사회화 집단), 과업집단(위원회, 협의회, TF team 등)

⑤ 집단개입의 구조: 집단의 규모, 개방집단과 폐쇄집단, 기간 및 빈도

⑥ 집단개입기술: 갈등해결 기술, 응집력 향상기술, 상호작용지도 기술, 지도력 배분기술

3) 가족대상 개입

(1) 가족개입의 의미

① 가족은 개인의 복지에 직접적 영향을 미치는 1차적 환경체계로 인식됨

② 동시에 가족이 하나의 체계로서 당면하는 공동의 과제 및 내부에서 발생하는 다양한 역동으로 인해 그 자체가 사회복지실천의 주요 대상으로 되어왔음

③ 가족단위를 대상으로 하는 실천은 전체로서의 가족, 한 단위로서의 가족을 고려하는 가족초점을 유지함

(2) 가족단위의 실천 활동

① 가족과 환경과의 관계개선을 위한 실천: 환경의 자원개발 및 연결, 서비스 조정, 가족옹호, 가족관계망 개입, 가족의 환경변화 활동 등

② 가족내부 관계의 변화를 위한 실천: 경계 만들기, 탈 삼각화, 가족규칙 다루기, 역할연습, 가족과제, 가족조각, 전화, 편지, 방문과 가족의례의 활용 등

3. 평가 및 종결단계

1) 평가

(1) 평가의 개념

① 평가 및 종결은 사회복지실천과정의 마지막 단계

② 실천과정이 클라이언트에게 어떻게 도움이 되었으며, 목표를 얼마나 성공적으로 달성하였는지를 검토하는 것

(2) 평가의 유형

① 사례평가: 결과평가, 과정평가, 클라이언트의 만족도 등

② 프로그램평가

(3) 평가의 기법

① 단일사례설계

② 목표달성척도

③ 과업성취도

2) 종결

(1) 종결의 의의

① 사회복지실천 활동을 계획에 따라 마무리하는 것으로 일반적으로 사전에 계획된 개입기간이 끝났거나 개입의 목적이 달성되었을 때 이루어짐
② 때로는 기관 및 사회복지사의 개인사정으로 계속할 수 없는 경우에도 상호관계는 종료됨
③ 종결 이후 사후관리 계획을 수립하고, 개입 목표의 달성 정도를 평가함
④ 종결과 관련된 클라이언트의 정서적 반응에 대처함
⑤ 종결의 유형: 시간제한에 의해 계획된 종결, 목표달성에 의한 종결, 목표달성에 실패한 종결 등

(2) 종결의 준비

① 클라이언트의 진전사항에 대해 정기적으로 검토하고, 종결이 임박하기 이전에 종결에 대해 다시 인식하게 됨
② 클라이언트의 변화를 확인하고 이를 유지할 수 있는 방법을 모색함
③ 종결 시기가 가까이 오면 사전에 미리 제시하여 클라이언트가 종결에 대한 두려움을 갖지 않고 마음으로 준비하도록 해야 함
④ 평가를 통하여 성공과 실패의 원인을 검토하고, 해결되지 않은 문제 또는 초기 계약 시에 제시되지 않은 문제 등에 대해 논의함

제4절 사례관리

1. 사례관리의 등장배경

1) 등장배경의 개요 ***

현대사회는 사회경제적 변화, 인구구조의 변화, 가족해체와 같은 가족구조의 변화와 함께 각종 사고와 재해 등으로 사회적 기능에 심각한 문제를 지닌 노인, 장애인, 아동 등 사회적 취약계층이 다양해지고 있는 동시에 이들의 욕구도 다양하고 복잡해짐에 따라 서비스의 지속적 변화가 필요함

2) 역사적 배경 ***

(1) 서비스의 단편성

① 사회복지서비스프로그램이 급속하게 증가한 1960년대에는 대인서비스가 고도로 전문화된 서비스를 제공하거나 협의로 정의된 표적 집단에만 서비스를 제공하도록 구성됨

② 또한 서비스가 연령집단(아동, 노인 등), 기능집단(보건, 정신보건, 고용, 주택 등), 그리고 문제영역(교정, 정신지체, 발달장애 등)으로 분리되고 단편적으로 조직되어 적절한 서비스에 대한 접근이 제한되고 복합적 욕구를 가진 대상자들을 위한 포괄적 서비스 제공이 불가능함

(2) 탈시설화의 영향

① 시설보호는 한 시설 내에서 집중화된 관료주의 행정을 통해 서비스가 제공되도록 준비되어 있어서 일괄적 서비스 제공이 가능함

② 그러나 시설에서 벗어나 가족과 지역사회 내에서 시설을 벗어난 클라이언트의 복잡한 욕구를 충족시키기 위해서는 서비스를 연결, 통합, 조정이 필요하게 됨

(3) 다양한 문제와 욕구를 가진 클라이언트의 증가

① 의학기술의 급속한 발달에 따른 평균수명의 연장과 그에 따른 인구고령화와 산업화와 도시화에 따른 가족구조의 변화 및 가족해체, 그리고 각종 사고와 재해 등으로 복잡하고 다양한 문제를 지닌 클라이언트가 점차 증가함

② 따라서 클라이언트의 복합적 욕구를 충족시키고 이들이 지역사회에서 원만한 생활을 할 수 있도록 적합한 서비스지원을 개발하고 체계화할 수 있는 역할이 필요하게 됨

(4) 서비스 비용의 억제

① 1970년대 경제 불황으로 서구 자본주의 국가경제가 침체되면서 대규모 실업이 발생하여 선진 복지국가들이 위기에 직면하게 되었으며, 이러한 현상은 조세저항의 증가로 이어져 공공지출의 확대를 어렵게 함

② 지방분권화로 인해 중앙정부에 의한 획일적인 서비스행정에서 벗어나 지방정부가 지역주민의 욕구나 수준에 알맞은 서비스를 제공할 수 있도록 하기 위해 자원에 대한 정확한 정보의 확보, 자원개발, 분산된 서비스통합을 위한 새로운 제도마련의 필요성이 대두됨

(5) 사회적 관계망에 대한 인식변화

① 탈시설화와 다양한 욕구를 가진 클라이언트의 증가, 그에 따른 클라이언트와 그 가족의 과도한 스트레스, 복지국가의 위기에 따른 사회복지비용의 억제로 인해서 지역사회내의 자원을 개발해야 할 새로운 필요성이 대두됨에 따라 사회적 관계망(social network)에 대한 관심이 증대함

② 이러한 상황 속에서 사례관리가 공식적, 비공식적 지지체계 사이의 교량적 틀을 제공하고, 사례관리자는 지지체계를 조정하는 중요한 역할을 하기 때문에 사례관리에 대한 필요성이 더욱 부각됨

2. 사례관리의 의의 및 개입원칙

1) 사례관리의 의의 ***

사례관리는 복합적 원인으로 요보호상태에 있는 클라이언트에게 효과적이고 다양한 지역사회자원을 연결시켜 관리하는 원조대책으로 복지, 의료, 보건 간의 독립된 체계를 없애고 클라이언트가 가지고 있는 다양한 요구들을 조기에 적절하게 대응하는 지역보호체계

2) 사례관리의 개입원칙

① 개별화: 클라이언트 개개인의 신체적, 정서적 특성 및 사회적 상황에 맞는 서비스를 제공함

② 포괄성: 클라이언트의 다양한 욕구를 충족시킬 수 있도록 포괄적인 서비스를 제공함

③ 지속성(연속성): 클라이언트. 주위환경에 대한 지속적인 점검을 통해 클라이언트의 사회적 적응을 향상시킴

④ 연계성: 분산된 서비스 체계들을 서로 연계하여 서비스 전달체계의 효율성을 도모함

⑤ 접근성: 클라이언트가 쉽게 기관 및 자원에 접근할 수 있도록 도움을 제공함

⑥ 자율성: 서비스 과정에 있어 클라이언트의 자율성을 극대화하며, 자기결정권을 보장함

⑦ 체계성: 서비스와 자원을 효율적으로 조정 및 관리함으로써 서비스 간 중복을 줄이고 자원의 낭비를 방지함

3. 사례관리 과정 및 사례관리자 역할

1) 사례관리 과정

(1) 직접적 개입

클라이언트의 서비스 접근과 활용기술 및 능력을 고양시키는 노력과 관계되는 것으로 클라이언트에 대한 교육, 클라이언트의 결정 및 행동격려 및 지지, 위기동안 적절히 개입하는 것, 클라이언트를 동기화 시키는 것 등

(2) 간접적 개입

사례관리자가 클라이언트 주변체계의 변화유도, 외부서비스 제공자와 클라이언트를 연결하는 것, 클라이언트를 옹호하는 것 등

2) 사례관리자 역할

① 직접적 실천가: 사례관리자는 상담자 및 문제의 해결자, 교육자 등의 역할을 함

② 간접적 실천가: 사례관리자는 조정자, 중개자, 옹호자, 연결자 등의 역할을 함

〈 기출 등 주요 Key Word 〉

O X 문제

01) 생태도(eco-map)는 개인 및 가족의 사회적 맥락과 개인 및 가족을 둘러싼 사회체계들과의 상호작용 상태를 하나의 그림으로 나타낸 사정도구이다. (O/X)

02) 가계도(genogram)는 2~3세대 이상에 걸친 가족 성원에 관한 정보와 그들 간의 관계를 기록한 도표이다. (O/X)

03) 의도적인 감정표현은 사회복지사는 클라이언트가 자신의 감정을 자유롭게 표현하도록 하며, 클라이언트가 표현한 많은 것을 적극적으로 경청하여야 한다. (O/X)

04) 개별화는 사회복지서비스의 대상자를 각각 독특한 자질을 가진 사람으로 인정해야 한다. (O/X)

05) 수용은 클라이언트의 말과 감정에 동조하거나 비난하는 태도를 보이지 않고 있는 그대로 받아들인다. (O/X)

06) 역전이 반응은 클라이언트가 과거의 중요한 사람들에게 느꼈던 감정을 현재의 사회복지사에게 비슷하게 느끼는 경향을 말한다. (O/X)

07) 라포 형성은 클라이언트의 문제에 관심을 보이고 따듯함을 전하며 신뢰 분위기를 조성한다. (O/X)

08) 환기(ventilation): 클라이언트가 억지로 누르고 있는 분노, 슬픔, 불안 등을 표출하도록 함으로써 감정을 해소시켜주는 기술이다. (O/X)

09) 재보증(reassurance): 클라이언트가 자신의 능력에 대해 회의적인 모습을 보이는 경우 격려하고 자신감을 향상시켜주는 기술이다. (O/X)

10) 이고그램(egogram)은 집단 내 인간관계를 파악하는 도구로 사회복지사가 집단내의 소외자, 하위집단, 연합 등을 파악할 수 있는 유용한 도구이다. (O/X)

Answer **틀린 문제(6, 10) 해설**

06) 클라이언트가 과거의 중요한 사람들에게 느꼈던 감정을 현재의 사회복지사에게 비슷하게 느끼는 경향을 전이반응이라 한다.

10) 집단 내 인간관계를 파악하는 도구로 사회복지사가 집단내의 소외자, 하위집단, 연합 등을 파악할 수 있는 유용한 도구는 소시오그램(socio-gram;사회도)이다.

기출문제

上·中·下

01) 사회복지실천의 관계형성 기술에 대한 설명으로 옳은 것만을 모두 고르면?

(2019, 보호직)

㉠ 수용: 클라이언트를 있는 그대로 받아들여 문제행동도 옳다고 인정하고 받아들이는 것을 의미한다.
㉡ 비밀보장: 원조관계에서 알게 된 클라이언트에 대한 정보는 반드시 비밀을 보호해야 한다.
㉢ 통제된 정서적 관여: 클라이언트에게 민감하게 반응함으로써 정서적으로 관여하되 그 반응은 원조의 목적에 적합하게 통제되어야 한다.
㉣ 개별화: 클라이언트의 개인적 특성을 이해하고 개별 특성에 적합한 원조원칙과 방법을 사용해야 한다.

① ㉠, ㉡ ② ㉠, ㉢
③ ㉡, ㉣ ④ ㉢, ㉣

해설 오답노트

㉠ 사회복지사의 수용은 클라이언트로 하여금 현재 존재하는 그대로의 자신을 표현하고 안정감을 느끼도록 해주며, 자신의 문제와 자기 자신을 잘 대처해 나갈 수 있도록 도와주는데 있는 것이지 문제행동도 옳다고 인정하고 받아들이는 것을 의미하지는 않는다.
㉡ 비밀보장은 전문적 관계에서 노출된 클라이언트의 정보를 부득이한 경우를 제외하고 사회복지사가 타인에게 공개해서는 안 된다는 원칙이지 반드시 비밀을 보호해야 한다는 절대적 의무사항은 아니다.

〈 정답 ④ 〉

上·中·下

02) 사회복지실천과정을 순서대로 나열한 것은? **(2019, 보호직)**

① 접수 → 자료수집 및 사정 → 개입 → 목표설정 및 계약 → 평가 및 종결
② 접수 → 목표설정 및 계약 → 개입 → 자료수집 및 사정 → 평가 및 종결
③ 접수 → 목표설정 및 계약 → 자료수집 및 사정 → 개입 → 평가 및 종결
④ 접수 → 자료수집 및 사정 → 목표설정 및 계약 → 개입 → 평가 및 종결

해설

사회복지실천과정: 접수 → 자료수집 및 사정 → 목표설정 및 계약(계획) → 개입 → 평가 및 종결로 이루어진다.

〈정답 ④〉

上·中·下

03) 클라이언트의 고지된 동의(informed consent)에 대한 설명으로 옳지 않은 것은? (2018, 보호직)

① 사회복지사는 클라이언트가 받는 서비스의 범위와 내용에 대해 정확하고 충분한 정보를 제공하고 클라이언트의 동의를 얻어야 한다.

② 고지된 동의는 클라이언트의 자기결정권의 가치를 실현하기 위한 윤리원칙이다.

③ 원칙적으로 고지된 동의가 이루어지기 위해서는 클라이언트가 충분히 정보를 제공받아서 지식을 갖추고 있고, 자발적으로 동의를 해야 하며, 동의를 할 수 있는 능력을 갖추고 있어야 한다.

④ 클라이언트를 대상으로 연구하는 사회복지사는 클라이언트로부터 고지된 동의를 얻을 필요가 없다.

해설

클라이언트를 대상으로 연구하는 사회복지사는 클라이언트로부터 자발적이고 고지된 동의를 얻을 필요가 있다.

〈정답 ④〉

上·中·下

04) 콤튼(Compton)과 갤러웨이(Gallaway)가 분류한 사회복지실천체계를 바르게 연결한 것은? (2018, 보호직)

알코올중독자인 남편 甲은 술만 먹으며, 배우자인 乙에게 폭력을 행사한다. 이를 견디다 못한 乙은 사회복지사 丙을 찾아가 甲의 알코올중독에 따른 가정폭력 문제를 호소하였다. 丙은 乙의 문제를 함께 해결해 가기 위해 계약을 맺고, 甲의 가정폭력을 해결할 수 있는 방안을 찾기로 하였다. 한편 甲과 乙의 고등학생 아들인 丁은 비행을 저질러 법원(戊)으로부터 보호관찰처분에 따른 부가처분으로 상담을 명받아 丙을 찾아왔다.

① 甲: 클라이언트체계　丙: 변화매개체계

② 甲: 표적체계　乙: 클라이언트체계

③ 乙: 클라이언트체계　丙: 행동체계

④ 丁: 의뢰체계　戊: 변화매개체계

해설

- 표적체계(甲): 변화매개인이 목표를 달성하기 위하여 직접적으로 영향을 주거나 변화가 필요한 사람들로서 클라이언트체계와 중복되기도 한다.
- 클라이언트체계(乙): 도움을 구하는 개인, 집단, 가족, 지역사회로서 변화매개체계와 함께 일하는 사람들이다.

보충노트

- 변화매개체계(丙): 사회복지사와 그가 소속된 기관 혹은 조직을 의미하며, 변화매개인이란 계획적 변화를 목적으로 특수하게 고용된 '돕는 사람', 즉 사회복지사를 의미한다.
- 문제인식체계(의뢰체계(戊)-응답체계(丁): 잠재적 클라이언트체계를 클라이언트체계로 끌어들이기 위해 행동하는 체계를 말한다. 서비스를 요청한 사람은 의뢰체계, 이끌려온 사람은 응답체계라고 한다.
- 행동체계: 변화매개자들이 변화노력을 달성하기 위해 상호작용하는 사람들을 말하는데, 이웃, 가족, 전문가들이 해당된다.
- 전문가체계: 사회복지사협회, 교육협회 등 가치실현을 목적으로 결성된 체계를 말한다.

〈 정답 ② 〉

제3장 사회복지실천모델

제1절 정신역동모델

1. 정신역동모델의 개념

1) 의의

① 프로이트의 정신분석이론을 비롯하여 정신분석이론의 영향을 받아 탄생한 이론들

② 사람의 생각과 행동이 과거의 경험과 무의식적 동기에서 영향을 받음을 강조

③ 개입목표: 클라이언트가 통찰력을 갖도록 돕는 것

④ 개입대상: 자기분석이나 조절이 가능한 클라이언트에게만 적합함

2) 기본가정

① 정신결정론(심리결정론), 무의식 가정, 어린 시절의 경험 중시

② 성적 충동 및 공격적 충동 중시 등

2. 기본개념 및 개입기법

1) 기본개념

① 의식: 인간이 현재 알 수 있는 모든 생각과 경험이나 감각을 말함

② 전의식: 의식과 무의식의 중간 지점에 있으며 이들을 연결해 주는 역할을 함

③ 무의식: 인간행동의 동기를 말함

④ 자아: 인간의 성격을 지배하고 통제하며 조절하는 실행자로 현실원칙의 지배를 받음

⑤ 초자아: 인간 정신구조의 최상위 단계로 부모나 사회의 도덕적 가치가 내면화된 양심과 자아 이상으로 구성됨

⑥ 원초아: 본능적 욕구만을 추구하는 쾌락원리의 지배를 받음

2) 개입기법

① 훈습: 저항이나 전이에 대한 이해를 반복해서 심화하거나 확장하는 기법, 통찰을 획득하고 정서적 갈등을 수요하게 하는 기법

② 통찰: 이해하지 못했던 무의식적 갈등의 요소를 알아차리고 지각하게 되는 것

③ 자유연상, 해석, 꿈의 분석, 전이의 해석과 활용, 직면기술 등

제2절 심리사회모델

1. 심리사회모델의 개념

1) 의의

① 리치몬드(Richmond)의 연구에서 시작되어, 해밀톤(Hamilton), 홀리스(Hollis) 등에 의해 사회복지실천 이론으로 체계화됨

② 기본적으로 정신분석학에 뿌리를 두고 있으며, 자아심리학, 생태체계이론, 역할이론, 의사소통이론 등의 영향을 받아 형성된 모델

③ 인간의 생리적, 심리적 관점과 인간을 둘러싼 사회경제적 상황을 포함한 포괄적이고 전체적인 관점을 가지고 있어 상황 속의 인간(person-in-situation)을 강조함

④ 클라이언트 자신의 내적인 갈등을 이해하고 통찰하도록 원조하는 것은 물론 클라이언트에게 필요한 자원을 제공, 발굴하며 옹호하는 환경적 측면의 개입도 이루어짐

2) 기본가치

① 모든 개인은 타고난 가치 또는 존엄성을 갖고 있음

② 모든 인간은 성장능력, 학습능력, 적응력, 그리고 사회적, 물리적 환경을 변화시킬 수 있는 능력을 가진 긍정적 존재

③ 심리체계는 독립적으로 존재하는 것이 아니라 심리 사회적 체계와 끊임없이 상호작용한다고 전제함

④ 동일한 문제 상황이라 하더라도 그 상황이 발생한 배경이 다를 수 있기 때문에 클라이언트의 문화적 배경, 사회경제적 배경, 주변 환경 등이 개별적으로 차별되어 다루어져야 함

2. 기본개념

1) 수용

① 사회복지사의 개인적 선호도 여부와 관계없이 클라이언트에 대한 선의의 태도를 유지하는 것을 말함

② 사람들의 내적 감정이나 주관적 상태를 받아들이는 공감의 능력을 말함

2) 자기결정

① 클라이언트 자신이 행동에 대한 결정을 스스로 내려야 함을 의미함

② 사회복지사는 클라이언트의 자기결정권을 최대한 존중해야 한다는 것

3) 전문적 관계형성

① 사회복지기관을 찾아온 클라이언트에게 그가 원하는 욕구가 무엇인지를 파악하기 위해서는 무엇보다도 클라이언트와의 라포(rapport)를 형성해야 함

② 사회복지사와 클라이언트의 상호신뢰관계이자 긍정적 전문적 관계인 라포는 사회복지사가 클라이언트에게 희망을 보여주고 전문적 자신감을 전달할 수 있는 능력에서 시작됨

제3절 행동수정모델

1. 행동수정모델의 개념

1) 의의

① 현재 클라이언트의 문제행동을 변화시켜 바람직하지 못한 행동을 감소 또는 제거하고, 바람직한 행동을 학습하고 유지하게 하려는 것

② 구체적이고 정확한 문제의 규정, 변화목표, 개입과정이 강조됨

③ 초기에는 인간을 기계론적 입장으로 자극에 반응하는 즉, 환경에 수동적으로 반응하는 유기체로 봄

④ 최근에는 인간이 환경을 만들기도 하고 동시에 환경의 영향을 받기도 한다는 인간의 능동적 측면을 인정함

⑤ 클라이언트의 행동변화를 위한 체계적인 개입을 강조하며 변화목표를 명확하게 설정하고 개입과정을 모니터링 · 기록 · 평가하는 것을 중요시함

2) 사회복지실천에 적용되는 행동수정모델

(1) 사회학습이론(반두라(bandura, 1977)에 의해 발전된 것

(2) 행동수정의 기본원칙

① 정상적이든 비정상적이든 행동은 모두 같은 원칙하에 발달됨

② 모든 행동은 학습원리에 의해 수정되거나 변화될 수 있음

③ 학습은 개인의 경험뿐만 아니라 관찰학습을 통해서 이루어짐

④ 개인의 내적요인, 행동, 환경이 상호작용한다고 보는 상호결정론을 강조함

2. 기본개념

1) 고전적 조건

① 파블로프(Pavlov)의 개의 타액반응을 조건화한 것임

② 고전적(반응적) 조건이란 무조건적 반응과 연관되며, 무조건적 반응은 자극에 대한 선천적 반응을 의미함

③ 고전적 조건에 의해 학습된 반응적 행동은 선행자극에 대한 반응으로서 나타남

2) 조작적 조건

① 스키너(Skinner)는 선행사건상황에서 행동이 발생하고, 행동의 결과에 영향을 미치는 결과는 다음의 유사상황에서 행동의 비율, 빈도, 형태 등을 결정하는 데 영향을 미침

② 조작적(도구적) 조건: 강화, 강화스케줄 등

3) 모방 · 관찰적 학습

① 반두라(Bandura)에 따르면 개인의 내적요인, 행동, 환경이 상호작용한다고 보는 상호결정론을 강조했음

② 인간은 직접 경험하지 않더라도 관찰학습을 통해서 행동을 변화시킬 수 있다고 봄

③ 주요기법: 모델링, 역할연습, 행동시연, 강화, 코칭 등

제4절 인지행동모델

1. 인지행동모델의 개념

1) 의의

① 인지행동모델은 인지이론에서 도출된 개념과 행동주의 이론에서 나온 개념들을 통합적으로 적용한 것

② 문제를 일으키는 잘못된 가정과 사고의 유형을 확인, 점검하고 재평가하여 수정하도록 격려하고 원조하는 것이라 볼 수 있음

③ 행동이 보상과 처벌에 의해 자동적으로 형성된다고 가정하기보다는 환경이 제공하는 정보와 개인의 인지적 과정의 상호작용의 결과로 이루어진다고 봄

④ 환경은 끊임없이 인간에게 경험과 정보를 제공하고 이러한 환경의 영향은 관심, 기대, 자극변형, 반응과 같은 개인의 인지적 과정에 의해 중재됨

⑤ 정신역동모델의 치료에 대한 거부감 및 그 효과성에 대한 의문을 갖게 되면서 클라이언트와 복잡한 문제에 모두 적용할 수 있는 통합이론의 필요성이 제기되어 등장하였음

2) 기본가정

① 인지적 성장과 변화는 일생 동안 이루어짐

② 개인의 행동은 주변의 환경과 사건을 어떻게 인식하는지에 따라 달라짐

③ 대부분의 사회적 행동적 역기능은 자기 자신, 타인, 그리고 삶의 상황들에 대해 갖고 있는 잘못된 생각에서 기인함

④사고, 감정, 행동, 그리고 결과는 원인적 관련성이 있음

⑤ 인간은 자신의 의식영역 내에서 자신의 심리적 불균형상태를 이해하고 해결할 수 있는 열쇠를 가지고 있음

⑥ 인지의 변화는 행동의 변화에 영향을 미침

3) 인지행동이론의 특징

① 주관적 경험의 독특성, 협력적 노력, 자신과 타인을 위한 무조건적 관심
② 구조화되고 직접적인 접근, 적극적 참여, 교육적 모델, 소크라테스식 방법

4) 기본개념

① 스키마(도식, schema): 기본적 신념과 가정을 포함하여 사건에 대한 한 개인의 지각과 반응을 형성하는 준거틀 또는 인지 구조
② 자동적 사고: 순식간에 머리에 떠오르는 평가적 사고나 이미지로 당사자에게는 타당하며 현실적인 것처럼 생각되기도 하지만 심사숙고하거나 합리적으로 판단한 결과가 아님
③ 핵심믿음 체계: 자동적 사고는 지속적 인지현상인 믿음으로부터 나옴
④ 중간믿음체계: 핵심믿음체계와 자동적 사고 사이에는 태도, 규칙, 가정들로 이루어진 중간 믿음 체계가 있어 어떤 상황을 보는 관점에 영향을 주어 자신은 잘 인식하지 못함
⑤ 인지적 오류(인지적 왜곡): 스트레스성 생활사건이나 환경적 자극의 의미를 해석하는 정보처리과정에서 범하는 체계적 잘못을 인지적 오류라고 함
⑥ 행동형성(순응): 기대하는 반응이나 행동을 학습할 수 있도록 기대에 부응하는 행동에 대해 강화를 함으로써 긍정적 행동을 점진적으로 만들어 나가는 것을 말함

2. 엘리스(A. Ellis)의 합리정서행동치료

1) 기본 가정

① 인간의 정서와 행동은 사고(인지)에서 발생함
② 인간의 행동에 영향을 미치는 것은 외적 요인 그 자체가 아니라 그것을 이해하는 내적인 인지 방식
③ 인간이 지니는 부정적인 감정과 심리적 증상은 비합리적 신념에서 비롯됨

2) 인간관

① 인간은 자기 보존적이며 성장 및 변화하는 존재
② 인간은 사실을 왜곡하고 불필요한 정서적 혼란을 일으키는 생득적인 경향을 가진 존재이며, 아울러 자신의 인지 · 정서 · 행동 과정을 변화시킬 수 있는 역량도 가진 존재

3) 주요 개념

(1) 비합리적인 신념

① 논리적으로 모순이 많고, 경험적 사실과 일치하지 않고, 삶의 목적 달성에 방해가 되고, 경직되고 극단적이어서 융통성이 없으며, 그 결과 부적절한 정서와 행동적 반응을 초래하는 신념을 말함

② 엘리스는 인간의 사고와 감정은 매우 연관되어 있으며, 부정적 감정과 증상들은 비합리적인 신념에서 비롯된다고 주장함

(2) 자기대화

① 인간은 끊임없이 자기대화와 자기평가를 하면서 살아간다고 봄

② 합리적 신념에 의한 자기대화와 평가는 인생 목표를 달성하게 하지만, 비합리적 신념에 의한 자기대화와 평가는 부적절한 정서를 느끼게 하고 역기능적 행동을 하게 함

(3) 엘리스가 제시하는 비합리적인 신념

① 모두에게 인정받아야 한다.

② 모든 영역에 완벽해야 한다.

③ 뜻대로 안 되면 끔찍하다.

④ 불행은 외부환경에서 비롯되므로 내가 어쩔 수 없다.

⑤ 위험이 발생할 가능성을 항상 신경 써야 한다.

(4) ABCDE 모델

① A(Accident, 실재하는 사건): 인간의 정서를 유발하는 어떤 사건이나 현상이나 행위

② B(Belief, 신념체계): A에 대해서 가지고 있는 신념이나 생각

③ C(Consequence, 정서적 · 행동적 결과): 개인의 믿음, 인식 등으로 인해 초래된 감정이나 행동

④ D(Dispute, 논의, 논박): 비합리적 신념체계를 논박하는 과정

⑤ E(Effect, 효과): D를 통하여 합리적인 신념으로 재구조화된 이후에 갖게 되는 태도와 감정의 결과나 효과

(5) 개입과정

① 엘리스는 인간의 정서적 행동적 결과에 영향을 미치는 원인은 사건 자체가 아니라 신념체계, 즉 그 사건을 바라보는 자기 자신의 시각이라고 봄
② 따라서 부정적인 감정이나 행동의 근원이 되는 비합리적인 신념을 밝혀내고 도전함으로써 재구조화하는 것이 목적
③ 사건 A는 C라는 정서 및 행동상태의 원인이 아니라, 사건 A에 대해 개인이 갖는 신념체계인 B가 C를 유발하는 주요 원인이 됨
④ 비합리적인 신념을 발견해서, 이를 논박(D)하여 합리적인 신념체계로 바꾸도록 하면 불안이나 분노, 적개심 같은 부정적 감정과 자기 파괴적인 행동은 감소하거나 없어지게 됨
⑤ 비합리적 신념이 합리적 신념으로 재구조화됨: 효과(E)

3. 아론 벡(A. Beck)의 인지치료

1) 기본 가정

① 사람들의 감정이나 행동을 결정하는 것은 어떤 사건이나 상황 자체가 아니고 그들이 특정 상황을 상대적으로 고정된 인지유형에 따라 해석하는 방식에 달려 있음
② 심리적 문제의 원인은 왜곡되고 역기능적인 생각과 믿음(인지적 왜곡)에 있음
③ 벡은 인간의 사고과정을 자동적 사고, 스키마(핵심믿음체계, 중간믿음체계로 형성), 그리고 이들의 왜곡에 의해 발생되는 추론과정에서의 체계적 오류(= 인지적 오류)로 구분함

2) 인지치료의 특징

① 벡(A. Beck)은 한 개인이 자신과 세계에 대해 가지고 있는 인식이 자신의 심리사회적 문제나 행복을 결정하는 중요한 역할을 한다고 가정함
② 클라이언트의 심리사회적 문제를 해결하기 위해서는 인지적 측면의 왜곡을 수정하는 것이 가장 효과적이라고 주장함
③ 인지치료는 역기능적이고, 자동적인 사고, 역기능적인 스키마, 신념, 가정, 그리고 역기능적인 대인관계의 영향력을 강조함

3) 주요 개념

(1) 도식

사람마다 비슷한 사건 유형에 대해 일관성 있게 반응하는 경향이 있는데 이는 특정상황을 상대적으로 고정된 인지 유형에 따라 해석하기 때문인데, 이런 고정된 유형을 말함

(2) 인지적 왜곡(오류)

정서적 문제를 가진 사람은 논리적으로 오류가 있는 역기능적 도식에 따라 정보를 처리하여 결과적으로 현실을 부정적으로 왜곡하는 경향을 보임

(3) 인지적 왜곡의 유형

① 임의적 추론(자의적 유추): 그렇게 추론할 만한 증거가 부족하거나 부적절한데도 불구하고 어떤 결론을 도출하는 오류를 말함

예) 아침부터 그릇이 깨지더니 이번 여행에서 뭔가 좋지 않은 일이 일어날 거야

② 선택적 요약: 사건의 주요 내용은 무시하고 일부의 특정 정보만 주의를 기울여 전체 의미를 해석하는 오류를 말함

예) 전체적인 긍정적 분위기에서 친구와 대화하고도 친구의 몇 마디 부정적인 내용에만 주목하여 "그 녀석은 나를 좋아하지 않는다"라고 해석하는 경우

③ 과잉 일반화: 소수의 사건에 근거하여 일반적인 결론을 내리고, 무관한 상황에도 그 결론을 적용하는 오류를 말함

예) 이성으로부터 두세 번 거부를 당한 남학생이 자신감을 잃고"난 항상 뭘 해도 누구에게나 거부당해"라고 생각하는 경우

④ 극대화와 극소화(확대와 축소 = 과장과 축소): 어떤 사건의 의미나 중요성을 실제보다 지나치게 확대하거나 축소하는 오류를 말한다. 자기 잘못에는 매우 엄격한 기준을 적용하고 심하게 자책하면서 남의 잘못에 대해서는 관대한 기준을 적용해 별 잘못 아닌 것으로 평가하는 경우

예) 친구가 지나가는 말로 한 비판에 대해서 평소 친구의 속마음을 드러낸 중요한 말이라고 확대해서 해석하는 경우

⑤ 개인화: 자신과 무관한 사건을 자신과 관련된 것으로 잘못 해석하는 오류임

예) 길을 가던 어떤 사람이 크게 웃자 나를 비웃었다고 생각하는 경우

⑥ 이분법적 사고: 사건의 의미를 이분법적인 범주의 둘 중 하나로 해석하는 오류

예) 자신의 성취에 대해 성공 아니면 실패로만 판단하는 경우, 대인관계를 내 편 아니면 남의 편으로만 구분하는 경우

(4) 자동적 사고

① 한 개인이 어떤 상황에 대해 내리는 즉각적이고 자동적인 평가나 이미지를 말함

② 벡은 어떤 상황에서 사람들이 하게 되는 사고의 유형을 2가지로 구분

- 통제적 사고: 사실적 정보를 이해하고 통합하려는 사고
- 자동적 사고: 이해하거나 통합하려는 노력 없이 자동적으로 매우 빠르게 평가하는 사고

(5) 핵심믿음체계

① 클라이언트의 경험을 조직하는 인지구조의 기초를 말함

② 개인의 왜곡이나 편견을 형성하는 근간을 이룸

(6) 중간믿음체계

태도나 규칙, 가정들로 구성되며 핵심믿음체계에 의해 영향을 받음

제5절 과제중심모델

1. 과제중심모델의 개념

1) 의의

① 1970년대 미국 시카고대학교의 리드(Reid)와 엡스타인(Epstein)에 의해 소개된 실천이론 모델

② 단기치료의 한 형태로서(시간제한, 제한된 목표, 현재 집중) 대인관계와 사회적 관계의 어려움, 역할 수행의 어려움, 정서적 고통 등 생활상의 문제를 다루기 위해 고안된 것

③ 핵심적이고 구체적 문제에 초점을 두고 사회복지사의 능동적 개입이 요구되며, 간결하고 계획된 개입이 과제중심모델의 중요한 요소라고 할 수 있음

④ 펄만(Perlman)의 문제해결중심의 방법론과 행동주의 이론, 클라이언트의 과업을 서비스 초점으로 하는 스텃(Studt)의 견해, 위기개입이론과 기법 등이 많은 영향을 미침

2) 특성

① 시간제한적 단기개입으로서 약 2~3개월 동안 8~12회기 전후로 이루어지며, 대개 4개월

이내에 사례를 종료함

② 클라이언트가 인식한 문제를 중심으로 클라이언트와 사회복지사가 표면적으로 계약한 구체적 문제의 해결에 초점을 두고 현재에 집중함

③ 클라이언트와 사회복지사 간 동의에 의한 문제해결을 강조하며, 기본적 가치전제는 클라이언트의 자기결정 원리

④ 개입의 책임성을 강조하며, 다양한 접근방법, 즉 문제해결, 인지적 행동적 구조적 접근방법으로부터 경험적으로 이끌어진 이론과 방법들을 선택적으로 사용함

⑤ 클라이언트가 명확하게 인식하고 있는 특정문제, 즉 표적문제에 초점을 두고 개입이 이루어지며, 클라이언트에 대한 조언이나 환경적 개입과 같은 기술도 사용됨

2. 기본개념

1) 표적 문제

① 개념: 클라이언트가 직면하고 있는 문제 중 당장 해결해야 할 문제임

② 유형: 대인관계갈등, 사회관계에서의 불만, 조직체와 상호작용의 어려움, 사회적 역할수행의 어려움, 정서적 문제, 스트레스 문제, 자원부족 문제 등

2) 과제

① 개념: 클라이언트가 추구하는 직접적 이익뿐만 아니라 문제해결 목적을 위한 수단

② 유형: 일반과제와 조작적 과제, 단일과제와 복수과제, 개방적 과제와 폐쇄적 과제, 공동과제와 상호과제, 인지적 과제 등

제6절 위기개입모델

1. 위기개입모델의 개념

1) 의의

① 개인의 일상적이고 안정적인 상태에서의 급격한 정서적 동요로 인해 주로 사용해 오던 문

제해결 및 대처능력이 더 이상 작동되지 않는 특징을 지님

② 위기로 인한 불균형 상태를 회복하기 위하여 일정한 원조수단을 개인, 가족, 집단, 그리고 지역사회 등에 적용하는 과정을 말함

③ 이러한 위기는 스트레스를 유발하는 뚜렷한 생활상의 사건이 선행되면서 발생하여 신체적, 인지적, 그리고 관계상에서의 고통과 증상으로 드러남

④ 시간 제한적인 단기모델로서 위기로 인한 증상을 완화시키거나 제거하는 데 1차적인 목표를 두며, 클라이언트가 현재 경험하고 있는 위기와 그 위기로 인한 행동에 초점을 둠

2) 위기의 유형

① 발달과정상의 위기: 결혼, 자녀출산, 은퇴 등

② 상황적 위기: 폭력에의 노출, 실업, 재해, 이혼, 교통사고 등

2. 기본가정과 주요 실천원칙

1) 기본가정

① 개인은 일상생활에서 내적 외적 스트레스가 심하고 균형상태가 파괴되는 기간이 있음

② 위기상황이 질병이 아니고 병리적 경험도 아니며, 개인의 현재 생활상황을 처리하기 위한 노력을 반영하는 것

③ 위기상황의 시작과 마지막 해결 간의 전체 시간의 길이는 위험한 사건의 심각성, 개인의 특정한 반응, 성취되어야 할 과업의 본질과 복잡성 등에 따라 다름

④ 위기개입상담자의 역할은 수동적 혹은 중립적이라기보다는 적극적임

⑤ 회복된 평형상태는 위기이전의 평형상태와 같거나 보다 더 좋을 수도 나쁠 수도 있음

2) 주요 실천원칙

신속한 개입, 행동, 제한된 목표, 희망과 기대, 지지, 초점적 문제해결, 자기상, 자립 등

제7절 임파워먼트(권한부여)모델

1. 임파워먼트모델의 개념

1) 의의

① 임파워먼트(empowerment, 권한부여)는 힘이나 자기결정을 구하는 사람들 스스로에 의해서만 개시되고 유지되어지는 반성적 활동과정으로 규정하면서 타인들은 이러한 과정을 단지 도와줄 수 있는 존재로서만 간주하고 있음

② 임파워먼트 접근법은 개인이 지니는 고통을 사회경제적 지위, 성역할, 연령, 성정체성, 육체 혹은 정신적 기능 등의 차별성으로 인한 장벽들에 개인이 직면하도록 하는 데 원조의 초점을 둠

④ 사회적, 조직적 환경에 대한 클라이언트의 통제력을 증가시키기 위한 개입모델이며, 해결지형적 접근을 강조함

⑤ 클라이언트와 사회복지사는 협력적인 파트너십을 토대로 문제해결 과정에 함께 참여하며, 클라이언트의 강점과 자원에 초점을 두어 역량을 강화시키는 것을 목적으로 함

2) 임파워먼트의 3가지 차원

① 자신에 대한 긍정적이고 잠재적인 이해의 개발에 있음

② 자신을 둘러싼 환경인 정치 · 사회적인 현실에 대한 비판적 이해를 위한 지식과 능력의 구축에 있음

③ 개인적 사회적 목표, 즉 해방을 성취하기 위한 자원과 전략 같은 좀 더 기능적인 능력의 측정 등을 의미함

2. 기본가정 및 주요 실천원칙

1) 기본가정

모든 개인은 현안 문제를 해결할 수 있는 충분한 통찰력을 지니면서 제도화된 억압과 그것을 유지하는 사회구조를 분석할 뿐만 아니라 스스로에게 미치는 영향에 대해서도 인지할 수 있다고 봄

2) 주요 실천원칙

① 맥락화의 원칙: 사회복지사의 전제나 방침보다는 자신의 '사회적 존재성'에 대한 클라이언트 나름의 이해에 초점을 맞추는 것을 의미함

② 임파워먼트의 원칙: 사회복지사는 클라이언트가 자신의 욕구를 충족시킬 수 있는 다양한 가능성을 파악할 수 있도록 지지적 도움을 제공하게 됨

③ 집합성의 원칙: 소외감을 줄이고 클라이언트를 대인관계로 연결하는데 초점을 둠

제8절 강점관점(strengths perspective)

1. 강점관점의 개념

1) 의의

(1) 강점의 의미

① 살리베이(Saleebey)는 강점의 의미를 능력, 자원, 자신을 내포하는 말로 간주함

② 어려움에 직면했을 때 자신 · 타인 · 세상에 관해 배운 것을 가지고, 외상 · 혼란 · 억압 등과 투쟁하며 대처해 나가게 한다고 봄

(2) 강점관점의 의미

모든 인간은 성장하고 변화할 능력을 이미 내면에 가지고 있고, 문제가 생겼을 때 문제를 해결할 능력과 힘을 갖고 있다고 보는 관점

2) 강점관점의 특징

① 사회복지사들이 이러한 타고난 힘을 원조할 때, 긍정적인 성장의 가능성이 촉진됨

② 사회복지의 근본적 가치인 인본적 가치와 사회정의에 관련된 가치와 일치함

③ 인간의 존엄성과 가치, 그리고 자기결정을 촉진시키는 사회복지의 여러 가치들은 클라이언트의 내재된 잠재력과 능력과 강점들을 함축적으로 인정함

④ 강점관점을 적용함으로써 클라이언트 체계의 존중과 원조를 조화시키는 분위기가 창출됨

2. 살리베이(Saleebey,1997): 강점관점 원리 및 중요한 변화

1) 살리베이(Saleebey, 1997)의 강점관점 원리

① 모든 환경에는 자원이 풍부함

② 모든 개인, 집단, 가족, 지역사회는 강점을 가지고 있음

③ 모든 질병, 학대 등 고통이 수반되는 것에 도전과 기회의 원천이 되기도 함

④ 클라이언트의 희망과 비전 및 가치는 성장과 변화를 가져옴

⑤ 클라이언트와 협동적 관계가 되어야 함

2) 강점관점에 따른 중요한 변화

① 문제가 아닌 도전으로

② 병리가 아닌 강점으로

③ 과거가 아닌 미래로

3. 강점관점 개입

1) 주요 기법(질문기법)

(1) 예외질문(exception question)

① 문제해결을 위해 우연적이며 성공적으로 실시한 방법을 발견하는 것

② 문제시되는 실패 경험보다는 성공했던 경험을 찾아내어 그것을 의도적으로 계속 실시하여 성공의 경험을 확장하고 강화하는 것

예) "상우가 엄마에게 지나치게 짜증을 내고 소리 지르지 않을 때는 언제인가요?"

(2) 변화질문(change question)

변화가 일어나서 문제가 해결되었다고 상상하게 함으로써 문제 자체보다는 문제와 별개로 해결책을 생각해보게 하여 변화가 일어났을 때 달라질 수 있는 일들을 실제 행동으로 해보게 하는 것

예) "오늘 집으로 돌아가서 잠을 잤는데, 밤새 변화가 일어나서 문제가 해결되었다고 가정해 봅시다. 아침에 일어났을 때 무얼 보고 변화가 일어났다고 알 수 있을까요?"

(3) 생존질문(survival question)

① 클라이언트가 절망적인 상황에서도 잘 견뎌내어 상황이 나빠지지 않은 것을 강조하고, 위기에서 살아남기 위해 적용한 방법 파악하는 질문

② 문제상황에 있는 클라이언트에게 경험을 활용하도록 하고 새로운 힘을 갖게 하며, 자신의 자원과 강점을 발견하도록 하는데 도움이 되는 질문

예) "그렇게 힘든 상황에서도 모든 것을 포기하지 않고, 어떻게 오늘까지 지탱해 왔나요?"

2) 강점관점과 병리적 관점 비교

병리적 관점(Pathology)	구분	강점관점(Strengths)
개인은 집단에 따른 증상이 있는 사람, 즉 하나의 '사례'로 규정함	개인	개인은 고유한 특성, 재능, 자원과 강점을 가진 독특한 존재로 규정함
개인 혹은 치료의 초점을 '문제'에 둠.	초점	가능성에 초점을 둠
치료작업의 중심은 실천가에 의해 고안된 치료계획임	치료작업의 중심	치료작업의 중심은 가족, 개인, 혹은 지역사회의 열망임
실천가는 클라이언트 삶의 전문가임	전문가	개인이나 가족, 혹은 지역사회, 즉 클라이언트가 전문가임
선택, 통제, 헌신, 개인적 발달 가능성은 병리에 의해 제한됨	가능성	선택, 통제, 헌신, 개인적 발달의 가능성은 열려 있음
실천을 위한 자원은 전문가의 지식과 기술임	자원	실천을 위한 자원은 개인, 가족, 지역사회의 감정능력과 적응기술임
원조목적은 중심과 행동, 강점과 사고, 관계의 개별적 사회적 결과에서 부정적인 영향을 줄이는 것임	원조	원조는 삶에 대한 확신을 가지게 하고, 가치와 헌신을 발달시키며, 또는 지역사회의 멤버십을 만들거나 지역 공동체를 발견하는 데 초점을 둠

제9절 가족치료모델

1. 보웬(Bowen)의 다세대 가족치료모델

① 보웬은 가족을 다세대적 현상으로 보아 다세대적 분석을 통해 현재 가족문제를 파악하려고 함

② 대부분의 가족문제는 가족성원이 자신의 원가족에서 심리적으로 분리되지 못한 감정적 애착 문제로 봄

③ 따라서 건강한 인격을 형성하기 위해서는 가족에 대한 해결되지 않은 정서적 애착을 적극적으로 해결해야 함을 강조함

④ 개입기법: 탈삼각화, 가계도 등

2. 미누친(Minuchin)의 구조적 가족치료모델

① 가족을 재구조화함으로써 가족이 적절한 기능을 수행할 수 있도록 돕는 가족치료 방법
② 가족구조의 불균형(경계가 불분명하거나 지나치게 밀착되어 있는 것, 위계질서의 모호함, 체계 간 경직성 등)의 결과로서 가족문제가 발생한다고 보고 가족구조의 변화, 즉 가족의 재구조화 목표
③ 사회복지사의 역할은 가족구성원과 그 성원 간의 규칙 및 역할의 습득 방법을 가족에게 이해시킴으로써 가족을 원조
④ 가족원 간 경계선을 바꾸거나 하위체계를 재정비하기 위하여 가족성원 각각의 행동과 경험을 바꾸는 것
⑤ 개입기법: 합류, 경계 만들기, 과제부여, 가족재구조화 등

3. 사티어(Satir)의 경험적 가족치료모델

① 경험적 가족치료에서는 가족에게 통찰이나 설명을 해주기보다는 가족의 특유한 갈등과 행동양식에 맞는 경험을 제공하려고 노력함
② 가족이 보이는 역기능 양상이 다양한 만큼 그들이 가족에게 주려는 경험도 다양함
③ 경험적 가족치료자들은 그들이 제공하는 '경험' 이란 가족성원이 자발적으로 자신을 열어 보일 수 있는 기회, 표현의 자유, 개인의 성장 등을 의미함
④ 성장과정을 체험하는 것이 치료라고 주장하면서 가족이 성숙한 인간으로 성장할 수 있도록 도와야 한다는 성장모델을 강조함
⑤ 행동이론, 학습이론, 의사소통이론을 기초로 하며, 직접적이고 분명한 의사소통과 개인이나 가족의 성장을 치료목표로 하며, 가족 내 의사소통을 명확히 하는 데 초점을 둠
⑥ 개입기법: 가족조각, 가족그림, 모의가족, 빙산치료, 역할극 등

4. 헤일리(Haley)의 전략적 가족치료모델

① 여러 가지 형태가 있지만 기복적으로는 치료자가 가족의 문제를 해결하기 위한 전략을 고

안하는데 관심을 두는 접근방법

② 인간의 부적응적 행동에 대한 원인보다는 증상행동(특정문제)의 변화에 초점을 둠

③ 따라서 특정 문제를 해결하기 위한 다양한 전략을 시도함

④ 지금까지 가족이 문제해결을 위해 시도해 온 방법을 변화시키는데 초점을 둠

⑤ 개입기법: 순환식 질문, 역설적 개입 등

5. 해결중심 가족치료

① 사회구성주의의 영향을 받아 새롭게 등장한 가족치료모델로서 가족의 문제가 무엇인가를 파악하기보다는 가족이 원하는 해결이 무엇인가에 초점을 두어 가족을 도우려 함

② 문제를 해결하는데 반드시 문제가 무엇인가를 밝힐 필요는 없으며, 그보다는 개입을 통해 가족이 기대하는 미래가 어떤 것인가를 분명하게 하는 것이 가족에게 더욱 도움이 된다고 봄

③ 탈 이론적이고, 클라이언트의 관점을 중시하며, 클라이언트가 경험하는 문제에 대해 어떤 가정을 하지 않음

④ 개입기법: 기적질문, 대처질문, 척도질문, 관계성질문, 예외질문 등

제10절 집단사회복지실천

1. 집단의 개념

1) 집단의 의의

적어도 두 사람 이상이 공통된 목표나 비슷한 인지적 · 정서적 · 사회적 흥미나 관심을 갖고 반복적으로 모여 서로에게 영향을 주고 함께 기능할 수 있는 규범을 만들고 집단적 활동을 하기 위한 목표와 응집력을 발달시키는 모임을 말함

2) 집단사회복지실천

① 의도적인 집단의 경험을 통하여 개인의 욕구를 충족시키고 사회 심리적 기능을 향상시키며, 개인이나 집단의 당면한 문제를 해결할 수 있도록 돕는 사회복지실천 방법 중의 하나

로 볼 수 있음

② 사회복지방법 중의 하나이며, 목표지향적인 활동이고, 개별성원, 전체집단, 집단이 속한 환경이라는 세 가지 초점 영역을 갖고 있으며, 주로 소집단을 활용하며, 고통 받는 개인뿐만 아니라 건강한 개인들로 구성된 집단도 대상으로 하며, 치료집단과 과업집단의 실무를 포함하여 전문가의 지도와 원조하에 이루어짐

2. 집단의 유형

1) 집단의 목적에 따른 분류 ***

(1) 치료집단(treatment group)

① 집단성원의 교육 · 성장 · 지지 · 치유 · 행동변화 · 사회화 등 성원의 사회 정서적 욕구를 충족시키려는 목적이 있음

② 한 집단은 여러 가지 목적을 동시에 갖기도 하고 치료집단은 일반적으로 자기개방 수준이 높고, 공개적인 의사소통과 적극적 상호작용을 위해서 성원을 격려함

③ 집단과정은 집단에 따라서 유동적이거나 형식적이며, 집단의 성공 여부는 성원들의 치료적 목표가 성공적으로 달성되었는가에 근거함

예) 지지집단, 교육집단, 성장집단, 치료집단, 사회화집단 등

(2) 과업집단(task group)

① 과업의 달성, 성과물의 산출, 명령의 수행을 위해서 만들어진 집단

② 목적은 조직적인 문제에 대한 해결책을 찾고 새로운 아이디어를 만들고 결정을 내림

③ 집단성원의 개인적인 성장보다는 방침을 만들어 나가면서 의사를 결정하고 산출물을 만들어내는 것에 초점이 주어짐

④ 사회복지사는 클라이언트의 강점과 자원을 강조하면서 클라이언트의 관심사를 처리하는 협의회에 초점을 맞추면서 클라이언트에 대한 서비스의 질을 높이기 위해 행동함

예) 사회행동집단, 연합체, 대표위원회, 행정집단, 협의회, 테스크포스팀, 사례회의 등

(3) 자조집단(self-helf group)

① 유사한 어려움이나 관심사를 가진 성원들이 긍정적 변화를 위해 자발적으로 만든 상호 원

조집단

② 집단성원 상호간 문제 상황에 대처할 수 있는 능력을 고양하도록 돕는 것을 목적으로 함

③ 대인간 상호지지, 자신의 삶을 책임질 수 있는 능력개발과 향상에 초점을 둠

예) 단주 모임(AA), 한부모 모임, 입양아부모 모임 등

2) 사회복지 프로그램 대상자 집단

① 일반집단: 프로그램 대상지역 내 문제속성과 관련이 있는 모든 사람들

② 위기집단: 해당 문제에 노출될 위험이 있거나 욕구가 있는 사람들

③ 표적집단: 위기집단 내에서 프로그램 혜택을 받을 자격을 갖춘 사람들

④ 클라이언트 집단: 표적집단 중에서 프로그램을 실제 제공받는 사람들

일반 인구집단	프로그램 대상지역 내 문제속성과 관련이 있는 모든 사람들 예) ○○시에 거주하는 장애인 15,300명
위험(위기)인구집단	일반인구의 하위집단 해당 문제에 노출될 위험이 있거나 욕구가 있는 사람들 예) ○○시에 거주하는 중증장애인 3,300명
표적 인구집단	위험인구의 하위집단 해당문제에 노출되었으나 경험이 있는 사람들, 즉 프로그램의 대상이 되어야 하는 사람들 예) ○○시에 거주하는 중증장애인 중 기초생활보장 수급자 가구의 중증장애인 250명
클라이언트 집단	표적인구의 하위집단 프로그램의 실제 대상자가 되는 사람들 예) ○○시에 거주하는 중증장애인 중 기초생활보장 수급자 가구의 중증장애인 중 주간보호 센터 이용자 20명

O X 문제

01) 사례관리는 공식적 · 비공식적 · 개인적 · 지역사회적 자원을 조정하는 것에 초점을 둔다. (O/X)

02) 심리사회모델은 인간의 생리적, 심리적 관점과 인간을 둘러싼 사회경제적 상황을 포함한 포괄적이고 전체적인 관점에서 상황 속의 인간(person-in-situation)을 강조한다. (O/X)

03) 인지행동모델은 인지이론에서 도출된 개념과 행동주의 이론에서 나온 개념들을 통합적으로 적용한 것이다. (O/X)

04) 위기개입모델은 개인의 일상적이고 안정적인 상태에서의 급격한 정서적 동요로 인해 주로 사용해 오던 문제해결 및 대처능력이 더 이상 작동되지 않는 특징을 지닌다. (O/X)

05) 행동수정모델은 행동주의이론을 배경으로 하며, 클라이언트의 행동변화를 위한 체계적인 개입을 강조하며 변화목표를 명확하게 설정하고 개입과정을 모니터링 · 기록 · 평가하는 것을 중요시 한다. (O/X)

06) 위기개입 모델은 시간 제한적인 단기모델로서 위기로 인한 증상을 완화시키거나 제거하는 데 1차적인 목표를 두며 클라이언트가 현재 경험하고 있는 위기와 그 위기로 인한 행동에 초점을 둔다. (O/X)

07) 임파워먼트 모델은 사회복지사의 전문성을 중심으로 문제해결에 중점을 준다. (O/X)

08) 생태체계모델은 환경의 제요소들과 끊임없이 상호 교류하는 인간의 적응적이고 진화적인 성격을 조명해 줌으로써 인간은 환경과 적절한 적응관계를 유지해야 한다고 본다. (O/X)

09) 해결중심모델은 클라이언트의 문제 그 자체보다는 성공경험과 강점을 강화함으로써 해결책을 모색한다. (O/X)

10) 과제중심모델은 전문가적 접근성보다는 협력적인 파트너십과 해결지향적 접근을 강조한다. (O/X)

Answer **틀린 문제(7, 10) 해설**

07) 임파워먼트 모델은 사회복지사와 클라이언트가 협력적인 파트너십을 기반으로 문제해결 과정에 함께 참여한다.

10) 권한부여모델은 전문가적 접근성보다는 협력적인 파트너십과 해결지향적 접근을 강조한다.

기출문제

上·中·下

01) 점시시간 때 학교 운동장에서 선후배 간 폭력이 발생하여 사상자가 발생하였다. 이에 대해 위기개입모델을 적용하고자 할 때, 학교사회복지사의 역할에 대한 설명으로 옳지 않은 것은? (2019, 보호직)

① 피해학생을 위험으로부터 안전하게 보호하며 심리적 안정을 취할 수 있는 제반 서비스를 실시한다.

② 피해학생이 위기로 인한 분노, 좌절감, 불안, 두려움 등을 적절한 수준에서 표출, 완화 할 수 있도록 돕는다.

③ 폭력사건 위기와 관련된 다양한 대상에 대한 다각적인 사정을 통해 클라이언트의 성격변화에 초점을 둔다.

④ 위기개입팀의 일원으로 학생에게 위기사건과 관련된 정확한 사실을 설명하고 긴장을 완화하는 디브리핑(debriefing)을 한다.

해설

다양한 대상에 대한 다각적인 사정을 통해 클라이언트의 성격변화에 초점을 두는 것은 정신역동모델이다.

〈정답 ③〉

上·中·下

02) 고소공포증이 있는 클라이언트에게 적용한 치료기법으로 이에 대한 모델과 기법을 바르게 연결한 것은? (2019, 보호직)

> 맨 아래에 있는 가정 덜 위협적인 장면에서부터 더 큰 불안을 야기하는 장면인 위쪽으로 점차 나아가면서 단계별로 상상하거나 경험하도록 한다.
> - 63빌딩 꼭대기에서 아래와 내려다보기
> - 63빌딩 꼭대기 층에서 걸어보기
> - 12층 건물에서 창문 밖을 내려다보기
> - 4층 건물의 발코니 난간에서 아래를 내려다보기
> - 4층 건물에서 창문 밖을 내려다보기
> - 초고층 빌딩의 건설에 대한 기사 읽기

① 정신역동모델 – 반동형성　　② 인지행동모델 – 시연

③ 인지행동모델 – 체계적 둔감화　　④ 정신역동모델 – 투사

해설

체계적 둔감화는 불안과 공포증이 있는 내담자에게 불안위계목록을 작성하여 낮은 수준에서 높은 수준으로 자극하여 불안에서 벗어나게 하는 방법으로 3단계로 진행된다.

- 1단계: 근육이완훈련: 내담자에게 근육의 긴장을 이완시키는 방법을 훈련시킨다.
- 2단계: 불안위계목록작성: 불안을 일으키는 목록을 작성하는데, 낮은 수준에서 높은 수준으로 배열한다.
- 3단계: 단계적 둔감화: 가장 낮은 수준의 불안을 일으키는 장면부터 시작하여 점차 높은 수준으로 높여가며, 가장 높은 수준에서 불안을 느끼지 않으면 종료한다.

〈 정답 ③ 〉

上·中·下

03) 다음에서 설명하는 사회복지실천의 접근방법은? (2019, 서울시)

- 개인의 내적 요소와 사회적 요소를 모두 중시한다.
- 실천의 초점은 개인을 둘러싼 사회환경과 상호작용에 두고 있다.
- 개인이 가진 현재의 기능은 과거의 사건에 영향을 받는다는 입장이다.

① 인지행동적 접근방법　　② 클라이언트 중심적 접근방법

③ 심리사회적 접근방법　　④ 과제중심적 접근방법

해설

심리사회적 접근방법은 인간의 생리적, 심리적 관점과 인간을 둘러싼 사회경제적 상황을 포함한 포괄적이고 전체적인 관점을 가지고 있어 "상황 속의 인간"을 강조하며, 목적은 개인을 사회에 잘 적응하게 하여 사회적 자연적 결핍과 불행에 맞서서 인간을 보호하려는 욕구에 대한 반응이다.

〈 정답 ③ 〉

제4장 지역사회복지

제1절 지역사회복지의 개요

1. 지역사회복지의 개념

1) 지역사회복지의 의의

① 지역사회 주민 개인의 문제를 개인 차원뿐만 아니라 지역사회 차원에서 동시에 대처한다는 것과 전문가와 주민이 공동으로 참여한다는 것, 지역사회의 다양한 자원을 활용한다는 것 등을 의미함

② 일정한 지역사회 내에서 주민의 생활과제를 사회복지사와 주민이 함께 공식적 비공식적 자원을 활용하고 개발하여 해결하거나 예방하는 다양한 노력을 의미함

2) 지역사회의 기능(길버트 & 스펙트)

① 경제제도로서의 생산, 분배, 소비기능

② 가족제도로서의 사회화 기능

③ 정치제도로서의 사회통제 기능

④ 종교제도로서의 사회통합 기능

⑤ 사회복지제도로서의 상부상조 기능

2. 지역사회복지의 이념 및 특성

1) 지역사회복지의 이념 ***

(1) 정상화

① 정상화 이념은 1950년대 덴마크에서, 1960년대 스웨덴에서 정신지체인의 생활을 가능한 정상적인 생활에 가깝게 추구하기 위해 대두된 이념

② 1981년 '세계 장애인의 해'로 말미암아 전 세계로 파급된 이념이며, 정신지체인뿐만 아니라 모든 장애인을 대상으로 하는 개념으로 확대됨
③ 특별한 장애나 욕구를 가진 사람이라고 해서 지역사회와 분리된 곳, 즉 시설이나 병원 등에서 살아가는 것은 인간다운 삶이 아니므로 가능한 일반인이 살아가는 보통의 삶과 유사한 생활을 할 수 있도록 하는 것을 의미함

(2) 주민참여

① 사회복지의 큰 흐름 가운데 하나가 공급자 중심의 서비스 제공에서 이용자 중심의 서비스 제공으로의 변화인데, 이용자중심의 서비스제공은 이용자의 욕구를 기초로 한 서비스제공과 서비스의 선택권이 이용자에게 주어져 있는 것을 전제로 함
② 주민의 욕구파악을 위한 것뿐만 아니라 주민이 지역사회의 주인공으로서의 주체성을 가질 수 있게 하는 것이고, 지방자치단체와의 동등한 파트너십을 형성하는 방법이기도 함

(3) 네트워크

① 서비스 공급체제의 존재 목적에 맞는 서비스 창출로 한정된 체제로는 다양한 욕구를 지닌 이용자가 원하는 서비스를 제공할 수 없으므로 이를 극복하기 위해서는 기존의 서비스 제공체제의 네트워크가 필연적으로 이루어져야 함
② 또한 서비스 공급체제만 네트워크가 필요한 것이 아니라 이용자의 조직화, 서비스 관계자의 조직화, 관련 기관의 연계 등 다양한 네트워크를 통하여 지역사회의 서비스공급체제와 이용체제를 효과적으로 만들어가는 것

(4) 탈시설화

요 보호자들을 기존의 대규모 시설보호위주에서 그룹 홈, 주간보호시설 등의 지역사회에서 함께 생활할 수 있도록 이동하는 것을 말함

(5) 사회통합

지역사회 내의 갈등이나 지역사회 간의 차이 또는 불평등을 넘어 사회 전체가 통합을 이루는 것을 말함

2) 지역사회복지의 특성 **

(1) 주체성(주민중심)

① 사회복지의 중요한 흐름이 이용자중심의 서비스 제공이고, 서비스 이용자의 주체화라고 할 수 있는데, 이는 이용자의 복지체감도 향상이라는 것과 직결되는 것

② 지역주민은 서비스의 이용자이기도 하지만, 제공자의 역할을 수행할 수 있는 존재이므로 주민은 자신이 살고 있는 지역사회의 생활과제를 미리 찾아내고, 이를 과제화하여 심각한 상태로 진행되기 전에 이를 해결하거나 예방하는 역할을 할 수 있음

(2) 지역성(지리적 권역)

① 지역사회복지는 주민의 생활권역을 기초로 하여 전개되는 것인데, 주민의 생활권역은 주민생활의 장임과 동시에 사회참여의 장이므로 지역적 특성을 고려하지 않으면 안 됨

② 지역적 특성이 적절히 살아날 때 자신들의 복지욕구 표현과 이의 충족은 물론이고 지역사회주민의 일원으로 사회참여가 용이해지며, 이러한 주민참여를 통하여 행정과 동등한 파트너십을 형성하게 되고, 주민자치를 체험하게 되어 실질적인 주민주체를 형성하고 지역사회복지를 실천할 수 있게 되는 것

(3) 종합성(전체성)

① 주민의 생활은 분리할 수 없는 것인데, 공급자중심에서 공급의 용이성과 효율성을 내세워 서비스를 분리하여 제공하고 있지만 이용자측면에서 이는 부적절한 조치라 할 수 있음

② 지역사회복지에서는 이러한 분절된 서비스를 통합하여 제공하고, 이를 이용하는 구조, 즉 서비스 공급자 측면에서는 종합성의 특징을, 서비스이용자의 측면에서는 전체성의 특성을 가지고 있음

(4) 양면성(방법과 분야)

지역사회복지는 사회복지의 실천기술 중에 하나이지만, 실천분야의 성격도 동시에 지니고 있는 양면성의 특성을 가지고 있음

제2절 지역사회복지모델

1. 로스만(J. Rothman)의 지역사회복지 실천모델 ***

(1) 지역사회개발모델(locality development model)

① 지역사회의 변화를 가장 효과적으로 이룩하기 위해서는 지역사회에 거주하는 주민들이 목표를 설정하고 실천행동에 참여하여야 한다는 전제에서 나온 가장 전형적인 형태의 모델

② 지역사회의 문제나 욕구를 다룰 때, 주민들의 자조(self-helf)정신을 강조함

③ 주민들이 문제를 스스로 해결할 수 있는 능력을 강화시켜 주는데 역점을 두고, 문제의 파악 및 해결과정에 주민들의 광범위한 참여와 교육과정을 강조함

④ 사회복지사는 조력자, 조정자, 교육가, 문제해결 기술훈련자의 역할을 함

예) 지역사회복지관의 주민조직화사업, 자원봉사조직, 성인교육 및 리더십훈련 등

(2) 사회계획 모델(social planning model)

① 지역사회가 안고 있는 주택, 교통, 환경, 빈곤, 노인, 비행과 같은 다양한 사회문제를 해결하고자 하는 기술적인 과정을 강조함

② 사회계획모델은 세 모델 중 전문가의 역할이 가장 중요하며, 문제해결을 위한 합리적인 계획수립과 그 계획에 의한 변화를 목표로 과업에 중심을 둠

③ 사회복지사는 지역사회욕구조사 및 분석, 사업의 촉진, 그리고 기획을 담당하게 되며, 주민들이 필요로 하는 물자와 서비스를 제공하는 데 관심을 갖게 됨

④ 사회복지사는 계획가, 기획가, 조사자, 자료수집가, 분석가의 역할을 함

예) 지방자치단체에서 수립한 지역사회보장계획 등

(3) 사회행동모델(social action model)

① 지역사회에는 자원과 권력의 배분에 있어서 불평등이 존재한다는 갈등론적 시각 모델

② 지역사회복지의 실천이란 지역사회에서 박탈당하고 희생당하고 있는 불우계층의 복지를 증진시킴으로써 가능하다는 것

③ 사회복지사는 옹호자, 선동자, 협상자, 중재자, 대변자, 행동가의 역할을 수행함

④ 지역사회의 기존 제도나 상태에 대한 근본적인 변화를 추구함

예) 여성해방 혹은 여권신장 운동, 소비자보호운동, 노동조합운동, 환경보호운동 등

⑤ 사회행동모델은 이의제기, 데모 등 대항 전략을 많이 사용함

2. 테일러와 로버츠(Tayler & Roberts)의 지역사회복지 실천모델

1) 모델의 특징

① 테일러와 로버츠는 로스만의 기본 3가지 모델을 중심으로 프로그램 개발 및 조정 모델, 지역사회연계모델을 새로 추가하여 5가지 모델을 제시함

② 후원자와 클라이언트의 의사결정 권한의 정도에 따라 구분하였다는 점이 특징

2) 모델의 유형

(1) 지역사회개발 모델

① 조력, 리더십 개발, 자조, 상부상조, 지역성에 바탕을 둔 지역사회 연구 및 문제해결을 강조함

② 이 모델은 시민참여와 교육과정을 매우 중요시하며 전문가는 조직가의 역할보다는 주로 조력자의 역할을 담당하게 됨

③ 시민참여에 기초한 자조적 활동, 시민역량 개발, 자체적 리더십 개발 등을 통해 지역사회의 개발을 추구함

④ 지역사회의 자체적 역량을 개발하여 지역사회문제를 스스로 해결할 수 있도록 지지 및 지원하는 데 초점을 둠

(2) 계획모델

① 로스만의 초기 사회계획모델에서 인간지향적인 측면을 강조하도록 수정한 것으로 조사전략 및 기술을 강조함

② 다양한 지역단위에서 합리성 및 전문성을 토대로 보다 합리적이고 비용 효과적인 변화를 유도함

③ 조사연구, 과학적 분석 등 기술적 능력에 큰 비중을 두는 방식으로서, 공식적 구조 및 과정을 통해 지역사회의 문제를 해결해 나감

(3) 프로그램 개발 및 조정모델

① 지역사회의 모체인 인보관운동과 자선조직협회 운동에 근거하고 있음

② 주로 공공기관, 지리적 지역사회를 대상으로 서비스를 제공하는 민간기관, 기능적 지역사회, 기관협의회 등에서 수행되는 실천에 초점을 두고 있음

③ 지역사회의 변화를 효과적이고 효율적으로 유도하기 위해 프로그램을 개발하고, 조정해 나감

④ 후원자 중심의 모델로서, 합리성, 중립성, 협력의 가치를 토대로 지역사회의 모든 문제를 객관적인 입장에서 중재할 수 있으며, 그 과정을 통해 갈등을 피하고 협력을 이끌어 낼 수 있음

(4) 정치적 역량강화 모델

① 로스만의 사회행동모델과 밀접히 관련된 것으로 갈등주의 이론과 다원주의 사회에서의 다양한 이익집단의 경쟁원리에 기초하고 있음
② 로스만의 사회행동모델과 매우 비슷한 모델로서 갈등이론과 다원주의 사회에서 다양한 이익집단의 경쟁원리에 기초하고 있음
③ 사회적으로 배제된 집단의 사회참여를 지원 및 지지하고, 자신들의 권리를 확보할 수 있도록 집단의 역량을 강화함
④ 사회복지사는 교육자, 자원개발자, 선동가로서의 역할을 수행하며, 사기진작 및 사기개발 전략, 문제해결 전략, 기능전이 전략, 권력 전이 등을 사용함

(5) 지역사회연계 모델

① 로스만의 모델에는 포함되지 않은 것으로 사회복지기관의 일선 직원이나 행정가들에 의해 수행되는 기능을 중심으로 설명됨
② 지역사회의 문제를 해결하기 위해 클라이언트의 개별적인 문제와 지역사회의 문제를 연계하는 방식으로 후원자와 클라이언트의 영향력이 비교적 동등하게 적용됨
③ 사회복지사들을 통해 클라이언트의 욕구와 관련된 지역사회와의 관계를 개발하고 이를 확대 · 강화 · 조정하면서 클라이언트의 문제에 다각적으로 접근함

테일러와 로버츠의 모형과 로스만의 모델

테일러와 로버츠의 모델	로스만의 모델
지역사회 개발모델	지역사회개발모델
계획모델	사회계획모델
프로그램 개발 및 조정모델	
정치적 역량강화모델	사회 행동모델
지역사회 연계모델	신규추가

> ※ 다문화조직모델(multi-cultural organizing)은 서로 다른 문화집단 간 상호작용과 상호이해를 바탕으로 소수자의 복지 향상을 이룰 수 있다고 본다.
> ※ 지역자산모델은 지역주민들의 비공식적인 네트워크를 중시하는 것이며, 전문가의 역할을 강조하지 않는다.

3. 웨일과 갬블(Weil & Gamble)의 지역사회복지 실천모델

(1) 지역사회의 사회 · 경제개발 모델

① 이 모형은 목적을 달성하기 위해 이중 초점을 두게 되는데, 하나는 지역사회와 주민들이 지역의 사회경제적 개발을 위한 계획을 개발하고 이행하도록 능력을 강화하는 것
② 다른 하나는 이러한 계획달성을 위하여 자원을 개발하고, 은행 등 외부 투자자를 포괄하는 유용한 자원들을 정리하여 접근하는 것
③ 사회복지사는 참여자 혹은 투자자와의 협상기술가 등의 역할을 수행함

(2) 근린지역의 지역사회조직 모델

① 지역사회조직의 실천은 지리적인 의미의 근접성과 그 지역사회에서 해결하고자 하는 현안 문제에 초점을 둠
② 목표는 지역주민들이 조직활동에 개입하면서 발전시키는 능력을 확립하고 구체적인 과업들을 달성하는 것
③ 사회복지사의 역할은 조직가, 교사, 감독, 촉진자 등의 역할을 수행함

(3) 기능적인 지역사회조직 모형

① 지리적인 근접성보다는 특정 집단의 권익을 추구하는 공동체를 의미함
② 중요한 것은 각 조직이 선택한 현안 이슈에 대한 옹호, 정책, 사람들의 태도를 변화시키는 데 초점을 둔 사회정의를 위한 활동에 있음
③ 사회복지사는 조직가 또는 교사의 역할과 소식지의 발간, 인터넷 홈페이지나 게시판을 관리하는 정보전달자의 역할을 수행함

(4) 프로그램개발과 지역사회 연계 모델

① 지역주민들의 욕구를 충족하기 위하여 지역사회와 연계된 다양한 수준의 프로그램을 개발하고 확대함
② 특정 인구집단이나 지리적 영역 내에서의 서비스 개발에 관심을 둠
③ 사회복지사는 계획가, 계획서의 작성자, 대변자, 중개자, 촉진자 등의 역할을 수행함

(5) 사회계획 모델

① 사회계획은 다양한 수준에서 수행될 수 있으며, 휴먼서비스 개발을 위한 지역협의회의 개별조직 차원에서 수행되기도 함
② 지방정부수준에서는 선출직 공무원, 정부기관들이 사회계획에 개입하기도 함
③ 사회복지사는 조사 · 욕구의 사정 · 평가 · 분석과 같은 매우 전문적인 역할을 수행함

(6) 정치사회행동 모델

① 초점은 정책이나 정책입안자의 변화, 혹은 저소득 주민조직에게 불이익을 주는 기업체의 행동변화에 있음
② 사회복지사는 옹호자, 교육자, 조직가 그리고 연구자의 역할을 수행함

(7) 연합 모델

① 독립된 조직들과 함께 공동의 목표로 설정한 사회변화를 위해 함께 일하도록 만듦
② 사회복지 프로그램의 방향에 영향을 미칠 정도로 거대하고 필요한 자원을 동원할 수 있는 잠재력을 가진 다중조직적인 힘의 기반을 구축하는 것
③ 사회복지사는 휴먼서비스 연합 등에 있어 지도자나 대변자 등의 역할을 수행함

(8) 사회운동 모델

① 특정 인구집단이나 사회적 현안 문제에 대응하는 사회나 사회단체에게 새로운 패러다임을 제공함으로써 사회변화를 위한 행동을 자극하는 운동을 말함
② 사회복지사는 조직의 시스템으로 활동하거나 특정 사회운동의 옹호자 혹은 촉진자 역할을 수행함
예) 미국의 시민권운동 등 사회운동

8가지 모형은 너무 세분화되어 있어 지역사회모형으로는 적합하다고 보기 어렵다는 주장이 있어, 웨일은 8가지 모형들을 각 모형이 가지고 있는 특성에 따라 개발, 조직화, 계획, 사회변화 등 4가지 유형으로 재분류하였다(Weil, 1996).

〈웨일(Weil)의 지역사회실천 모형〉

웨일과 갬블의 모델	웨일의 재분류 모델
지역사회의 사회경제개발 모델	개발(development)모델
근린지역의 지역사회조직 모델	조직화(organization)모델
기능적인 지역사회조직 모델	
프로그램개발과 지역사회 연계 모델	계획(planning)모델
사회계획 모델	
정치사회행동 모델	사회변화(social change)모델
연합(연대활동) 모델	
사회운동 모델	

제3절 지역사회보장의 추진체계

1. 시 · 도사회보장위원회와 지역사회보장협의체

1) 시 · 도사회보장위원회

(1) 시 · 도사회보장위원회의 업무

① 시 · 도의 지역사회보장계획 수립 · 시행 및 평가에 관한 사항

② 시 · 도의 지역사회보장조사 및 지역사회보장지표에 관한 사항

③ 시 · 도의 사회보장급여 제공 및 사회보장 추진과 관련한 중요 사항 등

(2) 시 · 도사회보장위원회의 구성: 위원은 시 · 도지사가 임명 또는 위촉

① 사회보장에 관한 전문적 지식이나 경험을 가진 사람

② 사회보장 관련 기관 및 단체의 대표자

③ 사회보장을 필요로 하는 사람의 이익 등을 대표하는 사람

④ 지역사회보장협의체의 대표자, 비영리민간단체에서 추천한 사람

⑤ 사회복지공동모금지회에서 추천한 사람, 사회보장에 관한 업무를 담당하는 공무원

2) 지역사회보장협의체

(1) 지역사회보장협의체의 업무

① 시 · 군 · 구의 지역사회보장계획 수립 · 시행 및 평가에 관한 사항

② 시 · 군 · 구의 지역사회보장조사 및 지역사회보장지표에 관한 사항

③ 시 · 군 · 구의 사회보장급여 제공에 관한 사항 및 사회보장 추진에 관한 사항 등

(2) 지역사회보장협의체의 구성: 위원은 시장 · 군수 · 구청장이 임명 또는 위촉

① 사회보장에 관한 학식과 경험이 풍부한 사람

② 지역사회보장 활동을 수행하거나 서비스를 제공하는 기관 · 법인 · 단체 · 시설의 대표자

③ 비영리민간단체에서 추천한 사람, 읍 · 면 · 동단위 지역사회보장협의체의 위원장

④ 사회보장에 관한 업무를 담당하는 공무원

(3) 실무협의체 설치

지역사회보장협의체의 업무를 효율적으로 수행하기 위해 지역사회보장협의체에 설치함

(4) 읍 · 면 · 동 지역사회보장협의체 설치

읍 · 면 · 동의 사회보장관련 업무의 원활한 수행을 위해 읍 · 면 · 동에 설치함

(5) 지역사회보장협의체의 기본원칙

① 지역성: 지역사회복지협의체는 관할 지역 내의 사회복지 현안에 집중해야 함

② 참여성: 지역사회복지협의체는 네트워크 조직을 표방하고 있기 때문에 법적 장치나 규제보다는 사람들의 자발성이 일차적인 동력이 됨

③ 협의성: 지역사회복지협의체는 네트워크형 조직구조를 통해 당면한 지역사회복지시스템 구축의 현안을 해결하자는 것이 근본적인 설립취지

3) 지역사회보장계획의 수립

① 시 · 도지사 및 시장 · 군수 · 구청장은 지역사회보장계획을 4년마다 수립하고, 매년 지역사회보장계획에 따라 연차별 시행계획을 수립하여야하며, 사회보장기본법에 따른 사회보

장에 관한 기본계획과 연계되도록 하여야 함

② 시장 · 군수 · 구청장은 해당 시 · 군 · 구의 지역사회보장계획(연차별 시행계획을 포함)을 지역주민 등 이해관계인의 의견을 들은 후 수립하고, 지역사회보장협의체의 심의와 해당 시 · 군 · 구 의회의 보고를 거쳐 시 · 도지사에게 제출하여야 함

③ 시 · 도지사는 제출받은 시 · 군 · 구의 지역사회보장계획을 지원하는 내용 등을 포함한 해당 시 · 도의 지역사회보장계획을 수립하여야 함

④ 시 · 도지사는 지역사회보장계획을 시 · 도사회보장위원회의 심의와 해당 시 · 도 의회의 보고를 거쳐 보건복지부장관에게 제출하여야 함

2. 민간의 사회보장 추진체계

1) 사회복지협의회

(1) 사회복지협의회의 설립

사회복지협의회는 주민과 사회복지기관 및 관련 조직체들에 의해 구성되고 다양한 사회복지의 과제를 해결하기 위하여 노력을 기울이는 민간의 대표성을 지닌 조직

(2) 사회복지협의회의 설립역사

① 한국사회복지협의회: 1952년에 한국사회사업연합회라는 명칭으로 최초로 설립되었으며, 1983년에 사회복지사업법 개정과 함께 법정단체로 규정됨

② 시도 사회복지협의회: 1998년 사회복지사업법 개정에 따라 사회복지법인으로 인정됨으로써 한국사회복지협의회의 지원 없이 독립되어 운영하는 체제로 변화됨

③ 시군구 사회복지협의회: 2003년 사회사업법 개정으로 사회복지법인으로 법적인 근거를 마련하였으며, 사회복지기관간 교류협력뿐만 아니라 푸드마켓(food market) 등 주민 밀착형 사업을 수행하고 있음

(3) 지역사회복지협의회의 기능

① 지역사회복지활동 기능

② 연락, 조정, 협의기능

③ 보완 · 유지기능 등

2) 사회복지관

(1) 사회복지관의 의의

지역사회를 기반으로 일정한 시설과 전문인력을 갖추고 지역주민의 참여와 협력을 통하여 지역사회복지 문제를 예방하고 해결하기 위하여 종합적인 복지서비스를 제공하는 시설을 말함

(2) 사회복지관의 기능

① 사례관리기능: 지역사회중심 서비스체계의 통합 및 조정기능을 수행함
② 서비스제공기능: 급식서비스, 보건의료서비스, 재가복지봉사서비스 등
③ 지역조직화기능: 지역사회연계사업, 지역욕구조사, 실습지도 등

(3) 사회복지관의 주요 사업

① 가족복지사업: 가족관계 증진, 가족기능 보완, 가정문제 해결 및 치료, 부양가족지원 사업 등
② 지역사회보호사업: 급식서비스, 보건의료서비스, 경제적 지원, 일상생활지원, 정서서비스, 일시보호서비스 사업 등
③ 지역사회조직사업: 주민조직화 및 교육, 복지네트워크 구축, 주민복지증진, 자원봉사자의 양성 및 후원자 발굴 및 조직 사업 등
④ 교육 및 문화사업: 아동 및 청소년 기능교육, 성인 기능교실, 노인여가문화사업, 문화복지사업 등
⑤ 자활사업: 직업기능훈련, 취업알선, 직업능력 개발, 자활공동체 육성 사업 등

3) 사회복지공동모금회

(1) 사회복지공동모금회의 설립

① 공동모금이란 사회복지사업의 지원에 필요한 재원을 조성하기 위하여 전국 또는 지역을 단위로 제도권 내에서 기부금을 널리 모집하는 것을 말함
② 사회복지공동모금제도의 이념은 지역의 사회적 문제를 지역사회 주민 스스로의 힘으로 이룩하고자 하는 공동체의식과 민간의식, 사회연대의식 등에 두고 있음

(2) 공동모금제도의 필요성

① 무분별한 자선사업의 난립을 막고 지역주민이 신뢰할 수 있는 민간모금단체를 등장시킬 수 있음

② 지역사회주민의 참여기회를 제공함, 지역주민들의 자원봉사정신을 함양시킬 수 있음
③ 사회복지서비스 프로그램의 전문성 제고에 기여할 수 있다는 것
④ 사회복지의 발전을 위한 정부와 민간의 동반자관계를 형성함
⑤ 단순히 사회복지에 필요한 재원을 마련하여 국가가 담당하지 못하거나 담당하기를 꺼리는 분야를 지원하는 것만이 아니라, 민간차원에서 자율성과 효율성을 담보하면서 공익적인 사업을 독자적으로 기획하고 수행할 수 있도록 한다는 것

(3) 모금사업 방법

모금에서 배분까지의 과정공표를 통해 소중한 기부금이 올바른 곳에 효과적으로 사용될 수 있도록 하고 있음

4) 지역자활센터

(1) 설치목적

① 근로능력의 기초생활을 보장하는 국민기초생활보장제도를 도입하면서 근로역량 배양 및 일자리 제공을 통한 탈 빈곤을 지원함
② 자활사업을 통해 근로능력 있는 저소득층이 스스로 자활할 수 있도록 자활능력을 배양하고, 기능 습득을 지원하며, 근로기회를 제공함
③ 지역자활센터는 근로능력이 있는 수급자 및 차상위자의 자활 촉진에 필요한 활동을 수행하는 서비스를 직접 제공하는데 목적이 있음

(2) 수행업무

① 자활의욕 고취를 위한 교육
② 자활을 위한 정보제공, 상담, 직업교육 및 취업알선
③ 생업을 위한 자금융자 알선
④ 자영창업지원 및 기술 · 경영지도
⑤ 자활기업의 설립 · 운영지도
⑥ 그 밖의 자활을 위한 각종 사업 등

5) 자원봉사센터

(1) 자원봉사센터의 설치

① 자원봉사센터의 설치는 '자원봉사활동기본법' 에 법적 기반을 둠

② 국가 및 지방자치단체는 자원봉사센터의 활동에 필요한 행정적 지원을 할 수 있으며, 비영리민간단체기본법' 에 따라 사업비를 지원할 수 있음

(2) 자원봉사센터의 사업내용

○ 특별시 · 광역시 · 도 자원봉사센터의 사업

① 특별시 · 광역시 · 도 지역 기관 · 단체들과 상시협력체계 구축

② 자원봉사 관리자 및 지도자의 교육훈련

③ 자원봉사 프로그램의 개발 및 보급

④ 자원봉사 조사 및 연구

⑤ 자원봉사 정보자료실 운영

⑥ 시 · 군 · 구 자원봉사센터 간의 정보 및 사업의 협력 · 조정 · 지원 등

○ 시 · 군 · 자치구 자원봉사센터의 사업

① 시 · 군 · 자치구 지역 기관 · 단체들과 상시협력체계 구축

② 자원봉사자의 모집 및 교육 · 홍보

③ 자원봉사 수요기관 및 단체에 자원봉사자 배치

④ 자원봉사 관련정보의 수집 및 제공 등

6) 사회경제적 주체 **

(1) 사회적기업

① 근거규정: 사회적기업육성법

② 조직형태: 민법에 따른 법인 · 조합, 상법」에 따른 회사 · 합자조합, 특별법에 따라 설립된 법인 또는 비영리민간단체 등 대통령령으로 정하는 조직 형태를 갖출 것

③ 사회적기업의 개념: 취약계층에게 사회서비스 또는 일자리를 제공하거나 지역사회에 공헌함으로써 지역주민의 삶의 질을 높이는 등의 사회적 목적을 추구하면서 재화 및 서비스의 생산 · 판매 등 영업활동을 하는 기업으로서 고용노동부의 절차에 따라 인증받은 기업

(2) 협동조합

① 근거규정: 협동조합기본법

② 협동조합의 개념: 재화 또는 용역의 구매 · 생산 · 판매 · 제공 등을 협동으로 영위함으로써 조합원의 권익을 향상하고 지역 사회에 공헌하고자 하는 사업조직을 말함

③ 설립요건: 협동조합을 설립하려는 경우에는 5인 이상의 조합원 자격을 가진 자가 발기인이 되어 정관을 작성하고 창립총회의 의결을 거친 후 주된 사무소의 소재지를 관할하는 시 · 도지사에게 신고하여야 함

- 시 · 도지사는 협동조합의 설립신고를 받은 때에는 즉시 기획재정부장관에게 그 사실을 통보하여야 함
- 협동조합은 주된 사무소의 소재지에서 설립등기를 함으로써 성립함

(3) 사회적협동조합

① 근거규정: 협동조합기본법

② 사회적 협동조합의 개념: 협동조합 중 지역주민들의 권익 · 복리 증진과 관련된 사업을 수행하거나 취약계층에게 사회서비스 또는 일자리를 제공하는 등 영리를 목적으로 하지 아니하는 협동조합을 말함

③ 설립요건: 사회적협동조합을 설립하고자 하는 때에는 5인 이상의 조합원 자격을 가진 자가 발기인이 되어 정관작성과 창립총회의 의결을 거친 후 기획재정부장관에게 인가를 받아야 함

- 사회적협동조합은 설립인가를 받은 날부터 60일 이내에 주된 사무소의 소재지에서 설립등기를 하여야 함

(4) 마을기업

① 근거규정: 마을기업육성사업 시행지침(행정안전부)

② 마을기업의 개념: 지역주민이 각종 지역자원을 활용한 수익사업을 통해 공동의 지역문제를 해결하고, 소득 및 일자리를 창출하며 지역공동체의 이익을 효과적으로 실현하기 위해 설립 운영하는 마을단위의 기업을 말함

③ 설립요건: 지역주민 5인 이상 출자한 법인(농촌지역: 읍면, 도시지역: 구)

④ 신청방법: 기초자치단에 접수 → 광역자치단체 심사 → 행정안전부 지정

⑤ 지원내용: 3년간 최대 1억원을 지원함

〈참고〉 학교사회복지사업

1) 목적

학교가 학생들의 학교 부적응과 학업 미성취의 원인이 된다고 보며, 역기능적인 학교규범과 학교의 상태를 변화시키는 데 목적이 있음

2) 학교사회복지사업 관련모델

(1) 전통적 임상모델

① 학생의 정신적 · 정서적 문제들의 원인이 부모-자식 사이의 갈등과 같은 가족에게 있다고 간주함

② 개입은 학생의 행동을 수정하거나 부모의 특성을 변화시킴으로서 학교에 적응하고 학습기회를 효과적으로 활용할 수 있도록 원조하는 것

(2) 학교변화모델

① 학생들의 학교 부적응과 학업미성취 원인이 학습제도라고 봄

② 개입의 목적은 역기능적인 학교의 규범과 학교상태를 변화시키는 데 있으며 학생의 학업 미성취의 원인으로 보이는 제도적 정책들을 변화시킴

(3) 사회적 상호작용모델

① 문제의 원인은 개인들과 다양한 체계들이 서로 의사소통하고 상호보조하기 위해 행하는 사회적 상호작용에 어려움이 있기 때문

② 학교, 학생, 지역사회 간에 기능적 상호작용을 방해하는 장애를 확인하고 역기능적인 상호작용 유형에 변화를 주고 이를 통해 학교, 학생, 지역사회가 함께 일할 수 있도록 돕는 것을 목적으로 함

(4) 지역사회 학교모델

① 학생들의 문제의 원인이 빈곤을 포함한 지역사회의 사회적 조건과 지역사회의 문화적 차이에 대한 이해부족에 기인한다고 봄

② 지역사회가 학교의 역할을 이해하고 지지하며 학교가 취약지역의 학생들을 위한 프로그램을 개발할 수 있도록 돕는 것을 목적으로 함

제4절 지역사회복지이론

1. 기능주의이론

1) 특성

① 기능주의이론은 한 사회가 존재하기 위해서는 체계마다 각각의 기능이 있고 이런 기능들이 지속적으로 조화를 이루어 균형을 유지하고 있다고 가정함

② 기능주의적 관점은 지역사회의 기능을 생산, 분배, 소비의 기능, 사회화의 기능, 사회통제의 기능, 사회통합의 기능, 상부상조의 기능으로 구분함

③ 사회의 기능을 제한적으로 확대하거나 안정을 위한 구조적 적응을 그 핵심으로 봄

④ 보수적인 입장으로서 균형과 안정 등 점진적이면서 누진적인 변화를 추구함
학자) 콩트, 뒤르켐, 파슨 등

2) 실천에서의 적용

① 기능주의 이론에서는 사회가 다수의 체계로 구성되어 있고 체계를 구성하고 있는 부분들은 상호 연관되어 있으며 각각의 체계는 생존을 위하여 만족되어야 할 욕구가 있다고 봄

② 체계는 균형과 항상성이 깨지거나 위협 받으면 원래대로 돌아가려는 경향이 있다고 봄

③ 사회변화는 점진적으로 이루어진다고 가정하며, 사회의 유지와 균형에 초점을 두기 때문에, 사회유지와 균형을 위한 교육을 강조함

④ 지역사회의 변화나 자원, 권력을 둘러싼 집단 간의 갈등을 설명하는 데 한계를 보일 수밖에 없음

2. 갈등주의이론

1) 특성

① 갈등이론을 최초로 제시한 마르크스(K. Marx)는 사회구조는 근본적으로 경제적 하부구조의 토대 위에 상부구조가 형성되는 것이라고 봄

② 자본주의 사회의 모든 문화적 가치, 신념, 종교, 정치체계, 법률과 제도는 자본가와 노동자 간 경제적 계급구조의 산물이며, 이는 필연적으로 혁명적 계급갈등이 발생시킨다고 주

장하였음

③ 지역사회를 바라보는 갈등주의적 관점은 지역사회의 희소한 자원에 대해 소수의 지배층이 소유하고 지배하려는 경쟁과 투쟁의 장으로 봄

④ 프롤레타리아 계급 혁명을 통해 노동자들의 세계가 확립될 것이라고 주장하였음

⑤ 갈등을 사회의 악으로 보지 않고 사회통합과 발전을 위해서는 그 분열적 요소를 조장하는 것을 그 기능으로 봄

⑥ 갈등을 사회발전의 요인과 사회통합의 관점에서 다루고 있음

2) 실천에서의 적용

① 모든 지역사회에는 갈등, 긴장, 논쟁이 존재하며 지역사회가 변화하는 과정에서 그 갈등과 긴장 및 논쟁은 더욱 첨예화됨

② 갈등을 생산하는 불평등한 구조, 이로부터 파생되는 이해관계, 이해관계의 대립, 그리고 이해관계의 대립이 지역사회에 미치는 영향 등에 대해 더욱 정확히 이해하고 예측하는데 기여함

③ 갈등을 둘러싼 연대와 권력형성의 도구가 될 수 있다는 측면에서 사회행동모델에 유용함

④ 사회구조를 경제적 이해관계의 대립이라는 일원론적 시각에서만 접근하기 때문에 경제외적인 다원적인 측면에서 구성원들이 상호 협력하면서 조화를 이루어가는 지역사회의 실제 모습은 다루지 못한다는 한계를 나타냄

3. 사회체계이론

1) 특성

① 사회체계이론은 지역사회를 하나의 체계로 간주하고 지역사회와 환경 관계를 설명함

② 전체 사회는 크고 작은 하위체계로 구성되어 있고, 이들은 서로 연결되어 있으며, 살아있는 개방체계를 이루고 있음

③ 사회 내의 학교, 병원, 교회, 직장, 군대 등 부분들은 모두 전체 사회체계를 유지하기 위한 기능을 수행하고 있다는 것

④ 지역사회의 목적을 성취하고 성원의 욕구를 만족시키기 위하여 지역사회가 갈등을 처리하고 균형을 유지하며 변화에 대응하는 방식을 알아야 함

2) 실천에서의 적용

① 사회복지사가 지역사회의 문제를 통합적 관점에서 문제의 원인과 해결방안을 다각적으로 연결시켜 주는 도구로 사용될 수 있음

② 지역사회의 문제나 대상 집단의 욕구를 충족하기 위해 거시적 맥락에서 다양한 체계들을 사정할 수 있는 틀을 제공함

③ 하위체계의 문제뿐 아니라 체계 간 상호작용 과정에서 발생하는 문제를 파악하는 데도 유용함

④ 기존의 체계를 이해하고자 하기 때문에 보수적 이론으로 비판받지만 지역사회의 구조와 기능을 설명해 준다는 점에서 활용도가 높은 이론

4. 생태체계이론

1) 특성

① 생태이론은 통합적이고 전체적이며 역동적인 인간-환경 관계에 대한 시각에서 사회를 분석함

② '환경속의 인간' 이라는 사회복지실천의 기본 관점을 반영한 이론으로 문화적 역사적 맥락에서 인간과 환경의 관계를 밝히고 있음

③ 지역사회는 공간을 점유하는 인간집합체로서 경쟁, 중심화, 분산 및 분리 등의 현상이 존재함

④ 환경의 제 요소들과 끊임없이 상호 교류하는 인간의 적응적이고 진화적인 모습을 통해서

⑤ 인간은 하나의 체계로서 환경과 상호 교류하는 존재인 생명이 있는 유기체이며, 상호교류는 인과적 관계나 일방향 관계가 아닌 호혜적이고 순환적인 교환관계에 있음

2) 실천에서의 적용

① 생태이론은 인간과 환경 간의 상호 교류를 설명해 주고 있음

② 지역사회를 환경의 제 요소들과 끊임없이 교류하면서 적응하고 진화해 나가는 하나의 체계로 간주함

③ 지역사회의 위치적 분포 · 관계 · 기능 등의 다양한 측면에서 지역사회가 어떻게 현재의 모습에 이르게 되었는지를 다루고 있음

④ 생태이론의 가장 중요한 특징은 지역사회의 현안과 관련하여 지역사회의 구성요소들이 어떤 환경적 요소들과 상호교류 과정을 통해 현재의 구조를 이루게 되었는지를 설명해 주고, 지역사회의 변화과정을 역동적으로 보여준다는 점

5. 자원동원이론

1) 특성

① 힘 의존이론(power dependency theory)에 영향을 받은 이론으로 자원동원이 조직의 발전에 영향을 미칠 수 있다고 보는 이론

② 사회운동 조직의 성패는 조직원의 충원과 자금 조달, 그리고 적절한 조직구조를 개발할 수 있는 능력에 달려 있다는 점에서 지역사회에서 인적 · 물적 자원들을 이끌어낼 수 있는 환경은 매우 중요함

③ 조직은 구성원들을 모집하고, 자금을 확충하고, 자격 있는 직원을 고용함으로써 발전함

④ 조직은 사회운동을 발전시키기 위하여 회원들을 적극적으로 참여하도록 독려하며 외부체계와의 종속관계를 약화시키기 위하여 회원의 수를 늘려 나감

2) 실천에서의 적용

① 모든 지역사회는 그 지역에 거주하는 주민으로 구성되어 있고, 지역주민이 납부하는 세금 등에 의해 지역사회의 안정이 유지 발전됨

② 지역사회의 인적 · 물적 자원동원이 지역사회 발전에 가장 중요한 요인이라고 보며, 지역사회가 발전하기 위해서는 적합한 지역사회의 자원이 동원되어야 함을 강조함

③ 지역사회에서 자원동원은 지역사회복지 조직의 성장 및 생존과 직결되고, 클라이언트를 위한 서비스 제공과 관련됨

④ 지역사회에서 사회복지사가 자원동원을 하고자 할 경우, 새로운 자원을 창조하기보다는 기존의 자원을 확인해서 이용하거나 잠재적 자원을 재구성해 이용할 수 있음

⑤ 지역사회에 활용 가능한 자원을 확인하고 자원을 이용할 수 있도록 노력해야 하며, 다른 자원들과의 연결도 시도해야 함

6. 교환이론

1) 특성

① 자원의 균형 있는 교환을 통해 지역사회가 발전함을 강조하며 구체적인 자원 배분의 방법들을 제시하는 이론

② 지역사회 내에 내재한 자원의 균형 있는 교환을 통해서 개인이나 집단, 조직, 나아가 지역사회 전체가 발전할 수 있음을 강조함

2) 실천에서의 적용

① 지역사회복지실천 현장은 곧 지역사회 차원에서 중요한 교환자원인 상담, 기부금 재정지원, 정보, 정치권력 등의 교환이 이루어지는 장소

② 교환이 발생되면, 거래관계에 있는 양자는 비용에 대한 이익이나 보상이 극대화될 수 있는 교환을 선택하려고 할 것이며, 교환관계의 단절이나 불균형이 발생할 때 사회문제가 발생할 수 있다고 봄

③ 사회복지공동모금회에 기부자가 재산을 기부한다고 할 때, 되돌아오는 보상(즉, 사회적 지위, 지역사회 개선, 사회적 책무성 실현)은 기부자의 기부액에 정확히 상응하는 수준이 아닐 수도 있음

④ 기부자는 기부를 중단하려고 할 것이며, 지역사회 내에 적절한 사회복지서비스를 위한 자원 부족으로 이어져서 지역사회 문제가 될 수 있음

〈 기출 등 주요 Key Word 〉

O X 문제

01) 자조집단은 특정한 목적을 성취하고 상호간 원조를 위해 형성되는 자발적 소집단이다. (O/X)

02) 사회복지기관 사업의 3대 기능으로 사례관리기능, 지역조직화기능, 서비스제공기능이 있다. (O/X)

03) 지역사회개발모델은 주민의 참여를 바탕으로 지역사회 내 문제를 주민 스스로 해결할 수 있도록 하여 긍정적인 환경을 만드는 것이다. (O/X)

04) 지역사회계획 모델은 소수인종집단, 학생운동, 여성해방 혹은 여권신장운동, 복지권 운동, 소비자보호운동 등에서 주로 사용된다. (O/X)

05) 지역사회개발모델에서 지역복지실천가는 조력자, 조정자, 안내자, 문제해결기술 훈련자의 역할을 담당한다. (O/X)

06) 다문화조직모델(multi-cultural organizing)은 서로 다른 문화집단 간 상호작용과 상호이해를 바탕으로 소수자의 복지 향상을 이룰 수 있다고 본다. (O/X)

07) 지역사회연계모델은 개별적 문제와 지역사회문제의 연계를 통해 문제를 해결해 나가는 것이지 지역주민의 정치력을 핵심적 요소로 보는 것은 아니다. (O/X)

08) 지역사회개발모델은 시민참여와 교육과정을 매우 중요시하며 지역주민 스스로 문제를 해결해 나가는 것이지 클라이언트를 수용, 보호하는 것을 강조하는 것은 아니다. (O/X)

09) 지역자산모델은 지역주민들의 비공식적인 네트워크를 중시하는 것이지 전문가의 역할이 강조되는 것은 아니다. (O/X)

10) 사회복지협의회는 자주적 민간기구로 민간단체가 자치적으로 운영한다. 시, 군, 구 기초자치단체에 사회복지협의회를 설치하는 것도 강행규정이다. (O/X)

Answer **틀린 문제(4, 10) 해설**

04) 사회행동모델은 소수인종집단, 학생운동, 여성해방 혹은 여권신장운동, 복지권 운동, 소비자보호운동 등에서 주로 사용된다.

10) 사회복지협의회는 자주적 민간기구로 민간단체가 자치적으로 운영한다. 시, 군, 구 기초자치단체에 사회복지협의회를 설치하는 것은 임의규정이다.

기출문제

上·中·下

01) 사회경제적 조직에 대한 설명으로 옳지 않은 것은? (2019, 보호직)

① 사회적 경제조직은 사회문제를 해결한다는 사회적 측면과 자생력을 가져야 한다는 경제적 측면이 동시에 고려되어야 한다.

② 사회적 경제조직은 사회적 기업, 협동조합 등이 있다.

③ 사회적 기업이란 정부, 지방자치단체가 출자한 조직이 사회적 기업의 인증을 받아 운영하는 공기업이다.

④ 서구에서는 오래전부터 일을 통한 복지라는 차원에서 관심이 증가하고 있다.

해설

사회적 기업: 취약계층에게 사회서비스 또는 일자리를 제공하거나 지역사회에 공헌함으로써 지역주민의 삶의 질을 높이는 등의 사회적 목적을 추구하면서 재화 및 서비스의 생산 · 판매 등 영업활동을 하는 기업으로서 고용노동부장관의 인증을 받은 자를 말한다(사회적기업육성법 제2조).

〈 정답 ③ 〉

上·中·下

02) 지역사회복지 실천모델에 대한 설명으로 가장 옳은 것은? (2019, 서울시)

① 지역사회복지실천 모델은 사회복지사에게 지역사회 개입방법을 안내하는 역할을 할 수 있다.

② 지역사회개발 모델은 전문가가 지역사회복지의 주도자가 된다.

③ 사회계획 모델은 주민들의 자조(self-helf)를 강조하는 형태이다.

④ 사회행동 모델은 지역사회 내에서 기득권층의 이익을 대표하는 것이다.

해설 오답노트

② 전문가가 지역사회복지의 주도자가 된다고 하는 것은 사회계획모델이다.

③ 주민들의 자조(self-helf)를 강조하는 형태는 지역사회개발모델이다.

④ 사회행동 모델은 지역사회 내에서 소외계층의 이익을 위해 행동한다.

〈 정답 ① 〉

제4편
사회복지기초

제1장 사회복지조사

제1절 사회복지조사의 개요

1. 과학적 방법과 조사연구

1) 과학적 지식의 특징

① 논리적이고 설명적임

② 결과론적 인과성을 갖고 있음

③ 경험적으로 검증이 가능함

④ 간주관성(상호주관성)을 갖고 있음

⑤ 수정이 가능함

⑥ 일반적이며 보편적임

2) 과학적 조사의 논리 **

(1) 연역법(Deduction)

① 17세기 데카르트(R. Descartes)에 의해 제안된 연역주의는 논리적 추론을 통해 일반적인 전제로부터 결론을 유도하는 연역법을 중시함

② 보편적이거나 일반적인 원리나 법칙으로부터 가설을 형성하여 검증함으로써 과학이 발전한다고 주장함

③ 일반적인 이론으로부터 구체적이고 특수한 현상에 대한 기대 또는 가설을 이끌어내는 방법으로 [이론/가설] → [관찰] → [일반화]로 이어지는 논리적 과정

④ 조사의 가치중립성을 강조하는 전통적인 과학적 접근방법

⑤ 연구 주제를 '가설'의 형태로 만들어 실증적으로 증명할 수 있다는 가정에서 출발함

⑥ 분석절차와 방법이 계량적이어야 하고, 이를 위해 통계분석이 필요함

⑦ 일정한 유형이나 규칙성을 객관적인 수준에서 설명하고 임시적인 결론을 내림

(2) 귀납법(Induction)

① 16세기 베이컨(F. Bacon)에 의해 제안된 귀납주의는 많은 수의 특정한 사례를 실험하고 관찰함으로써 특수한 것들로부터 공통적인 것을 찾아내고자 함
② 질적 조사에서는 주관적 세계를 강조함
③ 객관적 현상이란 존재하지 않으며 연구자의 주관이 개입되지 않는 완전히 객관적인 관찰은 존재하지 않는다고 봄
④ 특수한 사실로부터 일반적인 원리를 이끌어 내는 방법으로 선(先)조사 후(後)이론[경험/관찰] → [이론]으로 이어지는 논리적 과정임
⑤ 조사자와 조사대상의 주관적 인지나 느낌, 해석을 모두 타당한 자료로 여김

3) 사회복지조사의 윤리성

① 고지된 동의: 본인이 연구에 대해 충분히 알고 스스로 참여할 수 있는 권리
② 비밀보장: 역구과정에서 알게 된 내용을 연구목적이 아닌 곳에는 공개하지 않음 단, 예외가 있음(생명위협, 법원의 자료 요청 등)
③ 익명성: 연구대상자가 연구에 참여하게 데 있어 신분이 드러나지 않는 것을 의미함
④ 보고의무: 연구에서 얻게 된 정보를 정확하게 보고해야 함

2. 가설(hypothesis)

1) 가설의 개념

① 어떤 사실의 원인을 설명하거나 어떤 이론체계를 연역하기 위해서 가정적으로 설정한 것을 말함
② 검증되지 않은 2개 이상 변수 간의 관계를 검증 가능한 형태로 서술해 놓은 문장
③ 연구주제를 조사 가능하게 구체적으로 세분한 것으로 문제에 대한 잠정적인 해답

2) 가설의 특성

① 2개 이상의 변수가 서로 관계를 나타내고 있어야 함
② 문제를 해결해 줄 수 있어야 함
③ 경험적으로 검증될 수 있어야 함
④ 표현은 간단명료해야 함

⑤ 가능한 한 광범위한 적용범위를 가지고 있어야 함

⑥ 연구문제 및 이론은 논리적으로 연관되어야 함

3) 가설의 유형

(1) 연구가설

① 2개 이상의 변수 간에 차이가 있다고 예측하는 가설

② 이론적으로 도출된 가설로서 검증될 때까지는 잠정적인 해답으로 간주되는 가설

(2) 영가설(귀무가설)

① 2개 이상의 변수 간에 차이가 없다고 예측하는 가설

② 독립변수가 종속변수에 영향을 미치지 않는다고 가정하는 가설

③ 연구가설을 부정하거나 기각하기 위해 설정하는 가설

(3) 대립가설

① 가설과 반대로 가설을 설정하는 것

② 영가설이 기각될 때 채택하기 위해 설정하는 가설

4) 개념적 정의와 조작적 정의 **

(1) 개념적 정의

① 연구대상의 속성, 현상 등의 변수를 개념적으로 정의하는 것

② 용어가 의미하는 바가 추상적이고 주관적임

(2) 조작적 정의

① 추상적인 개념을 실제 현장에서 측정 가능하도록 관찰 가능한 형태로 정의하는 것

② 개념적 정의를 벗어나지 않는 범위 내에서 측정가능하도록 구체화한 것

3. 변수(variable)

1) 변수의 개념

① 변수는 연구하려고 하는 어떤 특성을 말하며, 최소한 두 가지 이상의 다양한 값을 지니고 변화하는 특성이 있음

예) 성별은 변수, 남자 또는 여자는 속성에 해당됨

② 속성에 따라 분류할 수 있거나 다양한 값을 취할 수 있는 어떤 사건이나 사물 · 현상 등을 의미함

2) 변수의 유형 ****

(1) 기능에 의한 분류

○ **독립변수: 다른 변수에 영향을 미치는 원인이 되는 변수로서, 원인변수라고도 함**

예) IQ와 학업성적과의 관계를 연구하고자 할 때, IQ는 독립변수

○ **종속변수: 독립변수의 영향을 받아 일정하게 변화하는 결과를 나타내는 기능을 수행하는 변수로서, 결과변수라고도 함**

예) 담배를 피우는 것은 폐암 발생을 증가시킨다는 가설에서 폐암의 발생여부는 종속변수

○ **자료 분석단계에서의 통제변수: 두 변수 간의 관계에 영향을 미칠 수 있는 제3의 변수를 말함**

예) 학교교육으로 인한 스트레스가 청소년 비행에 영향을 미치는 연구를 한다고 가정할 때, 스트레스에 대한 대처방법을 통제변수로 설정할 수 있음

① 매개변수: 독립변수의 영향을 받아 종속변수에 영향을 주는 변수

예) 가정의 사회경제적 지위는 성취욕구에 영향을 미치고, 성취욕구는 학업성적에 영향을 미친다고 가정할 경우, 성취욕구는 매개변수

② 조절변수: 독립변수와 종속변수 사이를 강화시키거나 약화시키는 등 강도를 조절하기 위한 변수

○ **조사설계 단계에서 통제해야 할 변수**

① 외생변수: 실제로 두 변수 사이에 관계가 없는데도 다른 변수의 영향 때문에 마치 관계가 있는 것처럼 보이는 변수를 말한다. 외생변수는 독립변수와 종속변수의 관계를 대안적으로 설명할 수 있는 제3의 변수

예) 몸이 쑤시면 비가 온다고 할 때 이 둘은 관련성이 없다. '기압'의 영향을 통제할 때 외

생변수는 사라짐

② 억압변수: 상관관계가 있는 두 변수와 관계를 맺고 있는 제3의 변수로서 두 변수의 상관관계가 없는 것처럼 보이게 하는 변수

(2) 속성에 의한 분류

① 명목변수: 변수의 특성을 종류별로 분류하여 속성에 이름만 붙인 변수로 각 특성 간의 우열이나 서열은 비교할 수 없는 변수

예) 성별, 직업, 종교, 혈액형 등

② 서열변수: 명목변수의 모든 특성을 가지고 있는 동시에 서열을 특정할 수 있는 변수

예) 학위, 소득수준, 학급석차, 만족도 등

③ 등간변수: 서열변수의 모든 특성을 가지고 있는 동시에 간격을 알 수 있는 변수

예) 온도, 지능지수, 시험점수 등

④ 비율변수: 등간변수의 모든 특성을 가지고 있는 동시에 절대영점(true zero)을 가지고 이를 기준으로 곱하고 나누는 것이 가능한 변수

예) 무게, 길이, 부피, 빈곤율, 사망률 등

제2절 사회조사방법의 형태 및 절차

1. 조사방법의 형태

1) 조사목적에 따른 분류 ****

(1) 탐색적 조사(Exploratory Research)

① 연구하고자 하는 주제가 새로운 것이거나 그 주제에 대한 자료가 별로 없는 경우, 앞으로 진행될 조사에 앞서 실시하는 조사

② 개념규정, 가설구성 등을 명확히 하기 위해서, 조사를 보다 철저히 수행하기 위해 어떤 조사를 실시해야 하는가를 파악하기 위해서, 연구 분야에서 중요하다고 인정되는 문제에 대한 실태파악을 위해서 실시됨

(2) 기술적 조사(Descriptive Research)

① 어떤 사회현상, 배경, 분포, 관계 등에 대해 자세하게 기술하는 것을 목적으로 함

② 이 조사는 주로 어떤 정책을 결정하는 데 필요한 자료를 얻기 위해 사용함

예) 초등학교에 영어교육을 실시하는 것에 대한 학부모들의 의견 등을 조사할 때 사용함

(3) 설명적 조사(Explanatory Research)

① 기술적 조사결과의 축적을 토대로 해서 사실과의 인과관계를 규명하고자 할 때 주로 사용하기 때문에 이를 '가설검증조사' 라고 부르기도 함

② 이와 같이 어째서 그런 상황들이 존재하며, 그렇게 작용하고 있는가 등을 밝혀내기 위한 조사

예) 학부모들이 왜 영어 조기교육을 찬성하는가 또는 학부모들의 연령, 성별, 사회적 지위 등에 따라 찬성이 차이가 있는가 등을 알아내기 위한 조사라 할 수 있음

2) 조사용도에 의한 분류 ****

(1) 기초조사(Basic Research)

① 사회현상에 대한 기본지식의 탐구를 목적으로 하는 조사

② 이 조사는 사회문제를 해결하는데 직접적인 도움을 주지 않을 수도 있음

예) 청소년 비행이 왜 발생하는가에 대한 연구에서 기능론자들은 사회결속력의 약화(아노미: anomie)가 원인이라는 것을 밝혀냄

(2) 응용조사(Applied Research)

① 특수한 사회문제를 해결하기 위한 정보를 얻는데 있음

② 이 조사는 정부, 병원, 사회복지기관 등에서 정책수립을 위해 많이 사용하고 있음

예) 청소년복지관에서 여름방학 중 청소년을 위해 어떤 프로그램으로 개설하는 것이 좋을지 알아보려는 조사

(3) 평가조사(Evaluation Research)

사회정책이나 제도 등 평가를 통해 사회정책에 대한 제언을 마련하기 위해 실시하는 조사

예) 현행 소년원운영체제가 청소년 범죄 재발방지 기능을 제대로 수행하는지를 알려보려는 조사

3) 시간적 차원의 분류 ****

(1) 횡단적 조사(Cross-Section Research)

조사가 어떤 한 시점에서 이루어지는 것을 말하며, 대부분의 사회조사는 이 횡단적 조사방법을 사용하고 있음

예) 어느 한 시점에서 계층, 연령, 거주지역 등에 따라 정부의 사회복지정책에 차이가 있는지를 알아보려는 조사

(2) 종단적 조사(Longitudinal Research)

① 여러 시간에 걸쳐 사회현상을 조사하는 것

② 복잡하고 비용이 많이 들지만 사회현상의 진행과정이나 변화 등을 연구하는데 사용될 수 있음

- 패널 조사(Panel Study): 동일한 주제와 동일한 응답자에 대해 장기간 반복적으로 면접이나 관찰하는 조사를 말한다. 동일표본반복조사라고도 한다. 조사대상자가 고정되어 있어 변화추세를 확실히 파악할 수 있음 (예: 빈민, 실업자, 장애인 생활실태의 변화 등에 관한 조사)
- 경향조사/ 추세조사(Trend Study): 동일한 주제로 장기간 반복적으로 실시하나 응답자는 매조사마다 동일하지 않음
- 동년배조사/ 동시집단조사/ 동년배집단조사(Cohort Study): 보다 좁고 구체적인 인구집단의 변화를 조사(예: 386세대, n-세대, 베이비 붐 세대 등)

횡단조사와 종단조사의 차이

횡단조사	종단조사
측정이 단 한 번 이루어진다.	반복적으로 측정이 이루어진다.
정태적(일정 시점의 특정 표본이 가지고 있는 특성을 파악)	동태적(일정 기간 변화하는 상황에 대해 조사)
조사대상의 특성에 따라 집단을 분류하여 비교분석하므로 표본의 크기가 크다.	유형에 따라 서로 다른 시점에서 동일 대상자를 추적해 조사해야 하므로 표본의 크기가 작아지게 된다.

(3) 유사종단적 조사(Quasi-longitudinal Research)

반복적으로 조사하기 어려운 경우 횡단적 조사를 통해 종단적인 결과를 얻기 위한 조사방법으로 종단적 조사와 횡단적 조사를 결합한 조사방법이라 할 수 있음

예) 횡단적 조사를 실시하여 각 연령대별로 특정 주제에 대한 의견을 비교 연구함으로써 과거로부터 세대가 진행됨에 따라 주제에 대한 의식이 어떻게 변하는지를 알아볼 수 있음

4) 자료수집 기법의 분류 ***

(1) 양적 조사(Quantitative Research)

수적 표현에 의해 자료를 수집하는 조사를 말하며, 질문지조사, 실험, 내용분석, 기존통계자료 분석 등이 해당됨

① 질문지조사: 질문지를 이용하여 자료를 수집하는 조사를 말하며, 우편조사, 전화조사, 집합조사, 배포조사, 전자조사 등

② 면접: 질문지조사의 한 형태이나 응답자로부터 원하는 정보나 의견, 신념, 태도 등의 표현을 얻기 위하여 서로 대면하여 언어적 상호작용에 의해 자료를 수집한다는 점에서 질문지조사와 차이가 있음

③ 실험: 조사대상에 대한 여러 변수간의 인과관계를 인위적으로 규정하고, 즉 외부변수를 통제하고 독립변수를 조작하여 종속변수를 관찰함으로써 그 인과관계를 파악하는 방법

④ 내용분석: 서적, 신문 등 기존자료를 객관적, 체계적으로 분석하여 어떤 정보를 얻어내는 방법

⑤ 기존통계자료분석: 정부기관이나 기존 연구자료에서 발표된 통계자료를 이용해서 새로운 정보를 얻어 내는 방법

(2) 질적 조사(Qualitative Research)

글, 그림, 녹음, 영사기 등의 질적 표현에 의해 자료를 수집하는 조사를 말하며, 현지조사(관찰), 역사적 방법 등이 해당됨

① 현지조사(관찰): 시각, 청각과 같은 감각기관을 통해 보거나 들어서 현상을 인지하고 자료를 수집하는 방법

② 역사적 방법: 역사적 자료를 이용하여 과거의 어떤 시대의 사회현상이나 사건을 연구하는 조사방법

양적조사/질적 조사의 차이점: 자료수집 성격에 따라

양적 조사	질적 조사
계량적 축소주의적, 결과 지향적	확장주의적, 과정 지향적
정형화된 측정과 척도를 사용	조사자의 준거틀을 사용
조사를 객관적으로 수행	통제되지 않은 자연 상태에서 주관적으로 수행
가설 검증, 사실 확인, 추론 지향	탐색, 발견, 서술 지향
연역법 사용	귀납법 사용
조사결과의 일반화 가능	조사결과의 일반화 어려움.

2. 조사방법의 절차

1) 조사문제의 설정

① 과학적 조사방법의 첫 번째 단계이며, 모든 조사연구는 연구문제를 가지고 출발함

② 연구자는 다루고자 하는 주제, 목적, 중요성, 기여도 등을 논리적으로 정립해야 함

2) 가설의 설정 및 조작화 ***

① 가설: 주제에 대해 어떤 결론을 이끌어 내기 위해 조사 가능한 구체적인 변수 간의 관계로 나타낸 것

② 가설의 구성: 조사 가능한 구체적인 가설로 세분화할 필요가 있는데, 이와 같이 가설을 작성하는 것

③ 조작화: 가설을 설정한 후 가설이 독립변수와 종속변수를 조사해야 하는데, 이들 변수들이 추상적이어서 직접 조사하기가 불가능한 경우에 측정 가능한 대체개념으로 정립하는 것

3) 조사 설계

① 필요한 자료를 수집 및 분석하기 위해 작성하는 설계라 할 수 있음

② 가설을 잘 검증할 수 있도록 마련되어야 하는데, 특히 질문지의 내용이 가설을 적절히 검증할 수 있도록 구성되어야 하며, 신뢰도와 타당도가 검증되어야 함

③ 연구자가 결정해야 할 사항

- 자료수집 방법: 질문지조사, 면접, 실험, 관찰, 내용분석, 2차 자료 분석 등,
- 연구대상 모집단, 표본의 수 및 표본추출방법 등,
- 질문지 작성 및 신뢰도와 타당도의 검증, 분석 시 사용할 통계기법 등

4) 자료수집

① 자료수집이란 연구자가 조사 설계에 의해 자료를 수집하는 단계

② 자료 수집을 위해서는 먼저 조사 설계에 따라 표본을 추출하고, 선정된 자료 수집방법에 의해 자료를 수집함

5) 자료 분석 및 해석

수집된 자료를 정리하여 적절한 통계적 기법을 통해 분석한 후 그 결과를 통해 의미를 찾아내는 단계

6) 보고서(논문) 작성

① 최종 단계는 연구자가 연구결과를 알리기 위해 보고서를 작성하는 단계

② 연구결과를 객관적으로 증명하고, 경험적으로 일반화시키고자 일정한 형식으로 기술하고 하고자 하는 대상자에게 전달하기 위한 보고서를 작성함

〈 기출 등 주요 Key Word 〉

사회조사의 이해

O X 문제

01) 패널조사는 조사대상자를 조사시점마다 따로 선정하여 조사하지만 동류집단조사는 처음부터 끝까지 동일한 대상을 추적하여 조사한다. (O/X)

02) 횡단(cross sectional)조사는 조사대상을 조사시점에서 절단하여 그 안에 작용하는 제변수들을 기술하고 변수들 간의 관계를 주로 연구하는 조사를 말한다. (O/X)

03) 종단적 조사는 하나의 분석대상을 장기간에 걸쳐 일정한 시간적 간격을 두고 반복적으로 여러 차례 측정함으로써 자료를 수집하는 조사방법을 말한다. (O/X)

04) 동년배(cohort) 조사는 특정 하위모집단의 변화를 관찰하기 위한 연구로 매번 모집단과 연구대상이 패널연구처럼 대상자가 동일하다. (O/X)

05) 인과관계의 성립요건에는 공변성, 시간적 우선성, 외생변수 통제, 개방체계전제, 확률적 결론 등이 있다. (O/X)

06) 조작화과정은 조작적 정의를 통해 추상적 개념들을 실증적 경험적으로 측정 가능하도록 구체화하는 과정이다. (O/X)

07) 독립변수는 모든 형태의 척도(명목, 서열, 등간, 비율)가 활용될 수 있다. (O/X)

08) 영가설은 독립변수가 종속변수에 영향을 미치지 않는다고 가정한다. (O/X)

09) 가설이란 둘 이상의 변수들 간의 관계를 예측하는 진술이다. (O/X)

10) 패널조건화(panel conditioning)란 이전의 조사에 참여한 경험으로 인해 현 조사의 응답에 영향을 주는 것을 말한다. (O/X)

Answer **틀린 문제(1, 4) 해설**

01) 동류집단 조사는 조사대상자를 조사시점마다 따로 선정하여 조사하지만 패널조사는 처음부터 끝까지 동일한 대상을 추적하여 조사한다.

04) 동년배(cohort) 조사는 특정 하위모집단의 변화를 관찰하기 위한 연구로 매번 모집단은 동일하지만 연구대상은 패널연구처럼 대상자가 동일한 것은 아니다.

기출문제

上·中·下

01) 종단조사에 대한 설명으로 가장 옳은 것은?

(2019, 서울시)

① 한 시기에 여러 연령집단을 조사하는 방법은 동류집단(cohort)조사이다.

② 동일한 대상을 일정 시차를 두고 추적 조사하는 방법은 패널조사이다.

③ 동류집단 조사는 포괄적인 범위에 속한 인구집단의 변화를 측정하기 위한 조사이다.

④ 동류집단 조사와 패널조사는 조사 대상자 측면에서 동일하다.

해설 오답노트

① 한 시기에 여러 연령집단을 조사하는 방법은 횡단조사이다.
③ 동류집단 조사는 특정한 범위에 속한 인구집단의 변화를 측정하기 위한 조사이다.
④ 동류집단 조사는 조사대상자를 조사시점마다 따로 선정하여 조사하지만 패널조사는 처음부터 끝까지 동일한 대상을 추적하여 조사한다.

〈 정답 ② 〉

上·中·下

02) 다음 설명에 해당하는 조사방법은? (2015, 지방직)

일정 기간 동안 동일한 응답자에게 동일한 주제에 대해 시차를 두고 반복하여 행하는 조사이다.

① 패널(panel)조사

② 설문(survey)조사

③ 횡단(cross sectional)조사

④ 추이(trend)조사

해설

종단적 조사에는 패널연구(panel study)와 타임시리즈 조사(time series research)로 나눌 수 있다.

보충노트

- 패널(panel)조사: 동일한 조사대상으로부터 복수의 시점에서 정보를 얻는 방법이다.
- 설문(survey)조사: 조사대상자에게 질문을 하고, 그 결과를 통합하여 조사목적을 달성하려는 방법을 말한다.
- 횡단(cross sectional)조사: 조사대상을 조사시점에서 절단하여 그 안에 작용하는 제변수들을 기술하고 변수들 간의 관계를 주로 연구하는 조사를 말한다.
- 추이(trend)조사: 시간의 흐름에 따른 집단의 변화를 관찰하기 위한 조사로 이를 통해 미래를 예측하기 위한 목적으로 사용되며 조사를 한다.

〈 정답 ① 〉

제3절 사회복지조사의 설계

1. 측정과 척도의 개념

1) 측정의 개념

① 측정이란 추상적인 개념을 경험적으로 검증하기 위한 작업

② 측정이란 일정한 규칙에 따라 대상에 수치나 기호 등을 부여하는 과정

2) 척도의 개념

① 척도는 측정을 위한 도구

② 척도는 사물의 속성을 재는 측정의 단위

③ 측정의 신뢰도와 타당도를 높이기 위해 척도를 사용함

3) 척도 구성 시 고려할 사항

① 척도에서 분류된 범주는 다른 범주와의 관계에서는 상호배타적이어야 하며, 같은 범주 안에서는 포괄적이어야 함

② 응답범주들이 응답 가능한 상황들을 모두 포함하고 있어야 함

③ 응답범주들이 논리적 연관성을 가지고 있어야 함

④ 척도의 문항들 간에는 서로 내적 일관성을 가지고 있어야 함

2. 척도의 유형

1) **명목척도**(nominal scale)

① 단순히 분류하기 위해서 측정대상의 속성에 부호나 수치를 부여하는 것

② 부여된 숫자의 크기는 아무런 의미가 없고 단지 그 대상의 특징의 차이를 의미할 뿐임

예) 성별, 주민번호, 우편번호, 결혼여부 등

2) **서열척도**(ordinal scale)

① 측정대상을 그 속성에 따른 분류뿐만 아니라 서열이나 순위도 매길 수 있도록 수치를 부

여하는 것

② 숫자 자체는 의미를 가지나 간격이나 비율이 의미를 가지지 못하는 측정단위

예) 학급석차, 선호도, 학력 등

3) **등간척도**(interval scale)

① 측정대상을 속성에 따라 서열화하는 것은 물론 서열간의 간격이 동일하도록 수치를 부여하는 측정

② 측정된 숫자 자체와 숫자의 차이는 의미를 가지나 숫자의 비율은 의미를 갖지 못하는 측정단위

예) 온도, IQ 점수, 시험점수, 학년 등

4) **비율척도**(ratio scale)

① 측정된 숫자와 그 간격이 의미를 가질 뿐만 아니라 숫자의 비율마저도 의미를 가지는 측정단위

② 측정대상의 속성에 절대적 영점을 가진 척도를 가지고 수치를 부여하는 것

③ 한 측정대상이 가지는 값이 다른 대상의 값보다 몇 배나 큰 것인가 하는 것을 표시할 수 있는 척도

예) 연령, 무게, 키, 수입, 출생율, 사망률, 이혼율 등

5) **리커트 척도**(Likert scale)

① 리커트(Likert)에 의해 개발된 것으로 총화평정척도라고 부르기도 함

② 어떤 변수를 측정하고자 할 때, 한 문항만으로 불충분하며, 적절하게 선택되고 분석된 일련의 다수 문항들로 척도를 구성할 때 변수를 보다 정확하게 측정해 낼 수 있음

③ 장점

- 판단자를 따로 쓰지 않아도 피조사자의 응답만으로 문항분석이 충분함
- 조사하고자 하는 대상 또는 사회현상에 대해 많은 질문항목을 한데 묶어서 척도를 만들기 때문에 좀 더 정확하게 현상을 측정할 수 있음
- 척도 구성 시 시간과 비용이 절감되며, 신뢰도와 타당도를 확보할 수 있음

④ 단점

- 리커트 척도에 의해 얻어진 총점을 등간변수로 취급하는 경우가 많은데 이런 경우 척

도 간격이 엄격하게 유지될지 어려움,

- 대부분의 척도에 의해 해당되는 것과 같이 문항분석의 절차는 기술적인 수준에서 내적 일관성을 다루는 것이지 이론적 타당성까지 검증하는 것은 아님

6) **커트만 척도**(Guttman scale)

① 단일차원적인 특성이나 태도 및 현상 등을 측정하기 위해 강도에 따라 서열화된 방법

② 척도를 구성하는 문항들이 일관성 있게 서열을 이루고, 단일 차원적이고, 예측성이 있으며, 경험적 측면을 기초로 척도가 구성됨으로써 이론적으로 우월하다는 장점이 있음

③ 두 개 이상의 변수를 동시에 측정하는 다차원적인 척도로써 사용되기 어렵다는 단점이 있음

7) **서스톤 척도**(Thurstone scale)

① 어떤 대상에 대한 가능한 많은 설명을 문항으로 만들어 놓고 각 문항이 척도상의 어디에 위치할 것인가를 평가자들로 하여금 판단케 함

② 이를 바탕으로 연구자가 대표적인 문항들을 선정하여 척도를 구성하는 척도

8) **보가더스의 사회적 거리척도**(social distance scale)

① 보가더스가 처음 개발한 것으로 인종 및 민족, 사회계급, 직업형태, 사회적 가치 등에 대한 거리감을 측정하는 데 많이 사용됨

② 소수민족, 사회계급 등에 대한 사회적 거리감의 정도를 측정하기 위해 하나의 연속성을 가진 문항들로 구성된 척도

3. 측정의 신뢰도와 타당도

1) **신뢰도**(Reliability) ****

(1) 신뢰도의 개념

① 개발된 측정도구가 측정하고자 하는 현상을 일관되게 측정하는 능력을 말함

② 동일한 대상에 대해 여러 번 반복 시행했을 때 동일한 결과를 얻을 수 있는 정도로 일관성 또는 안정성을 의미함

③ 오차가 적으면 적을수록 신뢰도는 높아지고, 오차가 많으면 많을수록 신뢰도는 낮음

(2) 신뢰도의 종류

○ 검사-재검사 신뢰도

① 동일검사를 동일인에게 다른 시간에 반복 실시하여 얻은 점수들 간의 상관계수(안정성계수)를 통하여 산출한 신뢰도를 말함

② 영향을 미치는 요인: 이월효과(연습 및 기억효과), 수검자의 속성변화, 검사환경의 변화, 검사의 시간간격(반응민감성효과) 등

○ 동형검사신뢰도(대안법)

① 한 사람에게 어떤 검사를 실시하고, 그 검사와 같은 속성을 측정하면서 이미 신뢰성이 입증된 또 다른 검사를 실시하여 두 점수간의 상관계수(동등성 계수)를 구하여 산출한 신뢰도를 말함

② 영향을 미치는 요인: 이월효과, 수검자의 속성변화, 검사환경의 변화, 난이도의 차이, 신규 동형검사 제작의 어려움 등

○ 반분신뢰도(내적일관성 신뢰도)

① 검사도구를 구성하고 있는 문항들을 임의로 반으로 나누어 각각을 하나의 검사로 해서 측정한 점수들 간의 상관계수(동질성 계수)를 구하여 산출한 신뢰도를 말함

② 검사를 두 번 실시하지 않고 한번 실시해서 신뢰도를 추정함

③ 반분하는 방법: 전후반분법, 기우반분법, 임의반분법 등

○ 문항내적 합치도

검사지 내에 있는 문항 하나하나를 각각 독립된 별개의 검사로 생각하여 문항들 간 득점의 일관성을 상관계수로 표시한 신뢰도

(3) 신뢰도 계수에 영향을 주는 요인

① 문항의 수, ② 문항에 대한 반응 수(답지 수), ③ 문항의 난이도, ④ 검사유형, ⑤ 문항의 동질성 여부, ⑥ 신뢰도 계산방법, ⑦ 개인차 등

2) 타당도(Validity) ****

(1) 타당도의 개념

측정도구로서 측정하고자 의도한 것을 실제 얼마나 정확하게 측정하였는가의 정도를 말함

(2) 내적 타당도의 종류

○ **내용타당도**(Content Validity): **액면타당도**

① 측정문항들이 측정하고자 하는 내용을 포함하고 있는지를 전문가가 판단함

② 특정 도구의 대표성 또는 표본 문항의 적절성을 의미함

③ 장점: 주관적 판단에 의존하기 때문에 적용하기 쉽고 시간이 단축됨

④ 단점: 통계적 검증이 어렵고 객관성을 확보하기 어려움

○ **준거타당도(기준타당도,** Criterion Validity)

새로운 척도를 사용하여 측정한 결과가 기존의 척도(준거)를 사용한 측정결과와 상관관계가 높을 때 새로운 척도가 기준 타당도를 갖는다고 할 수 있음, 어떤 검사가 특정 준거와 어느 정도 연관성이 있는지를 나타내는 타당도

① 예측타당도(Predictive Validity): 현재의 상태로부터 미래의 차이를 예측해 내는 정도를 말함 즉, 현재가 아닌 미래 어느 시점에서 어떤 속성 면에서 차이가 날지를 가려낼 수 있는지의 문제 예) 다가오는 선거에서 어떤 사람이 투표할 것인가를 예측하기 위한 측정에서 얻어진 점수는 실제의 투표 행위와 비교하여 검증이 가능함

② 동시타당도(Concurrent Validity): 측정도구가 현재의 어떤 속성 면에서 상이한 두 대상을 판별해 내는 정도를 말한다. 즉, 어떤 속성 면에서 현재의 의미 있는 차이를 가려 낼 수 있는지의 문제

③ 준거타당도에 영향을 미치는 요인으로는 범위제한, 표집오차, 준거측정치의 신뢰도와 타당도 등

○ **구성타당도(개념타당도)**

여타 관련을 맺고 있는 개념이나 가정을 토대로 하여 그 개념의 전반적인 이론적 틀 속에서 측정도구의 타당성을 경험적으로 평가하는 방법으로 척도가 기대되는 방향이나 노선에 얼마나 잘 구별되는냐에 따라 구성타당도가 있느냐가 결정됨

① 이해타당도(Nomological Validity): 측정도구가 특정 구성개념을 이론적 구성도에 따라 체계적 논리적으로 이해하고 있는 정도를 의미함

예) 지능: 창조력, 문제를 푸는 능력, 판단력, 순간적인 대처능력 등으로 다양하게 정의될 수 있음

② 수렴타당도(Convergent Validity): 동일한 개념을 측정하기 위해 서로 다른 두 가지 방법을 개발하여 측정하는 경우 측정결과간의 상관관계가 높을 경우 수렴타당도가 높다고 볼 수 있음

예) 문제 푸는 능력의 측정을 위한 두 가지 도구를 개발했다. 즉, 선생님의 질문에 대답하는 것과 시험 문제지를 통한 측정결과 두 방법의 상관관계가 높게 나왔다면, 수렴타당도가 높다고 말할 수 있음

③ 판별타당도(Discriminant Validity): 서로 다른 개념을 측정했을 때 얻어진 측정치들 간에는 상관관계가 낮아야함을 의미함 예) 문제 푸는 능력과 창조력이라는 서로 다른 개념을 같은 측정방법으로 측정했을 때 결과의 상관관계수가 낮게 나왔다면 판별타당도는 높다고 할 수 있음

④ 요인분석(Factor Analysis): 구성타당도를 검증하는 가장 잘 알려진 방법으로 척도의 개별 항목이 통계적으로 서로 연관된 그룹을 만들어 상관관계를 분석하는 방법

- 요인 내의 항목들 간 서로 상관관계가 높으면 수렴타당도가 높다고 할 수 있는 반면, 각 요인 간에는 상관관계가 매우 낮거나 없으면 판별타당도가 높다고 할 수 있음

4. 측정의 오류

1) 체계적 오류

체계적 오류(Systematic Error)는 변수에 일정하게 체계적으로 영향을 주어 측정결과가 모두 높아지거나 낮아지게 되는 편향된 경향을 보이는 오류로서 다음과 같은 유형이 있음

(1) 인구통계학적, 사회경제적 특성으로 인한 오류

성별, 학력, 소득, 종교, 직업, 인종, 사회적 지위, 문화 등과 같이 인구통계학적 또는 사회경제적인 특성으로 인해 일정한 방향으로 오류가 나타나는 경향을 말함

(2) 개인적 성향으로 인한 오류

개인적 성향에 의한 것으로 무조건 긍정적이거나 부정적이거나 중립적인 개인적인 성향에 따라 나타나는 오류

2) 비체계적 오류

(1) 무작위적 오류(Random Error)의 종류

① 측정자로 인한 오류: 건강, 사명감, 기분, 관심사 등과 같은 신체적, 정신적 요인

② 측정대상자로 인한 오류: 긴장, 피로, 불안 등과 같은 신체적, 정신적 요인

③ 측정상황적 요인으로 인한 오류: 측정장소, 측정시간, 좌석배열, 소음, 조명 등

④ 측정도구로 인한 오류: 측정도구에 대한 사전 교육이 충분하지 않을 때

(2) 무작위적 오류를 줄이는 방법

① 측정도구의 내용을 명확하게 함

② 측정항목수를 가능한 한 늘림

③ 측정자들의 측정방식이나 태도에 일관성이 있어야 함

④ 조사대상자가 잘 모르거나 관심이 없는 내용에 대해서는 측정을 하지 않음

⑤ 동일한 질문이나 유사한 질문을 2회 이상 제기하여 일관성 있는 응답을 유도함

⑥ 신뢰할 수 있는 측정도구를 사용함

⑦ 측정자에게 측정도구에 대한 교육과 훈련을 통해 사전준비를 철저히 함

신뢰도와 타당도와의 관계

척도가 신뢰할 만하다는 것은 같은 조건하에서 반복하여 실행하였을 때 같은 결과가 나오게 된다는 것이다. 척도가 타당하다는 것은 측정하고자 하는 것을 정확히 측정하는 것을 의미한다.

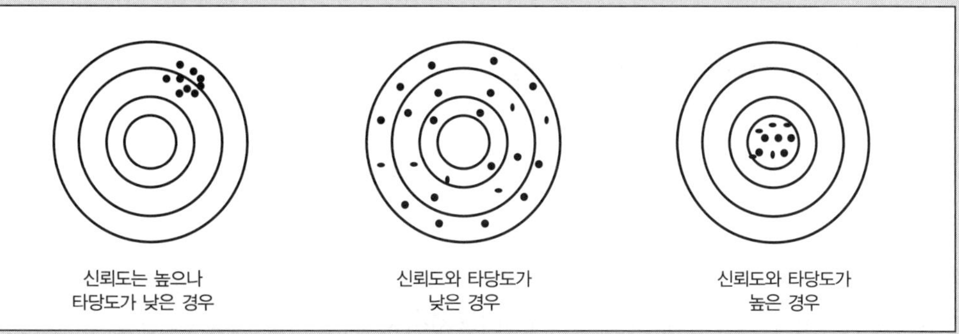

- 신뢰도는 타당도의 필요조건이지 충분조건은 아니다.
- 타당도가 높으면 신뢰도는 높다.
- 신뢰도가 높다고 타당도가 반드시 높은 것은 아니다.
- 타당도가 낮아도 신뢰도는 높을 수 있지만, 신뢰도가 낮으면 타당도는 반드시 낮다.
- 타당도는 체계적 오류와 신뢰도는 비체계적 오류와 관련이 깊다.

5. 표본설계 및 표집방법

1) 표본설계

(1) 표본의 개념

① 모집단의 모든 인원을 서베이하거나 관찰하는 것은 시간과 비용상 불가능한 경우가 많음

② 전체 모집단 중에서 대표할 수 있는 일부를 뽑아 서베이 또는 관찰을 하게 되는데 이것을 표본이라 하고, 이러한 과정을 표본추출 또는 표집이라고 함

(2) 표본설계 절차

① 모집단 확정

② 포집틀 선정

③ 표집방법 결정

④ 표본크기 결정

⑤ 표본 추출

2) 표집 방법

표집(표본추출)이란 모집단으로부터 일부 조사대상을 표본으로 선택하는 과정을 말하며, 표본에 대한 자료를 바탕으로 모집단 전체의 특성을 추정하게 됨

(1) 확률표집(non-Probability sampling)

○ 개념

각각의 사례가 모집단으로부터 표본으로 추출될 확률을 알 수 있는 표집방법

○ 장점

① 확률표집은 비확률표집에 비해 보다 더 대표성이 있는 표본을 얻을 수 있음

② 확률표집에 의한 표본은 조사자가 신뢰수준에 따른 표본오차를 계산할 수 있음

○ 확률표집의 유형

① 단순무작위표집: 아무런 의식적 조작 없이 표본을 추출하는 방법인데, 이 경우 모집단의 각 사례는 표본으로 선택되는 데 동등한 기회를 가지고 있음

② 계통적(체계적)표집: 모집단의 구성이 특별한 순서 없이 배열되어 있다는 것을 전제로 동일한 간격으로 표집하는 방식을 말함, 모집단의 목록에서 매 K번째의 사례를 추출하여 형성한 표집

③ 층화(유층)표집: 모집단을 보다 동질적인 몇 개의 층으로 나누고, 이러한 층으로부터 단순무작위표집 또는 계통적 표집을 하는 방법

④ 집락(군집)표집: 모집단을 집단 내에 특질이 다른 여러 개의 하위집단으로 나누고 하위집단을 단위로 표집하는 방식

(2) 비확률표집(Probability sampling)

○ **개념**

① 비확률표집은 모집단의 각각의 사례가 표본으로 추출될 확률을 알지 못하는 경우

② 모집단 자체의 범위를 한정할 수 없는 경우

③ 모집단의 한계가 분명하더라도 목록을 구할 수 없거나 작성할 수 없는 경우

④ 확률표집보다 정밀성이 낮고 표본오차를 구하기 어려움

○ **비확률표집의 유형**

① 할당표집: 모집단을 일정한 카테고리로 나눈 다음 이들 카테고리에서 표본을 작위적으로 추출하는 방법

② 임의표집: 표본을 선정할 때 조사자의 임의대로 사례를 추출하는 방법

③ 유의표집: 조사자의 판단에 의해 또는 조사목적에 의해 표집을 선정하는 방법

④ 눈덩이표집: 연구에 필요한 소수의 사례를 찾고 그 표본을 통해서 다른 사람을 추천받아 점차로 표본수를 늘려가는 표집방법

제4절 조사설계의 유형

1. 실험설계

1) 실험설계의 개념 ***

(1) 실험의 의의

① 실험은 조사대상에 대한 여러 변수 간의 인과관계를 인위적으로 규정하여 조작된 변수의 효과를 파악하는 방법
② 외부변수를 통제하고, 독립변수를 조작하여 종속변수를 관찰함으로써 그 인과관계를 파악하는 방법

(2) 실험설계의 구분

① 실험설계란 실험으로부터 기대되는 정확한 결과를 얻기 위해 관계되는 여러 변수를 통제하여 서로 일정하게 관련시키는 계획과 구조를 말함
② 실험설계는 이상적인 순수실험설계와 완전한 실험설계의 조건을 구비하지 못하고 있는 유사실험설계(준 실험설계)로 구분할 수 있음

(3) 인과관계 성립조건

① 시간적 우선성: 원인이 결과보다 시간적으로 우선해야 하며 이의 확인을 위해 독립변수의 조작이 가능해야 함
② 공변성(가변성, covariation): 두 변수가 경험적으로 상관관계(공변관계)가 있어야 하며 이를 확인하기 위해서는 비교의 구조가 갖춰져야 함
③ 통제(외부영향력의 배제): 독립변수로 인해 종속변수에 변화가 발생했다는 점을 확인하기 위해 외생변수의 통제가 가능해야 함

(4) 실험설계의 타당도

○ **내적타당도**(Internal Validity)

연구결과가 독립변수(실험변수)의 변화 때문에 발생했는지의 여부를 정확하게 기술하고 있다고 확신하는 정도를 의미함

○ **외적타당도**(External Validity)

어떤 연구에서 기술된 인과관계가 그 연구조건을 넘어서서 일반화될 수 있는 정도를 의미함, 즉 조사의 결과를 보다 많은 상황과 사람들에게 적용시킬 수 있는 정도를 말함

2) 실험설계 시 고려 사항: 타당도 저해요인 ***

(1) 의의

① 실험설계 시 고려해야 할 사항은 타당도를 높이는 것이 중요함

② 실험을 통해 얻고자하는 것을 정확히 얻을 수 있도록 실험을 설계해야 함

③ 실험설계의 내적 타당도란 실험적 처리가 실제로 의미 있는 차이를 가져왔는가를 나타내는 것이며, 외적 타당도는 실험에 의해 얻어진 결과를 어느 정도 일반화할 수 있는가를 나타내는 것임

(2) 내적타당도 저해요인과 통제방법

○ 내적 타당도 저해요인

① 성장요인: 연구 중 시간의 흐름 때문에 발생하는 조사대상 집단의 특성의 변화

② 우연한 사건: 연구 중 결과변수에 영향을 미칠 수 있는 통제 불가능한 사건

③ 선택의 편의: 실험집단과 통제집단이 선발할 때 두 집단 간 동질성의 결여로 나타난 편차 현상

④ 도구요인: 측정도구의 변화로 인하여 실험에서 얻은 측정치에 변화가 발생함

⑤ 검사요인: 사전검사를 받은 경험이 사후검사에 주는 영향

⑥ 통계적 회귀: 어떤 극단적인 사례 또는 개인을 선정할 때 발생하는 오류

⑦ 실험대상자 상실: 실험집단 또는 통제집단의 피험자가 중도에 탈락하는 현상

(3) 외적타당도 저해요인

① 표본의 대표성: 표본이 모집단을 잘 대표할 수 없을 때 실험결과를 일반화하는 데 문제가 있다는 의미

② 생태적 대표성: 실험자체의 인위성으로 인해 그 결과가 적용되는 현실 상황은 다르기 때문에 일반화하는 데는 어려움이 있음

③ 실험적 처리의 일반성: 실험적 처리가 일반성을 갖지 못할 때에는 그 결과를 일반화하기 어려움

④ 반응효과: 대상자가 실험에 참여한다는 것을 의식하여 연구자가 원하는 방향으로 반응을 보인다면 일반화의 정도가 낮음

⑤ 플라시보효과(placebo effect): 대상자가 어떤 특별한 관심을 받고 있다고 인식하게 되면 스스로 반응해서 변화를 불러일으키는 것으로 이러한 경우 일반화의 정도가 낮음

2. 실험설계의 유형

1) 순수실험설계(진실험설계) ***

(1) 순수실험설계의 개념

① 실험설계는 연구에 사용되는 독립변수를 조작하여 그 조작의 결과가 종속변수에 어떠한 영향을 미치는가를 평가하는 방법

② 실험설계의 목적은 인과관계를 규명하여 앞으로의 사건을 예측하는 것

(2) 순수실험설계의 기본특성

① 비교: 공동변화를 입증하기 위해 실험집단과 통제집단의 비교

② 조작: 독립변수의 시간적 우선성을 입증하기 위한 독립변수의 조작

③ 무작위 할당: 실험집단과 통제집단을 무작위 할당하여 동질화함

(3) 순수실험설계의 유형

① 통제집단 전후설계: 실험집단에는 X라는 실험변수를 처리하고, 통제집단에는 그것을 처리하지 않고서 두 집단 간의 차이를 전후 비교해서 얻은 결과를 다시 비교하는 방법

② 통제집단 후 설계: 실험 전 검사는 하지 않고 난선화된 두 집단 중 하나에는 실험적 처리를 가하고, 다른 하나에는 그것을 가하지 않고 그 결과만을 서로 비교하는 방법

③ 솔로몬 4집단 설계: 통제집단 전후비교와 통제집단 후비교를 조합한 형태로서 양자가 지닌 약점을 보충하려고, 솔로몬(Solomon) 사람이 만든 방법

2) 유사실험설계(준 실험설계) ***

(1) 유사실험설계의 개념

① 순수실험설계의 요건을 완전히 갖추고 있지 못한 설계로서 실험설계와 비슷한 설계라 하여 의사(擬似)실험설계 또는 준 실험설계라고도 함

② 순수실험설계에 비해 내적 타당도는 떨어지지만 외적 타당도는 높은 경우가 많아 일반화가 용이하기 때문에 많이 사용하고 있음

(2) 유사실험설계의 유형

① 단순시계열 설계

- 통제집단을 별도로 두지 않고 그 대신 실험처치로 인한 효과확인을 위해 동일집단 내 여러 번에 걸처 실시된 사전사후검사 점수를 비교함
- 종속변수의 변화가 우연한 사건들의 영향을 받았을 가능성을 배제하지 못함

② 복수시계열 설계

- 단순시계열 설계의 우연한 사건 등에 의한 내적 타당도의 문제점을 개선하기 위해 단순 시계열 설계에 통제집단을 추가한 것
- 비슷한 특성을 지닌 두 집단을 선택하여 실험집단에 대해서는 실험변수를 도입하기 전에 여러 번 관찰하고, 실험변수를 도입한 후 다시 여러 번 관찰함

③ 비동일 통제집단 설계

- 실험조사 설계의 통제집단 사전사후 설계와 유사하지만 단지 무작위 할당에 의해 실험집단과 통제집단이 선택되지 않는 점이 다름
- 실험집단과 통제집단이 무작위로 배치되지 않았기 때문에 두 집단의 초기상태가 동일하지 않을 가능성이 큼

제5절 자료수집

1. 조사자 기입방식에 따른 분류

1) 면접조사

(1) 개념

① 면접자가 응답자와 서로 대면하여 실시하는 방법

② 이러한 면접은 신뢰관계가 형성되어야 정확한 자료를 얻을 수 있기 때문에 상호관계가 중요함

(2) 장점

① 면접자의 높은 응답률을 얻을 수 있음

② 반응의 진실성 여부를 확인할 수 있음

③ 문장이해력이 낮은 사람에게도 가능함

④ 심도 있는 자료수집이 가능하고 융통성 있게 조사를 진행할 수 있음

(3) 단점

① 조사비용과 조사시간이 많이 소요됨

② 익명성이 결여되어 응답자의 정확한 응답을 획득하기 어려움

③ 면접자의 기분이나 상황에 의해 응답자의 응답을 잘못 기록할 수 있음

2) 전화조사

(1) 개념

① 자료수집에서 준 대면적 방법을 사용하는 것을 특징으로 함

② 우편설문보다 높은 응답률을 보장할 수 있음

(2) 장점

① 대인면접보다 경제적으로 저렴함

② 우편조사에 비해 대상자를 선정하기가 간편함

③ 상대적인 익명성이 보장되며, 어떤 이슈에 대해 신속하게 이루어질 수 있음

(3) 단점

① 응답상황에 대한 통제가 어려움

② 대인면접에 비해 조사내용의 분량이 제한되어 있음

③ 대표성의 문제가 발생함

④ 응답자의 표정이나 주변 상황 등을 직접 확인할 수 없음

3) 관찰조사

(1) 개념

① 관찰은 조사연구에서 필요한 자료를 보거나 들어서 간접적으로 수집하는 방법

② 관찰은 인간의 감각기관을 매개로 비언어적인 행동과 외부의 현상을 인식하게 됨

(2) 장점

① 대상자의 행동을 직접 현장에서 포착할 수 있음

② 대상자가 구두표현의 능력이 없는 경우 적합함

③ 대상자가 면접을 거부하거나 비협조적인 경우도 가능함

④ 대상자에게 질문을 통해 자료를 얻을 수 없을 때도 가능함

(3) 단점

① 대상자의 행위를 포착하기 위해 끝까지 기다려야 함

② 대상자의 사적 문제는 관찰로써 불가능함

③ 조사자의 감각이 제한적이어서 모든 것을 관찰하지 못함

④ 관찰 시 시간과 경비가 많이 소요됨

2. 조사대상자 기입방식에 따른 분류

1) 우편조사(설문지조사)

(1) 개념

① 우편을 통해 설문지를 전달하여 대상자가 응답하도록 하는 방법

② 이 방법은 조사와 응답자가 비대면적 관계를 통해 자료를 수집함

(2) 장점

① 면접원 교육, 교통비, 식비 등이 전반적으로 비용이 적게 소요됨

② 연구자 및 조사자의 편견에 의한 오류가 감소됨

③ 설문 응답자들은 자신들의 익명성이 보장됨

④ 응답자가 충분한 시간적 여유를 가지고 응답할 수 있도록 함

⑤ 면접조사에서 쉽게 접근할 수 없는 대상을 포함시킬 수 있음

(3) 단점

① 가장 심각한 단점은 회수율이 낮음

② 반응의 진실성을 확인할 수 없음

③ 문장이해력과 표현능력이 낮은 사람에게는 사용하기가 어려움

2) 인터넷 조사(전자 조사법)

(1) 개념

① 홈페이지에 질문을 하고 조사 대상자들로 하여금 응답하게 하는 방식

② 대상자들에게 메일을 보내 질문에 응답하게 하고 반송하게 하는 방식

(2) 장점

① 다른 조사 방법들에 비해 광범위한 지역을 대상으로 조사할 수 있음

② 시간이나 공간의 제약이 없으며, 적은 비용으로 신속하게 조사할 수 있음

(3) 단점

① 컴퓨터를 사용하는 조사대상자들에게만 조사가 가능함

② 읽지 않거나 버리거나 스팸메일로 분류하여 회수율이 낮음

〈 기출 등 주요 Key Word 〉

사회조사의 설계/ 자료수집

O X 문제

01) 실험설계는 내적 타당도는 높으나 외적타당도가 낮다. (O/X)

02) 유사실험설계는 실험집단을 임의적으로 선정해서 이질적으로 구성하는 설계방법이다. (O/X)

03) 다수의 항목으로 측정하고 여러 문항을 하나의 척도로 사용하는 척도를 커트만 척도라고 한다. (O/X)

04) 신뢰도란 측정도구가 측정하고자 하는 현상을 일관되게 측정하는 능력을 말한다. (O/X)

05) 타당도란 측정도구로서 측정하고자 의도한 것을 실제 얼마나 정확하게 측정하였는가의 정도를 말한다. (O/X)

06) 집락표집은 모집단을 집단 내의 특징이 같은 여러 개의 하위 집단으로 나누고, 각 하위집단으로부터 무선표집하는 방법이다. (O/X)

07) 외적 타당도의 핵심이 인과관계라면 내적 타당도의 핵심은 일반화이다. (O/X)

08) 동일 대상에게 시기만 달리하여 동일 측정도구로 조사한 결과를 비교하는 신뢰도 측정법은 검사-재검사법에 해당된다. (O/X)

09) 표집오차는 모집단의 모수와 표본의 통계치 간의 차이이다. (O/X)

10) 외적 타당도를 높이는 중요한 전략 중 하나는 연구를 반복적으로 실시하여 결과를 축적하는 것이다. (O/X)

Answer **틀린 문제(3, 6, 7) 해설**

03) 다수의 항목으로 측정하고 여러 문항을 하나의 척도로 사용하는 척도를 리커트 척도(Likert scale)라고 한다.

06) 층화표집은 모집단을 집단 내의 특징이 같은 여러 개의 하위 집단으로 나누고, 각 하위집단으로부터 무선표집하는 방법이다.

07) 내적 타당도의 핵심이 인과관계라면 외적 타당도의 핵심은 일반화이다.

기출문제

上·中·下

01) 사회복지조사에서 측정의 신뢰도를 높이는 방법으로 옳지 않은 것은?

(2019, 보호직)

① 표준화된 측정도구를 사용한다.

② 응답자가 무관심하거나 잘 모르는 내용은 측정하지 않는 것이 좋다.

③ 측정항목(하위변수)수를 줄이고 항목의 선택범위(값)는 좁히는 것이 좋다.

④ 측정항목의 모호성을 줄이고 되도록 구체화하여 일관된 측정이 가능케 한다.

해설

측정항목(하위변수) 수가 많을수록 신뢰도는 높아지며, 항목의 선택범위(값)도 넓을수록 신뢰도는 높아진다.

〈 정답 ③ 〉

上·中·下

02) 신뢰도와 타당도에 대한 설명으로 가장 옳은 것은? (2019, 서울시)

① 신뢰도에 대해 질적 연구자와 양적 연구자는 다르게 접근한다.

② 좋은 척도는 100%의 신뢰도를 가질 수 있다.

③ 신뢰도와 타당도는 상관성이 없다.

④ 신뢰도가 높으면 타당도도 항상 높다.

해설 오답노트

② 좋은 척도라도 100%의 신뢰도를 가질 수는 없다.

③ 신뢰도와 타당도는 상관성이 있으며, 신뢰도는 타당도의 필요조건이다.

④ 신뢰도가 높다고 타당도가 항상 높은 것은 아니다. 신뢰도는 타당도의 충분조건이 아니다.

〈 정답 ① 〉

제2장 인간행동과 사회 환경

제1절 인간의 성장과 발달

1. 인간발달의 개념

1) 인간발달의 의의

① 인간발달은 대개 개인의 상승적 변화를 의미하며, 인간이 수정에서부터 죽음에 이르기까지 시간의 경과에 따라 발생하는 규칙적이고 연속적인 변화인 것

② 인간 발달은 생물학적 환경적 영향으로 인하여 인간의 구조, 사고 또는 행동이 전 생애를 통하여 지속적으로 변화하는 것

③ 인간발달이란 인간이 전 생애 동안 성장, 성숙, 학습 및 사회화를 통해서 신체적 심리적 사회적 문화적 측면에서 양적으로나 질적으로 연속적 상승적으로 변화하는 것

2) 인간발달의 원리 **

① 연속성: 인간발달은 어느 시기에 특정한 부분이 급격히 이루어지기도 하지만 그 시기 이후에 중지되는 것은 아니며 계속적으로 나타나는 점진적이고 연속적인 변화과정인 것

② 순서: 인간발달은 일반적이고 보편적인 순서와 방향성에 따라 진행되며, 순서가 뒤바뀌지 않고 일정하게 이루어짐

③ 개인차: 인간발달에는 비록 동일한 발달단계를 거치고 동일한 연령이 되었다하더라도 개인적인 차이가 크게 나타남

④ 상호관련성: 인간발달의 각 측면은 상호간에 아무런 관련성이 없는 것처럼 보이지만 각각의 측면들은 상호 간에 밀접히 관련되어 있음

⑤ 분화통합: 인간발달은 전체적인 측면에서부터 부분적인 측면으로 분화되어 가는 동시에 분화된 각 측면들이 통합되어 하나의 체계를 형성해 나감

⑥ 환경과 상호작용: 인간발달은 유전적 요인과 환경적 요인의 상호작용을 통하여 이루어짐

3) 인간발달의 특징

(1) 상승적 하강적 발달: 발달에는 상승적 변화와 하강적 변화가 모두 포함됨

① 상승적 변화: 기능과 구조가 성장 발달해 가는 변화

② 하강적 변화: 기능과 구조가 위축되고 퇴행 약화되는 변화

(2) 양적 질적 변화: 발달에는 양적인 변화와 질적 변화가 모두 포함됨

① 양적인 변화는 크기나 질량의 변화인데 키, 몸무게, 근력의 증가, 인지능력이나 어휘의 증가 등

② 질적인 변화는 본질, 구조 또는 조직상의 변화로 유치, 영구치, 2차 성징, 폐경 등

(3) 일정한 순서와 방향

① 발달의 순서와 방향은 누구나에게 보편적이며 일정함

② 일정한 순서에 따라 발달이 진행되기 때문에 발달은 체계적이며 예측이 가능함

③ 상부에서 하부로, 중심에서 말초로, 전체적인 활동에서 부분적인 특수활동으로, 단순한 것에서 복잡한 것으로 발달이 진행됨

4) 인간발달이론의 유용성

① 인간과 환경 간의 상호작용을 파악할 수 있으며, 일생을 통해 일어나는 변화의 과정을 설명해 줌

② 개인의 발달에 영향을 주는 다양한 신체적 심리적 사회적 요인을 이해할 수 있음

③ 개인의 성장과정에서 나타나는 문제의 원인을 이해하는 데 도움을 줌

④ 특정 발달단계에서 특징적으로 나타나는 발달적 요인을 설명할 수 있음

⑤ 일생을 통해 일어나는 변화의 과정을 설명해 주고, 인간과 환경 간의 상호작용을 파악할 수 있음

2. 인간발달과 사회복지실천

1) 인간발달에 관한 연구

① 태아기로부터 노년기에 이르기까지의 발달을 설명해 주는 기제는 무엇이며, 그것은 생의 각 단계에서 얼마나 상이한가?

② 전 생애에 걸친 변화와 안정을 밑받침하는 요인들은 무엇인가?
③ 인간발달에서 육체적, 인지적, 정서적, 사회적 기능 간의 상호작용은 무엇인가?
④ 인간발달에 미치는 사회적 관계의 영향에 대하여 얼마나 설명할 수 있는가?

2) 재스트로와 커스-애시만(Zastrow & Kirst-Ashman) 모델

① 인간의 보편적 발달로 생의 특정한 시기에 공통적으로 맞게 되는 삶의 사건들
예) 청년기의 결혼, 노년기의 정년퇴직 등
② 인종, 사회적 계층, 신체적 특징 등에서 사회의 주류에서 벗어난 소수집단의 특징을 지닌 것이 인간행동과 발달에 영향을 미침

3) 인간발달의 특성

① 기초성: 발달의 과업이 대부분 초기에 이루어지므로 초기의 발달이 발달의 전 과정에 있어서 중요한 의미를 지님
② 적기성: 발달의 과정에는 결정적인 시기가 있어 그시기를 놓치면 다음에 보충할 수 없음
③ 누적성: 유아의 성장 발달에 어떤 결손이 생기면 누적이 되어 회복을 더욱 어렵게 함
④ 불가역성: 어떤 특정한 시기에 발달이 잘못되면 이후 교정 보충하는데 한계가 있음

3. 인간발달의 단계

인간의 연속적인 변화과정에서 특정한 발달과업을 성취하기 위해 필요한 기간을 적절한 시기에 따라 태아기, 영아기, 아동기, 청소년기, 장년기, 중년기, 노년기로 구분할 수 있음

1) 발달단계의 분류 ***

(1) 영아기(0~2세)

① 출생과 동시에 새로운 외부의 환경에 적응해야 하며, 외부의 상황에 적절히 대처하기 위해서 호흡, 소화, 배설 및 운동기능이 발달하는 시기, 제1차 급등성장기
② 영아는 전체보다는 부분을, 정지된 것보다는 움직이는 것을, 흑백보다는 유색을, 지선보다는 곡선을 선호하여 지각함
③ 피아제에 의하면 통찰기 단계에서 상징적 표상 사고가 시작됨
④ 신생아의 두개골에는 6개의 숫구멍이 존재한다고 보았음

⑤ 바빈스키반사는 발가락을 펴고 오므리는 반사운동

(2) 유아기(3~6세)

① 신체적으로 독립된 개체로 활동할 수 있게 되며, 대소변 가리기훈련, 기본적인 언어발달, 인지발달, 정서발달, 사회성발달 등이 이루어지는 시기

② 인지적 발달, 상징적 사고, 물활론적 사고, 자기중심적 사고 등

(3) 아동기(7~12세)

① 적절한 성역할을 학습하고 학교생활에 적응하며, 가족과 또래집단의 영향을 받으면서 지적, 정서적, 사회적 발달을 도모함

② 동성끼리 어울리는 경향이 강하며, 외형적으로 이성 친구에 대한 관심을 부정적인 태도로 표현함

③ 단체놀이를 선호하며 또래집단과의 사회적 상호작용이 많아지고 경쟁 · 협동 · 협상의 원리를 체득하게 됨

④ 인지발달: 보존개념획득, 분류화, 서열화, 탈중심화, 가역적 사고 등

(4) 청소년기(13~24세)

① 제2차 성장급등기라고 할 만큼 급속한 신체변화가 일어나고, 제2차 성 특징과 같은 신체적 변화에 적응하며, 자아정체감, 가치관, 소속감, 이성관계 등을 형성하고 발전시켜 나가는 시기

② 어떤 확고한 과업을 달성한 상태는 아니지만 안정된 정체성을 찾는 과정에서 여러 가지 흥미, 가치, 사상 및 경험을 적극적으로 탐구하는 기간을 말한다. 정체성 유예 상태라고 함

③ 또래집단의 특성으로 청소년기의 친구들은 또래집단으로부터 인정을 받고자 하는 욕구가 강함

④ 청소년기의 친구들은 보다 더 이질적이면서 조직적인 양상을 보임

⑤ 청소년기 또래집단의 구성원들은 사회적 활동, 공부방식, 이성교재 등 삶의 다양한 측면에서 서로에게 영향을 미치고 또래집단의 지지를 통해 도덕성이 발달함

(5) 청년기(25~39세)

① 성숙된 인간이 되는 준비기간이며, 사회적 경제적 독립, 직업의 선택, 혼인과 가정생활의

준비, 가치체계의 형성 등이 이루어지는 시기

② 청년기(성인초기) 주요 발달과업: 부모로부터의 독립, 직업선택, 결혼, 자율성 확립, 사회적 친밀감 형성능력 등

(6) 중년기(40~64세)

① 성숙을 완성하고 정착성과 안정을 얻으며, 자녀양육, 가정의 관리, 사회적 집단적 형성, 능력과 창의성의 발휘, 직업적 성취, 갱년기의 적응 등을 행하는 시기

② 자신의 과거에 대한 재평가를 통해 변화가능성을 탐색하고 신체적 인지적 변화에 대한 대응, 생산성 및 직업 관리, 부부관계 유지, 자녀양육, 노부모 부양, 사회적 책임 수행, 여가활동 개발 등

(7) 노년기(65세 이후)

① 65세 이후부터 죽음에 이르기까지의 시기로서 은퇴와 노화에 적응해야 하며, 은퇴에 대한 대응, 조부모 및 부모의식의 성숙, 고독과 배우자의 상실에서의 적응, 새로운 흥미의 개발, 죽음에 대한 인식과 적응 등이 이루어지는 시기

※ 퀴블러-로스의 죽음에 대한 5단계: 부정단계, 분노단계, 타협단계, 우울단계, 수용단계

② 노년기의 특징

- 의존성(수동성), 내향성이 증가함, 우울증 경향이 두드러짐
- 변화를 두려워하는 보수성, 경직성 경향이 증가함, 친근한 사물에 애착을 가짐
- 옛 것을 회상하며 유산을 남기려는 경향이 증가함
- 노화에 의한 신체적 쇠약 및 인지능력 감퇴에의 적응, 역할변화에 대한 적응
- 동년배 집단과의 유대관계 강화, 생애에 관환 회고 및 죽음에 대한 두려움 극복 등

2) 발달과업의 특성

① 발달과업은 인간발달의 각 단계마다 성취해야할 과업(지식, 기술, 태도 등)을 말함

② 발달과업은 연령에 따라 변함, 발달과업은 성취하기 좋은 시기가 있음

③ 신체적, 인지적, 사회적, 정서적 기술을 획득하는 것 포함

④ 신체적 성숙, 사회적 기대, 개인적 노력으로 얻을 수 있음
⑤ 발달과업은 사회에서 각 연령에 맞는 정상적인 발달이 어떤 것인지 알게 해줌
⑥ 각 발달과업의 성공 혹은 실패 경험은 이후 발달에 영향을 미치며, 한 단계에서의 성공적 과업수행은 이후 단계의 과업을 성취하는 데 도움이 됨
⑦ 발달과업에 대한 이해는 사회복지실천에서 문제를 이해하고 사정하며 개입계획을 수립할 때 필요함

제2절 인간 행동이론

1. 정신역동이론

1) 프로이트의 정신분석이론 ***

(1) 정신분석이론의 개념

① 지그문트 프로이트(Sigmund Freud)에 의해 최초로 개발된 성격발달이론
② 인간의 정신세계의 대부분을 차지하고 있는 무의식에 초점을 두어 무의식적인 성적 · 공격적 충동에 의해 발생하는 갈등을 파악하고 이를 분석한 이론
③ 이론의 특징은 인간을 성적 존재로 본 점

(2) 마음의 지형학적인 모형

○ **의식**(consciousness)
① 어떤 순간에 우리가 알거나 느낄 수 있는 경험과 감각을 말함
② 프로이트는 정신세계의 극히 일부만이 의식의 범위에 포함된다고 보았음
③ 의식되었던 것은 시간이 경과한 후에는 흔히 전의식이나 무의식 속으로 잠재됨

○ **전의식**(preconsciousness)
① 어느 순간에는 의식되지 않으나 조금만 노력하면 곧 의식화될 수 있는 '이용 가능한 기억' 을 말함
② 전의식은 마음속에서 무의식과 의식을 연결해 주는 통로가 되고 있음
③ 정신분석치료에 의해 무의식 속에 잠재되었던 내용이 전의식으로 나오고 전의식 수준에

서 다시 의식될 수 있음

○ **무의식**(unconsciousness)

① 인간의 정신세계의 가장 깊은 곳에 감추어져 있어서 기억하지 못하는 부분

② 인간 정신세계의 대부분을 차지하고 있으며, 전혀 인식되지 않지만 인간의 사고와 행동을 주로 결정함

③ 프로이트에 따르면 무의식은 정신병리에서 지배적인 힘으로 보았으며, 성격의 일부분으로서 반드시 탐구해야 하는 것으로 생각했음

(3) 마음의 구조적 모형

○ **원초아**(id)

① 완전히 무의식적이며, 본능과 충동의 원천으로서 마음의 에너지 저장고

② 충동적이고 비합리적인 자애적으로 표현됨

③ 프로이트의 정신분석이론에서 가장 중요시하는 무의식 세계의 주 메커니즘은 바로 원초아임

④ 쾌락을 추구하고 고통을 회피하는 방향으로 쾌락원칙에 따라 움직임

○ **자아**(ego)

① 원초아(id)에 비해 자아는 상대적으로 조직적이고 구체적인 정신구조로 간주됨

② 본능이나 충동을 현실적이고 합리적으로 해소시킬 수 있는 상황 여건을 고려하기 때문에 현실원칙에 따름

③ 주위환경에 효율적으로 대처함으로써 원초아의 긴장을 감소시키려고 함

④ 행동을 통해 충돌을 방출하는 것이 자신에게 최선의 이익이 되지 않을 경우에 이를 막음

○ **초자아**(super-ego)

① 양심과 자아이상으로 이루어진 정신구조의 최고단계를 일컬음

② 성격의 도덕적 측면이며, 사회적 원리에 따른다ㄱ 볼 수 있음

③ 양심과 자아이상이라는 두 가지 하부체계를 발달시킴

④ 모든 사람들이 태어날 때부터 가지고 있는 것이 아니라 3~5세경 사이에 발달함

(4) 심리성적 발달단계

○ **구강기**

① 출생부터 18개월 사이에 해당되며, 이 시기는 입이 쾌락의 주요한 원천이며, 빨고, 삼키고, 깨무는 자극을 통하여 쾌감을 얻음

② 구강기 동안 신체적 정신적으로 무시당하거나 박탈당한 아이는 성인이 된 후 강한 불신으로 대인관계가 어려울 수 있음

③ 구강기 때 양가감정을 경험하게 됨

○ **항문기**

① 생후 18개월에서 3세에 해당되며, 이 시기는 항문이 성적으로 가장 흥분되는 신체부위로서 배설물을 보유하거나 방출함으로써 쾌감을 얻음

② 항문기에 고착된 성격은 항문 공격적 성격과 항문 보유적 성격으로 나누어짐

- 항문 공격적 성격: 잔인하고 파괴적이며, 난폭하고 적개심과 의심이 많음
- 항문 보유적 성격: 인색하고 깔끔하며, 고집이 세고 완고하고, 완벽을 추구함

○ **남근기**

① 3세에서 6세까지로 아동의 리비도적 관심이 새로운 성감대인 생식기로 옮겨가는 시기

② 남근기의 두드러진 갈등은 남아의 경우 오이디푸스 콤플렉스, 여아의 경우 엘렉트라 콤플렉스

③ 남근기에 고착된 성격은 남자는 경솔, 과장이 심하며, 야심적이며, 여성은 유혹적이며 경박함

○ **잠복기**

① 6세부터 사춘기(12~13세)까지로 성적 수면상태에 속하는 시기로 원초아는 약해지고 자아와 초자아는 강해짐

② 프로이트는 잠복기에 일어나는 발달과정에 관해서는 별로 관심을 보이지 않았음

○ **생식기**

① 사춘기부터 성적으로 성숙이 되는 성인기 이전까지의 시기로 심한 생리적 변화가 특징이며, 격동적 단계로 불림

② 생식기는 사춘기 전기와 사춘기로 나누는데, 사춘기 전기 청소년은 동물적인 쾌락추구에 몰두하거나 자아를 지나치게 표면에 내세우는 경향을 보이며, 사춘기는 성적 성숙이 다

이루어지는 때이므로 사춘기 전기의 불안정성이 사라짐

③ 이상적인 생식기적 성격발달을 위해서는 근면을 배워야 하고, 즉각적인 만족을 지연시켜야 하며, 책임감이 있어야 함

※ 프로이트 정신분석이론의 주요 특징

- 성격발달단계: 구강기 → 항문기 → 남근기 → 잠복기 → 생식기
- 리비도의 강조: 본능적인 성적에너지가 행동과 사고의 동기가 됨
- 무의식의 강조: 인간의 행동은 의식적 과정이라기보다는 인식할 수 없는 무의식에 의해 동기가 유발됨
- 정신적 결정론(심리결정론): 인간의 정신활동이 과거의 경험(대략 5세 이전)에 의해 결정됨

※ 리비도(libido)

- 리비도는 초기에 자아본능에 대립하는 성적에너지로 봄
- 정신적 에너지 또는 본능적 충동이며, 의식적 또는 무의식적으로 개인의 성격과 행동에 좋게 또는 나쁘게 영향을 미침
- 처음에 리비도는 협의의 성적에너지로 생각되었다가 점차 그 개념이 넓혀져 사랑과 쾌감의 모든 표현이 됨
- 프로이트는 말년에 이르러 생의 본능인 에로스(Eros)뿐만 아니라 죽음의 본능인 타나토스(Thanatos)까지 포함하는 것으로 설명함

인간의 의식수준과 성격 구조와의 관계

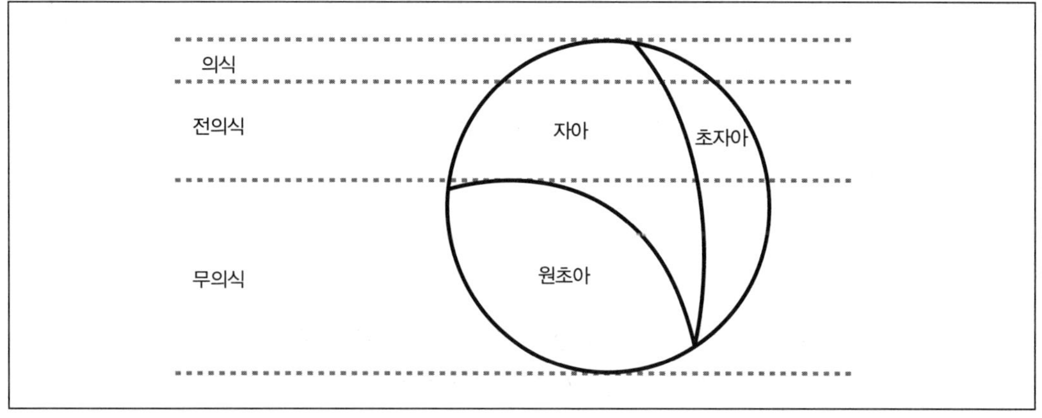

2) 안나 프로이트의 자아방어기제 이론 ***

(1) 자아방어기제의 개념

① 프로이트의 딸인 안나 프로이트(Anna Freud)에 의해 체계화됨

② 자아가 불안에 처하여 합리적인 방법으로 이것을 해결하지 못할 때, 현실을 부정하거나 왜곡하면서 무의식적으로 불안을 제거하려는 심리기제

③ 스스로를 보호하기 위해 무의식적으로 작동하는 심리기제

④ 한 사람은 한 번에 하나 이상의 방어기제를 사용함

⑤ 주로 사용하는 방어기제를 통해 그 사람의 성격적 특성을 알 수 있음

⑥ 일부 방어기제는 불안 감소뿐만 아니라 긍정적 결과도 가져옴

⑦ 심리적 평형상태를 유지하여 자아를 보호해 줌

(2) 방어기제의 종류

○ **억압**(Repression)

불안을 야기하는 충동 기억 등을 의식하지 못하도록 무의식적으로 막는 것

예) 어릴 적 부모의 학대를 경험한 사람은 잠재된 분노 때문에 부모얘기를 삼가는 경우

○ **부정**(Denial)

① 감당하기 어려운 고통이나 욕구를 무의식적으로 부정하는 것

② 사랑하는 사람의 사망을 인정하지 않고 멀리 여행을 갔다고 주장하는 경우

③ 의식적으로 용납할 수 없는 생각, 감정, 소망, 욕구 또는 외부현실에 대한 인식을 회피하도록 하는 무의식적 방어기제

○ **합리화**(Rationalization)

바람직 못한 행동에 대해 그럴듯한 이유를 붙여 변명하거나 정당화하는 것

예) 여우와 신포도 이야기

○ **반동형성**(Reaction formation)

① 불안을 야기하는 충동, 감정, 생각이 반대의 표현을 통해 의식에서 감춰지는 것

② 증오는 애정으로, 관심은 무관심으로, 질책은 칭찬으로 표출됨

예) 미운 놈 떡 하나 더 주기

○ **투사**(Projection)

개인이 스스로 받아들일 수 없는 충동, 태도 및 행동을 무의식적으로 타인이나 환경의 탓으로 돌리는 과정

예) 부도덕한 성적 충동을 강하게 억압하고 있는 부인이 '남자는 모두 도둑이다' 라고 말하는 경우

○ **퇴행**(Regression)

잠재적 외상이나 실패 가능성이 있는 상황에 처할 때 해결책으로 초기의 발달단계나 행동양식으로 후퇴하는 것

예) 걸음마를 하던 아이가 동생이 태어난 후 다시 기는 행동을 하는 경우

○ **전치**(Displacement)

어떤 대상에 대해 느낀 감정을 보다 덜 위협적인 대상에게 표출하는 것을 말함

예) 상사에게 야단맞고 가족에게 화풀이하는 경우, "종로에서 뺨 맞고 한강에서 눈 흘긴다" 라고 표현하는 경우

○ **승화**(Sublimation)

정서적 긴장, 충동, 감정 등을 사회적으로 인정될 수 있는 행동방식으로 표출하는 것

예) 공격적 행동을 권투선수로 활동하는 경우

○ **동일시**(Identification)

어떤 사람이 다른 사람의 제반 성질을 받아들여 그것들을 자신의 성격의 한 부분으로 합쳐버리는 것

예) 자신이 좋아하는 배우의 옷차림 등을 따라 하는 경우

○ **보상**(Compensation)

어떤 분야에서의 실패를 다른 분야에서의 성공으로 자존심을 높이고자 하는 기제

예) 친부모에게 효도하지 못한 사람이 이웃의 독거노인을 극진히 모시는 경우, "작은 고추가

맵다"라고 표현하는 경우

○ **대치**(Substitution)

심리적으로 수용할 수 없는 대상을 심리적으로 수용 가능한 비슷한 다른 대상으로 무의식적으로 대치하는 것

예) 오빠에게 매력을 느낀 여동생이 오빠와 비슷한 용모를 가진 사람과 사귀는 경우, "꿩 대신 닭"

3) 에릭슨의 심리사회이론 ***

(1) 심리사회이론의 개념

① 심리사회이론은 정신 분석가이며 자아심리학자인 에릭슨(Erik H. Erikson)에 의해 체계화된 이론

② 자아의 발달과 기능에 큰 관심을 기울였으며, 인간행동의 발달에서 사회적, 문화적 요인을 중시함

③ 성숙의 점성원칙에 의해 지배되는 인간의 전 생애를 통한 발달변화를 강조하였으며, 청소년기의 자아정체감 확립의 중요성을 특히 강조함

④ 심리사회적 이론에 의해 제창된 인간의 자아기능에 관한 견해는 사회복지실천 방법론에 중요한 영향을 미쳤다고 평가되고 있음

⑤ 인간의 성격이 생물학적 요인과 개인의 심리 · 사회적 문화의 상호작용에 의해 결정된다고 봄

(2) 주요 개념

○ **자아**

① 프로이트는 자아가 원초아와 초자아의 중간에 있다고 보았으나 에릭슨은 이 두 세력을 어느 정도 무시하고 자아가 자율적인 기능을 하는 것으로 간주함

② 성격이 주로 본능이나 부모의 영향을 받는 것으로 생각하는 대신, 에릭슨은 부모, 형제 및 자매와 다른 사람들을 포함한 사회의 모든 구성원의 영향을 받는다고 봄

③ 또한 성격이 아동기 초기에 거의 형성된다고 믿는 대신 지속적으로 사회와 관계되어 발달한다고 봄

○ **자아정체감**

① 에릭슨은 자아정체감이 두 측면을 가지고 있는 것으로 봄

- 제1의 측면(내적측면): 시간적 자기동일성과 자기 연속성의 인식
- 제2의 측면(외적측면): 문화의 이상과 본질적인 패턴을 인식하면서 그것과 동일시 함

② 에릭슨은 자아정체감이 없는 상태에서 자아정체감의 상태로 이동하는 인간발달을 "내적, 외적 갈등의 과정이고, 인간이 위기를 극복하면서 통합감, 판단력, 자기 자신과 주위 사람들의 판단기준에 적합한 대처방식을 익히면서 성장하는 과정"이라고 설명함

○ **점성원칙**

① 점성원칙이란 성장하는 모든 것은 기초안을 가지며, 이 기초안으로부터 부분이 발생하고, 각 부분이 특별히 우세해 지는 시기가 있으며, 이 모든 부분이 발생하여 기능하는 전체를 이루게 된다는 것

② 건강한 성격은 각 요소가 다른 모든 요소에 체계적으로 관련되면서 적절하게 연속적으로 발달함

(3) 에릭슨의 심리사회적 발달 8단계

○ **유아기(신뢰감 대 불신감: 희망)**

① 신뢰감 대 불신감은 생후 18개월간 영아가 경험하는 심리사회적 위기

② 신뢰감은 건강한 성격의 초석으로 다른 사람에 대한 믿음과 자신에 대한 믿음을 포함

③ 신뢰감 대 불신감의 갈등이 성공적으로 해결되면 심리사회적 능력 또는 덕성인 희망을 얻게 됨

④ 이러한 위기가 적절하게 해결되진 못하면 자기비하, 정체감 혼란, 우울증 등을 초래할 수 있음

○ **초기아동기(자율성 대 수치심과 회의: 의지력)**

① 자율성 대 수치심과 회의는 18개월~만 3세의 유아가 경험하는 심리사회적 위기

② 부모로부터 신뢰감을 획득하게 되면 유아는 독립심에 대한 강한 욕구를 갖게 됨

③ 자율성 대 수치심과 회의의 갈등이 성공적으로 해결되면 심리사회적 능력 또는 덕성인 의지력을 얻게 되고 일생동안 지속되는 자기 통제력의 기초가 됨

④ 위기가 적절하게 해결되지 못하면 강박적 행동, 피해망상, 편집증 등을 초래할 수 있음

○ **학령전기(주도성 대 죄의식: 목적)**

① 주도성 대 죄의식은 만 3~6세의 유아가 경험하는 심리사회적 위기

② 이 시기에는 유아는 새로운 것을 해보려는 호기심과 자기 주위의 사회 속에서 책임을 지는 데 관심을 가지며, 여러 가지 사회놀이에 참여함

③ 주도성 대 죄의식의 갈등이 성공적으로 해결되면 심리사회적 능력 또는 덕성인 목적을 갖게 됨

④ 위기가 적절하게 해결되지 못하면 소극성, 성적 무기력, 불감증 등을 초래할 수 있음

○ **학령기(근면성 대 열등감: 능력)**

① 근면성 대 열등감은 만 6~12세의 아동이 경험하는 심리사회적 위기임

② 이 시기의 아동은 처음으로 형식적인 교육을 통하여 문화에 대한 기초기능을 배우게 되며, 기초적인 인지적 사회적 기능을 습득하게 됨

③ 아동에게 무엇을 성취하도록 기회를 제공하고, 성취한 과업을 인정하며, 또 다시 시도해 보도록 격려하게 되면 근면성을 갖게 됨

④ 근면성 대 열등감의 갈등이 성공적으로 해결되면 심리적 능력 또는 능력을 갖게 됨

⑤ 아동이 학교에서나 가정에서 자신에게 주어진 일에 적절한 성취를 느끼지 못하면 열등감에 빠짐

○ **청소년기(정체감 대 정체감 혼란: 성실성)**

① 정체감 대 정체감 혼란은 만 12~20세의 청소년이 경험하는 심리사회적 위기

② 이 시기에는 급격한 신체적 변화와 함께 지금까지와는 다른 사회적 압력과 요구가 나타나는 시기

③ 에릭슨은 청소년기의 자아정체감 확립을 전 생애를 통하여 가장 중요한 발달과업으로 봄

④ 정체감 대 정체감 혼란의 갈등이 성공적으로 해결되면 심리사회적 능력 또는 성실성을 갖게 됨

⑤ 정체감 발달에 실패하면 무력감, 혼란감, 허무감, 부족감, 소외감 등 부정적 정체감을 추구함

○ **성인초기(친밀감 대 고립감: 사랑)**

① 친밀감 대 고립감은 만 20~40세 사이의 성인이 경험하는 심리사회적 위기

② 배우자를 선택하여 혼인을 하며, 직업을 선택하여 정열적으로 일하는 때
③ 이 시기에 친밀감을 형성하지 못한 사람들에게는 고립감이 나타남
④ 친밀감 대 고립감 혼란의 갈등이 성공적으로 해결되면 심리사회적 능력, 사랑을 얻게 됨

○ **성인기(생산성 대 침체성: 배려)**
① 생산성 대 침체성은 만 40~65세에 해당하는 성인이 경험하는 심리사회적 위기
② 이 성인기에는 다음 세대를 양육하는 것이 가장 중요한 과업
③ 생산성 대 침체성 혼란의 갈등이 성공적으로 해결되면 심리사회적 능력, 배려가 나타남
④ 생산성의 확립에 실패한 사람은 개인적 욕구나 안위를 주된 관심사항으로 하는 자아도취의 상태에 빠지므로 이기주의를 낳음

○ **노년기(통합성 대 절망감: 지혜)**
① 통합성 대 절망감은 만 65세 이후의 노년기에 경험하는 심리사회적 위기
② 자신의 생애가 보람이 있었다는 것을 인식하고 오랜 삶을 통해 노련한 지혜를 얻게 되면 통합성을 갖게 됨
③ 통합성 대 절망감의 갈등이 성공적으로 해결되면 심리사회적 능력 또는 덕성인 지혜를 갖게 됨
④ 이러한 위기가 적절하게 해결되지 못하면 우울증, 피해망상 등을 초래할 수 있음

4) 아들러의 개인심리이론 ***

(1) 개인심리이론의 개념
① 인간은 통일된 자아, 일치된 유기체라는 것
② 인간은 역동적으로 완성을 추구하며, 개인적으로 중요한 인생목표를 향해 전진한다는 것
③ 개인은 창조적인 힘을 가지고, 자기 삶을 결정할 수 있다는 것
④ 모든 사람은 협동하고, 상호작용하는 사회적 관계를 맺을 수 있는 선천적 능력을 타고 난다고 봄
⑤ 개인이 자신을 어떻게 주관적으로 지각하느냐에 따라 행동이 결정된다고 봄
⑥ 아들러는 어떤 욕구가 인간행동을 자극하고 추동하는 요인으로 작용한다고 봄
⑦ 인간으로서 누구나 느끼는 열등감을 극복해 자기완성을 이룰 것을 강조하였으며, 인간의 발달단계를 연관시키지 않음

⑧ 생후 5년이 성격을 형성하는데 절대적 영향을 미친다고 본 관점은 프로이드와 입장을 같이함

(2) 주요 개념

○ **열등감과 보상**

① 열등감은 개인이 잘 적응하지 못하거나 준비가 안 되어 해결할 수 없는 문제에 부딪혔을 때 생김

② 심한 신체적 약점이나 결함이 있는 사람이 연습이나 훈련을 통해 이를 보상하려는 노력을 함

③ 열등감은 항상 긴장을 낳기 때문에 우월감을 향해 나아가게 하는 자극이 됨

○ **우월성의 추구**

① 자신의 약점을 극복하고 잠재력을 극대화하기 위한 노력이라 할 수 있음

② 다양한 보상을 통해 달성되며, 자신이 부족한 점은 스스로 채우고 미완성인 것은 완성하려고 노력하는 경향성을 나타냄

③ 우월성의 목표는 긍정적인 경향 혹은 부정적인 경향을 취할 수 있음

④ 인간은 목적론적 존재로 인간으로서 누구나 느끼는 열등감을 극복해 자기완성을 이룰 것을 강조함

⑤ 인간의 발달단계를 제시하지 않음

○ **사회적 관심**

① 각 개인이 이상적인 공동사회의 목표를 달성하고자 사회에 공헌하려는 성향을 의미한다고 함

② 가족관계 및 다른 아동기 경험의 맥락에서 발달하는데, 특히 사회적 관심의 발달에 가장 큰 영향을 주는 사람은 어머니라고 할 수 있음

○ **생활양식**

① 개인의 생활에서 일관성을 부여하는 특성, 태도, 습관, 적응방식 등의 독특한 형태

② 모든 행동을 구체화시키는데, 아들러는 4~5세경에 기본적으로 결정된다고 봄

③ 사회적 관심과 활동수준에 따라 4가지 생활양식으로 구분: 지배형, 획득형, 회피형, 사회적 유용형 등

○ **창조적 자아**

① 개인이 목표를 직시하고 결정하고 선택하며 그들의 목표와 가치관에 부합되는 성격을 형성하는 능력을 말함
② 이것은 개인심리학을 대표하는 개념으로 인생의 의미를 제공하는 원리인 것임
③ 아들러는 인간행동을 형성하는 결정요인으로 유전과 환경을 부인하지는 않음

○ **출생순위**
① 개인의 생활양식과 성격발달에 영향을 미치는 주요한 요소가 됨
② 아동의 가정환경이 생활양식의 형성에 큰 영향을 미치며, 이러한 환경에는 형제자매 중의 위치, 동생의 수, 부모의 교육수준, 부모의 태도와 가치관 등이 포함됨
③ 어떤 특정 출생순위에 태어난 아이들이 어떤 특정한 성격특성을 가지고 있음을 발견함

5) 칼 융의 분석심리이론 ***

(1) 분석심리이론의 개념
① 융(carl Jung)은 인간정신의 구조와 정신역동을 설명하면서 프로이트의 성욕 및 정신생물학적 결정론을 거부함
② 심리적 건강의 이상형은 의식이 무의식을 감독하고 지배하는 것이라고 봄
③ 이는 의식과 무의식의 세계가 융화되어 양쪽이 모두 자유롭게 발달되도록 허용되어야 한다는 관점

(2) 주요개념
○ **정신**
① 융(C. Jung)은 퍼스낼리티 전체를 정신이라 했으며, 정신을 생리적 충동에 예속되지 않은 독자적 실체로 봄
② 여기서 정신은 의식적, 무의식적인 모든 생각, 감정, 행동을 포함

○ **콤플렉스**(complex)
① 특수한 종류의 감정으로 이루어진 무의식 속의 관념 덩어리
② 자립적이며 그 자체의 추진력을 갖고 사고와 행동을 강력하게 지배할 수 있음

○ **자아**(ego)

① 자아는 의식의 개성화 과정에서 생기는 것으로 봄
② 자아란 의식의 견해를 나타내므로 의식적인 자각, 기억, 사고, 감정이 자아를 이루게 됨

○ **페르소나**(persona)
① 개인이 사회적 요구에 대한 반응으로 내보이는 사회적 모습
② 사회에 적응하기 위해서는 어느 정도 페르소나가 발달하는 것이 필요함
③ 페르소나는 자아의 가면으로 개인이 외부에 보이는 이미지

○ **아니마**(anima)**와 아니무스**(animus)
① 무의식 속에 존재하는 남자의 여성적인 면은 아니마(anima), 여성의 남성적인 면은 아니무스(animus)라고 명명함
② 양육, 감정, 예술 및 자연과의 일치 등에 대한 역량은 여성적 원리이고, 사고, 영웅적 주장, 자연의 정복은 남성적 원리로 간주함

○ **음영**(shadow)
① 음영(shadow)이란 의식의 이면으로 무시되고, 도외시되는 마음의 측면
② 음영은 긍정적인 자기상과 반대되기 때문에 대부분의 경우 부정적임
③ 음영 또는 그림자는 인간 내부의 동물적 본성 또는 어둡거나 부정적 측면을 의미

○ **자기**(self)
① 자기(self)는 중심성, 전체성, 의미를 무의식적으로 추구하는 원형
② 자기는 인간행동의 동기를 유발하며 인생의 완성을 추구하도록 함

○ **집단 무의식**
① 모든 개인의 정신이 공통으로 가지고 있는 하부구조를 집단 무의식이라 일컬음
② 집단 무의식은 현재의 모든 행동을 지시하므로 성격에 큰 힘을 미치게 됨

(3) 성격의 발달
① 융은 프로이트나 에릭슨처럼 유년기부터 노년기에 이르기까지 연령별로 발달단계를 명확하게 구분하여 제시하지는 않음

② 성격발달을 아동기, 청년기, 중년기 및 노년기로 나누고, 중년기에 초점을 둠

2. 행동주의이론

1) 고전적 조건형성이론

(1) 파블로프(Plavlov)의 고전적 조건형성

일정한 자극에 의해서 선천적으로 유발되는 반응을 아무런 관계가 없는 중성자극과 연합시킴으로써 그 중성자극이 조건자극으로 변화되어 조건반응을 일으키게 하는 것을 말함

(2) 파블로프의 개의 타액분비에 관한 연구

① 개에게 음식물을 주면 타액을 분비하게 되는데, 종소리를 울리고 음식물을 주는 일을 몇 차례 반복하게 되면 나중에는 종소리만 울려도 개가 타액을 분비하게 되며, 여기서 개는 종소리에 대해 반응하도록 조건형성이 된 것

② 나중에는 종소리만 울려도 타액을 분비하면, 종소리가 조건자극이 되며, 타액을 분비하는 것은 조건반응이 됨

2) 조작적 조건형성이론

(1) 스키너(Skinner)의 조작적 조건형성

① 환경을 조작하여 그러한 행동의 반응비율에 영향을 미칠 수 있도록 한 이론

② 인간은 내적인 창조의 힘에 의해 행동하는 것이 아니라 유전적 요인과 환경에 따라 조건지워짐

③ 인간이 외적 자극에 의하여 동기화되고, 환경에 순응적이며, 학습과 재학습이 가능하다고 봄

(2) 주요 개념

○ **반응행동**

① 스키너는 행동을 반응행동과 조작행동으로 분류함

② 반응행동은 구체적인 자극에 의해 유발되는 구체적 행동을 말함

예) 눈 깜박4임, 타액 분비 반응, 공포 반응 등

○ **조작행동**

조작행동은 환경을 조작해서 어떤 결과를 낳게 되는 행동

예) 아동이 독서를 할 때 부모가 관심을 보이고 칭찬하게 되면, 아동은 독서를 계속하게 될 것

○ **변별자극**

① 어떤 반응이 보상되거나 보상되지 않을 것이라는 단서 혹은 신호로 작용하는 자극

② 변별자극을 통해 인간은 외적 세계를 예측하고 통제하는 것이 가능함

○ **강화**

① 강화란 보상을 제공하여 행동에 대한 반응을 강력하게 하는 것

② 강화는 스키너의 조작적 조건형성에서 가장 중요한 개념

③ 강화에는 정적 강화와 부적 강화가 있음

○ **소거**

소거는 더 이상 강화되지 않아서 반응이 약화되거나 사라지는 경향을 말함

예) 아이가 부모의 주의를 끌기 위해서 지나치게 울거나 투정을 부릴 때, 주의를 기울이지 않고 내버려 둔다면 이러한 행동은 약화되거나 사라지게 될 것

○ **처벌**

① 바람직하지 않은 행동에서 제시하는 혐오자극

② 혐오자극을 제공하거나 소중하게 여기는 특권 등을 철회함으로써 바람직하지 않은 행동의 수행이 감소되도록 하는 것

○ **행동조성**

① 복잡한 행동이나 기술을 학습시키는 과정

② 원하는 행동에 접근할 때마다 강화가 주어지기 때문에 행동에 대한 점진적 접근

3) 사회학습이론

(1) 반두라(Bandura)의 사회학습이론

① 사회학습이론이란 인간의 행동이 사회적 상황 속에서 개인의 내적 인지적 과정과 환경적

영향력 간의 상호작용으로 결정된다는 성격이론

② 대부분의 학습이 다른 사람의 행동을 관찰하고 모방한 결과 일어난다는 인식에서 비롯됨

(2) 주요 개념

○ 모방(모델링)

① 다른 사람이 행동하는 것을 보고 들으면서 그 행동을 따라서 하는 것

② 흔히, 공격적인 행동, 이타적 행동, 불쾌감을 주는 행동이 관찰을 통해 학습됨

○ 인지

사회적 학습은 주로 인지적 활동이며, 학습된 반응을 수행할 의지는 인지적 통제하에 있는 것

○ 자기 조정

① 자신의 행동에 대한 영향력을 행사할 수 있는 개인의 능력

② 세 가지 요소, 즉 수행과정, 판단과정, 자기반응과정으로 이루어짐

○ 자기강화와 자기효율성

① 자기강화: 자신이 통제할 수 있는 보상이나 자기 스스로에게 주어진 자신의 행동을 유지하거나 변화시키는 과정을 의미함

② 자기효율성: 어떤 행동을 성공적으로 수행할 수 있다는 신념

(3) 모델학습과정

○ 관찰학습

① 다른 사람의 행동을 관찰함으로써 학습하는 것

② 반두라는 관찰학습을 네 개의 단계, 즉 주의집중과정, 보존과정, 운동재생과정, 동기화과정으로 설명하고 있음

○ 관찰학습과정

① 주의집중과정: 모델의 매력적 특성에 주의를 집중시키는 단계

② 보존과정(기억과정, 파지과정): 모방된 행동을 상징적 형태로 기억 속에 담는 단계

③ 운동재생과정: 모델을 모방하기 위해 심상 및 언어로 기호화된 표상을 외형적인 행동으로

전환하는 단계

④ 동기화과정(자기강화과정): 관찰을 통해 학습한 행동은 강화를 받아야 동기화가 이루어져 행동의 수행가능성을 높임

○ 대리학습

한 모델이 어떤 행동에 대해 강화를 받는 것을 보는 것이 그 관찰자에게 강화로 작용함

3. 인본주의이론: 칼, 로저스(Rogers)의 현상학 이론

1) 현상학이론의 개념

① 개인의 주관적 경험, 감정 및 세계와 자기 자신에 대한 개인적인 견해 및 사적 개념을 연구하는 인본주의 성격이론

② 인간이 기본적으로 자유로우며, 자신의 행동에 대해 책임을 지고, 자발적이며 합리적이고 건설적인 방향으로 나가는 미래지향적 존재라고 주장함

2) 주요 개념

(1) 개인의 세계(현상학적 장)

① 개인의 세계는 체험의 세계를 말하는데, 체험은 특정 순간에 개인이 의식하는 모든 것을 의미함

② 개인에게 현상적 장은 곧 현실이 됨

③ 감정이입, 진실성 등은 원조관계에 매우 유용함

④ 인간관 성격발달은 주로 자기(self)를 중심으로 이루어짐

(2) 자아실현

① 인간은 자신의 능력을 유지개발하기 위해 끊임없이 노력하는 경향을 가지고 있음

② 유기체적 과정을 통해 모든 생활의 경험들이 평가된다고 봄

(3) 무조건적 수용(관심)

① 사람에 대하여 어떠한 편견 없이 있는 그대로 받아들이는 것

② 무조건적 긍정적 관심을 받을 때 아이는 자신을 가치 있는 존재로 판단하게 됨

3) 완전히 기능하는 사람

① 개방적으로 체험하고 창조적으로 살아감

② 자신의 느낌과 반응에 따라 충실하고 자유롭게 삶

③ 자신이라는 유기체에 대해 신뢰함

④ 자신의 선택에 따른 실존적인 삶을 추구함

⑤ 삶에 충실하며, 개방적으로 체험하고 창조적으로 살아감

4. 인지발달이론

1) 피아제(Jean Piaget)의 인지발달이론

(1) 인지발달이론의 개념

① 인간이 외부세계를 이해하고 파악하는 바탕인 인지적 구조형성의 과정을 설명함

② 피아제는 인식의 근원이 유아의 생물학적 능력에 있다고 가정함

(2) 주요 개념

○ **도식**(schema)

① 일반적으로 사물이나 사건 또는 사실에 대한 전체적인 윤곽이나 개념을 말함

② 인간이 주변세계를 이해하고 그것에 대해 생각하는 이해의 틀이라고 볼 수 있음

○ **적응**(adaptation)

① 유기체가 자신의 주위 환경조건을 조정하는 능력을 말함

② 유기체의 환경에 대한 적응은 동화와 조절의 상호작용에 의해서 일어남, 동화는 자극 혹은 입력되는 정보자료를 이전부터 존재하는 구조의 활동에 의해 처리하는 것이며, 조절은 정보에 적응하기 위한 구조 자체의 능동적 변경을 말함

○ **평형**(accommodation)

① 평형은 동화와 조절의 상호작용을 통한 조화를 통해서 유기체가 자신과 환경 간의 균형

상태를 이루는 것을 의미함

② 피아제는 인간의 인지발달이 동화와 조절이라는 적응과정을 통하여 내면적인 평행이 이루어지면서 가능하다고 봄

(3) 인지발달단계

○ **감각운동기**

① 상징적 사고와 언어의 사용이 불가능하기 때문에 환경에 적응하기 위하여 신체적 감각 및 운동발달에 의지해야 하는 시기

② 출생부터 약 2세까지이며, 영아가 경험하는 자극이 감각적이고, 이에 대한 반응이 신체활동으로 나타난다는 것

③ 반사활동, 일차순환반응, 이차순환반응, 이차도식의 협응, 삼차순환반응, 사고의 시작 등의 단계로 구성됨

○ **전조작기**

① 2~7세경의 유아에게 해당되는 시기로서, 감각 운동적 인지구조에서 조작적 인지구조로 전환되는 과도기

② 이 단계에서 가장 중요한 것은 언어를 사용하기 시작하고 언어능력이 발달하는 것

③ 유아는 자아중심성, 직관적 사고, 물활론, 상징적 기능, 타율적 도덕성, 꿈의 실재론 등을 지님

④ 자신의 사고와 다른 사람의 사고를 구별하지 못함

○ **구체적 조작기**

① 7~12세경의 아동에게 해당되는 시기로서, 사고가 안정되고 일관성이 있으며, 조작적이면서 논리적 추리력을 갖게 되는 단계

② 아동은 가상적인 상황을 만들어서 추론할 수 없기 때문에 추상적이고 복잡한 가설의 정신적 사고는 아직 가능하지 않음

③ 구체적 조작기에 아동은 인지능력이 발달하여 보존개념, 분류화, 서열화, 탈중심화, 자율적 도덕성 등을 갖게 됨

○ **형식적 조작기**

① 12세경부터 성인기 되기까지의 시기로서 가장 성숙된 인지적 조작을 할 수 있는 단계

② 이 단계의 아동은 새로운 상황에 직면했을 때, 현재의 지각적 경험뿐만 아니라 과거와 미래의 경험을 사용함
③ 이 단계의 사고는 추상적 사고, 가설 연역적 추리, 종합적 사고 등

2) 콜버그(Kohlberg)의 도덕성발달이론

(1) 도덕성발달이론의 개념

① 도덕적 딜레마 상황을 제시하고 연령별로 개인이 그러한 상황에 처했을 때 어떻게 행동할 것인가 그리고 왜 그러한 판단을 내리게 되었는가를 묻는 방법으로 연구함
② 이론의 가장 큰 특징은 도덕성발달은 인지발달 수준에 따라 그 단계가 결정된다는 것
③ 도덕성발달이론에서 개인의 도덕적 판단능력에 따라 도덕성발달을 3수준 6단계로 구분

(2) 도덕성발달단계

○ 전인습적 수준

① 규칙이 개인에게 내재화되어 있는 것이라기보다는 외부의 영향에 의해 이루어지는 것으로 봄
② 1단계(처벌과 복종지향)와 2단계(상대적 쾌락주의)가 있음

○ 인습적 수준

① 자신이 속한 가족, 사회, 국가의 기대에 맞는 행동을 하고자 함
② 3단계(착한 소년소녀지향), 4단계(법과 사회질서)가 있음

○ 후 인습적 수준

① 집단의 권위나 권리를 행사하는 사람들과는 무관하게 도덕적 가치와 원리를 규정하려는 노력을 보임
② 5단계(민주적 법률)와 6단계(보편적 원리)가 있음

제3절 사회 환경의 이해

1. 사회체계이론

1) 일반체계이론

(1) 의의

① 베르탈란피(Bertalanffy)가 제시한 이론으로 전체성의 과학으로 비유된 질서이론

② 체계이론은 인간을 통합된 하나의 체계로 간주하는 이론

③ 체계는 상호의존적이며 상호작용하는 부분들로 구성된 전체 또는 부분들 간에 관계를 맺고 있는 일련의 단위들

(2) 주요 개념

○ **경계**

① 체계를 외부환경으로부터 구분하는 일종의 테두리를 의미함

② 사회체계의 경계는 그 체계의 정체성을 규정해 주고, 주위 환경과의 내적 · 외적 교환을 통제함

○ **개방체계와 폐쇄체계**

① 개방체계: 체계 내에서 정보와 자원을 자유롭게 교환하며, 체계 밖으로도 자유롭게 에너지의 통과를 허용함

② 폐쇄체계: 터놓지 않으며 환경으로부터 고립되어 있음

○ **엔트로피와 시너지**

① 엔트로피(entropy): 체계의 부분들 간 상호작용이 결여되어 체계를 유지하고 발전시키기 위한 유용한 에너지가 감소하는 것을 말하며, 이것은 폐쇄체계에서 주로 나타나는 것으로 체계의 무질서의 척도라 할 수 있음

② 부적 엔트로피(negative entropy): 체계 내에서 부질서가 질서로 전환되는 과정이나 체계의 질서가 증가하는 것을 말함

③ 시너지(synergy): 체계의 부분들 간 상호작용이 촉진되어 체계를 유지하고 발전시킬 수 있는 유용한 에너지가 증가하는 것을 말함

○ **호혜성**

호혜성은 한 체계 내에서 어느 한 부분이 변화하면, 그 변화가 다른 부분들과 상호작용하여 나머지 부분들도 변화하게 된다는 것

○ **안정상태**

① 안정상태는 부분들 간 관계를 유지시키고, 쇠퇴해서 붕괴되지 않도록 에너지를 계속적으로 사용되는 상태를 의미함

예) 안정상태로 개인-환경의 상호교환을 하고 있는 은퇴노인은 은퇴라는 변화를 이겨내기 쉬움

② 그들은 상실한 직업적 역할에 집착하는 대신 새로운 취미를 익히고, 새로운 친구를 사귀며, 새로운 역할을 맡게 됨

○ **항상성**

① 체계는 스스로 평형, 균형상태를 유지하려는 경향을 가지고 있음

② 환경과 지속적으로 상호작용하면서 정적인 균형보다 역동적인 균형을 이루고 있는 상태를 말함

2) 생태학이론

(1) 의의

① 브론펜브레너(Urie Bronfenbrenner)가 체계화한 이론

② 인간이 환경의 제요소들과 끊임없이 상호교류하면서 적응하고 진화한다고 봄

③ 인간의 물리적 사회적 환경을 변화시키며, 환경과의 지속적인 상호적응 과정을 통하여 환경에 의해서 변화된다는 이론

(2) 생태학이론의 체계

○ **미시체계**(microsystem)

① 미시체계는 인간이 가장 밀접하게 상호작용을 하는 사회적 물리적 환경을 말함

② 인간과 가장 인접한 수준의 환경으로서 가족, 친구, 학교, 종교단체 등이 있음

③ 개인이 친밀한 대면적인 환경 내에서 경험하는 활동, 역할, 대인관계의 유형을 포함

○ **중간체계**(mesosystem)

① 특정한 시점에서 미시체계들 간 상호작용을 의미함

② 가정생활과 학교생활, 가정생활과 친구관계, 가정생활과 종교생활 등이 상호작용하는 것

○ **외부체계**(exosystem)

① 지역사회수준에서 기능하고 있는 주요한 기관들로서 개인, 미시체계 및 중간체계에 영향을 미칠 수 있음
② 학교제도, 언론매체, 정부기관, 교통시설, 통신시설, 의료시설, 직업세계 등이 해당된다고 볼 수 있음

○ **거시체계**(macrosystem)
① 개인이 속한 사회의 이념이나 제도의 일반적인 형태
② 정치, 경제, 사회, 문화, 법률, 관습 및 가치관 등이 해당된다고 볼 수 있음
③ 거시체계는 개인과 생활에 직접적으로 개입하지는 않지만 간접적이면서도 전체적으로 강력한 영향력을 발휘함

○ **환경속의 인간**
환경 속의 인간(Person in Environment)은 인간과 환경을 분리된 실체가 아닌 하나의 통합된 총체로 이해한다. 즉 인간과 환경 사이에서 일어나는 상호작용 영역에 초점을 두고 양자 간의 상호교환을 통해 어떤 일이 진행되고 있는가에 관심의 초점을 두는 것
① 인간을 환경과 지속적인 상호작용을 일으키는 존재로 봄
② 인간과 환경체계 사이의 유기적 관계를 설명함
③ 인간과 환경을 하나의 통합된 체계로 이해함

생태학이론의 체계수준

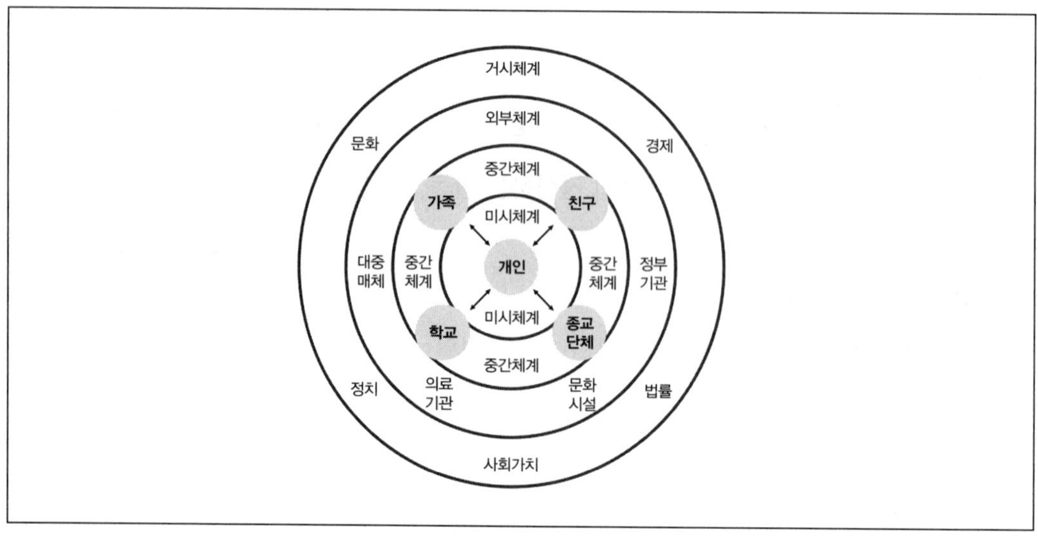

2. 가족 및 집단

1) 가족체계

(1) 가족의 개념

① 가족은 사회의 가장 기본적인 단위로서 인간의 생리적 · 정서적 욕구를 충족시켜 주는 안식처

② 인간은 누구나 가족의 사랑과 보호를 받으면서 성장하고, 가족을 통하여 사회생활에 적응할 수 있는 능력을 배양함

(2) 가족의 기능

① 보호와 애정의 기능

② 경제적 기능

③ 자녀양육과 사회화 기능

④ 종족보존 기능

⑤ 교육적 기능 등

(3) 가족의 형태

① 전통적인 사회에서는 대부분 확대가족이었으나 현대사회에서는 핵가족으로 변화고 있음

- 핵가족: 가장 보편적인 가족형태로서 부부와 미혼 직계자녀로 구성된 형태임
- 확대가족: 한 집에서 여러 세대가 함께 사는 가족을 일컬음

② 한부모 가족, 노인가족, 소년소녀가족, 재혼가족, 독신가족, 조손가족, 다문화가족 등

2) 집단체계

(1) 집단의 개념

① 집단은 공통적인 목적이나 관심사를 가진 두 명 이상의 사람들이 모인 집합체

② 일정한 목적을 달성하기 위해 구성원들 간 상호작용을 하면서 일관된 행동의 총체

③ 소속감과 규범을 통해서 결속력을 가지고 활동하며 구성원들 상호간에 영향을 미치는 집합체인 것

(2) 집단의 특성(Chess & Norlin)

① 집단의 크기는 작음

② 집단은 최소한의 역할분화수준에 해당됨

③ 모든 집단 구성원은 공통된 집단 정체성을 가짐

④ 집단은 구성원들에게 중요한 사회화 및 사회통제 기능을 수행함

⑤ 집단구성원들 간 관계와 상호작용은 구성원의 내적 혹은 자연적 상태를 토대로 이루어짐

(3) 집단의 형태

○ **1차집단과 2차집단**(Cooley)

① 1차 집단: 혈연과 지연을 바탕으로 자연발생적으로 이루어지는 집단

② 2차 집단: 목적달성을 위해 인위적으로 계약에 의해 만들어진 집단

○ **자조집단**(Katz & Bender)

① 치료 집단: 개인적인 성장이나 자기성취에 일차적 초점을 두고 있는 집단

② 복지권주장 집단: 사회적인 옹호에 일차적인 목적을 두고 있는 집단

③ 여성해방운동 집단: 생활의 새로운 유형을 창조하는 집단

3. 문화체계

1) 문화의 개념

(1) 문화의 정의 및 특성

① 공동체 구성원들이 공유하는 삶의 방식

② 인간의 행동과 사고에 직간접적으로 영향을 미치며 세대간 전승

③ 정체되어 있지 않고 변함

④ 자연환경적 요인보다 인간의 정신활동 중시

⑤ 보편성과 다양성을 동시에 가짐

(2) 주요개념

① 문화변용: 둘 이상의 사회가 장기간 직접적인 접촉에 의해 한쪽이나 양쪽의 문화체계에

변화가 일어나는 현상을 말함

② 문화마찰: 서로 다른 문화가 접촉하여 그 안에서의 문화적 마찰과 갈등을 말함

③ 문화접촉: 둘 이상의 문화가 다른 문화와 서로 접촉하는 것을 말하며, 다른 문화를 지닌 사람들의 접촉이나 전파에 의해 일어날 수도 있음

④ 문화상대주의: 다른 사회의 문화만을 동경하고 숭상하여 자기 문화를 낮게 평가하는 태도를 말함

2) **문화적응모형**(J. Berry.1977)

① 통합: 주류사회와 관계를 유지하면서 동시에 모국의 문화적 가치를 유지하는 상태

② 분리: 모국과의 강한 유대관계를 지니지만 주류사회와의 관계는 유지하지 않는 상태

③ 동화: 주류사회와 관계를 유지하지만 모국의 문화적 가치는 유지하지 않는 상태

④ 주변화: 주류사회와의 관계를 유지하지 않으면서 동시에 모국의 문화적 가치도 유지하지 않는 상태

〈 기출 등 주요 Key Word 〉

O X 문제

01) 쿠블러(Kubler)-로스(Ross)의 죽음에 대한 적응 단계는 5단계로 부정, 분노, 타협, 우울, 수용의 단계를 거친다고 본다. (O/X)

2) 반동형성(Reaction formation)은 불안을 야기하는 충동, 감정, 생각이 반대의 표현을 통해 의식에서 감춰지는 것이다. (O/X)

03) 투사(Projection)는 전치의 한 형태로써 개인이 스스로 받아들일 수 없는 충동, 태도 및 행동을 무의식적으로 타인이나 환경의 탓으로 돌리는 과정을 말한다. (O/X)

04) 승화(Sublimation)는 정서적 긴장, 충동, 감정 등을 사회적으로 인정될 수 있는 행동방식으로 표출하는 것이다. (O/X)

05) 대치(Substitution)는 어떤 대상에 대해 느낀 감정을 보다 덜 위협적인 대상에게 표출하는 것을 말한다. (O/X)

06) 도식(schema)은 일반적으로 사물이나 사건 또는 사실에 대한 전체적인 윤곽이나 개념을 말하며, 인간이 주변세계를 이해하고 그것에 대해 생각하는 이해의 틀에 해당된다. (O/X)

07) 에릭슨((Erikson)의 심리사회적 발달단계에서 제6단계(성인초기)의 심리사회적 위기에 해당하는 것은 생산성 대 침체이다. (O/X)

08) 프로이트의 심리성욕 발달단계는 구강기 ➔ 항문기 ➔ 잠복기 ➔ 남근기 ➔ 생식기 순이다. (O/X)

09) 프로이트(Freud)는 인간의 행동이 자유의지가 아닌 무의식적인 동기에 의해 좌우된다고 보았다. (O/X)

10) 비합리적 신념을 지닌 클라이언트에게 논박의 기술을 사용한다는 것은 엘리스의 인지행동모델에 대한 설명이다. (O/X)

Answer 틀린 문제(5, 7, 8) 해설

05) 전치(Displacement): 어떤 대상에 대해 느낀 감정을 보다 덜 위협적인 대상에게 표출하는 것을 말한다.

07) 에릭슨(Erikson)의 심리사회적 발달단계에서 제6단계(성인초기)의 심리사회적 위기에 해당하는 것은 친밀감 대 고립감이다.

08) 프로이트의 심리성욕 발달단계는 구강기 → 항문기 → 남근기 → 잠복기 → 생식기 순이다.

기출문제

上·**中**·下

01) 에릭 에릭슨(Erik H. Erikson)의 심리사회적 자아발달의 8단계 과업에 해당하지 않은 것은? (2019, 지방직)

① 희망 대 절망
② 자율성 대 수치심
③ 신뢰감 대 불신감
④ 근면성 대 열등감

해설

자아통합 대 절망은 8단계에 해당되지만 희망 대 절망은 없다. 〈 정답 ① 〉

上·中·**下**

02) 최근 우리나라의 가족생활주기 변화현상에 대한 설명으로 옳지 않은 것은? (2018, 보호직)

① 초혼 연령이 높아지면서 가족생활주기가 시작되기 전가까지의 기간이 길어지고 있다.
② 첫 자녀결혼 시작에서 막내 자녀결혼 완료까지의 기간은 출산 자녀 수의 감소로 짧아지고 있다.
③ 평균수명 증가, 자녀 수 감소 등으로 인해 가족생활주기가 변화되고 있다.
④ 새로운 가족유형이 나타나면서 가족생활주기별 구분이 보다 더 뚜렷해지고 있다.

해설

새로운 가족유형이 나타나면서 가족생활주기별 구분이 보다 더 모호해지고 있다 〈 정답 ④ 〉

上·**中**·下

03) 다음에서 설명하는 피아제(J. Piaget)의 인지발달 개념으로 가장 옳은 것은? (2018, 서울시)

인간이 주변세계를 이해하고 그것에 대해 생각하는 이해의 틀이다. 또한 연령이 증가함에 따라 많은 경험을 통해 인지구조가 발달하면서 질적인 변화를 하게 된다.

① 도식(scheme)
② 적응(adaptation)
③ 평행(equilibrium)
④ 조직화(organization)

해설

도식(schema)은 일반적으로 사물이나 사건 또는 사실에 대한 전체적인 윤곽이나 개념을 말하며, 인간이 주변세계를 이해하고 그것에 대해 생각하는 이해의 틀에 해당된다.

보충노트

- 적응(adaptation): 유기체가 자신의 주위 환경조건을 조정하는 능력을 말하며, 유기체의 환경에 대한 적응은 동화와 조절의 상호작용에 의해서 일어난다.
- 평형(accommodation): 동화와 조절의 상호작용을 통한 조화를 통해서 유기체가 자신과 환경 간의 균형 상태를 이루는 것을 의미한다. 〈 정답 ① 〉

上·中·下

04) 에릭슨((Erikson)의 심리사회적 발달단계에서 제6단계(성인초기)의 심리사회적 위기는? (2017, 지방직)

① 자아통합 대 절망
② 정체감 대 정체감 혼란
③ 친밀감 대 고립감
④ 생산성 대 침체

해설

에릭슨(Erikson)의 심리사회적 발달단계에서 제6단계(성인초기)의 심리사회적 위기에 해당하는 것은 친밀감 대 고립감이다. 〈 정답 ③ 〉

上·中·下

05) 방어기제에 대한 설명 중 옳은 것을 모두 고른 것은? (2017, 서울시)

㉠ 스스로를 보호하기 위해 의식적으로 작동하는 심리기제이다.
㉡ 주로 사용하는 방어기제를 통해 그 사람의 성격적 특성을 알 수 있다.
㉢ 한 사람은 한 번에 하나의 방어기제만을 사용한다.
㉣ 일부 방어기제는 불안 감소뿐만 아니라 긍정적 결과도 가져온다.

① ㉠, ㉡
② ㉠, ㉣
③ ㉡, ㉢
④ ㉡, ㉣

해설

방어기제는 스스로를 보호하기 위해 무의식적으로 작동하는 심리기제이며, 한 사람은 한 번에 하나 이상의 방어기제를 동시에 사용한다. 〈 정답 ④ 〉